ブッダの教え――スッタニパータ　目次

カバー写真はボードガヤーの大塔
装幀　上田晃郷
撮影　伊藤明麿

ブッダの教え——スッタニパータ

序文

――最初期の仏教について

一　仏教が興起するまで

釈尊が仏教を説いてから二千数百年の歴史が続いて今日に至っている。釈尊の直説すなわち原初の仏教はどのようなものであったか。超越的な偉大なカリスマとしての釈尊の実像はどうであったか。初期の仏教教団のあり方や仏弟子、在俗信者たちと釈尊との人間関係、そして何よりもまず釈尊は何を覚り、どのような教えを説いたのか。通称、八万四千の法門といわれる程の膨大な仏教の聖教――文献典籍類――の中に、それらは埋もれてしまっているのではないかと思われる。

また、従来書かれたインド史は、インド・アリアン民族の歴史が主流を占めていた。伝統的なバラモン教からみれば、確かに仏教は異端の宗教である。異端と見なされる最大の理由はナースティカ(nāstika　無神論)、すなわちバラモン教のヴェーダ聖典の権威を否定し、創造主としての神の存在と階級社会を認めないということである。それは唯物論とジャイナ教と仏教とをもって代表と目される。

これまでの仏教研究で見落とされたり、あるいは問題意識の埒外にあったのは、仏教とバラモン教との関わりについてはともあれ、啓示宗教としてのバラモン教に対する自覚宗教としての仏教やジャイナ教が本来、種族宗教に起源するという歴史的な事実である。

仏教の釈尊は釈迦族出身であり、ジャイナ教のヴァルダマーナ（Vardhamāna）はナータ族（Nāta）出身である。アリアン民族はヒンドゥ・クシュ山脈を越えて数次にわたりインドに移住した。インダス河中流域のパンジャブ地方が彼等の定住した主要な地域で、インダス文明の末期頃と推定されている。西紀元前一千年頃になると、彼等はガンジス河とヤムナー河に挟まれた中国地方（Madhyadeśa）、いわゆるクル・パンチャーラ地方（Kuru-pañcāladeśa）に進出した。この地方においてバラモンの祭式哲学書「ブラーフマナ」（Brāhmaṇa）が成立した。その後、インド・アリアン民族――インドに移住した彼等アリアン民族、ヴェーダ・アリアン民族とも――はさらに東進してガンジス河中流域地方に移住した。

前八〇〇年頃、この地方において編集された哲学書『ブリハドアーラニヤカ・ウパニシャッド』（*Bṛhadāraṇyaka-upaniṣad*）や『チャーンドーギヤ・ウパニシャッド』（*Chāndogya-upaniṣad*）などが最初期のウパニシャッドとして知られる。もちろん、当時はガンジス河上流域地方にも多くの種族が残存していた。前六、五世紀頃、ガンジス河中流域地方にはマガダ（Magadha）、コーサラ（Kosala）、カーシ（Kāsi）、ヴァンサ（Vaṃsa）の四大国があった。いずれもアリアン民族によって建設された新興国家である。そして、ヴィンディヤ（Vindhya）山脈地方の中インドにはアヴァンティ（Avanti）があった。(1) これらの国々はいずれも主要都市を首都にして国家を形成していた。

二　国家と種族の共存

国家と種族の存在

ところが、当時、これらのヴェーダ・アリアン系の国家群が存在していただけではない。とくにガンジス河中流域北岸地方にはまだ土着原住の種族が多数居住していたのである。

たとえば『大般涅槃経』（*Mahāparinibbāna-suttanta*）によると、入滅した釈尊の舎利分配（分骨）のときに多くの種族がクシナーラー（Kusinārā）の森に集合した——その主な種族名はジャイナ教の聖典『バガヴァティー・スートラ』（*Bhagavatī-sūtra*）の所伝と一致する。とくにマガダも舎利分配を申し出たが（マガダは当時、北インド随一の大国を誇っていたがゆえであって、いわゆるマガダ帝国である）、マガダのほかはすべて種族たちであった。すなわちマッラ族（Malla）、リッチャヴィ族（Licchavi）、ヴィデーハ族（Videha）、バッガ族（Bhagga）、ブリ族（Buli）、コーリヤ族（Koḷiya）、カーラーマ族（Kālāma）、サーキヤ族（Sākya, Sākiya 釈迦）など。

彼等はいずれも釈迦族とは血縁関係にあるか、地縁と血縁との関係からみて釈迦族に近い種族たちであった。このうち、コーリヤ族は釈尊の生母マーヤー（Māyā）の出身種族であった。また、クシナーラーのマッラ族——マッラ族はパーヴァー（Pāvā）に居住していた種族もいた——は釈尊を荼毘に付し、分骨に関わった種族として知られる。

これらの多くは非アリアン系の農耕種族であり、アリアン化の周縁にあって、固有の種族社会を形成していた。

したがって、仏教の発生起源と多文化性とをよりグローバルに解明するためには仏教興起の時代は国家と種族とが共存する不均等社会であったことが、まず確認されなければならない。これについては拙著『仏教の起源』（『著作集』第一巻所収）においてすでに問題提起してあるとおりである。

種族の分類

種族は一応次の三種に分類することができる。

(1)農耕種族

ガンジス河本流、支流の灌漑による耕作農業に従事する。主として犂《からすき》による稲米の水田耕作である。そのために流域の森林を次第に伐採して耕地を開拓していったのである。

(2)林住種族

狩猟採集生活をする種族である。当時、ガンジス平原を一面に覆っていた森林地帯に居住していた。たとえばチャンダーラ族（Caṇḍāla）、プックサ族（Pukkusa）、そのほかである。

彼等はインド・アリアン民族の東進につれてアリアン社会では階級外の存在として社会の最下層に組み込まれるに至った（拙著『インド学密教学論考』法藏館、六七―一五三頁所収「旃陀羅―仏教に見捨てられたもの―」「旃陀羅の史的考察一、二、三」参照）。

たとえば、釈尊はチャンダーラを救って仏教徒にしたと伝える初期仏典やいくつかのチャンダーラ族にまつわる伝承があるのは、釈尊は彼等と同じ種族社会の出身であったからである。なお、釈尊がチャンダーラの問題を取りあげたのは、民族や社会的階層によって人間を差別するのを厳しく批判するためにほかならなかったからである。

また、密教の大元帥明王（Āṭavaka）のモデルになったアタヴィー族（Āṭavī）もまた林住種族を代表する最有力の種族である。

(3)山地種族

ヴィンディヤ山脈地方などの山地に居住するキラータ族（Kirāta）、シャバラ族（Śabara）、プリンダ族（Pulinda）などである。非アリアン民族に対する一般的な呼称であるムレッチャ族（Mleccha）などもこれに含まれる。仏教やジャイナ教が興起した当時、彼等の大部分は農耕種族であって、種族共同体を形成し、ガンジス河中流域の北岸地方に居住して、その北限はヒマラヤ前山山脈であった（一二頁、図参照）。もちろん、彼等はヴェーダ・アリアン社会に固有の階級制度である司祭階級・戦士階級・庶民階級・隷属階級のいずれにも入らない、階級外の存在いわゆるアウト・カーストである。このような古代インド固有の階級制度――階級はサンスクリット語でヴァルナ（varṇa）というが、ヴァルナとは本来、皮膚の色を意味する――は、『ヤジュル・ヴェーダ』（YV.）の成立期すなわち後期ヴェーダ時代にはすでに社会的に制度化されていた（仏典では *MN.* II, p. 84〜85 参照）。

釈迦族をはじめとする農耕種族がアリアン的社会体制における戦士階級（khattiya, Skt. kṣatriya）として位置づけられたのは、彼等は本来、自衛のために武装した農耕民であったからである。たとえば釈迦族はすべて戦士族と呼ばれる。

新興国家の種族侵略

アリアン民族は東方のガンジス河本流に近い地域において鉄製農機具の発達や普及による農業生産力の飛躍的な発展によって国家的権力を伸張していった。そして、生産物資の交易を主とする流通経済の進展や商工業の発達によって都市経済が確立された。たとえば、マガダ国のラージャガハ（Rājagaha, Skt. Rājagṛha　漢訳、王舎城）のように文字どおり国王の幕営地がそのまま交易都市として栄えたところもある。いわゆるマガダ帝国の建設である。

新興国家の出現――当時の各国の首都人口は八万ないし十万人程度であったと推定されている――によって種族社会の自立経済は破綻をきたしつつあった。一方また、国家による種族社会の侵略もしくは土地の蚕食が絶えず行なわれていた。そして、国家が種族を次第に征服することによって種族共同体は崩壊し、種族は国家の下部組織に組み込まれて部族となった。また、残存種族ももちろん存在したが、部族化した種族もなおかつ固有の社会形態や文化、種族宗教を温存していたことに注意しなければならない。

いずれにせよ、仏教やジャイナ教のような新宗教が興起したのは古代インドの激動期であり、伝統的なバラモン教に対して新しい宗教や哲学思想が現われたのは時代の要請であったといわなければならない。

たとえば、ジャイナ教のヴァルダマーナは故郷のナータ族がマガダの侵略を受けて滅亡するのを目撃している。また同じく釈尊の晩年にはコーサラが釈迦族を侵略した。釈尊はある枯木の下に静かに瞑想しながら「親族の陰は涼しい」と謎めいた言葉を残して三度、無抵抗運動を試みたにも関わらず、釈迦族はコーサラ軍の攻撃を受けて全滅した。新興国家による種族侵略は、すべて種族殲滅戦争で終焉を迎えている。

釈迦族の場合、厳密にいえば釈尊在世の頃は残存種族であるが、彼の中年期にはコーサラ国の配下にあってすでに部族化されていた。

また同じくラージャ（rāja）といっても国家の場合には国王を意味するが、種族もしくは部族の場合にはラージャは族長をさすのに注意すべきである。現在でも、インドの地方旧藩公、東南アジア地方の村長なども、すべて

「ラージャ」と呼ぶのは、この語の広義性を伝えているものである。

初期仏典で当時の非バラモン系の有力な思想家たちを「六師外道」といっている（本書、一三一―一三二頁参照）。しかし、そのうちのジャイナ教のヴァルダマーナを除いてほかは思想的な展開が認められず、すべて挫折の哲学であった。

三　種族社会と仏教

種族社会の宗教的再建――仮構の仏伝

釈尊の仏教もまた種族共同体、種族社会を宗教的に再建したものである。仏教教団いわゆるサンガ（saṃgha, Skt. 同じ。漢訳、和合衆。音写語、僧伽）が発展したのは、種族共同体の組織、運営あるいはその精神的回復に見事に成功したからである。種族の部族化とともに固有の種族共同体や伝統的な種族宗教あるいは種族文化は次第に消滅していく運命にあった。しかし、それらの片鱗は辛うじて仏教やジャイナ教の中に宗教的形態をとったり宗教的に変容して伝え残された。

われわれはこの史実を十分に注意深く見守る必要があるだろう。なぜならば、仏教やジャイナ教はナースティカ（無神論）と貶称されるような、単に反バラモン教主義の立場をとっただけの宗教ではないからである。

種族と国家の併存というこの歴史的な事実認識に対して、たとえば仏伝についても、現在なおそうであるが、単なる伝説や伝承的な記述に基づいた、およそ次のような通俗的な見方がほとんど常識化しているのを指摘しておかねばならない。すなわち、かつて釈迦族による釈迦国があった。この国の浄飯王を父とし、王妃摩耶夫人を母として釈尊は生誕した。王子釈尊は国王となるべく運命づけられていた。贅の限りを尽し、美女たちに取り囲まれて酒池肉林の享楽三昧を送っていた。出家の志を抱いていた釈尊を王宮にとどめておくために、父王は冬・夏・春の三宮殿をしつらえて彼に与えた。彼を世俗にとどまらせるためであった。しかし、それでも釈尊は出家して六年間苦行し、三十五歳のとき成道して仏陀となった。ヴァーラーナシーにおける初転法輪（最初説法）は釈尊の無師独悟の覚りを説いたものである云々――。これがあらかたの仏伝の筋書きである。そして、今日のすべての釈尊伝もこの通説どおりに書かれている。

しかし、著者の見るところではこのような釈尊伝は紀元前三世紀半ばのマウリヤ朝以後に仏伝作者たちが釈尊の偉大性を伝えるために創作したフィクションにすぎない。それは二世紀のアシュヴァゴーシャ（Aśvaghoṣa 馬《め》鳴《みょう》菩薩）が書いた詩劇、『仏陀の生涯』（*Buddhacarita*）その他によって仏伝に対する一定のパターンができあがったと見てよいであろう。

いうまでもなく、釈迦族はかつて一度も国家を建設したことがなかった。釈迦国というのは仮空の呼称にすぎない。また、わが国の学界では種族の存在が意識されていないので、種族と部族という邦語を混用していてその区別すら分かっていないのが実状である。(2)

種族社会と種族宗教

次に、釈迦族出身の釈尊をめぐって、種族社会と種族宗教を取りあげてみることにしたい。

種族社会は血縁と地縁とを紐帯とする種族共同体によって形成されている。一つの種族（jana）は通常五、六の氏族（kula）(3)よりなる。たとえば、釈迦族というのは種族名である。が、釈迦族の釈尊はゴータマ（Gotama

音写語、瞿曇《くどん》）が氏族名であるから、氏族名でゴータマとも呼ばれることがある。ゴータマはことに成道以前のときの呼び名として知られている。

種族社会にあっては通常、種族名または氏族名をもって呼ぶ。正確にいえばサンスクリット名ではシャーキヤ・プトラ（Sākya-putta, Skt. Śākya-putra 漢訳は釈子で梵漢合成語）すなわち「釈迦族の出身者」という意味である。これは個人を単位とした個人主義の自覚という国家体制の時代以前の、すなわち個人は種族共同体の一員として存在しているのであって、共同体の紐帯である血縁と地縁を離れてしまえば生きてゆくことができない時代の名残りである。

初期仏教の時代に総じて「……プトラ」（—putra）と呼ぶ名前が多いのは、そのためである。

シャーキヤ・プトラの漢訳語は釈子だが、わが国や中国で釈子といえば仏者の称である。この釈子は文字どおりには「釈迦の子」であるが、「釈迦族出身者すなわち釈尊に属する者」が本来の意味するところから、この場合は「仏弟子」をさす語である。中国およびわが国では「釈子」を略して「釈」といい、姓とする場合もある。

種族共同体はすでに述べたように血縁と地縁とを紐帯とする——釈尊の舎利八分のときクシナーラーの森に参集した種族たちが分配の権利を主張したときに、われわれも釈迦族と同様に戦士族(4)だからといったのが想起されるが、最も大切なのは原生的な原始共産制の社会だということである。したがってまた原則的には無階級で個人主義的でないこと、非暴力主義の立場、起源的には母権制であることが、種族的な特色として指摘することができよう。

仏教興起時代、十六大国があったと伝える仏教諸経典は歴史の事実をそのまま伝承したものだと見なされている。しかし、結論的にいえば、これは後代になって人為的にまとめられた伝説にすぎない。（拙著『インド学密教学論考』二二一—五〇頁所収「仏教興起の時代と社会的背景—十六大国考—」「十六大国再考」参照）。

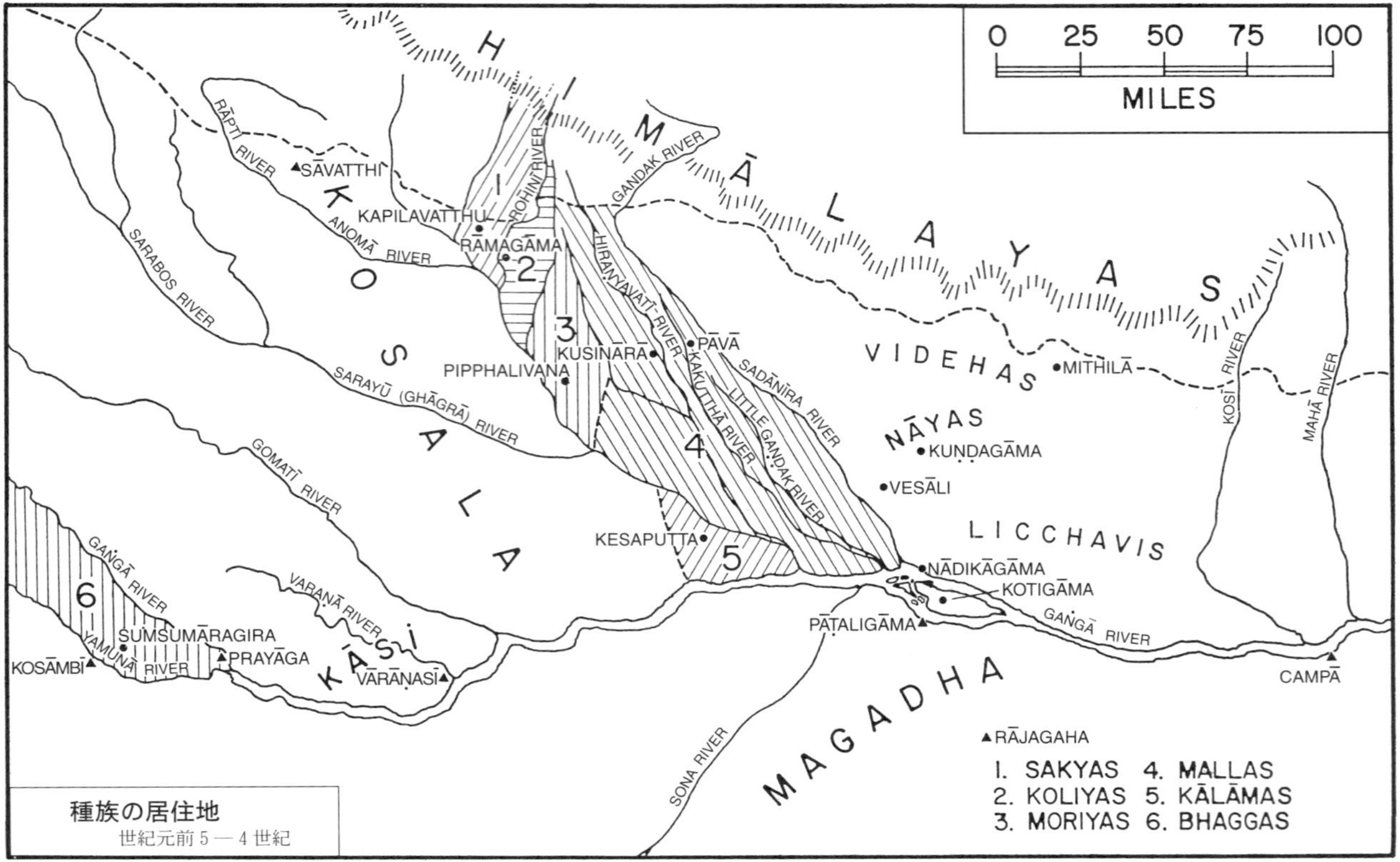
0 25 50 75 100
MILES
HIMĀLAYAS
KOSALA
KĀSĪ
MAGADHA
VIDEHAS
NĀYAS
LICCHAVIS
RĀPTĪ RIVER
SĀVATTHĪ
KAPILAVATTHU
ANOMĀ RIVER
RĀMAGĀMA
ROHIṆĪ RIVER
GANDAK RIVER
SARABOS RIVER
SARAYŪ (GHĀGRĀ) RIVER
PIPPHALIVANA
KUSINĀRĀ
HIRAÑÑAVATĪ RIVER
KAKUTTHĀ RIVER
LITTLE GAṆḌAK RIVER
SADĀNĪRA RIVER
PĀVĀ
MITHILĀ
KOSĪ RIVER
MAHĀ RIVER
KUṆḌAGĀMA
VESĀLI
GOMATĪ RIVER
KESAPUTTA
NĀDIKĀGĀMA
KOTIGĀMA
PĀṬALIGĀMA
GAṄGĀ RIVER
CAMPĀ
VARAṆĀ RIVER
VĀRĀṆASĪ
PRAYĀGA
SUṀSUMĀRAGIRA
YAMUNĀ RIVER
KOSĀMBĪ
SONA RIVER
RĀJAGAHA
1. SAKYAS 4. MALLAS
2. KOLIYAS 5. KĀLĀMAS
3. MORIYAS 6. BHAGGAS
種族の居住地
世紀元前5—4世紀

漢訳語の「大国」の原語はジャナパダ（janapada）であって、コーサーンビー博士（D. D. Kosambi）が「住民の広範な居住地域」と規定しているのに賛意を表したい。ただし、著者によれば、この場合の住民すなわちジャナ（jana）は本来的な語源にもとづいて「種族」――√jan 生まれる、という動詞を語源として血縁関係にある者を意味する――である。

たとえばまた、コーサラ（Kosala）やマガダ（Magadha）を複数形で呼ぶ場合がある。これは一見して単一の国家をさすのと矛盾した表現のように思われる。だが、それは国家ではなくコーサラ族やマガダ族を意味する。たとえばマガダ族については、次のような詩句がある。

Agamā Rājagahaṃ Buddho *Magadhānaṃ* Giribbajaṃ, piṇḍāya abhihāresi ākiṇṇavaralakkhaṇo.
目覚めた人は、マガダ族の、山に囲まれた王舎城に行った。勝れた顔かたちに満ちた人は、托鉢のために〔そこに〕至った。（G. 408）

これは種族社会が崩壊して、その廃墟の跡に国家が立ち現われたことを如実に物語っているものである。

釈尊仏教以前

いうまでもなく仏教の開祖は釈尊である。しかし、釈尊がいかに偉大な宗教者であり超然的なカリスマ存在であったにしても、突然変異的に仏教のすべてが釈尊によって創唱されたとは思われない。このような疑問を解く重要な鍵もまた種族社会の存在にあると考えられる。それぞれの種族たちは伝統的な一定の、もしくは固有の種族宗教をもっていた、と推定される。

釈迦族を例にとってみることにしたい。

初期仏教と同時代に興起したジャイナ教ではヴァルダマーナ――マハーヴィーラ（Mahāvīra）あるいはジナ（Jina）などとも――が開祖だということになっている。しかし、伝承では彼以前に二十三祖あり、ヴァルダマーナは第二十四祖であってジャイナ教の改革者だということになっている。彼はナータ族（Nāta）出身でジャイナ教ニガンタ派（Nigaṇṭha, Skt. Nirgrantha）に属していた。漢訳仏典で離繋外道というのが、それである。少なくとも第二十三祖パールシュヴァ（Pārśva）は実在の人物であって、ヴァルダマーナの両親は彼の熱心な信者であった。

一方、初期仏教には過去七仏信仰がある。それによると、釈尊はその中の第七祖である。今日、わが国の学界では釈尊以外の六仏の生涯や教説などはすべて釈尊のそれ、すなわち仏伝の投映にすぎないからフィクションであるという見方がある。ともあれ、釈尊自身が「諸仏＝目覚めた者たちは説く」（G. 86参照）と説いている。そして、わが国の禅宗などには常用の七仏通戒偈（*Dhp.* G. 183）というのがある。

Sabbapāpassa akaraṇaṃ　諸悪莫作
kusalassa upasampadā　諸善奉行
sacittapariyodapanaṃ　自浄其意
etaṃ buddhāna sāsanaṃ　是諸仏教

これによると、仏教は釈尊の独創ではないことになる。

G. 239〜252はカッサパ（Kassapa 迦葉仏）がバラモン・ティッサ（Tissa）に説いた教説であって、G. 242〜250

はカッサパの説いた言葉だとされている（*Pj.*）。

迦葉仏は過去七仏の中の第六仏に相当すると思われるので、釈尊の前の仏である。これは釈尊が迦葉仏の教説を伝承したものだと解することができるであろう。

また、マウリヤ朝のアショーカ王（Aśoka）が過去七仏信仰を奉じていたことは歴史の事実である。たとえば釈迦族の故地の一つであるニグリハワーの石柱法勅には第五仏コーナーガマナ（Koṇāgamana, Skt. Konakamuni. 漢訳、拘那含牟尼）の仏塔を増築した旨が記されている（『著作集』第一巻、三六一―三六三頁参照）。このコーナカムニもしかりだが、第七仏のサキヤムニ（Sakyamuni 漢訳、釈迦牟尼）の呼称のムニ（muni 漢訳、牟尼。パーリ語ではモーナ mona とも）は、種族宗教における宗教的な聖者に対する尊称である。その点、ジャイナ教の場合も同様である。ムニはすでにバラモン教の最古の聖典『リグ・ヴェーダ』（*RV.*）にもみえ、非アリアン系の異端の宗教者に対する呼称である。そうだとすれば、釈尊や拘那含牟尼をムニというのは非アリアン系、反バラモン教的な宗教者であることを仏教の立場において明確ならしめたものである。そして、この場合、ムニの語は尊称として用いている。

なお、釈尊以外にも非バラモン系の宗教的聖者をムニといっているのは *Sn.* に多数の用例があるのをみても、仏教がバラモン教側からみれば異端の宗教であったことを如実に物語っている、といえよう（本書解説、四六一―四六四頁参照）。

このようにして、ジャイナ教や仏教は種族宗教としての伝統[5]が残っていることが分かるであろう。

四　種族宗教の特色

二つの系統の仏教

種族宗教は、いずれの最古代の諸宗教にも認められるように極めて呪術的であり、したがって禁欲主義的、苦行主義的な特徴を有する。ことにジャイナ教の場合は極端に苦行主義的であり、また教義にアニミズム的思考が濃厚に残っているのも、その起源が最古代に遡ることを物語っている。

仏教もまた同様である。が、仏教の場合はジャイナ教とは異なって釈迦族の種族宗教を継承する保守伝統派を代表するデーヴァダッタ（Devadatta　提婆達多）と進歩革新派を代表する釈尊との対立がある。

たとえば、種族宗教の特色であるアニミズムとトーテミズムを釈尊は間接的にではあるが徹底的に批判し排除する。ところが、デーヴァダッタは釈尊の異母弟であるが、極めて厳格な苦行主義の立場をとるのはジャイナ教のヴァルダマーナと同じである。彼はまたバラモン教の経済的地盤である農村部を托鉢して歩いた。そして、新興国家の殷賑を極める大都市に入って托鉢する釈尊を非難している。

種族宗教を継承したデーヴァダッタの仏教教団は釈尊仏教とことごとく対立し抗争した。後年、デーヴァダッタは釈尊を殺害しようとたびたび企てた。が、すべて失敗に終わる。彼はまた過去の三仏のみを礼拝すると宣言した。五世紀に渡印した法顕の『仏国記』にも七世紀半ばの玄奘の『大唐西域記』にもデーヴァダッタの仏教教団が、当時栄えていたことを記録している。だから、これらによって後代に至るまで仏教には二つの系統の教団があったことが分かる。なお、デーヴァダッタ教団は釈尊を礼拝供養しない。

右のようにジャイナ教のヴァルダマーナや仏教のデーヴァダッタは、それぞれの種族宗教の伝統を忠実に保持したと思われる。とくにジャイナ教はヴァルダマーナの改革によってインドの民族宗教となって今日にまで至っていることは周知のとおりである。また、デーヴァダッタの仏教は釈尊仏教に吸収されたか、あるいは残存種族の消滅と軌を一にしたであろう。

初期仏典には六師外道と呼ぶ宗教思想家たちのほかに *Sn.* にも指摘する六十二見というさまざまな思想があったことも知られている。もちろん、これは仏教文献の伝承に限られるのでそのすべてであるかどうかは分からない。

種族宗教の伝統と仏教

これらはいずれも非バラモン教系の宗教、哲学思想であるが、そのなかでもとくに釈尊の仏教が発展した。すでに言及したが、サンガという仏教教団の組織、運営、構成員の生活規定などは、万般にわたって種族社会の種族共同体に範をとったものである。仏教の律蔵（*Vinaya-piṭaka*）は、カースト的社会秩序の保証、バラモン教的権力の擁護を主とするバラモン法典（Dharma-śāstra）とは性格内容を全く異にする。律蔵の理念とするところ、すなわち仏教教団は種族民主主義に基づいている。『大般涅槃経』が伝えるヴァッジー族（Vajji）の七不退法によっておよそ種族法の実体について、われわれは具体的にこれを知ることができる。たとえば、まず集団討議と族法の尊重などがそれである。

ヴァッジー族の七不退法は、次のとおりである。

(1)ヴァッジー族はしばしば集会し、集まれば多数である。

(2)ともに集会し、ともに起き上がり、ともになすべきことをなす。

(3)かつて制定されたことのないものを定めず、すでに制定されたことを破らず、以前に定められたヴァッジー族の法にしたがって行動する。
(4)古老を尊敬し、よく彼らの言葉に耳をかたむける。
(5)氏族の婦女子に暴力をふるうことがない。
(6)ヴァッジー族の宗廟を敬い、以前に与えられた法にかなった供養を廃止しない。
(7)宗教的な聖者に対して正しい保護と障害の守りをよく備え、将来、この領土に入ろうとし、またすでに来た宗教的な聖者は領土内で安穏に住んでいる。

(『著作集』第一巻、一四九―一七〇頁所収「種族法の仏教的受容」参照。拙著『釈尊――その行動と思想』東洋人の行動と思想I、二五八―二六一頁参照)。

種族たちはそれぞれに公会所(santhāgāra)をもっていた。それは柱だけあって壁のない建物である。選出された長老をリーダーとして、いわゆる円座(parisā)による集団討議が行なわれる。もちろん、実際には種族法は成文化されていないから、種族の実体を精確に知ることはできない。釈尊は、この種族の七不退法を称賛し、それにあやかってサンガの七法を制定したのであった(A.N. IV. pp. 16〜17)。

総体的にみて種族宗教は素朴なアニミズム信仰であったと思われる。結論的にいえば同じく種族宗教を土壌としながらもジャイナ教は教義の中に古代アニミズム的思惟を残したままであったのでインドの民族宗教にとどまった。ところが、仏教、とくに釈尊仏教はいちはやくアニミズムから脱却し、そして苦行主義と決別したところに普遍宗教として発展する遠因があったと思われる。

種族のアニミズム的形態には祖霊信仰、樹木信仰、ガンジス河などの沐浴や水葬の風習など、また庶物信仰とくに舎利信仰がある。仏教が沐浴やトーテミズムを批判し排除したことは、今までの研究ではほとんど無視されている。

また、ヴァッジー族の七不退法の中に宗廟を崇拝し尊重すべきことが説かれている。精霊崇拝の対象としての宗廟はチェーティヤ（cetiya, Skt. caitya 音写語、制底）という。釈尊の舎利を分骨したとき、八つの地方に建立された舎利塔はトゥーパ（thūpa, Skt. stūpa 音写語、率都婆、塔婆など）いわゆる仏塔と呼ばれた。しかし、これは種族の宗廟の様式にあやかったものである。後代になると、チェーティヤもトゥーパと称するようになり、宗廟と仏塔とは原語の混同からして、かなり曖昧な呼び名になる。このようにチェーティヤ起源のトゥーパではあるが、種族社会の崩壊とともに本来のチェーティヤ崇拝は衰微し、仏舎利を主体とするトゥーパの信仰に取ってかわられるようになったとみるべきであろう。なお、アルダマーガディー語ではトゥーバ（thūbha, thūva）である。

大乗仏教における仏塔信仰の重要性は別に取りあげられるべきであろう。

ともあれ、チェーティヤは本来、種族の祖霊を祀った粗末なマウンド状の土盛りにすぎなかった。ただし守護神として樹神を祀るために菩提樹や榕樹などが植えられた。樹神はヤッカ（Yakkha, Skt. Yakṣa 漢訳、夜叉）であった。クシャーナ朝（Kuṣāṇa）の三世紀頃の夜叉像は極めて端麗な像容である。が、次第に神格が零落して醜悪な表現をとるようになる。大乗仏教の時代には仏法の守護神である天竜八部衆（天 Deva, 竜 Nāga, 夜叉 Yakṣa, 乾闥婆 Gandharva, 阿修羅 Asura, 迦楼羅 Garuḍa, 緊那羅 Kiṃnara, 摩睺羅伽 Mahoraga）の一つに数えられるようになる。だが現在、ヤッカの起源は古くインダス文明の五大種族の一つとして知られている。

釈尊の舎利は分骨されたが、当時、ヴェーダ・アリアン民族の間にはそうした風習はなかった。火葬の痕跡はインダス文明のニール遺跡そのほかで発見されているので、本来、火葬は非アリアン民族の慣習であったことが分かる。

また、宗教的な儀礼作法である合掌（añjali）も非アリアン系のムンダー民族（Muṇḍā）の種族からヴェーダ・アリアン民族が学んだものである。

いずれにせよ、種族宗教の宗廟における樹木崇拝は釈尊の成道のシンボルとしての菩提樹信仰となった。また舎利信仰はそのまま仏塔の宗教的意義を限りなく増幅させて塔信仰が大乗仏教興起の一要因となった。これについては最近、わが国学界の一部には批判的な見方があるにせよ、在家出家を問わず大乗仏教の菩薩集団の成立と塔信仰とが深く関わったのは否定すべくもない。それは密教発祥の伝承として南天鉄塔の開扉にまで及ぶ。

前述のヤッカ（夜叉）やナーガ（竜）などの神格は仏教においては決して高くはない。それはデーヴァター（devatā）すなわち神に準ずるものと見なされている。これらの神格の没落は、種族社会の崩壊と軌を一にしている。

同じく非アリアン民族系のナーガ信仰がある。ナーガもまた神格化された存在であった。ナーガが釈尊もしくは仏弟子の尊称として用いられているのは初期仏教の古層の経典に認められる（G. 518,『著者集』第一巻、四一二―四四三頁参照）。この事実は仏教が非ヴェーダ・アリアン系の古い種族の信仰を温存していた頃の名残りであるとみなければならない。

五　初期仏教とバラモン教

バラモン教批判

釈尊仏教の根本的立場は、一応、反バラモン教主義である。それは仏教がバラモン教体制の社会とは異質な非バラモン教的な種族宗教の伝統を土壌として成立したからであるということを、われわれはまず理解しておかなければならない。

釈尊はバラモン教体制のアリアン社会を厳しく批判する。主要な論点は、およそ次の三つである。

(1)ヴェーダ聖典の権威を否定する。

仏教からみるとヴェーダ聖典は神の啓示（śruti）による絶対的なものではなくて、人為性のもの（pauruṣeyatva）すなわち何人《なんぴと》かが制作編集したものである。これは大乗仏教の時代を通じて終始一貫した仏教側の主張である。インド仏教知識論学派は聖賢の言語に訴える真理としての聖教量（āgama, śābda 聖言量）を個別の認識根拠として認めない。そして、ヴェーダ聖典の非人為性（apauruṣeyatva）を否定的に論証している。仏教が天啓宗教でないゆえんである。

なお、誤解してはならないことがある。それはバラモン教をいかに批判するにせよ、バラモンの存在そのものを否定しているのではないということである。むしろ、修行を成就した者、いわば宗教者の理想像ともいうべきものをバラモンといって称賛している。だから「バラモンの如来」という異様な表現さえ釈尊の言葉として聞くことができる（G. 469）。

(2)有神論批判

釈尊は創造主としての神の存在を容認しない。これは縁起的世界観によるからである。

ただし護法神として梵天（Brahman）、帝釈天（Indra）などを認める。中世インドにおける仏教知識論学派は有神論を論理的に批判し神の存在の否定を論証した。ヨーロッパの仏教学者が仏教は無神論の宗教であるといったのは、この点に着目してのことであった。

大乗仏教の時代になっても創造主としての神の存在は否定するが、在来のさまざまの神がみは護法神すなわち仏法を守護する神として摂取し、仏教的世界観において神がみは固有の性格をもって独自の役割を果している。

さらに七世紀の密教の時代になると、仏教において神がみはなくてはならない存在となり、曼荼羅には在来のヴェーダ系の神がみ、ヒンドゥー教系の神がみ、あるいは民間信仰の神がみに至るまでことごとく取り入れられて、それらが曼荼羅に位置づけられ全世界像を構成している。(6)

梵天と帝釈天という仏教興起時代における双璧の最高神が、いちはやく *Sn.* に登場するのは、神仏習合の素因がすでに初期仏教にあったということである（G. 1024)。

(3)無階級主義

『リグ・ヴェーダ』(*RV.* 10. 90. 12. brāhmaṇo 'sya mukham āsid bāhū rājanyaḥ kṛtaḥ / ūrū tad asya yad vaiśyaḥ padbhyāṃ śūdro ajāyata. なお仏教文献では *MN.* II. p. 84 参照）にはすでに北欧の巨人解体神話と同じように、原人プルシャ（Puruṣa）の身体の各部分からさまざまな被創物が生じたという汎神論的な宇宙創造讃歌がある。それによると、原人の口から司祭階級バラモンが生まれたという。そして臂から戦士階級（kṣatriya)、股から庶民階級（vaiśya)、足から奴隷階級（śūdra）の順序で、生まれた身体の箇所によって貴賤上下が決定的に運命づけられる。

もっともこのヴェーダの最後の第十巻は年代的にみて最も遅くに成立しているとみられるので、後代の伝承が混入しているということも考えられよう。

すでにみたように『ヤジュル・ヴェーダ』によると、このインド特有の階級制度――今日、一般的にはカースト制度といっている――は社会的にすでに定着していたことが分かる。皮膚の色を意味するヴァルナは、白色人種のアリアン民族と黒色人種である土着原住のドラヴィダ民族（Draviḍa）、ムンダー民族（Muṇḍā）などとの相違を意味する。インド・アリアン民族の東進とともにいわゆる黒色低鼻の土着種族は混血によって次第にアリアン社会に組み込まれていく。しかし、その際、いずれの階級にも属さない者、いわゆるアウト・カーストがいる。彼等階級外の者はアリアン社会ではほとんど人間と見なされない。

遡って『リグ・ヴェーダ』では土着原住民族はダーサ（dāsa）またはダスユ（dasyu）と呼ばれ、黒色の悪魔を意味した。仏教興起の時代にはダーサ――女性の場合はダーシー（dāsī）――は家内奴隷である。古代ギリシャと違ってインドにはさほど大規模な集団奴隷は存在しなかった。

仏教では釈尊がアリアン社会の階級批判を行なって無階級主義の立場を明確に打ち出した。その点、釈尊仏教は人間平等の宗教である。だが、歴史的にみると、釈尊は自身の出身である、原則的には原始共産制の無階級社会の種族共同体に範型をとったのである。そして、慣習的な階級社会におけるバラモン教批判もしくは司祭職である宗教者としてのバラモン批判を行なったのであった。

次に、生まれ（jāti, jacca）によって社会的階層が宿命的に決定づけられていることに対して釈尊は徹底的に否定した。このことを理解するためには最古代インドにおける階級制の社会的固定化がいかに厳しいものであったかを知っておく必要があろう。もちろん、それは輪廻転生の信仰が前提になっていることはいうまでもない。この現実に対して、人間は誰しも生まれながらにして社会的階層の差別が決定しているのではなくて、人間としての行為（kamma, Skt. karma 漢訳、業）によって階層の分化がみられるにすぎないとして、慣習的固定的なバラモン教社会を釈尊は否認している。

これは生まれながらにして社会的な階層差別が決定づけられる条件としての輪廻転生を断ち切ることを目指す、

自覚宗教としての釈尊仏教をわれわれが歴史的事実に即して正しく理解するためにも重要な事柄であるといわなければならない。

サンガ（僧伽）の形成

釈尊によると、出家得度して仏教教団であるサンガ（saṃgha）の一員となるのは四大河が大海に流れ入って同一の塩味に和合するのに喩えられる。すなわち出家以前の階級、家柄、身分等は教団に入れば何人といえどもすべて解消される。これもまた無階級の素朴な種族共同体をプロトタイプとしたものであるといわなければならない。この意味において、いわば仏教教団は本来、無階級主義社会のモデルづくりを目指したことが知られよう。

仏教教団を表わすサンガという語は、仏教興起当時存在した共和制国家——君主制国家に対するもの——の呼称と同様である。また、国家体制の意味であるガナ（gaṇa）は共和政体を意味するが、これも起源的には種族社会（の組織）を表わす語として用いられていたものである。ジャイナ教をはじめとする六師の宗教教団はいずれもガナという。したがってこの場合のガナは教団であるから、教団の指導者は文字どおりに教団を所有する者、すなわちガニン（gaṇin）と呼んでいる。ところで、当時の新興商工業者の組合もまたガナという。ガナはいわば中世ヨーロッパの同業者組合であるギルドに相当するといえばよいであろう。

初期仏教教団はサンガで、ガナとはいわないが、仏教でも全くガナという語が用いられなかったわけではない。たとえば、後の大乗仏教における菩薩集団をボーディサットヴァ・ガナ（bodhisattva-gaṇa）と称していることなどが、それである。サンガという仏教教団はもちろん信仰共同体であるが、すでに指摘したとおり、その起源は種族共同体にある。この点をより正しく理解するために、一例としてたとえば仏教の四波羅夷（pārājika）を取りあげてみよう。

出家修行者が犯す最大の罪悪は、婬・盗・殺・妄であって、犯戒の者に対する処罰は教団追放である。が、それはすでに種族社会において実施されていた極刑である。仏教の律（*Vinaya*）によれば四波羅夷は世間の断頭罪に相当する。種族共同体から追放されることは、まさに生きながらの死刑である。すなわち種族という血縁と地縁を離れて個人が生きていくことは不可能だからである。思えば団体からの追放という処置は最も残酷な処刑であるといわなければならない。

ところが仏教教団では断頭罪を執行しないのは全く釈尊が説いた慈悲の精神に基づくからであるという。しかしこれは後代における第二義的教学的な解釈にすぎないことを知るべきであろう。

次に、仏教とバラモン教との関わり方についてみることにしたい。

仏教は反バラモン教的立場をとり、バラモン教側からは仏教は異端の宗教であると見なされた。だが、両者が全く乖離の関係にあったわけではない。すでに述べたように釈尊が理想の宗教者をバラモンといって称賛していることの一語によってもそのことは分かるであろう。

バラモンと沙門

初期仏教では沙門とバラモンとをはっきり区別している。

バラモンはサンスクリット語のブラーフマナ（brāhmaṇa）の邦語の表現である。祭司階級の者でアリアン社会の四階級における第一階級である。

サマナ（samaṇa, Skt. śramaṇa 漢訳、沙門）は勤労するものを意味する。バラモン以外の宗教家、思想家とくに仏教やジャイナ教の修行者に対する語であって、当時の新しい言葉である。サマナは文字どおり何らかの修行に専念する者である。釈尊は仏弟子たちから「大沙門」と尊称されている。

初期仏教の経典などの冒頭には「沙門・バラモン」と併称しているが、これは世の中のすべての宗教者を指している。ところで、前三世紀半ばのアショーカ王の石柱や磨崖の法勅も、しばしば「沙門・バラモン云々」という文言ではじまっている。なかには「バラモン・沙門」といっている場合もある。これは恐らくマウリヤ朝時代のバラモン教の復興期にインドの正統の宗教はバラモン教であって、仏教やジャイナ教などのいわゆるサマナ教は傍系的だと見なされていたからであったのかも知れない。

宗教者としてのサマナを称賛した釈尊の言葉は不思議なほどに見当たらない。釈尊は世襲的なバラモンの生まれと因習はきびしく批判している。が、何人であれ真実の宗教的行為をなす者を称賛しているから、それにかなった者であれば、その意味で宗教者の理想像をバラモンだとしていることはすでに述べたとおりである。この事実によっても仏教は単なる反バラモン教主義の立場をとったのではないことが知られよう。

仏教とジャイナ教では修行を成就した人をブッダ（buddha 漢訳、仏陀。略称、仏）すなわち「目覚めた者」というが、仏教では釈尊、ジャイナ教ではヴァルダマーナのことをいうようになる。しかし、本来は普通名詞であった。釈尊自身が「目覚めた者たち」というように、目覚めた者は複数的な存在である（これについては本書解説、四五八―四五九頁参照）。

大乗仏教の時代になると「三世十方の諸仏」とか、「十方三世の諸仏」という表現があるように諸仏は無慮無数に存在する。「仏名経典」が編集されたり、密教の曼荼羅になると、諸仏菩薩等は大日如来によって総合的に統一される。しかし、諸仏という観念は仏教の当初からあったことは注意すべきであろう。

釈尊がバラモン教やウパニシャッド哲学などの用語を借用しながらも、それらを仏教的に転釈していることは、本書の註解で指摘してあるとおりである。もちろん、業、輪廻の思想のようにインドのほとんどの宗教や哲学思想に共通するものがある。

ところで輪廻思想はアリアン民族に固有なものではなく、トーテミズムに起源するという見方が、今日のインドでは有力である。もしそうだとすれば、種族宗教のトーテミズムがバラモン教に影響を及ぼしたということも考えられるであろう。釈尊はトーテミズムを否定し、輪廻から解脱することを仏教の究極的な宗教的理想の実現であると説いた。

仏教はバラモン教の祭式主義（ritualism）に対して祭式を否定排除し、天啓宗教とは立場が異なることを明らかにした。また、ウパニシャッド哲学の知性主義の立場もとらずに、アートマン（ātman 実体的な自我の存在）の哲学に対して無我を標榜した。

また、仏教は禁欲的な苦行主義すなわち古代種族宗教の呪術的世界観とも訣別した。そして世俗的な欲望充足主義であるバラモン教の世俗肯定的世界観をも否定した。仏教は、いわば中道主義の立場をとった自覚宗教の旗色を鮮明ならしめた。

仏教がジャイナ教と同じように民族宗教に堕することなく、極めて普遍的な世界宗教として発展するに至ったことが、*Sn.* の全篇を読み通してみて首肯することができよう。

Sn. にみられる初期の釈尊仏教

釈尊仏教はすべて釈尊独自の創唱ではないというのが著者の所見であることはすでに述べたとおりである。そして、釈尊仏教の特徴を明らかにするためには種族宗教と仏教との関係を重視すべきである。

初期仏教の教説は、普通、四諦・八聖道（八正道）・十二因縁などとして体系化される。もしくは仏教の核心的な教理とみられる縁起的世界観や空の哲学、智慧と慈悲などは全仏教の教説展開における最重要の課題であり、哲学的な問題でもある。だが、これらは *Sn.* にはまだ体系化組織化されていなくて、断片的に僅かに言及されるか、未見である。たとえば、G. 653 に paṭiccasamuppādadasa とあるのは縁起である。また空（suñña）も説かれている。「モーガラージャよ。世の中を空なるものとして観察するがよい」と、釈尊は説く（G. 1119）。

しかし、釈尊仏教として特色的なものをいくつか指摘することができる。共同労働による種族共同体には縁起的世界観は自然発生的に形成されたにちがいない。また私的所有のない種族共同体を背景にして、釈尊の無所有や我執の否定が説かれた。

そして、何よりも人間存在の実存的な直視であろう。われわれが生きるという現実はさまざまな渇望や欲望がはたらいているということ、そのこと自体にほかならない。これを釈尊はウパディ（upadhi）すなわち「生存の依りどころ」という。そこにはヴェーダ聖典の権威もなければ宗教的因習の片鱗も存しない。人は誰でも例外なしにタンハー（taṇhā, Skt. tṛṣṇā 漢訳、渇愛）をもつ。本書では渇望という訳語を用いたが、喉の渇きを意味するように、堪えがたい欲望である。また時には欲望（kāma）ともいうが、情欲であるから端的にいって生存欲といってよいかも知れない。いってみれば、人間存在をあらしめている実存の実体はひとえに渇望や欲望のはたらきにほかならない。

それは根源的な無知すなわち無明（avijjā, Skt. avidyā）にもとづく。無明は暗黒に喩えられるように、われわれ人間は永劫の闇黒の中にうごめいている無明的存在そのものなのだといってよい。ところで、この渇望を抑止し欲望を制御するのが釈尊仏教の実践体系における第一命題である。そのためには実体的な自我の存在を否定し、さらには一切の私的所有の観念を否認しなければならない。

渇望の抑止と当然のことながら関連するが、初期仏教もジャイナ教も無所有を説く。所有もしくは私的所有の観念が我執のもとであるのはいうまでもない。ジャイナ教では無所有は五大誓戒（不殺生＝殺すことなかれ、不妄語＝嘘をいうなかれ、不偸盗＝盗むことなかれ、清浄行＝貞潔であれ、無所有＝所有することなかれ）の第五に数えられる。仏教では第五不飲酒（＝飲酒することなかれ）であるが、ジャイナ教は無所有を厳しく説く。しかしながら *Sn.* をみる限りでは初期仏教でも無所有（ākiñcañña）が強調されていることが分かるであろう。

著者はその史的背景として種族社会が解体し国家が成立して私的所有が増大するに至ったのとまさしく照応しているとみるものである。

私的所有の否定は種族社会が原生的な原始共産制であったからである。このことと関連して出家得度した者はあらゆる生産活動に従事することが禁止される。すでに種族共同体は崩壊し、生産活動は物欲を充足するためであり、ことに当時、著しく進展した生産力の増強、私的所有の激化は、利潤を獲得するのが生産活動の主要目的であったからである。だからして生産活動に従事するのは渇望の抑止、欲望の制御という仏教の立場と相矛盾する。偸盗、収奪と対照的なのが施与（dāna 漢訳、布施）である。施与の倫理は古期ウパニシャッド哲学にも認められる。が、とくに仏教とジャイナ教とは他宗教よりも施与の倫理が徹底して説かれている。ジャータカ物語（*Jātaka*）は釈尊の前の生涯における出来事を説いたものであるが、施与の功徳が繰り返される。また、大乗仏教になると、大乗菩薩の六波羅蜜（布施・持戒・忍辱・精進・禅定・智慧）の第一に布施が挙げられるから、布施波羅蜜がいかに重視されたかが分かる。

ところで、施与は本来、種族社会においては種族たちの間における社会の富の分配様式であった。もちろん、応分的な均等配分は狩猟採集時代まで遡り、林住種族たちにも認められるものである。各自の必要に応じて分与するのは平等の所有権が保証されているからである。このような種族的分配様式は仏教教団の場合、在家信者からの施物は教団の所有であって個人的所有が認められないのに、その名残りをとどめている。とくにわれわれにとって興味深いのは仏教における無遮会（pañca-vārṣika 五年大会とも）である。これは国王が施主となり、貴賤等や身分に関係なく、何人にも無差別に供養するものである。仏教とともに伝わった行事であるから、本来は種族共同体における分配の様式すなわち平等無差別の施与に起源するものであろう。

次に、すでに取りあげた階級社会の否定にもとづく人間平等の問題がある。これもまた国家の強力に対する仏教側の批判であり、仏教がもつ国家権力に対抗した一種のアジール的、アナーキー的な思想である。

これに関連して、なお付言するならば、初期仏教の釈尊の時代に女性たちの教団すなわち比丘尼教団が存在した。これもまた人間の平等観による釈尊の理念を実現したものにほかならない。比丘尼たちの詩句を集成した『長老尼の詩』（*Therig.*）がある。これによってみても当時の女性たちがいかに高い教養をつみ、確固とした人間観をもっていたかがよく分かる。女性の教団はバラモン教はもとよりジャイナ教にもなく、世界宗教史からみても、特筆すべき事実として評価しなければならないであろう。

智慧と慈悲――非暴力主義

次に釈尊の慈悲の精神と仏教の非暴力主義、不戦主義について、その種族的起源をみなければならない。

種族たちの農耕共同体社会は共働きと生産物の均等配分を原則とする。したがってそれは仏教の利他の精神の温床であった。釈尊が説いた利他の慈悲行は国家が出現した時代背景を顧慮してこそ、われわれはそれが仏教の中核的な実践活動となったゆえんをよく理解することができるように思われる。慈悲の精神の発露は我執を排除した無我すなわち自己解体であるが、とくに釈尊が個人主義を批判したのは、ヴェーダ・アリアン民族が本来牧畜民族であって、種族的な、すなわち血縁と地縁を紐帯とする農耕共同体社会になじまなかったからでもあろうが、当時、ガンジス河中流域地方に侵出したヴェーダ・アリアン民族の都市人口の増加による個人主義と利己主義が彌漫した事実を見のがすことができないであろう。

仏教の非暴力主義、不戦主義について、その種族的思想をみなければならない。暴力と侵略という軍事的行動すなわち軍国主義の是認は、国家の強力によって種族社会を侵略して征服もしくは滅亡させた時代背景と不可分の関係にある。釈尊の晩年、コーサラが釈迦族を攻撃したとき、釈尊の不殺生戒を守った釈迦族は無抵抗主義に徹して、ついに種族は滅ぼされたことを、われわれは想起しなければならない。

大乗仏教は端的にいって智慧と慈悲の教えであるというのが、今日、わが国における大乗仏教の教理についての通念になっている。智慧に関していえば、著者のいう「自覚宗教」の基調となっているものであって、智慧は慈悲のはたらきとなって現われる。したがって伝統的な大乗仏教の用語によるならば「悲智不二」ということである。そしてまた無師独悟の釈尊の覚りが智慧の根源的形態――大乗仏教や密教ではこれを一切智智という――であることはいうまでもないが、慈悲の心、さらには大乗仏教の寛容の精神は結論的にいえば、それは農耕的な種族共同体における非暴力主義に由来しているものである。

非バラモン教的な初期仏教

ヴェーダ・アリアン民族に伝統的なバラモン教の聖典ヴェーダは、四階級の中の司祭階級のバラモンたちだけが伝承してきたものである。換言すればバラモン教の教義や儀礼は他の階級の者、階級外の者たちはもちろんのこと、彼等のあずかり知らぬところであった。そして師拳（ācāriya-mutthi, Skt. ācārya-musti）という特殊な用語が語り伝えるようにバラモン教の極意は秘教として師資相承される。要するに非公開的なものであり、そのような秘教は師の握りしめた拳の中にあって、拳は容易に開くべきものではないとする喩えが師拳である。これに対して真向うから反対したのが、釈尊であった。「われに師拳なし」と。仏教は社会的な階級差別を問わずにすべての者に説かれる。

これは恐らく種族宗教が種族たちの共有であって、暗黙のうちに誰でもが伝承し了解して、共通観念としてすべての者が共有していたことに由来する。それはいわば種族社会における宗教の自由であるといってよいであろう。しかるに、このような自由の観念は国家が成立して市場経済が発達するようになった新しい時代に、仏教が代弁するかのように宗教の自由を主張し、それを獲得したことは特筆すべきことであろう。

釈尊は説く。宗教は市場経済と同様であって、市場における売買に喩えられると。生産物資を販売する者は購買者の階級や身分、家柄、職業などを一々聞いてから物品を売るわけではない。そこには、社会的階層の差別は全くない。宗教も同様であって教えを乞う者は何人であってもよい。階級、身分、家柄、職業を問うたうえで、そのような世俗的な差別によって教えを説かなかったり、教えに手加減を加えるということはない。

ここにもバラモン教はインドの民族宗教にとどまり、仏教は世界宗教となり得た秘密が隠されている。

この意味において、種族共同体の宗教的自由、種族の共有する宗教から市場経済の発達に伴う国家における宗教

――信仰――の自由までが初期仏教に認められることは十分に注目してよいであろう。

むすび

すでにみたように「自覚宗教」としての仏教と「天啓宗教」としてのバラモン教が異質なものとして、仏教が本質的にいって反バラモン教的でありながら、しかもバラモン教の社会体制の中にあってバラモン教から多くの影響を受けたこともいうまでもないであろう。

たとえば、密教という形態をとった仏教がどうして成立したか。インド密教の評価の仕方はこれまでも内外の諸学者によってさまざまである。が、著者は釈尊の初期仏教、アビダルマ部派仏教、大乗仏教とくに般若、華厳などの思想的影響を受けながらも、宗教的儀礼の様式はヒンドゥー教を換骨奪胎した点で、分化と総合の反覆というインドの宗教的土壌の中において最も総合的な宗教形態をとったのが密教だとみることができると思われる。

その点、密教は仏教のヒンドゥー化というよりも、むしろヒンドゥーの仏教化であると理解することができるのではないだろうか。

註

(1) 近年、わが国では古代ギリシャの都市国家であるポリスと同類の性格をもつものと見なして「古代インドの都市国家」と名づける一部の学説もある(増谷文雄博士説)。が、古代ギリシャの国家のように都市をもって一国を形成していたのではない。詳しくは拙著『仏教の起源』(初版、改訂版、山喜房佛書林。再訂版は『著作集』第一巻所収、法藏館)三四頁、四〇頁参照。

(2) なお、今日、釈尊を釈迦と通称するが、釈迦はいうまでもなく、種族名であって釈尊の固有名詞ではない。また、近年、釈尊を「ゴータマ・ブッダ」（Gotama-buddha）というが、これは古層のどのような仏教文献にもなく、またパーリ語聖典にも全く見当たらない。現代の学者の新造語である。また、釈尊の幼名を「シッダールタ」（Skt. Siddhārtha 悉多太子）といったというのは前掲『仏陀の生涯』にはじめて出てくるのであって、紀元前のいかなる文献にも記されていない。

本書で釈尊というのは釈迦族出身の尊者の意味で、歴史的にみて漢訳語として語義は正当である。

（3） kula はアリアン民族がインドに移住する以前から住んでいた土着原住のドラヴィダ民族（Dravidian）が用いていたドラヴィダ語である。

種族社会では kula は氏族を意味する。なお英語の clan（氏族、一族）は kula と同一語源の語である。種族共同体が解体して氏族は大家族化する。さらに後には個別的な家族となって家系、一門をもさす。このように同一の言語でも時代の推移によって社会構造の変容とともに意味内容が異なってくる点に注意しなければならない。

（4） 戦士族としてヴェーダ・アリアン民族の社会的階層に位置づけられた種族についてのまとまった研究に B. C. Law: *Some Kṣatriya Tribes of Ancient India.* Varanasi 1975 がある。本書にはリッチャヴィ族、ジニャートリカ族（Jñātrika またナーヤ族 Nāya）、ヴィデーハ族、マッラ族、釈迦族、ブリ族、コーリヤ族、モーリヤ族（Moliya）、バッガ族、カーラーマ族、そのほかマドラ族（Madra）、カムボージャ族（Kamboja）、ガンダーラ族（Gandhāra）を取りあげている。

（5） ミルチア・エリアーデは『世界宗教史』三（島田裕巳訳、筑摩書房〈ちくま学芸文庫〉、二〇〇〇年五月、一四八頁）の「第十九章仏陀のメッセージ――永遠回帰への恐怖から言葉を超えた至福へ」における「限定されないもの」の逆説で次のように述べている。

しかしながら、仏陀は自分が「独創的な」教義を説いているとは主張しなかった。多くの機会に、自分は、過去の「聖人」や「完全に覚醒した」者たちも知っている時間を越えた教義（アカーリカ）である、「古代からの道」に従ってきたことを繰り返している。それは、彼のメッセージが「永遠なる」真理であり、普遍性をもつことを別な形で強調したものである。

右の一文で「古代からの道」に従ってきたことを繰り返している、というのは、かつての目覚めた者たちの歩いていった跡を辿っているということから、過去の諸仏（古仏）というのが、釈迦族の種族宗教の先人たちと解することができるのではないだろうか。この点、著者はエリアーデ教授とは視点を異にする。「私は古代の道、完全に覚醒したすべての者たちが創始した古い道を見てきた。それは私が従いたいと思う道なのである」とあるのに、註では「サンユッタ＝ニカーヤ」（『相応部』）II. 106）を出典として掲げる。故人の歩いた古き道、古《いにしえ》の道を辿るということ、すなわち宗教的哲学的な教説の伝承を物語るのは『ブリハドアーラニヤカ・ウパニシャッド』（*Bṛhad Up.*）などにすでにみえる。仏教がそうした表現を踏襲して、種族宗教の伝統ある仏教であることを明示したものと解されよう。たとえば、

tad ete ślokā bhavati / aṇuḥ panthā vitataḥ purāṇo māṃ spṛṣṭo 'nuvitto mayaiva, tena dhārā apiy-anti brahmavidaḥ svargaṃ lokam iti ūrdhvaṃ vimuktāḥ. (*Bṛhad Up.* 4. 4. 8.)

まさに、次の詩句がある。

微細にして広大なる古き道は、わたしに触れられたもの（＝知られたもの）である。わたしによってのみ徹底的に知られた。これ〔＝古き道〕によって賢者にして梵を知る者たちは天界に到達するというのは、〔一切の世界より〕上方に解脱したことである。

この「古き道」について釈尊は「また、比丘たちよ」と呼びかけ、「往昔の諸仏（または等正覚者たち）が辿られた古き道（purāṇamagga）、古くしてまっすぐな〔道〕（purāṇañjasa）とは何か。それはまさに聖なる八支道（＝八聖道、八正道）である」と説かれた（SN. II. p. 106）。聖なる八支道とは、正見・正思惟・正語・正業・正命・正精進・正念・正定である。

なお、右のパーリ文に相当する漢訳の『雑阿含経』（大正、二・八〇頁下）では「我時作二是念一。我得二古仙人道一。古仙人逕。古仙人道跡一。古仙人従二此跡一去。我今随去」で、八正道の他に生・老・病・死の四苦を見るとある。『増壹阿含経』（大正、二・七一八頁下）には「見下古昔諸仏所二遊行一処上。便従二彼道一」とあり、四苦の起こる原本を知る、とある。また『縁起聖道経』（大正、一六・八二八頁下）には「何等名為二旧道旧径旧所行跡一。古昔諸仙嘗所二遊履一」とあり、『貝多樹下思惟十二因縁経』（大正、一六・八二七頁中）に「便見二故道故人行処一。便随（マヽ）已随見二故城一云々」とある。

このように諸仏（＝もろもろの目覚めた者buddhāḥ）、等正覚者たち（sammāsambuddhāḥ）、古仙人、諸仙を挙げる。諸仙はおそらくリシ（ṛṣi聖仙）で、本来はヴェーダの讃歌に関わる者だが、一般には宗教的な聖者であって目覚めた者もしばしば、リシと呼ばれるので、リシ、もろもろの目覚めた者たち（諸仏）、等正覚者たちは同格であって、いわゆる釈尊以前の古仏である。そして、右の若干の資料に共通して認められることは八正道が釈尊の創説ではなくて古仏による伝承だということである。これも過去仏の存在を示唆するといえよう。

なお、古き道（purāṇapatha, purāṇamārga）については、宮本正尊『根本中と空』（第一書房、一九四三年三月）、四三〇—四三五頁所収「王族諸仙の古道と三世諸仏一貫の道」参照。

（6）キリスト教やイスラム教のような一神教の宗教には全くみられない宗教現象が、仏教がインド以外のアジア各地に伝播したときにも認められることは、われわれにとって極めて興味深いことだといわなければならない。たとえば、イラン、中央アジア、チベット、中国、東南アジア、わが国などでは、各土地の神がみと仏教の諸尊とが混淆もしくは習合した。とくに、わが国では神仏習合、本地垂迹が行なわれ、古来の神がみと仏菩薩などは同体と見なされ、「神仏」「かみほとけ」という固有の神観念が生まれたのであった。

世界には、なお若干の特例もある。ブラジルのカトリック教会で祈る、いわゆる「黒いマリヤ」というのは、ブラジルに渡ったアフリカの原住民たちが信仰していた海の神「イエマンジャ」が本体である。

経の集成（*Suttanipāta*）

凡　例

〔本文について〕

一、底本は、PTS. 本を用いる。翻訳にあたってテキストを校訂した一覧表は、別に添付してある。

一、註解における冒頭のゴチック文字の数字は本文中の各詩句（Gāthā）の通番号である。

一、本文中に註番号を（　）印で示す。巻末に同番号で註解がある。これは各章・経ごとに改めて付してあるので、まず詩句の通番号をみてから見当をつけていただきたい。

一、詩句の通番号のすぐ下にある註番号はその註解でこの詩句と全同または類似の文言が他の文献にあることを示す。たとえば**一九四**（２）は**一九四**の詩句に相当する文言を**一九四**（２）の註解で指摘してある。

一、本文中に散文の箇所がある。その註解では冒頭にゴチック体で**散文**として、詩句の各番号と区別している。散文における註番号は詩句のそれを含めて通し番号になっている。

一、〔　〕は文脈上、原文の意味するところを補足したもの。*Pj.* を参照してある。主要なものは註解に典拠を示し、場合によっては *Pj.* の原文を付してある。ただし、訳者が補訳したものも若干ある。

　例：新しい〔煩悩の汚れ〕を／〔神の〕世界

一、（＝　）の括弧内は、用語を理解しやすいようにするために換言したものである。

(1)平易な現代語に改めた場合

例：執着の始原（＝原因）／境界の終極（＝煩悩）

⑵慣用の漢訳語を対応させた場合

例：目覚めた者（＝仏）／心の安らぎ（＝涅槃）／在家信者（＝優婆塞）

⑶指示代名詞を実名詞で示す場合

例：それ（＝抑制）

⑷バラモン教の用語を仏教的に転釈した場合

例：ヴェーダ聖典（＝勝れた智）／梵天（＝最勝者）

一、慣用の漢訳語はそのまま用いた。

例：等覚者／阿羅漢／正等覚者

一、関係代名詞は邦語の表現では馴染みにくいように思われるので、一々直訳せずに、これを省略する。

例：「誰でも、蛇の毒が〔体に〕まわるのを薬草で抑えるように、生じた怒りを抑えるかの行乞者は云々。」

(G.1 Yo uppatitaṃ vineti kodhaṃ visataṃ sappavisaṃ va osadhehi, so bhikkhu...)

一、同一の原語でも、邦訳のニュアンスを勘案して若干異なった訳語を用いる。たとえば、loka は漢訳語では一般的に「世間」である。が、本書では「世の中」、「この世」、「世界」などと文脈にしたがって訳語を変えてある。

一、その他、本文だけでは分かりにくい語や表現がある場合は、註番号を付してあるので、註解を参照していただきたい。

〔註解について〕

一、本文を理解するのに必要な限りの註解とする。

一、パーリ語、サンスクリット語、プラークリット語（Prakrit）、アルダマーガディー語（Ardhamāgadhī）および漢訳語などの対応語を示しているのは、専門的に調べる場合の便宜のためである。

一、プラークリット語はサンスクリット語の俗語化したもの。アルダマーガディー語は釈尊在世当時、マガダ地方を中心に使われていた地方語である。ジャイナ教では今でも聖典用語として使用している。

一、本文の語句に相当するパーリ語は、原則としてPTS.本の*Sn.*の語形を示す。ただし、註解にあたって名詞・形容詞に限り、解説上、語尾変化形をとくに考慮する必要がない場合は、語幹（stem語基形）に戻してある。ときには（↑　　）印で語幹を示す。

一、G.（=Gāthāの略称）とあるのは、*Sn.*の詩句（韻文）の番号を示す。

一、従来、出版された邦訳とは異なった翻訳をしてある場合で、とくに問題になるものは書名を掲げて指摘し評言を加えてある。

一、訳語の相違が初期仏教の基本的な理解に関わるものも、註解で訳者の所見を述べてある。

かの世尊[1]、阿羅漢[2]、正等覚者[3]を礼拝したてまつる。

一　蛇の章[4]

一、蛇の経[5]

一　蛇[6]の毒が〔体に〕まわるのを薬草[7]で抑えるように、生じた怒りを抑えるかの行乞者《ぎょうこつしゃ》（＝修行者[8]）は、劣った此の岸[9]を捨てる。あたかも蛇[10]がこれまでの古びた皮を〔脱ぎ捨てる〕ように。

二　池の中に生えている蓮華を〔子どもたちが池に入って〕折り取るように、貪り[11]を余さず断ち切ったかの行乞者は、劣った此の岸を捨てる。あたかも蛇がこれまでの古びた皮を〔脱ぎ捨てる〕ように。

三　流れる急流[12]を涸らせて〔しまうように〕余すことなく渇望[13]を断ち切ったかの行乞者は、劣った此の岸を捨てる。あたかも蛇がこれまでの古びた皮を〔脱ぎ捨てる〕ように。

四　大激流[14]がなよなよした葦の〔生える〕堤防[15]を〔破壊するように〕慢心[16]をことごとく取り除いたかの行乞者は、劣った此の岸を捨てる。あたかも蛇がこれまでの古びた皮を〔脱ぎ捨てる〕ように。

五　もろもろの無花果[17]の樹の中に花を見分けようとしても〔見つからない〕ように、もろもろの生存[18]の中に堅牢〔不変〕なもの[19]を得なかったかの行乞者は、劣った此の岸を捨てる。あたかも蛇がこれまでの古びた皮を〔脱ぎ捨てる〕ように。

六　何に対しても内〔心〕に怒りがなく、〔世俗の〕是非判断[20]を超えたかの行乞者は、劣った此の岸を捨てる。あたかも蛇がこれまでの古びた皮を〔脱ぎ捨てる〕ように。

七　もろもろの思念[21]が滅ぼされ、内〔心〕が余すことなく清く整えられたかの行乞者は、劣った此の岸を捨てる。あたかも蛇がこれまでの古びた皮を〔脱ぎ捨てる〕ように。

八　行き過ぎることもなく、遅れ過ぎることもなく[22]〔中道を歩んで〕、この〔渇望・誤った見解・慢心という三種の〕妄想[23]をすべて超えてしまったかの行乞者は、劣った此の岸を捨てる。あたかも蛇がこれまでの古びた皮を〔脱ぎ捨てる〕ように。

九　行き過ぎることもなく、遅れ過ぎることもなく、この世（＝世間）において「この〔世の〕すべては虚構である[24]」と知ったかの行乞者は、劣った此の岸を捨てる。あたかも蛇がこれまでの古びた皮を〔脱ぎ捨てる〕ように。

一〇　行き過ぎることもなく、遅れ過ぎることもなく、「この〔世の〕すべては虚構である」と〔知って〕、貪欲を離れたかの行乞者は、劣った此の岸を捨てる。あたかも蛇がこれまでの古びた皮を〔脱ぎ捨てる〕ように。

一一　行き過ぎることもなく、遅れ過ぎることもなく、「この〔世の〕すべては虚構である」と〔知って〕、貪りを[25]離れたかの行乞者は、劣った此の岸を捨てる。あたかも蛇がこれまでの古びた皮を〔脱ぎ捨てる〕ように。

一二　行き過ぎることもなく、遅れ過ぎることもなく、「この〔世の〕すべては虚構である」と〔知って〕、怒りを離れたかの行乞者は、劣った此の岸を捨てる。あたかも蛇がこれまでの古びた皮を〔脱ぎ捨てる〕ように。

一三　行き過ぎることもなく、遅れすぎることもなく、「この〔世の〕すべては虚構である」と〔知って〕、愚かさを離れたかの行乞者は、劣った此の岸を捨てる。あたかも蛇がこれまでの古びた皮を〔脱ぎ捨てる〕ように。

一四　何に対しても潜在的な煩悩（＝随眠）[26]が少しもなく、もろもろの不善の根[27]を断ったかの行乞者は、劣った此の岸を捨てる。あたかも蛇がこれまでの古びた皮を〔脱ぎ捨てる〕ように。

一五　何に対しても此の岸に還って来るための機縁となる不安が少しもない、かの行乞者は、劣った此の岸を捨てる。あたかも蛇がこれまでの古びた皮を〔脱ぎ捨てる〕ように。

一六　〔欲望の〕叢林より生ずる[28]、生存という束縛のための原因となるようないかなるものもないかの行乞者は、劣った此の岸を捨てる。あたかも蛇がこれまでの古びた皮を〔脱ぎ捨てる〕ように。

一七　五つの覆い[29]を捨て、静安で惑いを超え[30]、〔毒〕矢（＝煩悩）を離れたかの行乞者は、劣った此の岸を捨てる。あたかも蛇がこれまでの古びた皮を〔脱ぎ捨てる〕ように。

蛇の経　終わり

二、ダニヤの経[1]

一八　牛を放牧して暮らしているダニヤ[2]は申しあげた。
「わたくしはご飯を炊き、乳を搾りました。マヒー河[3]の岸辺に〔家族と〕いっしょに住んでいます。〔雨期に備えて〕小さな家〔の屋根〕は葺かれ、〔炉には〕火が燃えています。神よ、ときに、もしお望みとあれば、雨を降らせたまえ。[4]」

一九　世尊は説かれた。

「わたしは怒りもしなければ、〔心が〕頑なでもない。マヒー河の岸辺に一夜宿る。小さな家[5]〔の屋根〕は覆いがとられ、火は消された。神よ、ときに、もしお望みとあれば、雨を降らせたまえ。」

二〇　牛を放牧して暮らしているダニヤは申しあげた。

「黒蝿や蚊もいないし、牛たちは沼地に生えた草を食べている。たとえ、雨が降りだしたとしても、彼等はじっと我慢するでしょう。神よ、ときに、もしお望みとあれば、雨を降らせたまえ。」

二一　世尊は説かれた。

「〔木材や竹で〕組んだ筏は巧みにつくられたものだから、激流に打ち克って〔河を〕渡りきり、彼の岸〔＝理想〕に到達した。[6]〔もはや、わたしは〕筏を必要としない。神よ、ときに、もしお望みとあれば、雨を降らせたまえ。」

二二　牛を放牧して暮らしているダニヤは申しあげた。

「わたくしの〔妻である〕牛を放牧する女性は温順で、足るを知り、長い間、いっしょに暮らして気にいっています。彼女のどんな悪い〔噂〕も聞いたことがありません。神よ、ときに、もしお望みとあれば、雨を降らせたまえ。」

二三　世尊は説かれた。

「わたしの心は温順であり、解脱している。長い間、普く修めて、よく制御されている。しかも、わたしにはどんな悪もない。神よ、ときに、もしお望みとあれば、雨を降らせたまえ。」

二四　牛を放牧して暮らしているダニヤは申しあげた。

「わたくしは、働いて得たお金で食べています。そして、わたくしたちの子どもはみんな無病息災です。彼等について、どのような悪い〔噂〕も聞きません。神よ、ときに、もしお望みとあれば、雨を降らせたまえ。」

二五　世尊は説かれた。

「わたしは誰にも雇われていない。[7]〔わたしが〕得たものであらゆる世の中を行く。〔他人に〕雇われる必要はない。神よ、ときに、もしお望みとあれば、雨を降らせたまえ。」

二六　牛を放牧して暮らしているダニヤは申しあげた。

「〔まだ馴らされていないが成長した〕子牛たち[8]もいれば、乳を飲む幼い牛たち[9]もいる。身ごもる牝牛たちもいるし、処女牛たちもいます。牛王（＝牡牛の頭）である〔最も勝れた〕一頭の牡牛もいます。神よ、ときに、もしお望みとあれば、雨を降らせたまえ。」

二七　世尊は説かれた。

「子牛たちもいなければ、乳を飲む幼い牛たちもいない。身ごもる牝牛たちもいなければ、処女牛たちもいない。牛王である〔最も勝れた〕一頭の牡牛もいない。神よ、ときに、もしお望みとあれば、雨を降らせたまえ。」

二八　牛を放牧して暮らしているダニヤは申しあげた。

「杭は地面に深く打ちこまれて揺ぎません。新しくムンジャ草[10]でつくった縄は、よくなわれています。乳を飲む幼い牛たち[11]でさえも断ち切ることはできない〔でしょう〕[12]。神よ、ときに、もしお望みとあれば、雨を降らせたまえ。」

二九　世尊は説かれた。

「あたかも牡牛がさまざまな束縛を断ち切り、あるいは象が悪臭を放つクサカズラ[13]を踏み砕くように、わたしは二度と母胎に入らないであろう。神よ、ときに、もしお望みとあれば、雨を降らせたまえ。」

三〇 たちどころに、大雲が雨を降らし、低地や丘を〔水〕びたしにした。神が雨を降らす〔音〕を聞いて、ダニヤは次のように申しあげた。

三一 「わたくしたちは世尊にお目にかかって、ああ、わたくしたちは実に多くのものを得ました。眼あるお方よ[14]。わたくしたちはあなたに帰依いたします。あなたはわたくしたちの教師[15]となってください。偉大な聖者[16]よ。

三二 わたくしも牛を放牧する女性〔である妻〕も温順です。わたくしたちは〔彼の岸に〕善く行ける者（＝善逝[17]）のもとで清らかな行ない[18]をいたします。生死〔を超えたところ〕の彼の岸に到達し[19]、苦を滅するものとなりましょう。」

三三 悪魔のパーピマン[20]がいった。

「子どもをもつ者は子どもによって喜び、同じように牛をもつ者は牛によって喜ぶ。なぜならば、人の〔欲望などの、生存の〕依りどころ[21]はもろもろの喜びであるから。〔また〕依りどころなき者は、まさしく喜ぶことがない。」

三四 世尊は説かれた。

「子どもをもつ者は子どもによって心悩み、同じように牧牛者は牛によって心悩む。なぜならば、依りどころは人のもろもろの心悩み〔のもと〕であるから、〔また〕依りどころのない者は、まさしく心悩むことがない。」

ダニヤの経　終わり

三、犀の角の経(1)

三五　あらゆる生けるもの(2)に暴力(3)をふるわず、彼等のいかなるものをも損《そこ》なうことなく、子どもを欲しがってはならない。もちろん仲間を〔欲しがって〕もいけない。犀の角(4)のように一人で歩むがよい。

三六　交際をした者に対しては愛着(5)が生ずる。愛着にしたがって、この苦が生ずる。愛着より生ずる患いを観察しながら、犀の角のように一人で歩むがよい。

三七　仲間や親友たちを憐れみながら、執われた心をもつ者は、利益を失う。親交において〔起こる〕こうした恐れを観察しながら、犀の角のように一人で歩むがよい。

三八　子どもや妻たちに対する愛情は、まさに、広々と〔生い繁る〕竹がもつれるようなものである。あたかも〔芽生えた〕竹の子が〔他に〕まとわりついていないように、犀の角のように一人で歩むがよい。

三九　たとえば鹿が森林の中にいて、縛られることなく餌のために〔行きたいと〕思ったところに行くように、聡《さと》い者は自立を望みながら、犀の角のように一人で歩むがよい。

四〇　仲間の中にいると、休んでいても、立っていても、歩いていても、旅をしていても、呼びかけられることがある。〔悪しき他の人びとには〕望まれない自立を観察しながら、犀の角のように一人で歩むがよい。

四一　仲間の中にいると、遊びや喜びがある。また子どもたちに対する愛情は広く大きい。〔だから〕愛する者と離別するのを厭いながら、犀の角のように一人で歩むがよい。

四二　四方にいて〔どこにも〕障害がなく、いかなるものにも満ち足り、もろもろの危難(6)に堪えて、恐れずに、犀の角のように一人で歩むがよい。

四三 たとえ出家した人たちであっても、〔不平をいって〕心を修《おさ》めにくい〔者がいる〕。家に住んでいる在家者たちにしても同じである。〔また〕他人の子どもたちに関わらずに、犀の角のように一人で歩むがよい。

四四 たとえば落葉したコーヴィラーラ樹(7)のように、勇者(8)は在家のもろもろの飾りを捨て去り、在家のもろもろの束縛を断って、犀の角のように一人で歩むがよい。

四五 もしも、そなたが賢明な仲間を得るならば、〔また〕共に歩む堅固な〔心をもつ〕同伴者を〔得るならば〕、あらゆる危難を克服し、心喜んで正しい想念を保ち(9)、彼といっしょに行くがよい。

四六 もしも、そなたが賢明な仲間を得られないならば、〔また〕共に歩む堅固な〔心をもつ〕同伴者を〔得られない〕ようであれば、あたかも王が征服した国を捨てるように、犀の角のように一人で歩むがよい。

四七 われわれは、確かに仲間を得ることを称賛する。〔自分より〕遥かに勝れた、〔または〕等しい仲間には親しみ近づくべきである。こうしたよい者たちが得られなければ、〔非法によって不当に得るような〕過ち〔の心〕なく(10)暮らして、犀の角のように一人で歩むがよい。

四八 金の細工師がよく仕上げた輝く黄金の二つ〔の腕輪〕(11)が、一つの腕にあって現に打ち合って音を立てるのを見て、犀の角のように一人で歩むがよい。

四九 そのように、二人でいっしょにいれば、互いに饒舌になったり、ののしりあったりするだろう。将来、こうした恐れがあるのを見てとりながら、犀の角のように一人で歩むがよい。

五〇 もろもろの欲望(12)はさまざまで、蜜のように〔甘く〕(13)、快いから、種々さまざまのかたちで心を乱させる。もろもろの〔眼・耳・鼻・舌・身の五官の〕欲望の対象に煩わしさを見てとって、犀の角のように一人で歩むがよい。

五一　これはわたしには腫物であり、災厄であり、病気であり、〔煩悩の〕矢[14]であり、恐怖である、と。もろもろの〔眼・耳・鼻・舌・身の五官の〕欲望の対象にはこうした恐怖があるのを見てとって、犀の角のように一人で歩むがよい。

五二　寒さと暑さ、飢えと渇き、風と陽光、虻と蛇、これらすべてのものを克服して[15]、犀の角のように一人で歩むがよい。

五三　あたかも肩が発育し、蓮〔の花のような斑点〕を有する[16]巨大な象が、群を避けて思うがままに林の中に住むように、犀の角のように一人で歩むがよい。

五四　集会を楽しんでいる者には、僅かな間の解脱に[17]〔も〕至るような、その根拠がない。太陽神の親族（＝日種[18]）の言葉に心傾けて、犀の角のように一人で歩むがよい。

五五　〔正見に対して〕もろもろの〔矛盾した、すなわち誤った〕見解[19]の争いを超越して、確定[20]を得、道を得た者は、「わたくしには智慧が生じた。他人に導かれなければならないことはない」〔と知って〕、犀の角のように一人で歩むがよい。

五六　貪らず、欺瞞なく、渇望することなく、偽善なく、汚濁と迷妄とを取り除き、あらゆる世の中において依りどころ〔＝渇望〕なき者となって、犀の角のように一人で歩むがよい。

五七　〔他の者に〕無益なことを示し、不正なものに執われた悪しき仲間を避けるがよい。〔もろもろの欲望に〕耽り怠惰な者に自分から親しまないのがよい。犀の角のように一人で歩むがよい。

五八　〔真実を〕多く聞いて[21]教法を身につけ[22]、勝れていて、弁舌の才能ある友人と交際するがよい。もろもろのためになること[23]を明らかに知って、疑いを除くがよい。犀の角のように一人で歩むがよい。

五九　世の中で遊戯や歓楽、そして〔ものに対する〕欲望の快楽に満足することなく、期待することなく、虚飾を離れ、真実を語る者であり、犀の角のように一人で歩むがよい。

六〇　子どもと妻、父と母、財物と穀物、そして親族たちといった、〔また、その他〕ありとあらゆるもろもろの欲望〔の対象〕を捨てて、犀の角のように一人で歩むがよい。

六一　智慧者[24]は、「これは執着である。ここには楽が少なく、快い味も少なく、ここには[25]苦がより多くある。これは釣針である[26]」と知って、犀の角のように一人で歩むがよい。

六二　あたかも水中の魚が網を破って〔逃げる〕ように、火が〔すでに〕焼けたところに戻らないように、もろもろの〔煩悩の〕結縛[27]を破って、犀の角のように一人で歩むがよい。

六三　眼を伏せて、うろうろすることなく、〔欲望の対象から〕感官を守り、〔煩悩から〕意《こころ》を守って、〔煩悩が〕漏れ出ることなく、〔煩悩の火に〕焼かれることなく、犀の角のように一人で歩むがよい。

六四　たとえば、落葉したパーリチャッタ樹[28]のように、在家のもろもろの特相（＝飾り）を取り去って、出家して袈裟衣をつけた者は、犀の角のように一人で歩むがよい。

六五　もろもろの味を貪らず、〔そのものに心が〕動揺することなく、他の者を養わず、〔家ごとに〕順々に行乞（＝托鉢）し、それぞれの家に心執われず、犀の角のように一人で歩むがよい。

六六　心の五つの覆い[29]を捨て去り、すべての随伴する煩悩（＝随煩悩[30]）を除き去って〔何らかのものを〕依りどころとせず、愛着の過失を断ち切って、犀の角のように一人で歩むがよい。

六七　これまでの楽と苦とを、または喜びと憂いとを捨てて、清らかな放棄（＝捨[31]）と静安（＝止[32]）とを得て、犀の角のように一人で歩むがよい。

六八　最高の目的[33]に達するために精進に励んで、心落ち込まず、行ないを怠らず、懸命に努力して、〔体の〕強さや〔心の〕力をそなえた者は、犀の角のように一人で歩むがよい。

六九　独坐と瞑想とを捨てず[34]、もろもろのものに関しては常に教法にしたがって行ない、もろもろの生存[35]には苦難があることを思惟する者は、犀の角のように一人で歩むがよい。

七〇　渇望[36]が滅することを求めながら、怠ることなく、賢明で、聞いたことを身につけ、正しい想念を保ち、教法を思いはかり、自制し[37]、精勤する者は、犀の角のように一人で歩むがよい。

七一　あたかもライオン[38]がどんな物音にも震えたり恐れたりしないように、あたかも風が網でとらえられないように、あたかも蓮が水に汚されないように、犀の角のように一人で歩むがよい。

七二　野獣たちの王であるライオンが歯牙の力強く〔他の野獣を〕征服してふるまうように、辺鄙な土地の住まいに親しむがいい。犀の角のように一人で歩むがよい。

七三　慈しみ[39]と捨て去ること[40]と憐れみ[41]と解脱[42]と喜び[43]とを常に修めながら、あらゆる〔生存するものの〕世界によって妨げられず[44]、犀の角のように一人で歩むがよい。

七四　貪りと怒りと愚かさとを捨て、もろもろの結縛を破り、命が尽きるのを震え恐れることなく、犀の角のように一人で歩むがよい。

七五　人びとは利益のために交際し、〔他人に〕仕える。今日、利益〔を求め〕ない友だちは得がたい。自分の利益だけしか知らない人びとはけがらわしい。犀の角のように一人で歩むがよい、と。

犀の角の経　終わり

四、耕作者バーラドヴァージャの経[1]

このように、わたくしは伝え聞いている。

あるとき、世尊はマガダ国の南方の山[2]にあるエーカナーラというバラモンの村に住んでおられた。まさしく、そのとき、耕作者バーラドヴァージャ・バラモンは種を播くために五百程の犂《からすき》を軛《くびき》につけた。

そのとき、世尊は早朝に内衣を着け、鉢と上衣とを手にして、耕作者バーラドヴァージャ・バラモンが仕事をしているところへ近づいて行かれた。ちょうどそのとき、耕作者バーラドヴァージャ・バラモンは〔使用人に〕食事を与えていた。

そこで、世尊は給食しているところに近づき、近づいて来てそばに立たれた。耕作者バーラドヴァージャ・バラモンは、托鉢のために立っている世尊を見た。見てから世尊に、このようにいった。

「沙門よ。わたしは耕して播く。耕し播いてから食べる。沙門よ。あなたも耕して播くがいい。耕し播いてから食べるがいい」と。

〔世尊は答えた〕

「バラモンよ。わたしもまた耕して播く。耕し播いてから食べる」と。

〔バーラドヴァージャはいった〕

「しかし、われわれは尊者ゴータマ[3]の軛も犂も鋤先も鞭棒《むちぼう》も軛牛《くびきうし》も見ない。ところが、尊者ゴータマは「バラモンよ。わたしもまた耕して播く。耕し播いてから食べる」という。」

そこで、耕作者バーラドヴァージャ・バラモンは世尊に詩句(4)で話しかけた。

七六　「あなたは農民であると自称するが、われわれはあなたが耕作するのを見たことがないのです。われわれは耕作についてお尋ねします。あなたの耕作についてわれわれが分かるように説いてください。」

七七　〔世尊はお答えになった〕
「わたしにとっては信仰(5)が種子であり、苦行(6)が雨である。智慧(7)がわたしの軛と鋤《すき》である。慚《ざん》(8)が轅《ながえ》であり、意《こころ》(9)が綱である。正しい想念(10)がわが鋤先と鞭棒である。

七八　もしも食物でお腹がいっぱいであれば、身〔のふるまい〕を慎み、言葉を慎み、食事を出された場合には節食する。わたしは真実によって〔雑草を〕刈り取る。わたしにとっては柔和が〔牛を軛から〕解き放つことである。

七九　精進はわが軛をかけた牛であり、軛からの全き安穏の境地（＝涅槃(11)）に運んでくれる。退かずに行き、そこに行けば憂いがない。

八〇　このように、この〔わたしの〕耕作はなされた。それは甘露（＝不死(12)）の果実が〔得られて〕ある。この耕作をして、あらゆる苦から解放される。」

そこで、耕作者バーラドヴァージャ・バラモンは、大きな青銅の鉢に乳粥を盛って、世尊にさしあげた。
「尊者ゴータマよ、どうぞ乳粥を召されよ。尊者は耕作者です。なぜならば、尊者ゴータマは、不死の果実を〔得るために〕耕作なさるから。」

八二 「わたしは、詩句を唱えて[13]〔得たものを〕食べることはできない。バラモンよ。これは正しく見る者たちのすることではない。詩句を唱えて〔得たものを〕目覚めた者たち（＝諸仏）[14]は遠ざける。バラモンよ。〔このように〕することがある場合には、これが〔目覚めた者の〕慣習である。

八三 煩悩の汚れが尽され[15]、悪い行ないが滅し、そして他より自立した[16]偉大な聖仙[17]には、別の飲食物をさしあげるがよい。なぜならば、それは福徳を望む者のための田地[18]であるからである。」

「さて、君、ゴータマよ。わたしはこの乳粥を誰にさしあげましょうか。」

「バラモンよ。わたしは神がみ、悪魔、梵天を含む世界において、沙門・バラモン[19]や神がみ・人間を含める生きものの間で、如来[20]もしくは如来の弟子以外にはこの乳粥を食べて完全に消化することができる者を見ない[21]。そこで、バラモンよ、その乳粥を青草のあまりないところに捨てるか、生物のあまり棲んでいない水中に沈めよ。」

そこで、耕作者バーラドヴァージャ・バラモンは、その乳粥を生物のあまり棲んでいない水中に沈めた。すると、その乳粥は水中に投げ捨てられるや、シュッシュッと泡立ち、シュッシュッと蒸発し、湯気を立たせ、大いに湯煙を立てた。

たとえば、実に一日中、〔陽に〕熱せられた鋤が水中に投げ入れられると、シュッシュッと蒸発し、シュッシュッと泡立ち、湯気を立たせ、大いに湯煙を立てるように、そのようにその乳粥は水中に投げ捨てられるや、シュッシュッと蒸発し、シュッシュッと泡立ち、湯気を立たせ、大いに湯煙を立てた。

そのとき、耕作者バーラドヴァージャ・バラモンは驚愕し、身の毛をよだたせ、世尊に近づいて行った。近づいて世尊の両足に頭をつけて〔礼拝したのち〕、世尊にこのように申しあげた。

「すばらしい。尊師ゴータマよ。すばらしい。尊師ゴータマよ。たとえば、尊師ゴータマよ、倒れた者を引き起こすように、あるいは覆われたものを開こうとするように、あるいは迷う者に道を告げるように、または眼のある者たちは暗闇の中で灯火をかかげ、色かたちを見るように、しかじかのように尊師ゴータマによってさまざまな仕方で教法を明らかにされました。(22)

このわたくしは、尊師ゴータマと教法と行乞者の教団とに帰依いたします。わたくしは尊師ゴータマのもとで出家して、具足戒を受けたいのです」と。(23)

まさに、耕作者バーラドヴァージャ・バラモンは、世尊のもとで出家して、具足戒を受けた。ところで、具足戒を受けて間もない尊者バーラドヴァージャ・バラモンは、一人遠く離れて、怠らず、熱心に、自ら励んで暮らしていた〔が〕、やがて――良き家の出身者（＝善男子）たちがそのために正しく家から〔出て〕家なき状態となる〔目的であるところの〕――その無上の清らかな宗教的行為の極致を、現世で自ら覚り、体現し、成就して住んでいた。(24)

「生は尽きた。清らかな宗教的行為は完成した。なすべきことはなされた。今後、このような〔輪廻という〕状態は〔再び繰り返すことが〕ない」と覚った。(25)

そして、まさしく尊者バーラドヴァージャは、一人の阿羅漢（＝聖者）となったのであった。

耕作者バーラドヴァージャの経　終わり

五、チュンダの経[1]

八三 鍛冶工出身[2]のチュンダは申しあげた。
「聖者[3]、広大な智慧ある人、目覚めた者、教法の主、渇望を離れた人、二足のもの（＝人間）の最高者、最も勝れた〔心〕の御者[4]に、わたくしはお尋ねします。世の中にはどのような沙門たちがいますか。どうぞ、そのことを説いてください。」

八四 世尊はお答えになった。
「チュンダよ。四種類の沙門がいる。第五の者はいない。ただいまの問いについてわたしはそれぞれを明らかにする。道による勝利者[5]と、道を説き示す者と、道において生活する者と、道を汚す者とである。」

八五 鍛冶工出身のチュンダは申しあげた。
「目覚めた人たちは誰を道による勝利者というのですか。道を学習する人はなぜ無比となるのですか。お尋ねいたします。道において生活することをわたくしに説いてください。また道を汚す者をわたくしに明らかにしてください。」

八六 〔世尊の答え〕
「誰であれ、疑惑を超え、矢（＝煩悩）を離れ[6]、心の安らぎ（＝涅槃[7]）を大いに喜び、貪ることなく、神を含む世界の人びとの指導者たる者を、道による勝利者であると目覚めた者たちは説く。

八七 誰であれ、この世で、最高のものを最高であると知って、まさにこの世において教法を説いて解釈する者、このように疑惑を断ち切り、〔欲望に〕動かされない聖者を、行乞者たちの中の第二の道を説き示す者という。

八八　よく説かれた教法の言葉である道に〔したがって〕、自己を抑制し、正しい想念をもち、誤りない言葉に親しんでいる者を、行乞者たちの中の第三の道において生活する者という。

八九　もろもろの善行者のようにふるまい、無謀で、家を汚し(8)、傲慢で、虚偽で、自己を抑制せず、駄弁を弄し、本当らしく行なう者、彼は道を汚す者である。

九〇　そして誰であれ、これらを聞いて洞察する者にして、〔沙門たちの特徴を知る〕智慧ある在家の聖なる弟子は、「彼等〔四種の沙門〕はすべてがそのようである(9)」と知って、このように見ても彼（＝在家者）の信仰(10)はなくなることがない。どうしてまさに、彼は汚れた者と汚れていない者、〔また〕清らかな者と清らかでない者とを同じだとすることがあろうか。」

チュンダの経　終わり

六、滅亡の経(1)

このように、わたくしは伝え聞いている。
あるとき、世尊はサーヴァッティー(2)のジェータの森(3)の、孤独な者たちに食物を与える者の園(4)に住んでおられた。ときに、すばらしい容色の神性をもつ者が、夜半過ぎてジェータの森のすみずみまで照らし出して、世尊に近づいた。近づいて来て世尊に敬礼して一方に立った。一方に立ってまさにかの神性をもつ者は、世尊に詩句で話しかけた。

〔神〕

九一「わたくしたちはどういう人が破滅するのかをゴータマにお尋ねいたします。滅亡への門とは何か、世尊にお尋ねするためにわれわれは参りました。」

九二〔世尊は説かれた〕

「繁栄する者を見分けることは容易であり、滅亡する者を見分けるのも容易である。教法を願う者は繁栄し、教法を厭う者は滅亡する。」

九三「おっしゃることは、実によくわたくしには分かります。これが第一の滅亡です。世尊よ。第二のものを説いてください。何が滅亡への門ですか。」

九四「彼は善からざる人びとを愛し、善き人びとを愛さず、善からざる者の習性を喜ぶ。これは滅亡への門である。」

九五「おっしゃることは、実によくわたくしには分かります。これが第二の滅亡への門です。世尊よ。第三のものを説いてください。何が滅亡への門ですか。」

九六「居眠りの癖があり、また集いの癖があり、無気力で、怠惰で、怒りをあらわにする者がいる。これが滅亡への門である。」

九七「おっしゃることは、実によくわたくしには分かります。これが第三の滅亡です。世尊よ。第四のものを説いてください。何が滅亡への門ですか。」

九八「〔自分は扶養することが〕できるのに、若いときが過ぎて年老いた母や父の面倒をみない者がいる。これが滅亡への門である。」

九九　「おっしゃることは、実によくわたくしには分かります。これが第四の滅亡です。世尊よ。第五のものを説いてください。何が滅亡への門ですか。」

一〇〇　「バラモンや沙門やほかの浮浪者（5）に嘘をついて欺すならば、それは滅亡への門である。」

一〇一　「おっしゃることは、実によくわたくしには分かります。これが第五の滅亡です。世尊よ。第六のものを説いてください。何が滅亡への門ですか。」

一〇二　「多くの財産をもち、黄金があり、食物がある人が、一人でいろいろなおいしいものを食べるならば、これは滅亡への門である。」

一〇三　「おっしゃることは、実によくわたくしには分かります。これが第六の滅亡です。世尊よ。第七のものを説いてください。何が滅亡への門ですか。」

一〇四　「生まれ（6）を自慢し、財産を自慢し、そして氏姓（7）を自慢して、自分の親族を軽蔑する人（8）がいる。これは滅亡への門である。」

一〇五　「おっしゃることは、実によくわたくしには分かります。これが第七の滅亡です。世尊よ。第八のものを説いてください。何が滅亡への門ですか。」

一〇六　「女性に溺れ、酒に溺れ、賭博に溺れ、得ても得ても〔そのたびごとに〕失う人がいる。これは滅亡への門である。」

一〇七　「おっしゃることは、実によくわたくしには分かります。これが第八の滅亡です。世尊よ。第九のものを説いてください。何が滅亡への門ですか。」

一〇八　「自分の妻に満ち足りず、遊女たちと交わり、他人の妻たちと交わる。これは滅亡への門である。」

一〇九「おっしゃることは、実によくわたくしには分かります。これが第九の滅亡です。世尊よ。第十のものを説いてください。何が滅亡への門ですか。」

一一〇「青春を過ぎた男性が、ティンバル果[9]のような乳房のある女性を連れて来て、彼女への嫉妬から〔夜も〕眠れない。これは滅亡への門である。」

一一一「おっしゃることは、実によくわたくしには分かります。これが第十の滅亡です。世尊よ。第十一のものを説いてください。何が滅亡への門ですか。」

一一二「泥酔する女性、浪費する女性、あるいはまたそのような〔泥酔し浪費する〕男性に権限をもたせるならば[10]、これは滅亡への門である。」

一一三「おっしゃることは、実によくわたくしには分かります。これが第十一の滅亡です。世尊よ。第十二のものを説いてください。何が滅亡への門ですか。」

一一四「戦士族の家に生まれ、財物が少ないのに望みばかり大きく、この世で王権を望むような者、これは滅亡への門である。

一一五 賢者[11]、聖人[12]、知見をそなえた者[13]は、これらの世の中の滅亡を観察して、幸福なすばらしい世界に近づく[14]。」

滅亡の経　終わり

七、賤民の経[1]

このように、わたくしは伝え聞いている。

あるとき、世尊はサーヴァッティーのジェータの森の、孤独な者たちに食物を与える者の園に住んでおられた。ときに、世尊は早朝のうちに内衣を着けて鉢と上衣とを手にして、サーヴァッティーに托鉢のためにお入りになった。

ところで、そのとき、火を祀るバーラドヴァージャ・バラモンの住まいに火が灯され、供物《そなえもの》がそなえられていた。そこで、世尊はサーヴァッティー中の家ごとに托鉢して歩いて行くうちに、火を祀るバーラドヴァージャ・バラモンの住まいに近づいて行った。火を祀るバーラドヴァージャ・バラモンは、世尊が遠くからやって来るのを見た。見てから世尊に、こう申しあげた。「そこに〔立ち止まれ〕、禿頭[2]め。そこに〔立ち止まれ〕、沙門め。そこに立ち止まれ、賤しい奴め」と。

そういわれて、世尊は、火を祀るバーラドヴァージャ・バラモンに、こう言われた。

「では、バラモンよ。そなたは賤しい者[3]や賤しい者にするふるまいを知っているのか。」

「君、ゴータマよ。わたしは賤しい者や賤しい者にするふるまいを知らない。どうか、君、ゴータマよ。賤しい者や賤しい者にするふるまいをわたしが知ることができるように、そのとおりに〔賤しい者にする〕ふるまいを説いてください」と。

「それでは、バラモンよ。そなたは聞くがよい。〔そして〕よく心にとどめるがよい。わたしは説こう」と。

「承知しました。君よ」といって、まさしく火を祀るバーラドヴァージャ・バラモンは、世尊に同意した。

世尊は、次のように説かれた。

一一六　「すぐに怒ったり、怨んだり、偽善者[4]で、誤った見方をし、偽る者[5]を賤しい者と知るがよい。

一一七　一回生まれるもの（胎生）でも二回生まれるもの（卵生）でも、[6] この世でもろもろの生きものを殺害し、生きものに対して憐れみがない者を賤しい者と知るがよい。

一一八　およそ村々や町々を破壊し、占領する者は、圧制者[7]といわれる。彼を賤しい者と知るがよい。

一一九　村〔や町や都市〕の中や林の中で、他の者たちが我がものとする（＝所有する[8]）ものを盗んだり、与えられないのに取る者を賤しい者と知るがよい。

一二〇　実際に借財があるのに、〔返済を〕迫られても「お前からの借りはない」という。彼は賤しい者であると知るがよい。

一二一　ほんのわずかなものが欲しくて、路行く人を殺害し、わずかなものを取る者を賤しい者と知るがよい。

一二二　証人として尋問されて、自分のため、他人のため、そして財物のために嘘をいう者を賤しい者と知るがよい。

一二三　暴力で、あるいはたがいに愛しあって、親族たちあるいは友人たちの妻と交わる者を賤しい者と知るがよい。

一二四　[9]〔自分は扶養することが〕できるのに、若いときが過ぎて年老いた母や父の面倒をみない者を賤しい者と知るがよい。

一二五　母あるいは父、兄弟、姉妹、姑を打ち、〔荒々しい〕言葉で〔身内を〕怒らせる者を賤しい者と知るがよい。

一二六　ためになることを問われても、〔相手の〕ためにならないことを教えたり、隠しごとをして曖昧に話す者を賤しい者と知るがよい。

一二七　悪いことをしておきながら、「わたし〔のしたこと〕がばれないように」と願い、〔自分の〕行ないについて隠しごとをしている者を賤しい者と知るがよい。

一二八　他人の家に行っておいしい食物を食べながら、〔自分の家に〕来た者に対しては礼を尽さない者を賤しい者と知るがよい。

一二九　バラモンや沙門(10)、または他の物乞いに嘘をついて欺す者を賤しい者と知るがよい。

一三〇　食事のときが来ても、バラモンもしくは沙門を言葉で罵って〔食事を〕与えない者を賤しい者と知るがよい。

一三一　この世において、愚かさによって覆われ、わずかばかりのものを求めて、真実ならざることをいう者(11)を賤しい者と知るがよい。

一三二　自分を誉め上げようとし、他人を蔑み、自分の慢心で卑劣になった者を賤しい者と知るがよい。

一三三　〔他人を〕悩まし損《そこ》ない、欲ばりで、悪事を好み、物惜しみをし、狡く、〔自分に対して〕恥知らずで、〔他人に対しても〕恥じることがない者(12)を賤しい者と知るがよい。

一三四　目覚めた者を〔誹《そし》り〕(13)、あるいはまた彼の弟子(14)の遍歴行者（＝出家者）や在家者を誹る者を賤しい者と知るがよい。

一三五　実際は〔供養を受けるに〕値しない者なのに、値する阿羅漢（＝聖者(15)）だと自称したり、梵天を含む世界の盗人であるような者こそもっとも賤しい最下の者である。わたしがそなたたちに説き示したこれらの者こそ賤しい者といわれている。

一三六　人は生まれによって賤しい者となるのではなく、生まれによってバラモンとなるのではない。行ないによって賤しい者となり、行ないによってバラモンとなる(16)。

一三七　わたしが言う次のような実例のとおりに、そのこと（＝誰が賤しい者か）をこれによっても知るがよい。
チャンダーラ族出身(17)の犬殺しのマータンガ(18)というのは、高名な人である。

一三八　かのマータンガは、極めて得難い最高の栄誉を得た。多くの戦士族やバラモンたちが彼のところへやって来て仕えた。

一三九　彼は神の乗物[19]で塵のない大道[20]を登り、欲望を離れ、梵天の世界[21]に到達したのであった。〔賤しいとされる〕生まれも、彼が梵天の世界に再生するのを妨げなかった。

一四〇　〔ヴェーダ聖典の〕読誦者の家に生まれ、ヴェーダ聖典の文言[22]に親しむバラモンたちでも、彼等はしばしば悪しき行ないをするのが見られる。

一四一　〔彼等は〕現世では非難され、来世に〔生まれるときに〕は悪しきところ[23]がある。〔バラモンの家の〕生まれは、彼等が悪しきところへの再生または非難〔を蒙ること〕から妨げない。

一四二　人は生まれによって賤しい者となるのではなく、生まれによってバラモンとなるのではない。行ないによって賤しい者となり、行ないによってバラモンとなる」と。

〔世尊に〕このように説かれた火を祀るバーラドヴァージャ・バラモンは、世尊に次のように申しあげた。

「すばらしい。尊師ゴータマよ。すばらしい。尊師ゴータマよ。たとえば、尊師ゴータマよ、倒れた者を引き起こすように、あるいは覆われたものを開こうとするように、あるいは愚かな者に道を告げるように、または眼のある者たちは暗闇の中で灯火をかかげ、色かたちを見るように、しかじかのように尊師ゴータマはさまざまの方法で教法を明らかにされました。

このわたくしは[24]、尊師ゴータマと教法と行乞者の教団とに帰依いたします。尊師ゴータマは、わたくしを優婆塞（＝在家信者[25]）にしてください。今日より後、生きている限り帰依いたします。」

賤民の経　終わり

八、慈しみの経(1)

一四三　〔自分の〕ためになることについて工夫をめぐらす者がなすべきことは、静まりの境地(2)をよく知り、有能であり、質実にして公正で、善き言葉があり、穏やかで、思いあがらないようにしてほしい〔ことである〕(3)。

一四四　足るを知り、多くを望まず、なすこと少なく、簡素な暮らしをする者であり、感官が静まり、賢明で、謙虚であり、もろもろの家で貪らない。

一四五　また、それをもって他の智者たちが非難するであろうような卑劣な行ないを決してしてはいけない。あるいは、あらゆる生きとし生けるものは安楽で、平安で、自ら喜べる者であれ。

一四六　どんな生きものであれ(4)、動くもの（＝恐れるもの）であれ、動かないもの（＝びくともしないもの）であれ、およそ長いものであれ、大きいものであれ、中くらいのものであれ、短いものであれ、極小なものや粗大なものであれ、

一四七　目に見えるものであれ、目に見えないものであれ、また遠くや近くに住むものであれ、生まれたものであれ、生まれてくるであろうものであれ(5)、あらゆる生きとし生けるものは、自ら喜べるものであれ。

一四八　一方の者が他の者を騙してはいけない。どこでも、決して〔他の者を〕軽蔑してはいけない。怒ったり、憎悪の念で(6)、互いの苦（＝不安）を望んではいけない。

一四九　たとえば、母親がたった一人のわが子を命懸けで守るように、そのようにあらゆる生けるものに対して、はかり知れない〔慈しみの〕意《こころ》を起こすがよい。

一五〇　そして、あらゆる世の中において、はかり知れない慈しみの意を起こすがよい。(7) 上方にも下方にも、また横にも、障りなく怨みなく敵意なく、

一五一　立っていても、歩きながらも、坐りながらも、横になっても、人は眠らない限りは、この〔慈しみの〕念《おも》いをしっかりと保つがよい。この世では、これを崇高な境地(8)という。

一五二　もろもろの誤った見解(9)に近づかず、戒めを保ち、正しい見方(10)をそなえて、もろもろの欲望における貪りを抑制して〔いる者は〕、疑いなく再び母胎におもむくことがない。

慈しみの経　終わり

九、雪山の住者の経(1)

一五三　サーターギラ（＝七山）夜叉(2)はいう。

「今日は十五日、ウポーサタ（＝聖日）(3)である。良き夜がやってきた。さあ、われわれは名声高い教師であるゴータマにお目にかかろうではないか。」

一五四　ヘーマヴァタ（＝雪山の住者）夜叉はいう。

「このようなお方の意《こころ》は、あらゆる生けるものによく向けられているだろうか。望まれたものにも望まれないものにも、彼の思念は自在の力をもったものであろうか。」

一五五　サーターギラ夜叉はいう。

「このようなお方の意は、あらゆる生けるものによく向けられたものだろう。さらに、彼の思念は望まれた

ものにも望まれないものにも自在の力をもっている。」

一五六　ヘーマヴァタ夜叉はいう。

「彼は与えられないものを取らないだろうか。彼はもろもろの生きものに対して〔自ら〕抑制したものであろうか。怠りから離れているであろうか。彼は瞑想を捨てないだろうか。」

一五七　サーターギラ夜叉はいう。

「彼は与えられないものを取らない。彼はもろもろの生きものに対して、〔意を〕抑制したものである。また怠りから離れたものである。目覚めた者は瞑想を捨てない。」

一五八　ヘーマヴァタ夜叉はいう。

「彼は嘘をつかないだろうか。粗暴な言葉がないだろうか。仲たがいさせる言葉をいわないであろうか。おべんちゃらをいわないであろうか。」

一五九　サーターギラ夜叉はいう。

「また彼は嘘をつかない。粗暴な言葉をいわない。仲たがいさせる言葉をいわない。かの賢者はためになることを善くお説きになる。」

一六〇　ヘーマヴァタ夜叉はいう。

「彼はもろもろの欲望に染められていないだろうか。心に濁りがないであろうか。愚かさを超えているであろうか。もろもろの事柄について〔見通す〕眼をもっているであろうか。」

一六一　サーターギラ夜叉はいう。

「彼はもろもろの欲望に染められていない。また、心は濁っていない。あらゆる愚かさを超えたものである。

目覚めた者はもろもろの事柄について〔見通す〕眼をもっている。」

一六二　ヘーマヴァタ夜叉はいう。
「〔貴いお方は〕覚りの智をそなえて(4)いるだろうか。清らかな行ない(5)があるだろうか。彼の煩悩の汚れはなくなっているであろうか。彼は再生がないであろうか。」

一六三　サーターギラ夜叉はいう。
「〔貴いお方は〕覚りの智をこそなえたものであり、また清らかな行ないをする。彼にはあらゆる煩悩の汚れがなくなっている。彼に再生はない。」

一六三A　〔ヘーマヴァタ夜叉はいう〕
「聖者の心は行ないと言葉とをそなえている(6)。覚りの智と行ないとをそなえた彼(7)を、そなたは正しく讃える。

一六三B　聖者の心は、行ないと言葉とをそなえたものである。覚りの智と行ないとをそなえた彼を、そなたは正しく喜ぶ。」

一六四　〔サーターギラ夜叉はいう〕
「聖者の心は、行ないと言葉とをそなえたものである。覚りの智と行ないとをそなえたゴータマに、さあ、われわれはまみえよう。」

一六五　〔ヘーマヴァタ夜叉はいう〕
「羚羊《かもしか》のような脛をもち、痩せて、賢明であり、少食で、貪らず、森の中で瞑想している聖者ゴータマに、いざ、われわれはまみえよう。

一六六　あたかもライオンや象のように一人で行き、もろもろの欲望を望むことがない者に近づいて、死神の罠(8)から逃れることをわれわれは尋ねる。」

一六七　〔サーターギラ夜叉とヘーマヴァタ夜叉はいう〕
「語る者、説く者、あらゆるものごとの彼の岸（＝理想）に到達し[9]、怨みと恐れとを超えた目覚めた者であるゴータマにわれわれは尋ねます。」

一六八　ヘーマヴァタ夜叉はいう。
「何があれば世の中は生起するのですか。何に対して親しくするのですか。世の中の人びとは何に執着し、世の中の人びとは何に悩み損なわれるのですか。」

一六九　世尊はお説きになられた。
「ヘーマヴァタよ。六つのもの[10]があれば世界は生起し、六つのものに親しむ。世の中の人びとは六つのものにのみ執われ、六つのものに悩み損《そこ》なわれる。」

一七〇　〔二人の夜叉〕
「どこにおいても世の中の人びとは悩まされ損なわれる、そのような執着とは何ですか。お尋ねした〔世の中から〕離れることを説いてください。どのようにして苦から解き放たれるのですか。」

一七一　〔世尊〕
「世の中の人びとにおける五種のもろもろの欲望の対象に対する欲求[11]と、第六の意《こころ》〔の欲望〕とが説かれている。そこで欲を離れ〔るならば〕、このようにして苦から解き放たれる。

一七二　これが世の中の人びとにとって離れることであると、そなたたちにありのままに説いた。わたしはこのことをそなたたちに告げる。このようにして苦から解き放たれる。」

一七三　〔二人の夜叉〕
「この世で誰がまさに激流を渡る[12]のですか。この世で誰が大海を渡る[13]のですか。底知れず支えのない深い〔海〕で、誰が沈まないのですか。」

一七四　〔世尊〕
「あらゆるときに戒め[14]を身にそなえ、智慧があり、よく心を安定し、内に思念し、正しい想念がある者は、渡りがたい激流を渡る。

一七五　欲望の想いを離れ、あらゆる結縛を超え、〔渇望という〕歓楽と生存とを滅し尽した者、彼は深い〔海〕に沈むことがない。」

一七六　〔ヘーマヴァタ夜叉はいう〕
「深い智慧があり、微妙な道理を見、いかなるものも所有せず、欲望の生存[15]に執われず、あらゆるところで自由になり、崇高な道[16]を歩みつつあるかの偉大な聖仙[17]を見るがよい。

一七七　世に聞こえ高く、微妙な道理を見、智慧を与え、欲望に対する執われがなく、あらゆることを知り、賢く、聖なる道[18]を歩んでいる、かの偉大な聖仙を見るがよい。

一七八　まさに、われわれは今日、〔太陽を〕よく見、よく夜が明け、よく起きあがった。激流を渡り、煩悩の汚れなき[19]、かの等覚者（＝よく目覚めた者）をわれわれは見たてまつった。

一七九　これら一千の夜叉たちは、超能力があり、名だたる者です。すべての者はあなたに帰依いたします。あなたはわれわれの無上の教師です。

一八〇　われわれはあなたのために、村から村へ、山から山へと巡り歩いて行くでしょう。等覚者を、すばらしい教法の特性を礼拝しながら。」

雪山の住者の経　終わり

一〇、アーラヴァカの経[1]

このように、わたくしは伝え聞いている。

あるとき、世尊はアーラヴィー[2]のアーラヴァカ夜叉[3]の住まいに滞在されていた。

そのとき、アーラヴァカ夜叉が世尊に近づいた。近づいて世尊に、このようにいった。

「出て来い。沙門よ」と。

「よろしい。友よ」と言って世尊は出て来た。

〔夜叉は〕

「入れ。沙門よ」といった。

「よろしい。友よ」と言って世尊は入った。

再びアーラヴァカ夜叉は、世尊にこのようにいった。

「出て来い。沙門よ」と。

「よろしい。友よ」と言って世尊は出て来た。

三たびアーラヴァカ夜叉は、世尊にこのようにいった。

「出て来い。沙門よ」と。

「よろしい。友よ」と言って世尊は出て来た。
〔夜叉は〕
「入れ。沙門よ」と。
「よろしい。友よ」と言って世尊は入った。
四たびアーラヴァカ夜叉は、世尊にこのようにいった。
「出て来い。沙門よ」と。
〔世尊は〕
「友よ、わたしは出て行かないだろうから、お前のなすべきことをなせ」と。
〔夜叉は〕
「沙門よ。わたしはお前に尋ねよう。もしも、お前がわたしに答えないようであれば、わたしはお前の心をかき乱すか、お前の心臓を破るか、または両足をとらえて、ガンジス河の向う岸に投げるであろう」と。
〔世尊は言う〕
「友よ。わたしは神がみ、悪魔、梵天を含む世界において、沙門、バラモン、神がみ、人間を含む生けるものたちのうちで、わが心を乱し、わが心臓を破り、わが両足をとらえて、ガンジス河の向う岸に投げるような者を、全く見ない。だがまた、友よ。お前が望むところを尋ねよ。」
そのとき、アーラヴァカ夜叉は、世尊に詩句で話しかけた。
一八一 「この世において人の最も勝れた富は何ですか。よく行なわれて安らぎをもたらすものは何ですか。そもそも、もろもろの味の中でより美味なものは何ですか。どのように生きる命が最も勝れているのですか。」

一八二〔世尊〕

「この世では信仰(4)が人間の最も勝れた富である。教法がよく行なわれて安らぎをもたらす。実にもろもろの味の中でより美味なものは真実である。最も勝れた生き方は智慧によって生きることである。」

一八三「人はどのようにして激流を渡る(5)のですか。どのようにして海を渡る(6)のですか。どのようにして苦を超えるのですか。どのようにして清らかになるのですか。」

一八四〔世尊〕

「人は信仰によって激流を渡り、怠りなきことによって海を〔渡る〕。精進によって苦を超え、智慧によって清らかになる。」

一八五〔夜叉〕

「人はどのようにして智慧を得るのですか。どのようにして財を得るのですか。どのようにして名声を得るのですか。どのようにして友だちと〔友情を〕結ぶのですか。どのようにして死んだ後この世からかの世に行って〔来世で〕憂えることがないのですか。」

一八六〔世尊は説きたもう〕

「もろもろの阿羅漢が、心の安らぎ（＝涅槃(7)）を得る教法(8)を信じ、〔教法を〕聞こうと願って、怠らず、明察すれば、智慧を得る。

一八七　ふさわしいことをして、重い荷をもって奮起する者は、財物を得る。真実によって栄誉を獲得し、施与は友だちと〔友情を〕結ぶ。

一八八　信仰があって、在家生活をする者に、真実、教法、堅固、施与というこれら四つの特性があれば、その者こそ来世を憂えることがない。

一八九　この世において、もしも真実、自制、施与、忍耐[9]より勝れたものがあるとすれば願わくは、そなたたちは広く他の沙門・バラモンに問うがよい。」

一九〇〔夜叉はいう〕

「今や、わたしはどうして広く〔他の〕沙門・バラモンたちに問うことがありましょうか。このわたしは、今日、来世のためになること（＝原因）を知る〔ことができたのですから〕。

一九一　おお、目覚めたお方は、わたしのためにアーラヴィーの住まいに来られた。わたしは、今日、どこに施与したならば大きな報いがあるかを知っています。

一九二　わたしは村から村へ、町から町へ巡り歩くでしょう。等覚者を、そしてすばらしい教法を礼拝しながら。」

アーラヴァカの経　終わり

一一、勝利の経[1]

一九三　歩いたり、立ったり、坐ったり、臥したり、身体を曲げたり、伸ばしたりする。これは身体の動作である。

一九四[2]　身体は骨と筋とで結合され、深皮と肉とで塗りこめられ、皮膚で覆われていて、ありのままに見ることは〔でき〕ない。

一九五〔身体は〕腸で満ち、胃で満ち、肝臓の塊り・膀胱・心臓・肺臓・腎臓、そして脾臓があり、

一九六　鼻汁・粘液・汗と脂肪・血・関節液・胆汁および膏《あぶら》とがある。
一九七　また、その九つの孔からは、いつでも不浄なものが流れ出る。目からは目くそ、耳からは耳垢が、
一九八　鼻からは鼻汁、口からはあるときは胆汁を吐き出したり、痰を吐く。身体からは汗と垢とを〔出す〕。
一九九　また、彼の頭蓋は空洞で、脳髄で満たされている。愚者は根源的な無知（＝無明）(3)によってそれ（＝身体）を尊んで、清らかなものと思いこむ。
二〇〇　そして、彼が死んで横たわると、膨張して青くふくれ、墓地に捨てられ(4)、親族たちは無関心となる。
二〇一　犬や野ギツネや狼、虫類がこれを喰らい、烏や鷲がついばみ、またその他の生きものたちが〔喰って〕いる。
二〇二　智慧がある行乞者は目覚めた者の言葉を聞いて、ここに（＝この教えにおいて）まさしく彼はそれを普く知る。なぜならば、彼はありのままに見るからである。
二〇三　これ（＝死体）があるように、それ（＝身体）があり、それ（＝身体）があるように、これ（＝死体）がある。内にも外にも(5)身体についての欲を離れるがよい。
二〇四　この世において、欲を離れ、智慧ある行乞者は、不死(6)、静まり(7)、不滅なる心の安らぎの境地(8)に到達した。
二〇五　この二足の者（＝人間）は不浄で、悪臭を放ち〔ながらも〕愛護されている。種々の屍《しかばね》に充ち、そこここから〔汚物が〕流れ出している。
二〇六　このような身体でありながら、尊大に思い込み、あるいは他者を軽蔑しようものならば、彼は見る目がないという以外の何ものでもない。

勝利の経　終わり

一二、聖者の経[1]

二〇七　親愛から恐れが生じ、住居から塵汚《ちりけが》れが生ずる。住居もなく、親愛することもない。これこそが聖者[2]の正しい見方[3]である。

二〇八　すでに生じた〔煩悩〕を断ち切り、現に生じている〔煩悩〕を増大させず、[4]それ（＝現に生じている煩悩）に〔未来の煩悩を〕与えないその人を一人で歩んでいる聖者という。かの偉大なる聖仙[5]は、静まりの境地[6]を見た者である。

二〇九　もろもろの〔煩悩の〕領域を考え、〔存在要素を形成する識という〕種子（＝潜在的な可能力）を砕いて、〔渇望と誤った見解という〕湿り気を与えないならば、その者こそ生滅の終極〔である心の安らぎ〕を見る聖者であり、思いはかり（＝迷妄）を捨てているので、欲深かったり怒っているということはあり得ない。

二一〇　あらゆる〔執着の〕住居[7]を知って、それらのいずれをも望むことがない者、貪りを離れ欲求がないかの聖者こそは〔ことさらに、求めようとして〕あくせくすることがない。なぜならば彼は彼の岸にすでに到達した者[8]であるからである。

二一一　あらゆるものに打ち克ち、あらゆるものを知って、賢明で、あらゆる事柄に染まらず、あらゆるものを捨て、渇望[9]を滅し尽して解脱した者、またもろもろの賢者は、〔そうした〕彼をこそ聖者である、と知る。

二一二　智慧の力があり、戒めや禁戒[10]をそなえ、心静まり、瞑想を楽しみ、正しい想念をもち、執着から解き放たれ、〔心が〕頑なでなく、煩悩の汚れがない者、またもろもろの賢者は、〔そうした〕彼をこそ聖者である、と知る。

二一三　一人して歩んでいて、怠らぬ聖者、非難と称賛とにおいて〔心を〕動かしていなくて、あたかもライオンがさまざまな物音に震え驚かないように、あるいは風が網によってとらえられないように、あるいは赤い蓮が水によって汚されないように、他の者に導かれずに他の者を導く者、またもろもろの賢者は、〔そうした〕彼をこそ聖者である、と知る。

二一四　あたかも水浴所における柱(11)のようにふるまい、他の者たちが言葉の限り〔毀誉について〕いっても、貪りを離れ、感官を統一した者、またもろもろの賢者は、〔そうした〕彼をこそ聖者である、と知る。

二一五　あたかも〔織機の〕梭《ひ》のように真っすぐに、まさしく自己を確立して(12)、もろもろの悪しき行ないを厭離し、不正と正とをよく考察している者、またもろもろの賢者は、〔そうした〕彼をこそ聖者である、と知る。

二一六　自己を制して悪をなすことなく、若年でも中年でも、聖者は自己を抑制した者である。彼は悩まされることなく、何人《ぴと》をも悩まさない。またもろもろの賢者は、〔そうした〕彼をこそ聖者である、と知る。

二一七　〔器の〕上方からの、中ほどからの、あるいは残りからの食物を得ようとも(13)、他者から与えられたものによって暮らす者は、〔食を施す者を〕十分に誉めもしなければ傷つけるようなこともいわない。またもろもろの賢者は、〔そうした〕彼をこそ聖者であると知る。

二一八　聖者として行動しながら、情交を離れ、どのようなうら若い女性にも決して執われず、驕りと怠りとを離れ、解脱した者、またもろもろの賢者は、〔そうした〕彼をこそ聖者である、と知る。

二一九　世の中を明らかに知って、最高の真理(14)を見、激流を〔超え〕海を超える(15)ような者、繋縛を断ち切り、独立して、煩悩の汚れがない者、またもろもろの賢者は、〔そうした〕彼をこそ聖者である、と知る。

二二〇　〔出家者と、在家者たとえば猟師との〕両者は住居と暮らしとが隔たり、同じでない。在家者は妻女を養うけれど、よく禁戒を守る〔出家〕者は我がものという執われ（＝我執）がない。在家者は他の生命を殺害して抑制がないが、常に聖者はそれ（＝抑制）によってもろもろの生けるものを守る。

二二一　たとえば青頸《あおくび》の孔雀が空を飛べば、白鳥の速さには決して及ばない。そのように、在家者は遠く離れて森の中で瞑想する行乞者たち、聖者たちには及ばない、という。

聖者の経　終わり

蛇の章　第一

その〔章の〕まとめの詩句（＝摂頌《ウッダーナ》）。

蛇とダニヤと犀の角と、そして耕作者、
チュンダと滅亡と賤民と慈しみを修めることと、
雪山の住者とアーラヴァカ、勝利と、また聖者、
これらの十二経が「蛇の章」といわれる。

二　小さな章（1）

一、宝の経（2）

二二二 どのようなものでも、ここ（＝この場所）に集合したもろもろの生けるもの（3）、あるいは地上にいたり空中にいる、実にあらゆる生けるものは楽しんでいるがよい。そして〔わたしが〕説くことをうやうやしく聞くがよい。

二二三 だから、まさに、すべての生けるものよ、耳を傾けるがよい。人間の類《たぐい》に慈しみを垂れるがよい。〔彼等、人びとは〕昼も夜も〔生けるものに〕供物を献げる。だから、怠らずに、彼等を守るがよい。

二二四 この世や来世におけるおよそどんな富でも、あるいは天上界におけるどんな勝れた宝でも、決して如来に等しい〔宝〕はない。これも目覚めた者にある勝れた宝である。この真実によって幸いあれ。

二二五 サキヤムニ（＝釈迦族出身の聖者（4））は瞑想して（5）、〔煩悩の〕滅尽、離欲、不死、勝れたもの（＝極妙）に到達されたのであった。どんなものでも、その教法に等しいものはない。これも教法にある勝れた宝である。この真実によって幸いあれ。

二二六 最も勝れた目覚めた者が称賛された、そのような清らかな瞑想を人びとは覚りに直結する瞑想（＝無間定（6））

という。この瞑想に等しいものはない。これも教法にある勝れた宝である。この真実によって幸いあれ。

二二七　善き人びとが称賛した八輩《はっぱい》の者の、これら四双《しそう》[7]の者たちがいる。彼等は〔彼の岸に〕善く行ける者[8]の弟子で、施与されるべき者である。これらの者に施与したならば、大いなる報いがある。これも教団にある勝れた宝である。この真実によって幸いあれ。

二二八　誰でもゴータマの教えによって意《こころ》を堅固にして、よく努力し、欲望を離れた者は、得るものを得て[9]（＝目標に到達して）、不死[10]に入り、無償で心の安らぎ（＝寂滅[11]）を享受している。これも教団にある勝れた宝である。この真実によって幸いあれ。

二二九　たとえば、〔城外に立つ〕標柱[12]が大地に打ち込まれると、四方からの風にも動かないように、善き人もそのとおりであると、わたしは説く。彼はもろもろの聖なる真実[13]を確かに見る。これもまた教団にある勝れた宝である。この真実によって幸いあれ。

二三〇　深い智慧ある者によって善く説かれたもろもろの聖なる真実を明らかにする人たちは、たとえ大いなる怠りがあろうとも、第八の生存[14]を取ることはない。これも教団にある勝れた宝である。この真実によって幸いあれ。

二三一　また、彼は正しい見解がそなわるとともに、①自我は実在するとみる見方（＝有身見）②疑惑、あるいは③〔形式的な〕戒め、禁戒[15]がほんの少し残っていても、まさに〔これら〕三つのもの[16]は捨てられたものとなる。また、彼は四つの悪しきところ[17]から離れたものとなり、また六つの重罪[18]をなし得ない。これも教団にある勝れた宝である。この真実によって幸いあれ。

二三二　また、彼が身体により、言葉により、あるいはまた心によって、わずかでも悪しき行ないをするならば、彼はそれを隠すことができない。〔心の安らぎの〕境地[19]を見た者には〔隠すことが〕できないと説かれた。これも教団にある勝れた宝である。この真実によって幸いあれ。

二三三　たとえば、夏の月（＝四月）の初めの暑さで森の茂みでは枝に花をつけるように、〔そうした〕喩えのように、〔目覚めた者は〕安らかなる心（＝涅槃）にいざなう勝れた教法を、最上の利益のために説き示したもうた。これも目覚めた者にある勝れた宝である。この真実によって幸いあれ。

二三四　勝れた者、勝れたことを知る者、勝れたものを与える者、勝れたものをもたらす者である無上のお方（＝世尊）は、勝れた教法を説き示された。これも目覚めた者にある勝れた宝である。この真実によって幸いあれ。

二三五　古い〔行ない＝業〕は滅び、新しい〔業〕は生ずることなく、未来の生存に対して心は貪りを離れ、〔生存の〕種子（＝潜在的な可能力）は滅ぼされ、〔種子の〕成長を望まない彼等堅固な〔心をもった〕者たちは、あたかも、この灯火〔が消えるか〕のように煩悩が滅する。これも教団にある勝れた宝である。この真実によって幸いあれ。

二三六　地上であれ空中であれ、ここにやって来たもろもろの生けるものよ。われわれは神と人とによって供養された如来[20]、目覚めた者を礼拝するであろう。幸いあれ。

二三七[21]　地上であれ空中であれ、ここにやって来たもろもろの生けるものよ。われわれは神と人とによって供養された如来、教法を礼拝するであろう。幸いあれ。

二三八　地上であれ空中であれ、ここにやって来たもろもろの生けるものよ。われわれは神と人とによって供養された如来、教団を礼拝するであろう。幸いあれ。

宝の経　終わり

二、生臭さの経(1)

二三九 〔ティッサ・バラモンが過去世の目覚めた者カッサパに申しあげる〕

「善き人びとの仕方（＝方法）によって得られた黍《きび》・ディングラカの実・チーナカ豆・野菜・球根・蔓になる実を食べている者たちは、欲望を求めず、嘘をいわない。

二四〇 カッサパよ。よく料理され、よくでき上がって、清らかで、すばらしい米の飯を他の人びとから貰って食べ、味わっている者、彼は生臭さを食べるのである。

二四一 梵天（＝ブラフマン）の親族(2)であるそなたは、よく調理された鳥肉といっしょにご飯を食べていながら、「わたしには生臭さが適当でない」という。カッサパよ。わたしはこの意味をあなたに尋ねる。あなたの生臭さとはどんなものか。」

二四二 「生きものを殺すこと、打ち、切断し、捕縛すること、盗み、嘘をつき、人目をくらますこと、そして、いつわり欺すこと、よこしまな学習(3)、他人の妻に親しみ近づくこと、これが生臭さである。〔生臭さは〕決して肉を食うことではない。

二四三 この世において、もろもろの欲望を制することがない人びとは、美味を貪り求め、不浄〔な状態〕と混ざり合い(4)、虚無の見解をもち（＝虚無主義者で）、不正にして導きがたい。これが生臭さである。決して肉を食うことではない。

二四四 粗野、凶暴で、陰口をたたき、友人を裏切り、無慈悲、高慢、もともと吝嗇で誰にも与えない者たち、これが生臭さである。決して肉を食うことではない。

二四五　怒り、驕り、頑迷、反抗心、偽り、嫉妬、大言壮語、傲慢[5]で、無法者と親しむ。これが生臭さである。決して肉を食うことではない。

二四六　性質が悪く、借金を支払わず、告げ口をし、ここ（＝法廷）で偽証[6]し、〔威儀や戒め、禁戒を〕偽り、この世で罪過を犯す最低の者たち、これが生臭さである。決して肉を食うことではない。

二四七　この世において生きものたちを思いのままに殺し、他の者たちの物を取り、〔他人を〕困らせたり、性質が悪く、凶悪で、粗暴で思慮のない者たち、これが生臭さである。決して肉を食うことではない。

二四八　これら〔生けるもの〕を貪り求め、妨害し、殺害し、常に〔善くないことを〕して、死後に暗黒に行く生ける者たちは、頭から地獄に堕ちる。これが生臭さである。決して肉を食うことではない。

二四九　魚肉や鳥獣の肉も、断食も、裸体も、剃髪も、結髪あるいは汚物〔にまみれること〕も、粗い羊皮衣〔を着ること〕も、あるいは火神への献供にしたがうことも、あるいはこの世における不死〔を得るため〕の多くの苦行も、〔ヴェーダ聖典の〕呪句[7]と祭祀[8]も、供犠[9]も、季節の行事[10]も、疑惑を超えていなければ、それらは人を清めない[11]。

二五〇　もろもろの感官[12]が守られ、感官に打ち克って行動するがよい。教法に安立[13]し、素直で柔軟であるのを楽しみ、執着に打ち克ち、あらゆる苦を捨てた賢者は、見たり聞いたりしたことに染まることがない。」

二五一　以上のこうした事柄を世尊（＝カッサパ仏）は繰り返し説きたもうた。ヴェーダ聖典の呪句に精通した者（＝バラモン）は、そのことを知った。

生臭さでなく、〔どんなものにも〕依らず、〔何人《びと》によっても〕導くことができない聖者は、さまざまな詩句をもって〔それを〕明らかにしたもうた。

二五二　〔そのバラモンは〕目覚めた者が善く説かれた、生臭さを離れ、あらゆる苦を除く言葉を聞いて、謙虚な意《こころ》で如来に敬礼して、その場ですぐさま、出家[14]〔すること〕を喜んだのであった。

生臭さの経　終わり

三、恥じらいの経[1]

二五三　恥じることなく、〔恥じることを不浄なものを見るように〕嫌いながら、「わたしは友だちです」といいながら、自分にできるどんな仕事も引き受けない者を「彼はわたしの〔友〕でない」と知るがよい。

二五四　どんな友だちに対しても〔実行を〕ともなわない、親愛な言葉を口にする者は、実行せずにいうだけであると、賢者たちは知り抜いている。

二五五　常に〔友に対する警戒を〕怠りなく〔友との〕不和を恐れ、〔友の〕欠点だけを見る者は、友人ではない。だが、あたかも子が〔母の〕胸に抱かれているように、他の者たちによって〔仲を〕裂かれることがない者こそ、友人である。

二五六　結果を期待している者は[2]、人〔として〕の重荷を荷いながら、悦びを生ずるもとと称賛をもたらす安楽とを修める。

二五七　〔渇望を〕遠離する味[3]と静まりの味[4]とを味わい、教法の喜び（＝法悦）の味を味わっている者は、苦悩なく悪なきものとなる。

恥じらいの経　終わり

四、大いなる幸せの経（大吉祥経）(1)

このように、わたくしは伝え聞いている。

あるとき、世尊はサーヴァッティーのジェータの森の、孤独な者たちに食物を与える者の園に住んでおられた。ときに、すばらしい容色の神性をもつ者が(2)、夜半過ぎてジェータの森のすみずみまで照らし出して、世尊に近づいた。近づいて来て世尊に敬礼して、一方に立った。一方に立ってまさにかの神性をもつ者は、世尊に詩句で話しかけた。

二五八　「多くの神がみ、人びとは、幸運を願いながら、さまざまな幸せを思い念じています。最上の幸せをお説きください。」

二五九　「もろもろの愚者に親しまず、もろもろの賢者に親しみ、そして尊敬に値する者たちを尊敬すること、これが最上の幸せである。

二六〇　〔住むのに〕適した地方に住むこと、以前に福徳を積んだこと、また自分の正しい誓願(3)があること、これが最上の幸せである。

二六一　多く聞いていること（＝博識）と技術と規律とをよく学び、また言葉を善く説くこと、これが最上の幸せである。

二六二　母や父に仕えること、子や妻を愛護すること、仕事に乱れがないこと、これが最上の幸せである。

二六三　施与[4]と、教法にかなった行為と、親族たちを愛護すること、非の打ちどころのない行為、これが最上の幸せである。

二六四　もろもろの悪いことをせず、〔悪いことを〕離れ、飲酒を慎み、もろもろの善について怠りがないこと、これが最上の幸せである。

二六五　尊重と謙譲と満足と知恩[5]と時にしたがって教法を聞くこと[6]、これが最上の幸せである。

二六六　忍耐とよい言葉遣いともろもろの沙門に出会うこと、時にしたがって教法を語ること、これが最上の幸せである。

二六七　〔心の〕訓練[7]、清らかな行為、もろもろの聖なる真実[8]を見ること、心の安らぎ（＝涅槃）を体得すること[9]、これが最上の幸せである。

二六八　世の中の事柄（＝世間法）[10]に触れても、その者の心が動揺することなく、憂いなく、塵汚れを離れ、安穏であること[11]、これが最上の幸せである。

二六九　これらのことを実行して、あらゆるものに敗れることがなく、あらゆるところで平安[12]に至る。これが彼等にとって最上の幸せである。」

大いなる幸せの経　終わり

五、スーチローマ〔夜叉〕の経(1)

このように、わたくしは伝え聞いている。

あるとき、世尊はガヤー(2)のタンキタ石床(3)というスーチローマ(4)夜叉の住まいにおいでになった。

そのときにまたカラ(5)という夜叉とスーチローマという夜叉が、世尊のそばを通りすぎた。

さて、カラ夜叉はスーチローマ夜叉に、こういった。

「これは沙門である」と。

〔スーチローマ夜叉はいった〕

「彼は沙門であるか、それともにせ沙門(6)であるか〔ということを〕わたしが知るまでは、これは沙門ではなく、これはにせ沙門だ。」

そこでスーチローマ夜叉は世尊に近づいた。近づいて来て世尊に身を寄せた。すると、世尊は身を退けた。そこでスーチローマ夜叉は世尊に、このように申しあげた。

「沙門よ。そなたはわたしを恐れるのか。」

〔世尊は言われた〕

「友よ。わたしはそなたを恐れていない。だが、そなたに触れるのは悪いことである。」

〔スーチローマ夜叉はいった〕

「沙門よ。わたしはそなたに尋ねるであろう。もし、そなたがわたしに答えないようであれば、そなたの心をわたしはかき乱すか、そなたの心臓を破るか、または両足をとらえてガンジス河の向う岸に投げるだろう」と。
〔世尊はお答えになられた〕
「友よ。わたしは神がみ・悪魔・梵天を含む世界において、沙門・バラモン・神がみ・人間を含む生けるものたちのうちで、わたしの心をかき乱し、わたしの心臓を破り、わたしの両足をとらえて、ガンジス河の向う岸に投げるような者を決して見ない。だがまた、友よ。さらにまた、そなたが望むことを尋ねよ」と。
そこでスーチローマ夜叉は世尊に詩句で話しかけた。

二七〇 「貪りと怒りとは、どこから〔生ずるの〕ですか。好き嫌いや身の毛がよだつことは、どこから生ずるのですか。あたかも少年たちが〔捕えた〕烏[7]を〔投げ捨てる〕ように、もろもろの妄想[8]はどこから起こって〔善い〕意《こころ》を投げ捨てるのですか。」

二七一 〔世尊〕
「貪りと怒りとは、これ（＝自身）から生ずる。[9]好き嫌いや身の毛がよだつことは、これから生ずる。あたかも子どもたちが烏[10]を〔投げ捨てる〕ように、もろもろの妄想は、これから生じて意《こころ》を投げ捨てる。

二七二 〔それらは〕愛着より生じ、自己から現われる。あたかもニグローダ樹[11]〔の若枝〕が幹より生ずるようなものである。それらは広くもろもろの欲望にからまったものであることは、あたかもツル草が林の中にはびこるようなものである。

二七三 夜叉よ。聞くがよい。それ（＝欲望）がどこから起こるかを知り、それを取り除く者たち、彼等は渡りがたく、かつて渡ったことのないこの激流[12]を渡り、再び生まれかわることがない。[13]」

スーチローマ〔夜叉〕の経　終わり

六、善き行ないの経（法行経[1]）

二七四　善き行ない[2]と清らかな行ない[3]とが最上の富である、と人はいう。たとえ俗家より〔出て〕家なきものとして出家者となろうとも、[4]

二七五　もしも彼が荒々しい言葉を口にするような者で、〔他人を〕悩ますことを大いに喜び、獣〔のようなもの〕であるならば、彼の暮らしはより悪いものとなり、自分の汚れをさらに増す。

二七六　論争を大いに喜び、愚かさの性《さが》で覆われた行乞者は、目覚めた者の説かれた教法を話したところで分からない。

二七七　彼は根源的な無知[5]をよいことにして、自ら修めた者たちを悩ませながら、〔煩悩の〕汚れ（＝雑染[6]）によって地獄に導かれるのが分からない。

二七八　まさにこのような行乞者は悪しきところに到達し、母胎から〔他の〕母胎に〔再生し〕、暗黒から暗黒に〔到達して〕、死後には苦を受ける。

二七九　たとえば糞坑が年月を経ると〔糞で〕充満するように、誰でもそのように汚されている者であれば、まさに清めがたい。

二八〇　行乞者らよ。このような者を俗家にたよる者[7]と知るがよい。悪い欲があり、悪い思いがあり、悪い行ないがあり、〔悪い〕場所にいる者〔と知るがよい〕。

二八一　そなたたちは、みんな一致して彼を大いに嫌うがよい。もみがらを取り除くがよい。塵芥を投げ捨てるがよい。

二八二　だからしてまた、沙門でないのに沙門だと思い上がっているもみがらを取り去るがよい。悪い欲があり、悪い行ないがあり、〔悪い〕場所にいる者たちを取り除いて、

二八三　そなた方、清らかな者たちは、清らかな者たちと思いやりをもって共に住むようにするがよい。それから、もろもろの賢明な者たちはともどもに苦を滅するであろう。

善き行ないの経　終わり

七、バラモンのあり方の経(1)

このように、わたくしは伝え聞いている。

あるとき、世尊はサーヴァッティーのジェータの森の、孤独な者たちに食物を与える者の園に住んでおられた。

そのとき、コーサラ国にいる多くの大富豪のバラモンたち――年老いて、年長で、老齢に達した者たちだが――が世尊のところへやって来た。やって来て、世尊に挨拶し、喜ばしい、心にひびく言葉を取り交わして、彼等は一方に坐った。一方に坐った彼等大富豪のバラモンたちは、世尊に申しあげた。

「君、ゴータマよ。現在、バラモンたちは、往昔のバラモンたち〔が作ったところ〕のバラモンの掟を守っていますか。」

〔世尊〕

「まさにバラモンたちよ。現在のバラモンたちは、往昔のバラモンたちのバラモンの掟を守っていない。」

〔バラモンたち〕

「もし尊師ゴータマに差し支えがなければ、尊師ゴータマは往昔のバラモンたちのバラモンの掟を、われわれにどうぞお話しください。」

〔世尊〕

「それではバラモンたちよ。聞くがよい。よく思念するがよい。わたしは、話してあげよう。」

「友よ。承ります。」

と、彼等大富豪のバラモンたちは、世尊に答えた。

世尊は、次のように説かれた。

二八四　昔の聖仙たちは、自己を制御した苦行者であった(2)。彼等は五種のもろもろの欲望の対象に対する欲求(3)を捨てて、自己の理想を実践した。

二八五　バラモンたちには家畜もなければ黄金もなく、穀物もなかった。彼等は、〔ヴェーダ聖典の〕読誦を財物とし、穀物とし、梵天（＝慈しみなどの瞑想を修めるという崇高なもの）を宝庫として守っていた。

二八六　彼等〔バラモンたち〕のために調理され、家の戸口に用意された食事は、信仰(4)によって調理されたもので、彼等〔バラモンたち〕に与えようと彼等（＝人びと）は考えた。

二八七　繁栄したもろもろの地方や国々(5)の人びとは、色とりどりの衣服、臥具、住宅を献げて、バラモンに帰依したのであった。

二八八　バラモンたちは掟によって守られていて、不可侵であり、打ち克つことができなかった。彼等が普く家々の戸口に〔立つのを〕、誰も妨げることがなかった。

二八九　彼等は四十八年の間、少年のように清らかな行ないをした。往昔のバラモンたちは、覚りの智と行ないとを求めたのであった。(6)

二九〇　バラモンたちは他〔の階級の女性〕と結婚せず、彼等はまた妻を買うこともなかった。相愛する〔妻〕だけと共に住み、仲睦まじく喜びあった。

二九一　バラモンたちは、〔妻と一緒にいることのできる〕そのときを除き、月のめぐりのときを避ける者に対して、その間は決して交わりをしなかった。

二九二　彼等は清らかな行ないと戒めと正直と柔和と苦行と温雅と不殺害と忍耐を誉め讃えた。

二九三　彼等のうちで〔梵天と同じように〕最高にして、断固として努力するバラモンこそはまた、夢の中ですら情交することがなかった。

二九四　そこで有識者（＝賢者）たちは、そのような〔者の〕行ないを見習いながら、清らかな行ないや戒めや忍耐を誉め讃えた。

二九五　米と臥具と衣服とバターと油とを乞い求め、公正に集め、それによって祭祀を行なった。彼等は供犠を執り行なうときにも決して牛を殺さなかった。

二九六　母や父や兄弟、あるいはまた他の親族のように、もろもろの牛はわれわれの最高の友だちである。それら〔牛たち〕には薬が生ずる。(7)

二九七　それら〔の牛〕は食料を与え、力を与え、美貌を与え、同じく安楽を与える。〔牛に〕このような利益があるのを知って、彼等は決して牛を殺さなかった。

二九八　バラモンたちは優美で、体格がよく、美貌で、名声があり、自分の義務によって困難なことでも容易なことでも熱心に〔行ない〕、彼等が世の中にいた間は、この世の人びとは安楽を得たのであった。

二九九　彼等に誤った〔考え〕が起こった。少しずつ国王の華美と飾りたてた女性たちとを見てから、

三〇〇　また、駿馬を繋げた車、よく作られた美しい刺繍、等分に測って区画された家屋敷や家の建物を〔見てから〕、

三〇一　バラモンたちは、牛の群に囲まれ、美女の群をしたがえた人間の大いなる享楽を貪り求めたのであった。

三〇二　彼等は、そのとき、〔ヴェーダ聖典の〕呪句を編集して、かのオッカーカ（＝甘蔗王）[8]のもとに行った。

「あなたは財物や穀物も豊かです。祭祀をするがいい。あなたの富は多い。あなたの財物は多い。祭祀をするがいい。」

三〇三　それからまた、戦車の主である国王は、バラモンたちに勧められて、馬祀り[9]、人祀り、棒投げ祀り、飲酒祀り、誰にも与える施し祀りなどの献供[10]を行ない、バラモンたちに財物を施与した。

三〇四　もろもろの牛、臥具、衣服、飾り立てた女性たち、そして駿馬に繋げた車、よく作られた美しい刺繍を、

三〇五　等分によく区画された美しい家屋敷にさまざまな穀物を満たして、財物をバラモンたちに施与した。

三〇六　またそこで、彼等は財物を得て、蓄財を喜びあった。彼等は欲に執われて、いっそう渇望が増えた。彼等はそこで、〔ヴェーダ聖典の〕呪句を編集して、オッカーカに再び近づいていった。

三〇七　〔バラモンたちはいった〕

「たとえば、〔人びとに〕水と土地と黄金と財物と穀物とがあるように、そのように人びとにとって牛がある。

なぜならば、それ（＝牛）は生ける者にとってなくてはならないものだからである。祭祀をするがいい。あなたの富は多い。祭祀をするがいい。あなたの財物は多い。」

三〇八　それからまた戦車の主である国王は、バラモンたちに勧められて、幾百千の牛を供犠で殺害したのであった。

三〇九　牛たちは、足によっても、角をもってしても、何によっても決して〔他のものを〕殺さず、羊と同じようにおとなしく、瓶に乳を搾らせる。かの国王は牛の両角を捕えて、刀剣で殺害した。

三一〇　刀剣が牛にふりおろされると、そのとき、神がみ、祖霊、帝釈天(11)、阿修羅、羅刹たちは「不法なことだ」と泣き叫んだ。

三一一　往昔には、欲と飢餓と老いとの三つの病いがあった。ところが、もろもろの家畜を殺害したので、九十八〔の病い〕が起こった。

三一二　武器をふるう〔という〕この不法は、往昔からあった。もろもろの罪なき者（＝牛）たちが殺される。祭祀を行なう者たちは、理法から逸脱する。

三一三　このような、昔からあるこうしたしきたりは、智者が非難したものである。人はどこでもこのようなこと（＝殺生）を見るにつけて、祭祀を行なう者を非難する。

三一四　このようにして、理法がおとろえたときに、隷属民と庶民(12)とが分裂し、もろもろの戦士族は広く分裂し、妻たちは夫を軽蔑した。

三一五　戦士族も梵天の親族(13)も、他の氏姓に守られている者たち（＝庶民・隷属民）も、血統を無視して、もろもろの欲望のままに行動した、という。

このように説かれたとき、彼等大富豪のバラモンたちは、世尊にこのように申しあげた。

「すばらしい。尊師ゴータマよ。すばらしい。尊師ゴータマよ。たとえば、尊師ゴータマよ、倒れた者を引き起こすように、あるいは覆われたものを開こうとするように、あるいは迷う者に道を告げるように、または眼ある者たちは暗闇の中に灯火をかかげ、色かたちを見るように、しかじかのように尊師ゴータマによってさまざまな方法で教法が明らかにされました。

わたくしは、これらの尊師ゴータマと教法と行乞者の教団とに帰依いたします。尊師ゴータマは、われわれを在家信者にしてください。今日より命ある限り帰依いたします。」

バラモンのありかたの経　終わり

八、船の経(1)

三一六　何からでも、もしも人が教法を明らかに知るならば、〔そのことからして〕あたかも神がみが帝釈天を尊敬するように、博識の彼は尊敬され、そこで清らかな心で〔他の人びとに〕教法を明らかに示す。

三一七　そのような人に怠りなく親しみ仕えて、その〔ような教法〕を対象として、慎重に教法にしたがって行動している賢者は、識者、〔他の人にも明確に知らせる〕解明者、聡明な者となる。

三一八　また〔教法の〕意義を弁《わきま》えず、嫉妬心がある劣った愚者にしたがうならば、この世においてまさに教法を分別することなくして、疑惑を超えられずに死に至る。

三一九　たとえば、人が深くて流れの速い河に入ると、彼は流れに運ばれ、〔流れに〕したがって〔流されて〕行く。

〔そんな〕彼がどうして他の者たちを〔彼の岸へ〕渡すことができようか。
三二〇 まさに、そのように、教法を弁えず、博識の者たちの〔教法の〕意義に耳を傾けようとせず、自ら知ることなく、疑惑が超えられない者は、どうして他の者たちを同意させることができようか。
三二一 また、あたかも堅牢な船に乗って櫂《かい》と舵《かじ》とをそなえ、そこで(2)〔船を操《あやつ》る〕方法を知っている〔ような〕練達の智慧者は、多くの他の人びとをそれで（＝その船で）〔彼の岸に〕渡らせるだろう。
三二二 また、そのように、誰でもヴェーダ聖典（＝勝れた智）に精通し(3)、自己を修めて、博識で、もともと〔心の〕動揺しない者は、しっかりと耳を傾け〔また道や結果を得るだけの〕素質をもつ他の人びとに理解させるだろう。
三二三 だから、実に賢明にして博識な善き人に親しく近づくがよい。〔教法の〕意義を知って実践しながら、教法を識った者は安楽を得るであろう。

船の経　終わり

九、「戒めとは何か」の経(1)

三二四 どのようなものを戒めとし(2)、どのようなものを正しい行ないとし、どのようなもろもろの〔身体・言葉・意《こころ》の〕はたらき（＝業）を増大させる人が、正しく安定するだろうか、また彼の最上の目的を達成するだろうか。
三二五 目上の者を尊敬して、羨んではならない。また、彼はもろもろの師を訪ねるのに時を知り、教法についての話が説かれている頃合い(3)を知るがよい。もろもろの善く説かれたことを、うやうやしく聞くがよい。

三二六 頑迷を捨て、つつましやかな態度で、常に師のもとに行くがよい。〔人の〕ためになること、教法(4)、自制、清らかな行ないを思い続け、かつ実行するがよい。

三二七 教法を喜び、教法を楽しんで、教法に安立し(5)、教法の確定を知り(6)、教法を冒瀆する言葉を決して口にしてはならない。善く説かれたもろもろの真実によって導かれよ。

三二八 冗談、無駄口、泣き喚き、怒り、ごまかし、詐欺、貪欲、慢心、憤慢、粗暴、悪濁、混迷を捨てて、思いあがりを除き、確固たる態度で行動するがよい。

三二九 もろもろの善く説かれた〔言葉〕は、認識されることが大切である。聞いてかつ認識されたことは、専念することが大切である。その人が粗暴で怠けた者であれば、その〔善く説かれた言葉を知る〕智慧と聞かれたこと（＝学識）とは増し加わることがない。

三三〇 また聖人に教えられた教法を喜ぶ者たちは、言葉によって、意《こころ》によって、行ないによって無上な者たち(7)である。彼等は静寂と柔和と瞑想(8)とによって安立したものであり、博識と智慧との精髄に達した者たちである。

「戒めとは何か」の経　終わり

一〇、奮起の経(1)

三三一 奮起せよ。坐るがよい。眠りによってそなたたちにどんな益があるか。病んで〔苦しみ〕、矢に射られて苦しんでいる者たちに、どんな眠りがあるのか。

三三　奮起せよ。坐るがよい。静まりを得るために、しっかりと修練するがよい。死王(2)がおまえたちの怠け(3)ているのを知って、〔死王の〕力にしたがえて、おまえたちを迷わせることがあってはならない。

三三　その〔執着の〕ために、神がみや人間たちが依りかかり、求めている、この執着を超えるがよい。おまえたちのわずかな時をも〔空しく〕過ごしてはならない。なぜならば、時を〔空しく〕過ごした者たちは、地獄に堕ちて憂えるからである。

三四　怠りは〔心を汚す〕塵汚れである。怠りにしたがって塵汚れが〔生じて〕ある。怠りなきことによって、〔また〕覚りの智によって自分に〔刺さった煩悩の〕矢を引き抜け。

奮起の経　終わり

一一、ラーフラの経(1)

三三五　〔世尊は言われた〕
「〔そなたは〕しばしば一緒に住んでいるから〔といって〕、賢者を軽蔑していないかどうか。人びとに〔智慧と教法の説示という〕松明をかかげる者を(2)、〔常に〕そなたは尊敬しているかどうか。」

三三六　〔ラーフラの答え〕
「わたくしは、いつも一緒に住んでいるから〔といって〕、賢者を軽蔑することはありません。人びとに〔智慧と教法の説示という〕松明をかかげる者を、常にわたくしは尊敬しています。」

〔以上〕序の詩句

三三七　愛すべく心喜ばしい五種のもろもろの欲望の対象に対する欲求を[3]捨てて、信仰によって家より出て、苦を滅する者であってほしい。

三三八　善き友だちと親交するがよい。また、〔人里〕離れた静かな辺地に坐臥する〔がよい〕。飲食に適量を知る者であれ。

三三九　衣服や托鉢して得る食物および生活用品や坐臥具〔または坐臥の場所〕、これらのものを渇望してはならない。再び〔輪廻の〕世界に戻るなかれ。

三四〇　戒本[4]において、また五つの感官において[5]守られて〔あれ〕。身体について正しく想念せよ。大いに〔輪廻転生を〕厭離するものであれ。

三四一　貪りに関わる〔ような〕美しいすがたかたちのものを避けるがよい。〔身体についての〕不浄〔観〕をもって心を〔また〕一点にさだめて、よく安定して〔修行せよ〕。

三四二　また〔すべては〕すがたかたちのないものであること（＝無相）〔という無常の想念〕を身につくまで修行せよ。慢心という潜在的な煩悩を捨てよ。そうすると、そなたは慢心をなくして[6]、静まれる者としてふるまうであろう。

このようにして、実に世尊は尊者ラーフラをこれらの詩句によって、繰り返し教誡されたのであった。

ラーフラの経　終わり

一二、ヴァンギーサの経(1)

このように、わたくしは伝え聞いている。

あるとき、世尊はアーラヴィーにあるアッガーラヴァ廟(2)に住んでおられた。それはちょうど尊者ヴァンギーサの師ニグローダカッパ(3)という長老が、アッガーラヴァ廟で亡くなられてから間もなくのことであった。

さて、尊者ヴァンギーサが静かな場所に行って独坐しているとき、このような思いが起こった。

「わたくしの師はほんとうに亡くなったのか、それとも亡くなっていないのか」と。そこで、尊者ヴァンギーサは、夕刻に独坐から立ち上がって、世尊のもとに近づいた。近づいてから世尊に敬礼して、一方に坐った。一方に坐った尊者ヴァンギーサは、世尊に申しあげた。

「尊師よ。ここで、わたくしが独り坐って瞑想しているとき、次のような心の思いが起こりました。「わたくしの師はほんとうに亡くなったのか、それとも亡くなってはいないのか」と。」

そこで尊者ヴァンギーサは、座から立って〔右の〕一肩《ひとかた》の衣をはずして(4)世尊に合掌し、詩句で世尊に申しあげた。

三四三　「現世で、もろもろの疑惑を断ち切られた最高の智慧ある教師に、わたくしはお尋ねします。〔世に〕知られ、
名声ある方で、自ら安らかな心を得た行乞者が、アッガーラヴァ〔廟〕でお亡くなりになりました。

三四四　ニグローダカッパという彼の名は、世尊よ、あなたがバラモンにつけられたのです。確固たる教法をお認め
になるお方よ。彼はあなたに帰依しながら、解脱を求め、努め励んで修行してきました。

三四五　サッカ（＝釈迦族出身者）[5]よ。わたくしたちは皆、あなたの弟子のことを知ろうと願っています。普き眼をもつお方よ[6]。わたくしたちの耳は聞こうとしています。あなたはわたくしたちの教師です。あなたは無上のお方です。

三四六　わたくしたちの疑惑をまさに断ち切ってください。この事をわたくしにお説きください。亡くなったことを〔わたくしたちに〕知らせてください。広大な智慧あるお方よ。またわたくしたちのなかでお説きください。普き眼をもつお方よ。あたかも一千の眼があるサッカ（＝帝釈天）が神がみのために〔説く〕ように[7]。

三四七　この世において、どのようなもろもろの繋縛も、愚かさの道も、無知の類も、疑惑の住まいも、如来に会うと、それらはなくなります。なぜならば、そのお方は、人びとの最高の眼[8]だからです。

三四八　たとえば、風が厚い黒雲を吹き払うように、もし、〔この〕人（＝如来）がもろもろの煩悩を〔吹き払わ〕なければ、あらゆる世界は覆われて暗黒となるでしょう。たとえ光輝ある人びとでも輝くことがないでしょう。

三四九　そして、賢者たちは〔智慧の〕光をつくる者たちです。賢者よ。わたくしは、あなたをまさしくそうしたお方だと思います。〔世尊はあらゆる教法をそのとおりに〕お示しくださるお方だと知って〔いるからこそ〕、わたくしたちはやって来たのです。わたくしたち〔の集り〕に〔ニグローダ〕カッパのことを明らかにしてください。

三五〇　あたかも白鳥が〔頸《くび》を〕伸ばしておもむろに啼くように、よく整えられた簡潔な音声をもって、速やかに妙なる声を発してください。まさしくわたくしたちは、あなたに皆素直になって聞きます。

三五一　残りなく生死を捨てたお方、〔悪を〕取り除いたお方によくお願いして、教法をお説きいただきましょう。普通の者たちは、望むことをなし遂げることがありませんが、如来たちは考慮しなければならないことをなし遂げられるお方だからです。

三五二 この完璧な説明は、正しく真っすぐな智慧者であるあなたが取りあげられた（＝説かれた）ものです。〔前の合掌もそうですが〕この最後の合掌を心こめてささげます。勝れた智慧あるお方よ。〔ニグローダカッパの死後を〕ご存じでありながら、〔お話しくださらないで〕わたくしたちを迷わせないでください。

三五三 かれこれの聖なる教法(9)をご存じでありながら、〔わたくしたちを〕迷わせないでください。勝れた精進をするお方よ。あたかも炎暑に熱せられた者が水を求めるように、わたくしは〔あなたの〕言葉を望みます。聞いている者に〔教法の〕雨を降らせてください。

三五四 そのために、カッパーヤナ（＝ニグローダカッパ(10)）は清らかな行ないをしたのです。それは彼にとって空しくないものだったでしょうか。あるいは彼は心の安らぎを得たのでしょうか。それとも生存のもと〔である渇望や煩悩など〕の残り(11)があるのでしょうか。〔もしカッパーヤナが解脱したとすれば〕彼はどのようにして解脱したのでしょうか。わたくしたちはそれを聞きたいと思います。」

三五五 世尊はお答えになった。

「彼はこの世において名称と形態（＝個体存在(12)）についての渇望を断ち切った。長い間潜在していた黒魔の流れを(13)〔断ち切った〕。〔そして〕完全に生死を渡った。」

五人の〔修行者の(14)〕最勝者である世尊は、このように語られた。

三五六 〔ヴァンギーサは申しあげた〕

「第七の聖仙よ(15)。このように聞いて、わたくしはあなたのお言葉を信じます。わたくしの尋ねたことは、決して空しくありませんでした。バラモン〔であるあなた〕は、わたくしを瞞しませんでした。

三五七　目覚めた者の弟子（＝ニグローダカッパ）は、言葉でいうとおりに実行する者でした。彼は、幻術師(16)である死魔(17)が張った堅固な網を断ち切りました。

三五八　世尊よ。カッピヤ（＝カッパ）は、執着の始源（＝原因）を見たのです。ああ。カッパーヤナは極めて渡り難い死魔の領域を渡りました(18)。」

ヴァンギーサの経　終わり

一三、正しい遍歴の経(1)

三五九「広大な智慧をもち、〔激流を〕渡って彼の岸に至り(2)、全き心の安らぎを得て自立した聖者にわたくしはお尋ねいたします。家から出離し、もろもろの欲望を取り除いて、かの行乞者は、どのようにしてこの世に正しく遍歴するでしょうか。」

三六〇　世尊は言われた。

「吉凶占い(3)、天変地異占い、夢占い、〔ものに表われた吉凶の〕相の占いを除去し、彼は吉凶占いの誤りを捨てたのである。かの行乞者は正しくこの世に遍歴するであろう。

三六一　行乞者は、人間や神がみのもろもろの欲望における貪りを制するがよい。生存を超え、教法を知って、彼はこの世に正しく遍歴するであろう。

三六二　行乞者は、もろもろの仲たがいさせる言葉を捨て、怒りやもの惜しみを捨てるがよい。順逆（＝貪りと怒りとの心）を捨てた彼は、この世に正しく遍歴するであろう。

三六三　好ましいものと好ましくないものとを捨てて、執着することなく、どのようなものにも依ることなく、もろもろの結縛から脱した彼は、この世に正しく遍歴するであろう。

三六四　彼は、〔渇望という生存の〕もろもろの依りどころに確固(4)としたものを見出さない。もろもろの執着するものに対する欲を制して、〔渇望と誤った見解との二種に〕依ることなく、他者に導かれることがない彼は、この世に正しく遍歴するであろう。

三六五　言葉によっても、意《こころ》によっても、行ないによっても矛盾(5)することなく、正しく教法を知り、心の安らぎの境地(6)を求める彼は、この世に正しく遍歴するであろう。

三六六　行乞者が「人はわたくしを拝む」といって高慢になることなく、たとえ彼が罵られても恨まず、他の者の食物を得てもいい気になることがなかったならば、彼はこの世に正しく遍歴するであろう。

三六七　貪りと〔欲望の〕生存とを捨て、〔他の生き者を〕切ったり縛ったりすることがないかの行乞者は、疑惑を超え、〔煩悩の〕矢を抜いたならば、彼はこの世に正しく遍歴するであろう。

三六八　行乞者は、自分にふさわしいことを知って、この世においてどんなものをも損なわず、ありのままに教法を知ったならば、彼はこの世に正しく遍歴するであろう。

三六九　あるものに対して、彼はどのような潜在的な煩悩(7)もなく、不善の根が断ち切られ、願うことなく、求めることがなければ、彼はこの世に正しく遍歴するであろう。

三七〇　煩悩の汚れが尽き、慢心を捨て、あらゆる貪りの道を越えて行き、〔自らを〕制し、全く安らかになり、〔心を〕安立した彼は、この世に正しく遍歴するであろう。

三七一　信仰があり、博識で、決定〔している道〕を見て、群の中にあっても群に流されぬ賢者が、貪りと怒りと敵意とを制するなら、彼はこの世に正しく遍歴するであろう。

三七二　清らかな勝利者で、〔煩悩の〕覆いを開き、もろもろの教法において自在を得、彼の岸に至って〔渇望により〕動揺せず、生存を成り立たせる潜在的な形成力（＝諸行）を滅する智慧に巧みである者は、この世に正しく遍歴するであろう。

三七三　過去に対しても未来に対しても劫（＝輪廻転生の長い時間、妄想）を超えて、善く清らかな智慧をもち、すべての感覚の領域から解放された彼は、この世に正しく遍歴するであろう。

三七四　〔四つの真実の〕句を〔四つの真実を決定する智慧によって〕知り、〔四つの真実の〕教法を知り、煩悩の汚れを断つのを明らかに見て、〔渇望という〕すべての〔生存の〕依りどころを完全になくすならば、彼はこの世に正しく遍歴するであろう。」

三七五　「世尊よ。ほんとうに、これはそのとおりです。誰でも、このように暮らし、〔自ら〕制する行乞者はあらゆる結縛を超えたので、彼はこの世に正しく遍歴することでしょう。」

正しい遍歴の経　終わり

一四、ダンミカの経(1)

わたくしは、このように伝え聞いている。

あるとき、世尊は、サーヴァッティーのジェータの森の、孤独な者たちに食物を与える者の園に住んでおられた。ときに、ダンミカ信者が、五百人の信者といっしょに世尊のもとに近づいた。近づいて世尊に挨拶して、一方に坐った。一方に坐ったダンミカ信者は、世尊に詩句で話しかけた。

三七六　「ゴータマよ。広大な智慧をもつお方よ。わたくしはあなたにお尋ねします。出家者でも、あるいは在家信者たちでも、〔教えを〕聞く者(2)は、どのようにするのがよいのですか。

三七七　あなたは、神を含む世界の人びとの行くところ（＝趣(3)）と、彼の岸に至ることと(4)をご存じですから、微妙な事柄を見るお方で、あなたと比べられる者はおりません。なぜならば、人びとはあなたを最勝の目覚めたお方と呼ぶからです。

三七八　あなたは覚ってから、人びと（＝衆生）を憐れみつつ、すべて智慧と教法とを明らかにされます。普き眼をもつお方よ(5)。あなたは〔煩悩の〕覆いを開き、汚れなくして、あらゆる世界に輝かれます。

三七九　エーラーヴァナ(6)という名の象の王は、〔あなたが〕「勝利者」だと聞いて、あなたのもとにやって来たのです。彼もまたあなたと語り合っていきました。〔あなたの言葉を〕聞いて「善いかな」といってたいへん喜びました。

三八〇　毘沙門天王(7)のクベーラ(8)も、あなたに教法を尋ねようと近づいて来ました。賢者よ。あなたはまた彼に問われて、お話しになりました。彼もまた聞いてたいへん喜びました。

三八一　論争を習いとするこれらのどんな他教徒たち(9)でも、〔たとえば〕アージーヴィカ教徒たち(10)であれ、ジャイナ教徒たち(11)であれ、皆、智慧によってあなたを超えることはありません。あたかも立っている者が急いで行く者に追いつくことができないようなものです。

三八二　論争を習いとするこれらのどんな長老のバラモンたちでも、〔中年であれ、若い者であれ〕どんなバラモンであろうと、あるいはまた〔バラモン以外の〕他の、自分を論客だと思っているどのような者たちでも、皆あなたからためになることを得ようとしています。

三八三　この教法こそは微妙であり、また心楽しいものです。これはあなたによって善く説かれたものです。世尊よ。皆は、そうしたものをこそ聞こうと願っています。あなたにお尋ねしますから、わたくしたちにお説きください。最勝の目覚めたお方よ。

三八四　そして、これらの行乞者たちは皆、いっしょに坐っています。信者たちも同じように聞くために〔坐っています〕。汚れのないお方によって覚られ、よく説かれた教法を聞くがよい。あたかも神がみがヴァーサヴァ（＝インドラ神）[12]の〔教法を聞く〕ように。」

三八五　〔世尊はお説きになられた〕

「行乞者たちよ。わたしに聞くがよい。わたしはそなたたちに〔煩悩を取り除く〕頭陀《ずだ》行法《ぎょうぼう》[13]を説き聞かせよう。そして、そなたたちは、それを皆受けて憶《おぼ》えておくがよい。出家者にふさわしい行動の仕方（＝威儀路[14]）を〔受けて憶えておくがよい〕。利益を見る智慧者たちは、それにしたがうがよい。

三八六　行乞者は時ならぬ時[15]に歩きまわってはならない。だが、〔ちょうど、その〕とき〔午前〕に行乞のために村へ行くがよい。なぜならば、時ならぬ時に行けば、もろもろの執着がつきまとうからである。だからして、もろもろの目覚めた者は、時ならない時には行かない。

三八七　もろもろの色かたちと音声と味と香りと触れられるものは、人びとを酔わせる。これらのもの（＝色・声・味・香・触。認識対象、五境）についての欲を制するがよい。彼は常に早朝に〔村に〕入るがよい。

三八八　そして、行乞者は〔行乞の〕ときに食物を得てから、一人で帰ってきて、静かに坐るがよい。自己を制して、

〔心の〕内に思念し、意を外〔の対象〕に放ってはならない。

三八九　もし彼が〔教えを〕聞く者、あるいは他の者、または誰かある行乞者と語ることがあれば、その勝れた教法を説くがよい。仲たがいさせる言葉を口にせず、他の者を非難しないことである。

三九〇　ある者たちは、〔非難するための〕議論に反駁する。わたしたちは、彼等〔のように〕こざかしい者たちを称賛しない。あちらこちらから、もろもろの〔論争の〕執着が、彼等を拘束する。なぜならば、彼等は、〔反駁しながら〕心をそこに遠くやるからである。(16)

三九一　勝れた智慧ある弟子は、〔彼の岸に〕善く行ける者(17)によって説き示された教法を聞いてから、托鉢の食物・住居・臥坐具(18)と大衣(19)の汚れを洗い落とす水とを、よく考えて用いるがよい。

三九二　そうすれば、水でまさしく托鉢の食物と臥坐具と大衣の汚れを洗い落すとき、行乞者はこれらのもの（＝托鉢の食物と臥坐具と大衣の汚れ）に汚染されない。あたかも蓮の葉の上の水滴のように。

三九三　また、わたしはそなたたちに在家信者の勤めを説く。〔在家信者の〕弟子としてどのように行なえばよいのか〔を〕。なぜならば、所有するものがある者（＝在家信者）は、純然たる行乞者の規則に触れることはできないからである。(20)

三九四　世の中において動くものでも動かないものでも、すべての生きものに対して武器を手放し、生きものを殺してはならないし、〔他人に〕殺させてもならない。そして、他の者たちが〔生きものを〕殺害するのを容認してもならない。

三九五　それから弟子は、何であれ、どこにおいても、〔他人のものだと〕知っていながら、すべて与えられないものを〔取るのを〕避けるがよい。〔他人に〕取らせることなく、取っているのを容認してもならない。あらゆる与えられないものを〔取らずに〕避けるがよい。

三九六　あたかも燃えさかる炭火の坑を〔避けるように〕、智者は清らかでない行ないを避けるがよい。また、たとえ清らかな行ないができなくとも、他人の妻を犯してはならない。

三九七　集会所(21)にいっても集会(22)にいっても、一人の者が他の者に対して嘘をいってはならない。〔他人に嘘を〕いわせてもならない。〔他人が嘘を〕いうのを容認してもならない。すべて真実ならざる言葉を避けなくてはならない。

三九八　また、飲酒してはならない。在家信者は、この〔飲酒してはならないという〕規則を喜んで〔他人に〕飲ませてはならない。〔他人が〕飲んでいるのを容認してもならない。〔酒は人を〕「酔い狂わせるものである」ということを知って。

三九九　なぜならば、愚者たちは、酔って〔自ら〕もろもろの悪事をするし、他の者たちをも怠らせるからである。愚者の欲するところであり、人を酔い狂わせ、迷わせる〔ような〕この〔飲酒という〕福徳のないものを避けるがよい。

四〇〇　①生きものを殺すなかれ(23)。②与えられないものを取るなかれ。③嘘をいうなかれ。④酒を飲むなかれ。⑤清からざる行ないである淫欲を慎め。⑥夜に〔も昼にも〕時ならざる〔時に〕食事をとってはならない。

四〇一　⑦花輪を身につけることなかれ。また、香を使うことなかれ。⑧地上に広げた臥床に横たわるがよい。これが八条項よりなるウポーサタ（＝布薩・斎戒(24)）であるという。〔これらは〕苦の終滅に達した目覚めた者によって説かれたものである。

四〇二　それからまた、半月〔毎〕の第十四、第十五日および第八日にウポーサタに入って、また特別の月（＝神変月[25]）にも清らかな意《こころ》で、八つの条項をそなえ、よく完成したかたちのもの（＝ウポーサタ）に〔入るがよい〕。

四〇三　それからまたウポーサタを行なった早朝〔の午前〕に、智者は清らかな心で喜びながら、食物と飲物とを行乞者の教団に分相応に与えるがよい。

四〇四　正しいやり方で（＝正常に得た財物によって）母と父とを扶養するがよい。適正な商売[26]に従事するがよい。このように行なって怠りない在家者は、自ら光る者[27]という名の神がみのもとにおもむく。」

ダンミカの経　終わり

小さな章　第二

その〔章の〕まとめの詩句（＝摂頌《ウッダーナ》）。

宝と生臭さ、恥じらい、大いなる幸せ、
スーチローマと善き行ないと、さらにバラモンのあり方と、
また船の経と、「戒めとは何か」と、奮起と、またさらにラーフラと、
そしてカッパと、遍歴と、さらにはダンミカと、
これらの十四経が「小さな章」といわれる。

三　大きな章[1]

一、出家の経[2]

四〇五　わたくしは〔世尊の〕出家を語ろう。眼をもつ人[3]がどのように出家されたか、どのようにお考えになりながら、あのお方は出家を喜ばれたか〔を〕。

四〇六　「この在家の住居は煩わしく、ごたごたしていて、汚れたところである」と。「だが、出家は開かれたところである」と見て、〔世尊は〕出家されたのであった。

四〇七　出家して、身体による悪しき行ないを捨て、言葉による悪しき行ないを捨てて、暮らしを清らかにした。

四〇八　目覚めた人は、マガダ族の、山に囲まれたラージャガハ[4]に行った。勝れた顔かたちに満ちた人は、托鉢のために〔そこに〕至った。

四〇九　高楼に立った〔マガダ国王〕ビンビサーラは、彼を見た。勝れた顔かたちをそなえた人を見て、〔侍者に〕次のことを話した。

四一〇　「お前たち。この者に注目するがいい。端正にして、大きく、清らかで、そして、行ないもそなわり、また彼は一尋《ひとひろ》(5)のところ（＝目の前だけ）を見ている。

四一一 目を下に向け、正しい想念をそなえている。この人は低い氏族の者ではないようだ。王の使者たちよ。彼のあとを追え。〔この〕行乞者は、どこへ行くのだろうか。」

四一二 遣わされた王の使者たちは、〔彼を〕背後より追跡した。「この行乞者はどこへ行くのだろうか。彼はどこに住んでいるのだろうか。」

四一三 〔彼は〕次第に行乞しながら、門（＝感官）を守ってよく制御し、意識しながら心をとどめて速やかに鉢を満たした。

四一四 かの聖者は托鉢して行って、都市から出て、パンダヴァ山(6)にやって来た。〔使者たちは〕ここに〔世尊の〕住居があるのであろう〔と考えた〕。

四一五 〔世尊が〕住居にやって来たのを見て、それから使者たちは〔彼に〕近づいた。そして、一人の使者は戻って国王に知らせた。

四一六 「大王よ。この行乞者は、パンダヴァ山の東方の山の洞窟に、あたかも虎、牡牛、あるいはライオンのように坐っています。」

四一七 使者の言葉を聞いて、戦士族の者（＝ビンビサーラ王(7)）は、見事な車でパンダヴァ山に急いで出掛けた。

四一八 かの戦士族の者は、車の通る道は車を駆って、〔そこからは〕車から降り、徒歩で近づいて、彼のすぐそばに坐った。

四一九 王は坐って、それから〔相手を〕喜ばせる〔ような〕言葉を述べた。彼は言葉を取り交わしてから、次のようなことをいった。

四二〇「そなたは若い青年である。人生の初頭にある若者だ。勝れた容色をそなえ、あたかも良き生まれの戦士族のようだ。

四二一　わたしはもろもろの財物をそなたに与える。象群を先頭にする精鋭な軍隊を整えるので、そなたは〔それらを〕受け取るがよい。また〔そなたの〕生まれを問うから、告げよ。」

四二二〔世尊が答えた〕
「国王よ。真っすぐに（＝自分の来た方角に）、雪山の麓に〔ある〕住民たちの地域があります。コーサラ国に住む者たちで、富と勇気をそなえています。

四二三　太陽神という氏姓をもち、[8]サーキャ（＝釈迦族[9]）という種族[10]です。わたしはその（サーキャ種族の）氏族から出家しました。[11]国王よ。もろもろの欲望を求めているのではないのです。

四二四　もろもろの欲望における煩いを見、出離は安穏であると見て、努め励むために、わたしは行くでしょう。それをわたしの意《こころ》は喜んでいるのです。」

出家の経　終わり

二、励みの経[1]

四二五　ネーランジャラー河[2]に向かって、〔その辺《ほとり》で〕努めに努め励んだこのわたしに、軛《くびき》（＝束縛）からの安穏を得るために瞑想している〔このわたし〕に、

四二六　ナムチ（＝魔[3]）は、憐れみの言葉を口にしながら、近づいて来た。

「お前は痩せていて、顔色が悪く、死が近い。

四二七 〔お前の〕死ぬ分が千だとすれば、お前の生きる分は〔千に〕一である。お前。生きよ。生きたほうがいい。生きていれば、お前はもろもろの福徳をなすであろう。

四二八 またお前が清らかな行ない（＝ヴェーダ聖典を学習するための独身生活）をしてから、かつ〔家庭に戻って〕聖火に供物を献げることによって、多くの福徳が積まれる。お前は努め励んで、どうするのか。

四二九 精勤への道は行きがたく、行ないがたく、至りがたい。」

このような詩句を唱えながら、悪魔は目覚めた者[4]の近くに立ったのであった。

四三〇 そのように説くかの悪魔のパーピマンに、世尊は次のように言われた。

「怠け者の親族よ。悪しき者よ。〔お前は他の者たちを妨害するという〕そのためにここにやって来た〔のだが〕、

四三一 わたしには〔悪魔が説いた輪廻に導くという〕福徳による利益は微塵もない。そして、何であれもろもろの福徳の利益があるならば、悪魔は〔そうした利益を求める〕者たちに語るのがふさわしい。

四三二 わたしには信仰[5]がある。それから精進（＝努力[6]）があり、また智慧[7]がある。このように、自ら励んでいるわたしに、お前はどうして生命のことを思いやるのか。

四三三 この風[8]は、もろもろの河の流れをも涸らすであろう。それなのに、自ら励んでいるわたしの血がどうして涸れないであろうか。

四三四 血が涸れているならば、胆汁も痰も涸れる。肉が尽きるならば、心はよりいっそう清まる。わたしの正しい想念[9]と智慧と瞑想[10]とは、よりいっそう安定する。

四三五　わたしは、このようにしているとき、この上ない苦痛を得ているのだから、心はもろもろの欲望を望むことがない。自己の清らかなさまを見るがよい[11]。

四三六　お前の第一軍はもろもろの欲望、第二〔軍〕は不快だといわれる。第三〔軍〕は飢餓、第四〔軍〕は、渇望だといわれる。

四三七　お前の第五〔軍〕は沈鬱と睡眠、第六〔軍〕は恐怖だといわれる。お前の第七〔軍〕は疑惑、お前の第八〔軍〕は偽善と傲慢と、

四三八　利得と名声と尊敬と邪悪に得られた栄誉、自己を賞揚して他者を軽蔑することである。

四三九　ナムチよ。これはお前の軍隊で、黒魔[12]の攻撃である。勇敢でない者は、それに打ち克つことがない。そして〔勇敢な者は〕打ち克って安楽を得る。

四四〇　この者（＝わたし）は、ムンジャ草を〔腰に〕しっかり着けよう[13]。この世では命は厭わしい。敗北して生きのびるくらいなら、わたしは戦場で死んだほうがよい。

四四一　ある沙門・バラモンたちは、ここ（＝悪魔の軍勢）に沈没して〔心の安らぎ＝涅槃への〕道を見ることがない。そして、それによって善行者たちが行くその〔心の安らぎ＝涅槃への〕道を知らない。

四四二　普く軍旗を持ち、運般獣〔のギリメーカラ象王〕に乗り、準備された悪魔を見て、わたしは戦いに出陣する。わたしを〔この〕場所から撤退させてはならない。

四四三　神がみを含む世界の者たちは、お前の軍隊を征服することがない。わたしは、お前のそれ（＝軍隊）を智慧で破る[14]。あたかも生《なま》の鉢[15]を石で〔砕く〕ように。

四四四　思惟を思いのままに制し、また正しい想念をよく安定させ、王国から王国へと遍歴しながら、教えを聞く者

（＝弟子）たちを広く教導しながら、

四四五　彼等は怠りなく、自ら努めて、わたしの教えを実行する。お前が欲しなくても、彼等は行くであろう。〔彼等は〕どこなりともそこへ行って憂えることがない。」

四四六　〔悪魔はいった〕「わたしは七年間、世尊を一足ごとに追跡した。〔しかし〕正しい想念をそなえている等覚者[16]には到達することができなかった。

四四七　あたかも烏が脂肪の〔ような〕色の岩を飛び回り、「恐らく、ここなら柔らかいものが見つかるだろう。おいしいものもあるだろう」と、

四四八　そこではおいしいものが得られなかったので、烏はそこから飛んで行った。あたかも烏が岩山に近づいて〔飛び去ったように〕、われわれはゴータマを嫌って離れ去る。」

四四九　憂いに負けた彼（＝悪魔）の腋から琵琶《びわ》が落ちた。それから、消沈したかの夜叉[17]は、その場でかき消えた、と。

励みの経　終わり

三、善く説かれたことの経[1]

このように、わたくしは伝え聞いている。

あるとき、世尊はサーヴァッティーのジェータの森の、孤独な者たちに食物を与える者の園に住んでおられた。

そのとき、世尊はもろもろの行乞者に呼び掛けられた。

「もろもろの行乞者たちよ」と。

「世尊よ」と行乞者たちは世尊にお答えした。

世尊は、このように説かれた。

「行乞者たちよ。四つの部分をそなえた言葉は、善く説かれたものであって、悪しく説かれたものではない。欠点がなく、またもろもろの智者たちに非難されないものである。四つとは何か。

行乞者たちよ。この世で、行乞者は①善く説かれたことのみを語り、悪しく説かれたことを〔語ら〕ないこと。②教法（＝道理）のみを語り、教法でないものを〔語ら〕ないこと。③好ましいことのみを語り、好ましからざることを〔語ら〕ないこと。④真実のみを語り、虚妄を〔語ら〕ないこと。行乞者たちに、まさにこれらの四つの部門をそなえた言葉は善く説かれたものであって、悪しく説かれたものではない。欠点がなく、またもろもろの智者たちに非難されないものである。」

世尊は、このことを説かれた。〔彼の岸に〕善く行ける者（＝善逝）はこのことを説かれてから、またさらに教師は、次のように説かれた。

四五〇　善き者たちは[2]、善く説かれた最上のことを語る。
道理を語るがよい〔これが第一である〕。道理でないことを〔語ってはなら〕ない。これが第二である。好ましからざることを〔語ってはなら〕ない。これが第三である。真実を語るがよい。虚妄を〔語ってはなら〕ない。これが第四である、と。

時にまさに、長老ヴァンギーサは座より立って、一つ〔の肩〕に衣を掛けて世尊に合掌して、世尊にこのように申しあげた。

「〔彼の岸に〕善く行けるお方よ。わたくしに思い浮かぶことがあります」と。

「ヴァンギーサよ。それを思い浮かべるがよい」と世尊は言われた。

そこでまさに長老ヴァンギーサは、世尊の面前でふさわしいいくつかの詩句によって〔世尊を〕大いに称賛した。

四五一　それによって自己を苦しめないような、また他の者たちを損なわないような、そうした言葉だけを話すがよい。その言葉こそが善く説かれたものである。

四五二　好ましい言葉をこそ語るがよい。その言葉は喜ばれるものである。何であれ、もろもろの悪しき〔言葉〕を取りあげずに、他の者たちに好ましいことを語る。

四五三[3]　真実はまさに不死の言葉であり、これは恒常の道理である。善き者たちは、真実と利益と道理とに安立したものである、という。

四五四　心の安らぎ（＝涅槃[4]）に達するために、苦をなくすために、何であれ目覚めたお方が説きたもう安穏の言葉は、それこそが言葉の中の最上のものである、と。

善く説かれたことの経　終わり

四、スンダリカ・バーラドヴァージャの経(1)

このように、わたくしは伝え聞いている。

あるとき、世尊はコーサラのスンダリカー河の辺《ほとり》に住んでおられた。ちょうどそのとき、スンダリカ・バーラドヴァージャ・バラモンは、スンダリカー河の辺で聖火に献供し、火祭りを行なった。

さてまた、スンダリカ・バーラドヴァージャ・バラモンは聖火に献供し、火祭りを行なってから座より立って普く四方を見渡し〔ていった〕。

「さて、誰がこの供物の残りを食べるだろうか」と。

スンダリカ・バーラドヴァージャ・バラモンは、さほど遠くないところにある木の根もとで、世尊が頭から衣を被って坐っているのを見た。見てから左手で供物の残りを持ち、右手で水瓶を持って世尊に近づいた。

そこで世尊はスンダリカ・バーラドヴァージャ・バラモンの足音を聞き、〔被っていた衣をとって〕頭を出した。

すると、スンダリカ・バーラドヴァージャ・バラモンは、「この者は頭を剃っている。この者は似非《えせ》坊主(2)だ」といって、すぐさまそこから再び戻ろうとした。

ときに、スンダリカ・バーラドヴァージャ・バラモンは、こう思った。「この世の中では、あるバラモンたちは頭を剃っていることもあるから、わたしはその者に近づいて行って、生まれを尋ねてみよう」と。

そこでスンダリカ・バーラドヴァージャ・バラモンは世尊に近づいた。近づいて世尊にこういった。「お前はどの生まれか」と。

すると世尊は、スンダリカ・バーラドヴァージャ・バラモンに詩句で話しかけられた。

四五五 「わたしはバラモンでもなければ戦士族出身[3]でもない。わたしは庶民[4]でもなく、あるいはわたしは〔その他の〕何ものでもない。もろもろの普通の者[5]の氏姓[6]を知り尽し、無所有にして賢者として（＝思考して[7]）世の中を歩む。

四五六 わたしは重衣[8]を着る者であり、家なくして歩む。毛髪を剃り、自ら心の安らぎを得た者であり、この世で人びとに汚されることがない。バラモンよ。そなたがわたしに氏姓を尋ねるのは適当でない。」

四五七 「友よ。バラモンたちは、バラモンたちと共に〔あるとき〕「あなたはバラモンではないのか」と尋ねるものである。もしも、あなたが〔自分を〕「バラモンである」といい、そして、わたしを「バラモンではない」というならば、わたしはあなたにあの三句二十四音節の〔リグ・ヴェーダ聖典の〕サーヴィッティー讃歌[9]を尋ねよう。」

四五八 〔バラモンは尋ねた〕

「この世において、聖仙たち、戦士族たち、バラモンたちといった人びとは、何のために神がみに大いに（＝さまざまに）供犠を行なったのですか。」

〔世尊はお答えになった〕

「究極に達した勝れた智者[10]が供犠をするときに、〔施しの〕供物を得るならば、〔そのために〕それ（＝供犠）は成功するにちがいない、とわたしは説く。」

四五九 〔バラモンはいう〕

「確かに、その方への供物は〔それによって智者の供犠が〕成功するにちがいない。わたしはそのような勝れた智者〔＝目覚めた者〕にお目にかかった。〔これまでは〕あなたのような方にはお目にかかっていないから、他の人が祭餅を食べているのです。」[11]

四六〇　〔世尊はお答えになった〕
「だから、バラモンよ。このように、そなたは目的を求める者である。こちらへ来て問うがよい。〔煩悩の火が〕静まって、〔怒りの〕煙が消え、悩み乱れず、欲がない、善き智慧ある者を、必ずここに見出すにちがいない。」

四六一　〔バラモンはいう〕
「友、ゴータマよ。わたしは供犠を楽しんでいます。供犠をしようと望みます。〔しかし〕わたしは〔真実の供犠を〕知りません。どうぞ、あなたはわたくしに教えてください。どこに〔どのように〕ささげたら〔供犠が〕成功するのですか。そのことをわたくしに説いてください。」
〔世尊はお答えになった〕
「では、バラモンよ。そなたは耳を傾けるがよい。わたしはそなたに教法を示すであろう。

四六二　生まれを問うてはならない。そして、行ないを問うがよい。[12]火は実に〔さまざまな〕薪より生ずる。たとえ低い氏族から〔生まれて〕も聖者として堅固な人であり、内心の恥じらいによる慎みがあって、高貴な者となる。

四六三　真実によって〔自らを〕制しながら〔感官の〕制御を得て、勝れた智があり、[13]清らかな行ないを完成した者がいる。時に応じてそうした者に供物をささげるがよい。福徳を望むバラモンは供養するがよい。

四六四 [14]もろもろの欲望を捨てて、家なき者として歩み、自らをよく制し、あたかも〔織機の〕梭《ひ》のように真っすぐな者たちがいる。時に応じて彼等に供物をささげるがよい。誰でも福徳を望むバラモンは供養するがよい。

四六五 あたかも月がラーフ[15]の捕捉から脱したかのように、貪りを離れ、もろもろの感官をよく統御した者たちがいる。時に応じてそうした者に供物をささげるがよい。誰でも福徳を望むバラモンは供養するがよい。

四六六 執着せず、いつも正しい想念があり、我がものであるというもろもろの執われを捨てて、世の中を巡り歩く者たちがいる。時に応じてそうした者に供物をささげるがよい。誰でも福徳を望むバラモンは供養するがよい。

四六七 何であれ、もろもろの欲望を捨てて、〔欲望に〕打ち克ってふるまい、生死の極限を知り、〔煩悩の火が〕全く静まって涼やかであることが、あたかも湖水のような如来[16]は、祭餅〔を受けるの〕にふさわしい。

四六八 等しい者たち[17]と等しくて、等しくない者とは遠くへだたれば、無限の智慧がある如来となる。この世でも、かの世でも汚染されない如来は、祭餅〔を受けるの〕にふさわしい。

四六九 どこでも欺瞞なく[18]住んで、慢心がなく、貪りを離れ、我がものという執われがなく、欲がなく、怒りを取り除き、自ら静まり、憂いの垢を除き去ったバラモンであるかの如来は、祭餅〔を受けるの〕にふさわしい。

四七〇 意《こころ》の執着を除き去り[19]、どのような執われもなく、この世においても、かの世においても執着することのない〔そのような〕如来は、祭餅〔を受けるの〕にふさわしい。

四七一 心を落ち着けて激流を渡り[20]、また最上の知見によって教法を知り、煩悩を滅し、最後の身（＝最後身）を保つ如来[21]は、祭餅〔を受けるの〕にふさわしい。

四七二 もろもろの生存の煩悩の汚れ（＝有漏）も、粗暴な言葉も滅ぼされ、全くなくなった、覚りに達した智者[22]として、あらゆるものにおいて解脱した者である、かの如来は、祭餅〔を受けるの〕にふさわしい。

四七三　執着を超え、どんなものにも執着することなく、慢心をもつ者たちの中にあって慢心せず、田地と屋敷とにともなう苦[23]（＝不如意）を知り尽した〔そのような〕如来は、祭餅〔を受けるの〕にふさわしい。

四七四　欲求（＝渇望）によらず、遠離（＝涅槃）を見、他者が教えるような〔誤った〕見解を超えてどんなもろもろの対象をも全くもたない〔そのような〕如来は、祭餅〔を受けるの〕にふさわしい。

四七五　どのようなものごとでも〔それらを〕よく知って、さまざまなものが取り除かれ、滅して存在せず、執着を滅し尽して解脱し、静まった〔そのような〕如来は、祭餅〔を受けるの〕にふさわしい。

四七六　結縛と生とを滅し尽す極限を見て、貪りの道を余すことなく除き去り、清らかで、過失なく、汚れなくして透明である〔そのような〕如来は、祭餅〔を受けるの〕にふさわしい。

四七七　自分に自我を見ることなく、〔心を〕統一し、〔身の曲がりなどがなくて〕真っすぐに行き、自ら安立した者、彼は決して動揺することなく、〔心が〕頑なでなく、疑惑がない。〔そのような〕如来は、祭餅〔を受けるの〕にふさわしい。

四七八　愚かさの原因となるものは全くなく、またあらゆることについての智慧を見る者であり、そして最後の身を保ち[24]、吉祥なる無上の全き覚り（＝等覚[25]）が得られる。この限りにおいて夜叉の清らかさがある[26]。〔このような〕如来は、祭餅〔を受けるの〕にふさわしい。」

四七九　〔バラモン〕
「そして、〔今〕そのような覚りに達したお方にお目[27]にかかったのですから、わたくしの供物が真実の供物になるようにしてください。〔このことは〕梵天が証人です。世尊よ。わたくしの〔供物〕をお受け取りください。世尊よ。わたくしの祭餅をお召しあがりください。」

四八〇　〔世尊〕
「詩句を唱え〔て与えられ〕たものをわたしは食べるわけにはいかない。バラモンよ。これは正しく見る者たちのやり方ではない。詩句を唱えて得たものを、目覚めた者たち（＝諸仏）は退けられる。バラモンよ。〔このような〕やり方があるときには、これが〔正しい〕慣習である。

四八一　また、自立する者である偉大な聖仙[28]、煩悩の汚れを滅ぼし、悪事をなくした者には[29]、他の飲食物を用意するがよい。なぜならば、それは福徳を望む者の田地となる[30]からである。」

四八二　〔バラモン〕
「すばらしいことです。世尊よ。わたくしは、わたくしのような者の施物をお受け取りになる方を、献供のときに求めながら、あなたの教えを得て〔このような方を〕そのとおりに知りたいのです。

四八三　〔世尊〕
「その者の憤激は消え失せ、その心は濁りがなく、そして、もろもろの欲望から解き放たれ、その気塞ぎが取り除かれている。

四八四　境界の終極（＝煩悩[31]）を制し、生死を識知し、聖者としての徳をそなえている[32]そのような聖者が供犠にやって来たならば、

四八五　嫌な顔をせずに、合掌して彼を礼拝するがよい。飲食物を供養するがよい。このようにしてもろもろの施物は〔果報をもたらして〕成就する。」

四八六　〔バラモン〕
「目覚めた者である尊師は、祭餅〔をささげるの〕にふさわしく、最上の福田〔を[33]〕、あらゆるこの世の人び

との供物を受ける〔のにふさわしい〕お方です。尊師に差しあげたものは大いなる果報があります。」

ときにスンダリカ・バーラドヴァージャ・バラモンは、世尊に、このように申しあげた。

「すばらしい。尊師ゴータマよ。すばらしい。尊師ゴータマよ。たとえば、尊師ゴータマよ、あたかも倒れた者を引き起こすように、あるいは覆われたものを開こうとするように、あるいは〔方角に〕迷った者に道を告げるように、あるいは暗闇に灯火をかかげ、眼ある者たちはもろもろの色かたちを見ると、しかじかのように尊師ゴータマによってさまざまな仕方で教法が明らかにされたのです。

このわたくしは、尊師ゴータマと教法と行乞者の教団とに帰依いたします。わたくしは尊師ゴータマのもとで出家して、具足戒を受けたいのです。」

まさにスンダリカ・バーラドヴァージャ・バラモンは世尊のもとで出家し、具足戒を受けた。ところで具足戒を受けてから間もなくして、尊者バーラドヴァージャ・バラモンは、一人遠く離れて、怠らず、熱心に、自ら励んで住みながら、間もなく、そのために良き家の出身者（＝善男子）たちが正しく家より出て出家者となって〔得たところの、同じ〕その無上の清らかな宗教的行為の極致を、現世で、自ら覚り、体現し、成就して住んでいた。

「生は尽きた。清らかな宗教的行為は完成した。なすべきことはなされた。今後、このような〔輪廻という〕状態は〔再び繰り返すことが〕ない」と覚った。

そして、まさしく尊者スンダリカ・バーラドヴァージャ・バラモンは阿羅漢（＝聖者）となったのであった。

スンダリカ・バーラドヴァージャの経　終わり

五、マーガの経(1)

このように、わたくしは伝え聞いている。

あるとき、世尊はラージャガハ(=王舎城)のギッジャクータ(=霊鷲山)に住んでおられた。時にまさに、マーガ青年は世尊に近づいた。近づいて、世尊に挨拶し、喜ばしい、心にひびく言葉を取り交わして、彼は一方に坐った。一方に坐って、まさにマーガ青年は、世尊にこのように申しあげた。

「尊師ゴータマよ。わたくしは実に、施与する者である施主です。寛容にして、〔他の者が〕乞い求めるのに応ずる者です。正当に得た財物を、わたくしは一人にも与え、二人にも与え、三人にも与え、四人にも与え、五人にも与え、六人にも与え、七人にも与え、八人にも与え、九人にも与え、十人にも与え、二十人にも与え、三十人にも与え、四十人にも与え、五十人にも与え、百人にも与え、それより多くの者にも与えます。尊師ゴータマよ。わたくしがこのように与えており、このように供養しているならば、多くの福徳を生ずるでしょうか。」

「青年よ。確かにそなたが、このように与えており、このように供養しているならば、そなたは多くの福徳を生ずる。青年よ。誰でもまさに、施与する者で施主であり、寛容にして、乞い求めるのに応じ、正当に財物を求め、正当に財物を求めてから、正当に財物を一人にも与え、……百人にも与え、それより多くの者にも与える者は、多くの福徳を生ずるのである」と〔世尊はお説きになった〕。

そこでマーガ青年は世尊に詩句で申しあげた。

四八七　マーガ青年は申しあげた。
「寛容にして、袈裟をつけ、家なくして歩んでいる尊師ゴータマに、わたくしはお尋ねします。乞い求めるのに応ずる在家の施主が、福徳を求め福徳を望んで、この世で他の者たちに飲食物を与えて供養するならば、供物をささげる者（＝施主）がどこに（＝誰に）供養しているものが清らかになるのでしょうか。(2)」

四八八　世尊は言われた。
「マーガよ。誰でも乞い求めるのに応ずる在家の施主は、福徳を求め福徳を望んで、この世で他の者たちに飲食物を与えながら供養する。供養されるべき者たちによって、〔祭主すなわち施主は〕〔その果報を〕達成するにちがいない。」

四八九　マーガ青年は申しあげた。
「誰でも乞い求めるのに応ずる在家の施主は、福徳を求め福徳を望んで、この世で他の者たちに飲食物を与えながら供養します。世尊よ。供養されるべき者たちのことをお説きください。」

四九〇「実に執着することなくして世の中を遍歴し、無一物で、自らを制して自立する者たち(3)がいる。福徳を望むバラモンが祭祀を行なおうとするならば、時に応じて彼等に供養するがよい。

四九一　あらゆる結縛、束縛を断ち切り、〔心を〕制し、解脱して悩乱なく、欲なき者たちがいる。福徳を望むバラモンが祭祀を行なおうとするならば、時に応じて彼等に供養するがよい。

四九二　あらゆる結縛より解き放たれ、〔心を〕制し、解脱して悩乱なく、欲なき者たちがいる。福徳を望むバラモンが祭祀を行なおうとするならば、時に応じて彼等に供養するがよい。

四九三　貪りと怒りと愚かさとを捨てて、煩悩の汚れを滅し、清らかな行ないを完成した者たちがいる。福徳を望むバラモンが祭祀を行なおうとするならば、時に応じて彼等に供養するがよい。

四九四　そこに欺瞞が住むことなく、慢心がなく、貪りを離れて、我がものという執われがなく、欲なき者たちがいる。福徳を望むバラモンが祭祀を行なおうとするならば、時に応じて彼等に供養するがよい。

四九五　実にもろもろの渇望に陥らず、激流を渡って、我がものという執われがなくて歩む者たちがいる。福徳を望むバラモンが祭祀を行なおうとするならば、時に応じて彼等に供養するがよい。

四九六　だが、〔これとは別にまた〕どのような世界に対しても、あるいはこの世、あるいは他の世の、生存や生存でないもの（＝生と死）に対する渇望がない者たちがいる。福徳を望むバラモンが祭祀を行なおうとするならば、時に応じて彼等に供養するがよい。

四九七　[4]もろもろの欲望を捨てて、家なき者として歩み、自らをよく制し、あたかも〔織機の〕梭《ひ》のように真っすぐな者たちがいる。福徳を望むバラモンが祭祀を行なおうとするならば、時に応じて彼等に供養するがよい。

四九八　貪りを離れ、もろもろの感官をよく統一し、あたかも月がラーフ[5]の捕獲から逃れるように〔煩悩を逃れた〕者たちがいる。福徳を望むバラモンが祭祀を行なおうとするならば、時に応じて彼等に供養するがよい。

四九九　静まって、貪りを離れ、怒りなく、この世において、〔この世にあるもろもろの生存の要素を〕捨て去って、[6]〔そこから他の迷いの生存という〕ところに行くことがない者たちがいる。福徳を望むバラモンが祭祀を行なおうとするならば、時に応じて彼等に供養するがよい。

五〇〇　生死を余すことなく捨てて、あらゆる疑惑を脱した者たちがいる。福徳を望むバラモンが祭祀を行なおうとするならば、時に応じて彼等に供養するがよい。

五〇一　自己を依りどころとしてこの世を遍歴し、[7]無一物で、あらゆる点で解脱した者たちがいる。福徳を望むバラモンが祭祀を行なおうとするならば、時に応じて彼等に供養するがよい。

五〇二 「これは最後の〔生存〕で、再生はない[8]」ということを、この世でそのとおりに知る者たちがいる。福徳を望むバラモンが祭祀を行なおうとするならば、時に応じて彼等に供養するがよい。

五〇三 勝れた智者にして、瞑想を楽しみ、正しい想念があり、全き覚り[9]に達し、多くの人びとが帰依する者たちがいる。福徳を望むバラモンが祭祀を行なおうとするならば、時に応じて彼等に供養するがよい。」

五〇四 〔マーガ青年はいった〕

「わたくしのお尋ねはむなしくありませんでした。世尊は供養を受けるにふさわしい者たちのことをわたくしに説いてくださったのです。あなたはまさに、この世で、そのとおりにこのことをご存じです。なぜならば、そのとおりにこの道理をあなたはご存じだからです。」

五〇五 マーガ青年は申しあげた。

「もしも乞い求めるのに応ずる在家の施主が福徳を求め福徳を望んで、この世で他の者たちに飲食物を与えながら供養するならば、世尊よ、わたくしに〔その〕供養の成就について説いてください。」

五〇六 世尊はお説きになった。

「マーガよ。祭祀をするがよい。祭祀をしている者は、あらゆる場合に心を清らかにせよ。祭祀をしている者の対象は、祭祀である。彼は、ここ（＝祭祀）に安立して罪過を捨てる。

五〇七 彼は貪りを離れて罪過を追放し、無量〔の慈しみの〕心を修めて、日夜、常に怠ることなく、あらゆる方位に無量〔の慈しみの〕心を遍満する。」

五〇八 〔マーガ青年は申しあげた〕

「誰が清らかになり、解脱するのですか。また〔誰が〕束縛されるのですか。人は何によって自ら梵天の世界[10]に行くのですか。聖者よ。わたくしは知らないのですから、お尋ねしたことを説いてください。

まさしく世尊よ。今日、梵天[11]をわたくしは見ることができたのです。なぜならば、あなたはわたくしたちにとって本当に梵天に等しいお方だからです。どのようにすれば梵天の世界に生まれるのですか。光輝なるお方よ。」

五〇九　世尊はお答えになった。

「マーガよ。三種の完全な祭祀を行なう[12]ならば、〔そのような〕祭祀は施されるのにふさわしい者たちによって、達成されるであろう。このように正しく祭祀を行なって〔のち〕、乞い求めるのに応じ〔て施与す〕る者は梵天の世界に生ずると、わたくしは説く」と。

このように説かれたとき、マーガ青年は、世尊にこのように申しあげた。

「すばらしい。尊師、ゴータマよ。すばらしい。尊師、ゴータマよ。たとえば尊師、ゴータマよ、倒れた者を引き起こすように、あるいは覆われたものを開くように、あるいは迷う者に道を告げるように、あるいは暗闇の中に灯火をかかげ、眼ある者たちは色かたちを見るように、しかじかのように尊師ゴータマによってさまざまな仕方で教法が明らかにされました。

わたくしは、これらの尊師ゴータマと教法と行乞者の教団とに帰依いたします。尊師ゴータマは、わたくしを在俗信者にしてください。今日より命ある限り帰依いたします。」

マーガの経　終わり

六、サビヤの経[1]

このように、わたくしは伝え聞いている。

あるとき、世尊はラージャガハにある竹林のカランダカニヴァーパ[2]に住んでおられた。そのとき、遍歴行者[3]サビヤに、〔彼の〕往古の血縁者である神性をもつ者[4]が、もろもろの質問を指し示したのであった。

「サビヤよ。沙門でも、あるいはバラモンでも、誰であれ、あなたがこれらの質問をしたときに、答える者がいるならば、その者の目の前であなたは清らかな行ないをするがよい」と。

そこで、遍歴行者サビヤは、その神性をもつ者の目の前で、それらの質問を受けて、彼等沙門・バラモンたちにして、教団をもち、衆徒をもち、衆徒の師として知られ、名声ある教祖たちで、多くの人びとから非常に尊敬されている者たち、すなわち、プーラナ・カッサパ[5]、マッカリ・ゴーサーラ、アジタ・ケーサカンバリン、パクダ・カッチャーヤナ、ベッラーラーティ族の出身であるサンジャヤ、ナータ族の出身であるニガンタだが、彼等に近づき、近づいてから彼〔サビヤ〕は、彼等にこれらの質問をした。

彼等は、遍歴行者サビヤに質問されて、答えることができないでいる。答えることができないで、怒気と怒りと不機嫌とをあらわにしたうえに、かえって遍歴行者サビヤに問い返す。

そこで、遍歴行者サビヤは、このように考えた。

「誰であれ、まさに彼等、尊者である沙門・バラモンたちは、教団をもち、衆徒をもち、衆徒の師として知られ、名声ある教祖たちで、多くの人びとから非常に尊敬されている者たちである。すなわちプーラナ・カッサパ（中略）ナータ族の出身であるニガンタなどである。彼等はまたわたくしに質問されて、答えることができないのに怒気と瞋りと不機嫌とをあらわにしたうえに、かえって〔彼等は〕ここでわたくしに問い返した。わたくしは還俗してもろもろの欲望を享受しよう」と。

そのとき、遍歴行者サビヤは次のように考えた。

「この沙門ゴータマもまた教団をもち、衆徒をもち、衆徒の師として知られ、名声ある教祖で、多くの人びとから非常に尊敬されている者である。わたくしは沙門ゴータマに近づいて行って、これらの質問をしてみよう」と。

そのとき、遍歴行者サビヤは次のように考えた。

「まさに彼等、尊者である沙門・バラモンたちは、老いて年長の者であり、老齢にして晩年で、高齢に達した長老たちで、経験があり、出家してから久しく、教団をもち、衆徒をもち、衆徒の師として知られ、名声ある教祖たちで、多くの人びとから非常に尊敬されている者たちである。すなわち、プーラナ・カッサパ（中略）ナータ族の出身であるニガンタなどである。彼等もまたわたくしに質問されて、答えることができないのに、怒気と瞋りと不機嫌とをあらわにしたうえに、かえってわたくしに問い返す。だが、沙門ゴータマはわたくしにこれらの質問をされて、わたくしにお答えなされるだろうか。なぜならば、沙門ゴータマはまさにまだ年も若く、出家してからも年数がたっていないからである」と。

そのとき、遍歴行者サビヤは次のように考えた。

「沙門が若いからといって、侮ってはならないし、軽蔑してはいけない。たとえ彼が若い沙門であるにしても、彼は偉大な超能力があり、大威力がある者である。わたくしはかの沙門ゴータマのもとに行って、これらの質問をしてみよう」と。

そのとき、遍歴行者サビヤはラージャガハに歩みを進めたのであった。だんだんと歩みを進めながら、ラージャガハの竹林のカランダカニヴァーパにおられる世尊に近づいた。近づいてから世尊と挨拶した。喜ばしい、心にひびく言葉を取り交わして一方に坐した。一方に坐して、まさに遍歴行者サビヤは世尊に詩句をもって話しかけた。

五一〇　サビヤは、申しあげた。
「疑惑があり、疑念があって、質問をしようと願いながら、わたくしはやって来ました。それらについて、わたくしに回答をしてくださるようお願いします。わたくしがお尋ねするのに、順次に、適宜に、わたくしのそれら〔の質問〕を解決してください。」

五一一　世尊はお答えになった。
「サビヤよ。そなたは質問しようと願いながら、遠方からやって来た。そなたのために、それら〔の問い〕について、わたしは解決しよう。そなたが質問したならば、順次に、適宜に、わたしは解決しよう。

五一二　サビヤよ。何なりと意《こころ》に思うことをわたしに質問するがよい。わたしはそなたのために、それぞれの質問を解決しよう」と。

ときに、遍歴行者サビヤは、このように考えた。

「まことに、おお、驚くべきことよ。まことに、おお、珍しいことよ。まことに、他の沙門・バラモンたちにおいては機会すらも得られなかったが、沙門ゴータマによって、このような機会がわたくしに与えられた」と。

彼は歓喜し、満足し、踊りあがり、喜悦を生じて、世尊に質問した。

五一三　サビヤは申しあげた。

「何を得たものを行乞者というのですか。どのようにして柔和となるのですか。また、どうして〔自らを〕制した者というのですか。どうして目覚めた者と呼ばれるのですか。わたくしはお尋ねいたします。世尊よ。お答えください。」

五一四　世尊はお答えになった。

「サビヤよ。自らつくった道によって、全き心の安らぎに至り、疑いを超え、生存と衰滅とを捨て、修行を完成して再生することのない者、彼が行乞者である。

五一五　あらゆることに関心をもたず、正しい想念があり、あらゆる世界においてどのようなものをも害することなく、〔激流を〕渡った沙門[6]は、濁りがなく、傲慢でなく柔和である。

五一六　内にも外にも、あらゆる世界において、もろもろの感官が修められ、この世とかの世とを厭って、〔身が〕修められ、死ぬときを待つ。彼は〔自らを〕制した者である。

五一七　もろもろのすべての〔虚妄の〕思いはからい[7]と、輪廻と、死・生との二つとを考察し、塵を離れて汚れなく、清らかで、生を滅し尽すことを得た者、彼を目覚めた者という。」

そこで、遍歴行者サビヤは世尊の説かれたことを大いに喜び、随喜して、心喜び、喜悦し、満足し、歓喜を生じて、さらに世尊に質問した。

五一八　サビヤは〔世尊に〕申しあげた。

「何を得た者をバラモンというのですか。何によって沙門〔というの〕ですか。またどうして沐浴者（＝浄行者）(8)〔というの〕ですか。どうしてナーガ(9)といわれるのですか。わたくしはお尋ねいたします。世尊よ。お答えください。」

五一九　世尊はお答えになった。

「サビヤよ。あらゆる悪を退けて、汚れなく、よく心が静まり、自ら安定した者であり、輪廻を超えて彼は自立し、〔渇望や誤った見解に〕依存しない者(10)、このような人が梵天（＝最勝な者すなわちバラモン）といわれる。

五二〇　〔もろもろの煩悩が〕静まって、善悪を捨て、塵を離れ、この世とかの世とを知り、生死を超越してしまった者(11)、このような人が、その故に、沙門といわれる。

五二一　内にも外にも、あらゆる世界において、あらゆる悪を洗い清め、神がみと人間たちとの劫（＝輪廻転生の長い時間）のうちにあって劫（＝輪廻）におもむかない者(12)、彼を沐浴者という。

五二二　世の中においてどんな罪悪をもつくらず、あらゆる結縛、束縛をも捨て、どのようなことにも執われず、解脱している、そのような者は、その故にナーガ(13)といわれる。」

ときに遍歴行者サビヤは世尊の説かれたことを大いに喜び、随喜して、心喜び、喜悦し、満足し、歓喜を生じて、さらに世尊に質問した。

五二三　サビヤが申しあげた。

「もろもろの目覚めた者は、誰を田地の勝利者[14]というのですか。何によって練達の者であるのですか。また どうして賢者なのですか。どうして聖者といわれるのですか。わたくしはお尋ねします。世尊よ。お答えください。」

五二四 世尊はお答えになった。

「サビヤよ。神の、人間の、梵天の田地[15]というすべての田地を考察して、あらゆる田地の根本の束縛から解き放たれた者、このような人が、それ故に、田地の勝利者といわれる。

五二五 神の、人間の、および梵天の蔵[16]というすべての蔵を考察して、あらゆる蔵の根本の束縛から解き放たれた者、そのような人が、それ故に、練達の者といわれる。

五二六 内にも外にも、両《ふた》つながら白い〔清らかな〕もの[17]を考察して、清らかな智慧があり、黒と白（＝悪業と善業）とを超えてしまった者、そのような人が、それ故に、賢者といわれる。

五二七 内にも外にも、あらゆる世界において、もろもろの不善の者ともろもろの善人との道理を知っていて[18]、神がみと人びととによって尊敬される者は、執着の網を超えて、聖者である」と。

ときに、遍歴行者サビヤは世尊の説かれたことを大いに喜び、随喜して、心喜び、喜悦し、満足し、歓喜を生じて、さらに世尊に質問した。

五二八 サビヤが申しあげた。

「何を得た者を覚りに達した智者（＝ヴェーダ聖典の精通者[19]）というのですか。何によって明らかに知る者であり、またどのようにして精進する者なのですか。どうして良き生まれの者というのですか。わたくしはお尋ねします。世尊よ。お答えください。」

五二九　世尊は、お答えになった。

「サビヤよ。誰でももろもろの沙門、もろもろのバラモンの〔有する〕すべての勝れた智を考察して、あらゆる感受するものに対して貪りを離れ、あらゆる勝れた智を超えて〔いる〕者が、〔真の〕勝れた智者[20]である。

五三〇　内には妄想[21]および〔それに基づく〕名称と形態（＝名色、個体存在[22]）とを、また外には病気のもとを明らかに知って、あらゆる病気のもとである束縛から解き放たれたような者が、その故に、明らかに知った者といわれる。

五三一　この世において、あらゆる邪悪なものから離れ、地獄の苦を超えて〔いる者〕は精進する者といわれる。彼は精進する者であり、精勤する者である。そのような人が、その故に、賢者といわれる。

五三二　内にも外にも、執着のもとであるもろもろの束縛がまさしく断ち切られ、あらゆる執着のもとである束縛から解き放たれたような者は、その故に、良き生まれの者といわれる。」

ときに、遍歴行者サビヤは世尊の説かれたことを大いに喜び、随喜して、心喜び、喜悦し、満足し、歓喜を生じて、さらに世尊にお尋ねした。

五三三　サビヤは申しあげた。

「何を得た者をヴェーダ聖典に精通した者（＝バラモン）というのですか。何によって聖人であり、また、どのようにして行ないをそなえる者となるのですか。誰を遍歴行者と名づけるのですか。わたくしはお尋ねします。世尊よ。お答えください。」

五三四　世尊はお答えになった。

「サビヤよ。あらゆる教法を聞いて、世の中で罪過のあること、罪過のないこと、いかなるものをもよく知り、勝利者、疑いなき者、解脱した者であり、あらゆる場合に悩乱なき者を、ヴェーダ聖典に精通した者と人びとはいう。

五三五　もろもろの煩悩の汚れともろもろの執われ[23]とを断ち切り、智者である彼は、母胎におもむかない（＝托胎、すなわち再生しない）。三種の想念と汚泥とを取り除き[24]、劫（＝輪廻）におもむかない者[25]、彼を聖人という。

五三六　誰でも、ここにおいて（＝教えの中で）、もろもろの行ないで到達するところに達し、練達の者で、あらゆるときに教法を知って、あらゆることに執着せず、解脱し、障害がない者は行ないをそなえる者（＝徳行ある者[26]）である。

五三七　苦の果報があるどのような行為、〔すなわち〕欺瞞や、また慢心、貪りや怒りをも、上（＝過去）に下（＝未来）に、そして横に（＝上でも下でもなく）、〔上・下の〕中間（＝現在）にも、捨て去り、回避し[27]、よく知り尽して行ない、個体存在（＝心身）を滅ぼして、到達するところに到達した者を遍歴行者という」と。

そこで遍歴行者サビヤは世尊によって説かれたことを大いに喜び、随喜して、心喜び、喜悦し、満足し、歓喜を生じて、座から立って、一方〔の肩〕に上衣をかけて、世尊に合掌を向けて、目の前でふさわしい詩句をもって称賛した。

五三八　「広大な智慧あるお方よ。あなたは〔仏教以外の〕沙門が議論で頼りとした〔倒錯した〕観念や〔慣用的な名称である〕文字、〔倒錯した〕観念に基づいて〔起こった〕六十三もの異論（＝他教に走ること[28]）を制して、激流の闇を渡られた[29]のです。

五三九　あなたは苦の終わりに至り、彼の岸に至ったお方[30]です。あなたは阿羅漢[31]、正等覚者[32]であり、あなたを煩悩の汚れを滅ぼしたお方だと、わたくしは思います。〔あなたは〕輝きがあり、智慧者で、広大な智慧があるお方です。苦を終わらせたお方よ。あなたは、わたくしを〔彼の岸に〕渡してくださったのです[33]。

五四〇　わたくしが疑ったことを何でもあなたはご存じで、わたくしの疑念をはらしてくださいました[34]。あなたに帰依いたします、聖者よ。聖者の道において到達すべきところに達したお方よ。粗野でない太陽神の親族の者よ[35]。あなたは柔和なお方です。

五四一　以前にわたくしは疑惑を抱いていたのですが、あなたはそれに答えてくださったのです。眼をもつお方よ。まさに聖者よ。あなたは等覚者[36]です。あなたには〔妨げになるような〕覆いがありません。

五四二　また、あなたの苦悩はすべて破砕され、破壊されました。涼やかになって、修練が積まれ、堅実であり、真実に努めるお方です。

五四三　かのナーガ（＝竜）の中のナーガ[37]、偉大な勇者[38]であるあなたが説かれたことによって、あらゆる神がみやナーラダ、パッバタという二つ〔の神がみの集団[39]〕も随喜します。

五四四　あなたに帰依いたします。人間の中の高貴なお方よ。あなたに帰依いたします。人間の中の最上なるお方よ。神を含む世界において、あなたに比肩する者はおりません。

五四五　あなたは目覚めたお方です。あなたは教師です。あなたは悪魔に打ち克った聖者です。あなたは煩悩の潜在力（＝随眠）を断って、[40]〔自ら輪廻の激流を〕渡り、この人びとをも渡らせたのです。
五四六　あなたは〔渇望という〕もろもろの〔生存の〕依りどころを[41]超越し、あなたはもろもろの煩悩の汚れを破られました。あなたは執われがないライオン〔のよう〕です。恐れおののくことを捨てておられるのです。
五四七　たとえば妙なる白蓮華が水に汚されないように、[42]そのようにあなたは善と悪との両方に汚されません。勇者よ、[43]両足をお伸ばしください。サビヤは教師を礼拝いたします。」

ときに、遍歴行者サビヤは、世尊の両足に頭をひれ伏して、世尊にこのように申しあげた。

「すばらしい。尊師ゴータマよ。すばらしい。尊師ゴータマよ。たとえていえば、尊師ゴータマよ、倒れた者を引き起こしたり、覆われたものを開いたり、迷妄な者に道を告げるように、または暗闇の中に灯火をかかげ、眼ある者たちは色かたちを見るようにと、しかじかのように尊師ゴータマはさまざまな仕方で教法を明らかにされました。

わたくしは、これらの尊師ゴータマと教法と行乞者の教団とに帰依いたします。わたくしは尊師ゴータマのもとで出家して、具足戒を受けたいのです」と。

〔世尊は言われた〕

「まさにサビヤよ。誰でも以前に他教徒であった者が、この教法と律とにおいて、出家を願い、具足戒を願うならば、彼は四か月間、〔教団とは〕別に住む。四か月たって、もろもろの行乞者たちが心に満足すれば、その者を出家させ、行乞者とするための具足戒を授ける。さらにまた、この場合、わたしは人によって〔別に住む期間に〕差異があるのを認める」と。

「尊師よ。もしも以前に他教徒であった者が、この教法と律とにおいて出家を願い、具足戒を願うならば、彼は四か月間、別に住み、四か月たって、もろもろの行乞者たちが心に満足して、彼を出家させ、行乞者とするための具足戒を授けさせるというのであれば、わたくしは四年間、別に住むことにいたしましょう。四年たって、もろもろの行乞者たちが心に満足するならば、もろもろの行乞者たちはわたくしを出家させ、行乞者となるための具足戒を授けてください。」

まさに、遍歴行者サビヤは、世尊のもとで出家して、具足戒を受けた。ところで、具足戒を受けて間もない尊者サビヤは、一人遠く離れて、怠らず、熱心に、自ら励んで暮らしていた〔が〕、やがて、そのために良き家の出身者（＝善男子）たちが正しく家から出て出家者となる〔ように〕、その無上の清らかな宗教的行為の極致を現世で自ら覚り、体現し、成就して住んでいた。

「生は尽きた。清らかな宗教的行為は完成した。なすべきことはなされた。今後、このような〔輪廻という〕状態は〔再び繰り返すことが〕ない」と覚った。

そして、まさしく尊者サビヤは、一人の阿羅漢（＝聖者）となったのであった。

サビヤの経　終わり

七、セーラの経(1)

このようにわたくしは伝え聞いている。

あるとき、世尊は大勢の行乞者よりなる教団の千二百五十人の行乞者たちといっしょにアングッタラーパに遍歴して行きながら、アーパナというアングッタラーパ[2]〔の人びと〕の町に着いた。

さて、結髪行者ケーニヤ[3]は〔次のようなことを〕聞いた。

「実に釈迦族出身の尊師ゴータマは、釈迦族の氏族〔であるゴータマ〕から出家して、大勢の行乞者よりなる教団の千二百五十人の行乞者といっしょにアングッタラーパに遍歴して行きながら、アーパナ[4]に着いた。ところでまた、その尊師ゴータマに、次のようなよい称賛の声があがっている、と。かの世尊は、阿羅漢[5]、正等覚者、覚りの智と行ないとをそなえた者（＝明行具足）、善く〔彼の岸に〕行ける者（＝善逝）、世の中の人びとを知る者（＝世間解）、無上なる者、人を調え御する者（＝人調御者）、神と人間との教師、目覚めた者、世尊である、と。その方は神がみを含み、悪魔を含み、梵天を含み、沙門・バラモンを含むこの世界の人びと、神がみや人間を含む生けるものに、自ら覚り、体現して〔教法を〕説かれる。その方は初めも善く、中も善く、後も善く、意義もそなわり、文字もそなわった教法を説き、完全に円満にして、全く清らかな宗教的行為を明らかにする。善いかな。まさにまた、そのような阿羅漢にお目にかかることができるとは」と。

さて、結髪行者ケーニヤは世尊のもとに近づいた。近づいて世尊に挨拶した。喜ばしい、心にひびく言葉を取り交わして、一方に坐った。一方に坐った結髪行者ケーニヤに、世尊は教法についての言葉を示し、勧め、激励し、喜ばせた。そこで、結髪行者ケーニヤは、世尊によって教法についての言葉を示され、勧められ、激励され、喜ばされたので、世尊に対して次のように申しあげた。

「尊師ゴータマは行乞者の教団といっしょに、明日、わたくしの〔差しあげる〕食事をお受け取りくださいますように」と。

このようにいわれたとき、世尊は結髪行者ケーニヤに、このように言われた。

「ケーニヤよ。まさしく行乞者よりなる教団は大勢で、千二百五十人もの行乞者たちである。そして、そなたはバラモンたちを仰ぎ信じている」と。

再びまた、結髪行者ケーニヤは、世尊にこのように申しあげた。

「尊師ゴータマよ。たとえ行乞者の教団は大勢で、千二百五十人の行乞者たちでも、また、わたくしがバラモンたちを仰ぎ信じているとはいえ、尊師ゴータマは行乞者の教団とともに、明日、わたくしの食事をお受け取りくださいますように」と。

再びまた、世尊は結髪行者ケーニヤに、このように言われた。

「ケーニヤよ。行乞者の教団は大勢で、千二百五十人もの行乞者たちである。そして、そなたはバラモンたちを仰ぎ信じている」と。

三たび、結髪行者ケーニヤは、世尊にこのように申しあげた。

「尊師ゴータマよ。たとえ行乞者の教団は大勢で、千二百五十人の行乞者たちでも、わたくしがバラモンたちを仰ぎ信じているとはいえ、尊師ゴータマは行乞者の教団とともに、明日、わたくしの食事をお受け取りくださいますように」と。

世尊は黙って承知された。

そこで結髪行者ケーニヤは世尊が承知されたのを知って、座から立って、自分の草庵に近づいて行った。近づいて行って、友人、仲間、親族、縁者に告げた。

「君たち、友人、仲間、親族、縁者たちよ。聞くがよい。わたしは沙門ゴータマを行乞者の教団といっしょに、明日、食事に招待した。だから、わたしのために働き、手伝ってほしい」と。

「君、承知した」と結髪行者ケーニヤの友人、仲間、親族、縁者たちは結髪行者ケーニヤに同意して、ある者たちは竈《かまど》〔の坑〕を掘り、ある者たちは薪を割り、ある者たちは器を洗い、ある者たちは水瓶を置き、ある者たちは座を用意した。また結髪行者ケーニヤは自分自身で円型の集会場を準備した。

まさにまた、そのとき、アーパナに住んでいたセーラ・バラモンは、三つのヴェーダ聖典に精通し、(6)語彙、活用規則（儀軌）を含み、音韻分類を含み、〔アタルヴァ・ヴェーダ聖典を第四として〕(7)史伝を第五とする(8)〔ヴェーダ聖典を極めて〕語法に通じ、文法をよくして、順世論(9)や偉大な人物の観相論に精通した者で、三百人の少年に〔ヴェーダ聖典の〕呪句を教えていた。まさにまた、そのとき、結髪行者ケーニヤはセーラ・バラモンを仰ぎ信じていた。

さて、セーラ・バラモンは三百人の少年に囲まれて、足のおもむくがままに散歩しながらぶらついて、結髪行者ケーニヤの草庵に近づいた。そこでセーラ・バラモンはケーニヤの草庵の結髪行者のうちで、ある者たちは竈〔の坑〕を掘り、またある者たちは薪を割り、ある者たちは器を洗い、またある者たちは水瓶を置き、またある者たちは座を用意し、また結髪行者ケーニヤが自分自身で円型の集会場を準備したのを見た。見てから、結髪行者ケーニヤに、このようにいった。

「君、ケーニヤには〔息子に〕嫁を迎える予定があるのでしょうか。それとも〔娘が〕嫁ぐ予定があるのでしょうか。あるいは大きな祭祀が執り行なわれるのですか。あるいはマガダ国王、セーニヤ・ビンビサーラ(10)が軍隊といっしょに明日〔の食事に〕招待されたのですか。」

「セーラよ。わたくしは〔息子に〕嫁を迎えるわけでもなければ、〔娘を〕嫁がせるわけでもなく、マガダ国王、セーニヤ・ビンビサーラが軍隊といっしょに明日〔の食事に〕招待されたわけでもありません。けれどもわたくしは大きな供犠を執り行なうことになっているのです。

沙門ゴータマは釈迦族出身で、釈迦族の氏族より出家して、アングッタラーパに遍歴しながら、大勢の行乞者よりなる教団の千二百五十人の行乞者たちとともにアーパナに至ったのです。またまさにその尊師ゴータマに、次のようなよい称賛の声があがっているのです。

かの世尊は、阿羅漢、正等覚者、覚りの智と行ないとをそなえた者、善く〔彼の岸に〕行ける者、世の中の人びとを知る者、無上なる者、人を調え御する者、神と人間との教師、目覚めた者、世尊である、と。わたくしはそのお方を、行乞者の教団といっしょに明日、招待したのです」と。

「君、ケーニヤよ。あなたは〔彼を〕目覚めた者であるというのですか。」

「君、セーラよ。わたくしは〔彼を〕目覚めた者というのです。」

「君、ケーニヤよ。あなたは〔彼を〕目覚めた者であるというのですか。」

「君、セーラよ。わたくしは〔彼を〕目覚めた者といいます。」

さて、セーラ・バラモンは、このように思った。

「この「目覚めた者」という呼び方さえも、これは世の中において〔聞くことは〕めったにない。だが、われわれの呪句（＝ヴェーダ聖典）には、三十二の偉大な人物の特徴[11]が伝承されている。それら〔の三十二の特徴〕をそなえた偉大な人物にはただ二つだけの途があって、その他〔の途〕はない。〔第一に〕もしも彼が俗家に住むならば、彼は転輪聖王[12]となり、理法を遵守する教法の王（＝法王）として、また四方を領有する勝利者として国土の利益と防衛とを達成し、七宝をそなえた者である。彼にはこれらの七宝がある。すなわち〔武器である〕輪という宝、象という宝、馬という宝、宝石（＝摩尼）という宝、女性という宝、資産者（＝居士）という宝、第七に指揮者という宝である。また、まさしく彼には千人以上の子どもがある。〔彼等は〕勇敢で雄々しい姿をしていて、敵軍を粉砕する者たちである。彼はこの大地を海の果てまでも刑罰に用いる棒によらず、刀剣によらず、正義によって征服して住む。〔第二には〕だが、もしも彼が俗家より出家すれば、阿羅漢、正等覚者となり、世の中において〔煩悩の〕覆いを開いた者となる」〔と〕。

〔セーラ・バラモンはいった〕

「また、君、ケーニヤよ。今、阿羅漢であり正等覚者である、かの尊師ゴータマは、どこに住んでいるのですか」と。

このようにいわれたとき、結髪行者ケーニヤは、右手を差し伸べて、セーラ・バラモンにこのようにいった。

「君、セーラよ。この青い森の先の所です。」

そこで〔セーラ・バラモンは〕三百人の少年たちとともに、まさに世尊のもとに向かった。そのとき、セーラ・バラモンはそれらの少年たちに呼びかけた。

「君たち、音をたてないようにしのび足で来なさい。なぜならば、彼等世尊たちは近よりがたく、あたかもライオンのように一人で歩むからである。そして、わたしが尊師である沙門ゴータマと話をしているときには、君たちはわたしの話に口をはさんではならない。君たちはわたしの話が終わるのを待つがいい」と。

時にまさに、セーラ・バラモンは世尊のもとへやって来た。やって来て世尊と挨拶し、喜ばしい、心にひびく言葉を取り交わして、一方に坐った。一方に坐ってまさにセーラ・バラモンは世尊の身体における三十二の偉大な人物の特徴を探した。まさにセーラ・バラモンは、世尊の身体に二つ〔の特徴〕を除いて三十二の偉大な人物の特徴がほとんどあることを知った。二つの偉大な人物の特徴について〔世尊にそれらがそなわっているかどうかを〕彼は疑惑をもち、よく理解することなく、信じなかった。〔その二つというのは〕陰部が膜に覆われていて見えないこと（＝陰馬蔵）と広くて長い舌をもっていること（＝広長舌相）とである。

時にまさに、世尊は、次のように思った。

「まさしくこのセーラ・バラモンは二つを除き、わたしには三十二の偉大な人物の特徴がほとんどあるのを知った。だが、偉大な人物の二つの特徴について彼は疑い、疑惑をもち、よく理解することなく、信じなかった。〔二つの特徴とは〕陰部が膜で覆われていて見えないことと広くて長い舌をもっていることである」と。

そのときまさに、世尊はセーラ・バラモンが世尊の陰部が膜で覆われていて見えないのを見る〔ことができる〕ように、そのような超能力（＝神通力）をはたらかせた。時にまさに世尊は舌を出して、両方の耳の穴を上から下になめ、逆さになめ、両方の鼻の穴を上から下になめ、額面全体を舌で覆った。

時にまさに、セーラ・バラモンは次のように思った。

「沙門ゴータマは偉大な人物がもつ完全な三十二の特徴をそなえていて、不完全ではない。しかし、わたくしはまさに〔彼が〕目覚めた者であるか、そうでないか、ということを知らない。だが、また、わたくしは年長にして高齢であり、師であり、師の中の師であるバラモンたちが「誰であれ、彼等阿羅漢、正等覚者たちは、自分が称賛されているときには自身をあきらかにする」と話しているのを聞いた。わたくしは沙門ゴータマを、〔その〕目の前でふさわしい詩句で大いに誉めてみよう」と。

そこで、まさにセーラ・バラモンは、世尊を目の前にしてふさわしい詩句で称賛した。

五四八 (13)「世尊よ。あなたは全き身体をもち、よく輝き、良き生まれで、みめうるわしい。金色で、あなたは極めて白い歯をもち、気概のある方です。

五四九　実に良き生まれの人にあるそれらの立派な特徴は、すべてあなたのお体に偉大な人物の特徴としてそなわっています。

五五〇　あなたは眼が清らかで、よき容貌をもち、〔お体も〕大きく、姿勢もよくて、輝きがあり、沙門の教団の中で、あたかも太陽のように輝いています。

五五一　〔あなたは〕見た目にも美しい行乞者で、黄金に似た膚をしています。このように最上の容色をしているのに、あなたはどうして沙門となるのでしょうか。

五五二　あなたは転輪聖王、戦車の主として、四方を領有する勝利者として、閻浮樹《えんぶじゅ》の国土（＝全インド）の主宰者(14)となるのがふさわしいお方です。

五五三　戦士族や地方の小王たちは、あなたに服従します。ゴータマよ。王の中の王、人びとの王として、統治なさってください。」

五五四　世尊はお答えになった。
「セーラよ。わたしは王は王でも無上なる教法の王(15)である。わたしは教法によって輪を転ずる。(16)〔いかなる者も〕転ずることの〔でき〕ない〔教法の〕輪（＝法輪）を。」

五五五　セーラ・バラモンは、申しあげた。
「あなたは等覚者であると、自称されています。ゴータマよ。あなたは「わたしは無上なる教法の王で、教法によって輪を転ずる」とおっしゃいます。

五五六　それでは、誰が〔あなたにとっての〕将軍であり、〔誰が〕尊師の弟子として教師にしたがうのですか。あなたが転じたこの教法の輪（＝法輪）を、誰が引き続き転ずるのですか。」

五五七　世尊はお答えになった。

「セーラよ。如来から生まれた〔弟子の〕サーリプッタ（＝舎利弗）[17]が、わたしの転じた輪、〔その〕無上なる教法の輪を引き続いて転ずるのである。

五五八　わたしは、覚知しなければならないことをすでに覚知し、また修めなければならないことをすべて修め、断たなければならないことをすべて断った。だから、わたしは目覚めた者である。バラモンよ。

五五九　わたしについての疑惑をはらせ。バラモンよ。〔わたしを〕信頼するがよい[18]。もろもろの等覚者にはたやすく会うことはできない。

五六〇　彼等〔等覚者たち〕がいつもこの世に出現することは、そなたたちには得難いことである。バラモンよ。わたしはその等覚者であって、〔煩悩の毒〕矢を抜き取る最上の治療者[19]である。

五六一　〔わたしは〕梵天となった者[20]であり、無比にして悪魔の軍隊を征服した者である。あらゆる敵どもを思いのままにして、恐れることなく、わたしは喜ぶ。」

五六二　〔セーラは弟子たちにいった〕

「君たちよ。眼ある人の語るとおりに、これを聞くがよい。彼は〔煩悩の毒〕矢を抜き取る治療者、偉大な勇者[21]である。あたかもライオンが森の中で吼えるように説く者である。

五六三　梵天となった者、無比にして悪魔の軍隊を征服した者を見て、喜ばない者などいようか。たとえ黒魔（＝皮膚の色の黒い種族）の生まれ[22]であるにせよ。

五六四　誰でもわたくしを望む者は従うがよい。誰でもわたくしを望まない者は去るがよい。わたくしは、この世で、勝れた智慧ある人のもとで出家しよう。」

五六五 〔セーラの弟子たちがいった〕

「尊師が、もしもこのような正等覚者[23]の教えを喜ばれるならば、わたくしたちもまた、勝れた智慧ある人のもとで出家いたしましょう。」

五六六 〔セーラは申しあげた〕

「これら三百人のバラモンたちは、合掌して懇願いたします。世尊よ、わたくしたちは、あなたのもとで清らかな行ないをいたしましょう。」

五六七 世尊はお答えになった。

「セーラよ。清らかな行ないが、見事に説かれた。まのあたりに、即時に〔修行の結果をもたらす〕ものをどこでも怠らず学ぶならば、出家することは空しくない。」

セーラ・バラモンは仲間といっしょに世尊のもとで出家することができ、具足戒を受けた。時にまさに、結髪行者ケーニヤは、その夜が過ぎてから、自分の草庵でおいしい硬い食物や軟らかい食物を準備させ、世尊に時を告げた。

「尊師ゴータマよ。時間でございます。食事ができました」と。

さて、世尊は朝早く、内衣を着け、鉢と重衣を取って、結髪行者ケーニヤの草庵に近づいて行った。近づいて行って、行乞者の教団とともに、用意された座にお坐りになった。

時にまさに、結髪行者ケーニヤは、目覚めた方を首長とする行乞者の教団に、手ずからおいしい硬い食物と軟らかい食物とをもってもてなして満足させた。

時にまさに、結髪行者ケーニヤは、世尊が食べ終わって鉢から手を離したとき、〔世尊に近づいて〕ある低い〔位置の〕坐るところをとって一方に坐った。〔その〕一方に坐った結髪行者ケーニヤに、世尊は次のような詩句をもって喜びを表わされた。

五六八　「火神への祭儀は、もろもろの供犠のうちの最上のものである。サーヴィッティー讃歌[25]はヴェーダ聖典の韻律[26]のうちの最上のものである。王は人間たち[27]のうちの最上なるもの、大海[28]は河川のうちの最上のものである。

五六九　月は[29]、星座のうちの最上のものである。太陽は輝くもののうちの最上なるものである。〔行乞者の〕教団[30]は、実に福徳を願って供養している者たちにとっては最上のものである。」

時にまさに、世尊は結髪行者ケーニヤにこれらの詩句をもって喜びを示し、座より立って去って行かれた。そこで仲間とともなる尊者セーラは、一人で遠く離れて、怠らず、熱心に自ら励んで住みながら、やがて、そのために良き家の出身者（＝善男子）たちが正しく家より出て出家者となる〔ように〕、その無上の清らかな宗教的行為の究極を、現世で自ら覚り、体現し、成就して住んでいた。

「生は尽きた。[31]清らかな宗教的行為は完成した。なすべきことはなされた。今後、このような〔輪廻という〕状態は〔再び繰り返すことが〕ない」と覚った。

そして、まさに仲間とともなる尊者セーラは〔大勢の中の〕一人の阿羅漢となった。さて、仲間とともなる尊者セーラは、世尊に近づいて行った。近づいて行って、衣を一方の肩にかけて世尊に合掌をさし向けて、世尊に詩句をもって申しあげた。

五七〇「眼をもつお方よ。今から八日前に、わたくしたちはあなたに帰依致しました。世尊よ。七日間にわたって、わたくしたちはあなたの教えでご薫陶いただきました。

五七一[32] あなたは目覚めたお方です。あなたは教師です。あなたは悪魔に打ち克った聖者です。あなたは煩悩の潜在力（＝随眠）を断って、〔自ら輪廻の激流を〕渡り[33]、この人びとをも渡らせたのです。

五七二 あなたは〔渇望という〕もろもろの〔生存の〕依りどころ[34]を超越し、あなたはもろもろの煩悩の汚れを破られました。あなたは執われがないライオン〔のよう〕です。恐れおののくことを捨てておられるのです。

五七三 これら三百人の行乞者たちは、合掌して立っているのです。勇者よ。両足をさし出してください。もろもろのナーガ（＝修行者たち）[35]は、教師を礼拝しなさい。」

セーラの経　終わり

八、矢の経[1]

五七四 この世において、人びとの命は、〔どうなるかという〕前兆がなく、明らかに知ることが〔でき〕ない。艱難があり、短かく、しかもそれは苦と結びついたものである。

五七五 なぜならば、生まれた者たちが死なないような方法はないからである。老いに至れば死がある。というのも生ける者たちにはこのような定めがあるのだから。

五七六　あたかも熟したもろもろの果実は常に落ちる恐れがあるように、そのように生まれた人たちには常に死による恐れがある。(2)(3)

五七七　たとえばまた、陶工が作った土器がすべて破壊し尽されるように、死すべき者たちの命もそのとおりである。

五七八　若い者も年老いた者も、愚者たちであろうと、賢者たちであろうと、誰もが死の力に屈して、誰でも死に至る。

五七九　彼等は死に打ちひしがれて、あの世に行きつつある。父は子を救うことなく、あるいは親族たちもまた親族たちを〔救うことが〕ない。

五八〇　見るがよい。〔死者を〕見守っている親族たちが、それぞれに泣き悲しんでいるのを。まさに死すべき者の一人一人が、あたかも屠殺される牛のように連れ去られる。

五八一　このようにして、世の中の人びとは死と老いとによって打撃を受ける。だから、賢者たちは世の中のありさまを知って、憂えることがない。

五八二　あなたは、そのようにやって来たり、去っていった者の道を知っていない。あなたは〔生と死との〕両極を見ることなく、いたずらに泣き悲しむ。

五八三　もしも悲しみ、混迷して自己を損なって、〔そのことによって〕何かためになることを引き出そうとするならば、聡明な者もまたそのようにするであろう。

五八四　〔しかし〕泣き悲しみ、憂えることによって心の静まりを得ることは決してないから、彼にはさらに多くの苦が生じ、身体が損なわれる。

五八五　自ら自分を損なっていて、痩せて顔色が悪い。だからといって、もろもろの亡者はどうしようもない。泣き悲しむことは、無益である。

五八六　憂いを捨てない者は、よりいっそう苦しむことになる。死んだ者を悲しんでいれば、憂いの力に屈する。

五八七　見るがよい。〔死者以外の生きている〕他の人たちも〔自分の〕業（＝行ない）にしたがって〔他の世に〕行くのを、〔また〕死の力の故に、この世で震えている生ける者たちを。

五八八　人びとがそれぞれに考えても、〔考えている〕それと〔結果としての〕これとは異なったものとなるから、こうした食い違いがある。世の中の人びとのありさまを見るがよい。

五八九　たとえ青年が百年も、あるいは、またそれ以上も生きようとも、親族の者たちと別れて、この世において命を捨てる。

五九〇　だからして、阿羅漢〔の教え〕[4]を聞いて、死んだ亡者（＝餓鬼）を見て、「この者はわたくしによって〔どうすることも〕できない」と泣き悲しむ〔心〕を抑えるがよい。

五九一　たとえば燃え盛る家屋〔の火〕を水で消してしまうように、そのようにまた、賢者にして智慧ある者、聡明な者、練達の人は、あたかも風が綿を奪うように、速かに、生じた憂いを〔なくすがよい〕。

五九二　自分の悲しみと泣くことと欲求すること（＝渇望）と憂い悩むこと（＝心の苦）を〔抜き取るがよい〕。自分の安楽を求めている者は、〔貪りなどの煩悩の〕自分の矢を引き抜くがよい。

五九三　〔貪りなどの煩悩の毒〕矢を引き抜いて[5]〔渇望や誤った見解に〕依存せず[6]、静まりを得て、あらゆる憂いを超えて、憂いなき者は、心の安らぎに達した者となる。

矢の経　終わり

九、ヴァーセッタの経(1)

このようにわたくしは伝え聞いている。

あるとき、世尊はイッチャーナンカラ〔村(2)〕のイッチャーナンカラの森に住んでおられた。そのとき、まさにまた、多くのそれぞれに有名なバラモンの大富豪が、イッチャーナンカラ村に住んでいた。すなわちチャンキン・バラモン、タールッカ・バラモン、ポッカラサーティ・バラモン、ジャーヌッソーニ・バラモン、トーデッヤ・バラモンおよび他のそれぞれに有名なバラモンの大富豪たちである。

時にまさに、ヴァーセッタとバーラドヴァージャという二人の青年が散策に出かけて、ぶらぶらと歩き巡っているとき、次のようなしばしの話がはじまった。

「君、どのようにしてバラモンとなるのかね。」

バーラドヴァージャ青年は、このようにいった。

「君、母方と、父方の、どちらからみても、まさに両方の生まれが良く、血縁が清らかであり、七世〔以前〕の祖先の代から血筋が清らかで混乱せず、生まれを論じても、非難されることがなければ、まさにこの限りでバラモンとなる。」

〔ところが〕ヴァーセッタ青年は、次のようにいった。

「君、まさに戒めを守ったり禁戒をそなえたならば、その限りでまさにバラモンとなる」と。

まさしく、バーラドヴァージャ青年はヴァーセッタ青年を説得することができなかったし、ヴァーセッタ青年もバーラドヴァージャ青年を説得することができなかった。

時にまさに、ヴァーセッタ青年は、バーラドヴァージャ青年に話しかけた。

「バーラドヴァージャよ。あの釈迦族出身の沙門ゴータマは、釈迦族の氏族（＝ゴータマ族）から出家して、イッチャーナンカラ〔村〕のイッチャーナンカラの深い森に住んでおられる。ところで、その尊師ゴータマに、次のような称賛の声があがっている。

かの世尊は、阿羅漢、正等覚者、覚りの智と行ないとをそなえた者、善く行ける者、世の中を知る者、無上なる者、人びとを調え御する者、神と人間との教師、目覚めた者、世尊である。

君、バーラドヴァージャよ。われわれは沙門ゴータマに近づいて行こう。近づいて沙門ゴータマにこのことを尋ねることにしよう。沙門ゴータマがわれわれに答えるとおりに、そのとおりにわれわれはそれを身につけよう」と。

「君、そのようにしよう」と、バーラドヴァージャ青年はヴァーセッタ青年に答えた。

時にまさに、ヴァーセッタとバーラドヴァージャとの二人の青年は、世尊に近づいた。近づいて世尊と挨拶した。喜ばしい、心にひびくような言葉を取り交わして、一方に坐った。ヴァーセッタ青年は一方に坐って、まさに世尊に詩句をもって申しあげた。

五九四　「わたくしたち二人は三つのヴェーダ聖典(3)の学者だと〔他から〕認められ、自称してもいます。わたくしはポッカラサーティの学生であり、この者はタールッカの〔学生〕です。

五九五　三つのヴェーダ聖典に説かれたことは、どんなことでもそれについてわたくしたちはすべて理解しています。だからして、わたくしたちは〔ヴェーダ聖典の〕語句と文法とに精通し、〔ヴェーダ聖典の〕読誦の点では師と同じ〔能力をもっているの〕です。

五九六　ゴータマよ。そのわたくしたちは出生論について言い争っています。「生まれによってバラモンとなる」と、バーラドヴァージャはいいます。そして、わたくしは行ないによって〔バラモンとなる〕と主張します。このような事情です。ご了解願います。眼あるお方よ。

五九七　このわたくしたち二人は、おたがいに〔相手を〕説得することができません。等覚者として高名な尊師にお尋ねするためにやって来ました。

五九八　たとえば、人びとが欠けることのない月（＝満月）(4)に向かって合掌し、礼拝し、帰依するように、そのように世の中の人びとはゴータマに向かって合掌し、礼拝し、帰依いたします。

五九九　この世の人びとに眼となって出現したゴータマに、(5)わたくしたちはお尋ねします。生まれによってバラモンとなるのですか、(6)あるいは行ないによって〔バラモンとなるの〕ですか。わたくしたちは知らないので、説いてください。わたくしたちがバラモン〔とはどういうことか〕を知る〔ことができる〕ように。」

六〇〇　世尊はお答えになった。

「ヴァーセッタよ。そなたたちに、わたしは順々に、あるがままに、これらもろもろの生けるものの生まれの違いを説くであろう。なぜならば、もろもろの生まれはそれぞれ異なっているからである。

六〇一　草木でさえも〔それぞれ異なっていることを〕知るがよい。しかもまた、それらは自分で名乗ることがない。それらの特徴は生まれながらのものである。なぜならば、もろもろの生まれはそれぞれ異なっているからである。

六〇二　それから蛆虫や蟋蟀《こおろぎ》や蟻《あり》に至るまで、それらには生まれながらの特徴がある。なぜならば、もろもろの生まれはそれぞれ異なっているからである。

六〇三 小さなものでも大きなものでも、四足《しそく》の動物でも〔それぞれ異なることを〕知るがよい。それらの特徴は生まれながらのものである。なぜならば、もろもろの生まれはそれぞれ異なっているからである。

六〇四 腹を足のように用い、胸をつかって進み、長い背中をもつもの（＝爬虫類）をも見るがよい。それらの特徴は生まれながらのものである。なぜならば、もろもろの生まれはそれぞれ異なっているからである。

六〇五 それから水に棲む魚たちをも見るがよい。それらの特徴は生まれながらのものである。なぜならば、もろもろの生まれはそれぞれ異なっているからである。

六〇六 それから翼を乗物として空を行く鳥をまた見るがよい。それらの特徴は生まれながらのものである。なぜならば、もろもろの生まれはそれぞれ異なっているからである。

六〇七 これらのもろもろの生けるものにとって、生まれながらの特徴はさまざまであるが、人びとの場合(7)、そのように生まれながらの特徴が個別にあることはない。

六〇八 髪の毛でも、頭でも、両耳でも、眼でも、口でも、鼻でも、唇でも、眉でも、

六〇九 首でも、肩でも、腹でも、背中でも、尻でも、胸でも、陰部でも、性交でも、

六一〇 手でも、足でも、指でも、爪でも、脛《すね》でも、腿《もも》でも、容色でも、あるいは音声でも、他の生けるものたちのような、生まれながらの特徴は全くない。

六一一 もろもろの身体をもつ人間たちにはそれぞれに、これ（＝区別する特徴）はない。そして、もろもろの人間たちに対する区別は、呼び名によっていい表わされる(8)。

六一二 もろもろの人間の中で、牛を守って暮らす者は農民であって、バラモンではないと、ヴァーセッタよ、この

ように知るがよい。

六一三　もろもろの人間の中で、さまざまな技術によって生活する者は職工であって、バラモンではないと、ヴァーセッタよ、このように知るがよい。

六一四　もろもろの人間の中で、売買で生活する者は商人であって、バラモンではないと、ヴァーセッタよ、このように知るがよい。

六一五　もろもろの人間の中で、他人に仕えて生活する者は使用人であって、バラモンではないと、ヴァーセッタよ、このように知るがよい。

六一六　もろもろの人間の中で、与えられないもの（＝盗み）で暮らす者は盗人であって、バラモンではないと、ヴァーセッタよ、このように知るがよい。

六一七　もろもろの人間の中で、弓矢で生活する者は戦士であって、バラモンではないと、ヴァーセッタよ、このように知るがよい。

六一八　もろもろの人間の中で、司祭職によって生活する者は司祭者であって、バラモンではないと、ヴァーセッタよ、このように知るがよい。

六一九　もろもろの人間の中で、村や国を領有する者は王であって、バラモンではないと、ヴァーセッタよ、このように知るがよい。

六二〇　[9]また、わたしは、〔バラモンの女性の〕胎内から生まれ、〔バラモンの〕母親から生まれた人をバラモンと呼ぶのではない。もしも彼が〔何か〕所有する者であれば、彼を「君よ」と呼びかける者（＝バラモンのように見せかける者）と名づける。所有するものがなく[10]執着がない者を〔こそ〕わたしはバラモンという。

六二一　あらゆる結縛を断ち切って、実に恐れることなく、執着を超え、結縛を離れた者をわたしはバラモンという。

六二二　革紐[11]と革帯[12]と綱[13]を手綱[14]とともに断ち切り、閂《かんぬき》[15]を引き抜いた目覚めた者[16]をわたしはバラモンという。

六二三　〔他の人が〕[17]悪罵したり、打ちのめしたり、拘束するのを怒ることなく耐え忍び、我慢強く、〔悪魔を征服する〕強力な軍勢をもつ者をわたしはバラモンという。

六二四　怒る[18]ことなく、禁戒を守り[19]、戒めを保ち[20]、〔渇望による〕傲慢がなく、〔自分を〕制して、最後の身を保つ者[21]をわたしはバラモンという。

六二五　蓮[22]の葉の上にある水のように、錐の尖にある芥子粒のように、もろもろの欲望に染まらない者をわたしはバラモンという。

六二六　この世においてまさに自分の苦の消滅を知り、重荷をおろして結縛を離れた者をわたしはバラモンという。

六二七　智慧が極めて深く、聡明で、道と非道とを熟知し、最高の目的に到達した者をわたしはバラモンという。

六二八　在[23]家者と出家者との両方に親しく近づくことなく[24]、家なくして行き、欲なき者をわたしはバラモンという。

六二九　動[25]くもの、または動かないもの、〔そうした〕もろもろの生けるものに対する暴力を差し控え、殺さず殺させない者をわたしはバラモンという。

六三〇　もろ[26]もろの害意ある者たちの中にあって害意なく、武器を取った者たちの中にあって心の安らぎに達し、執着ある者たちの中にあって執着なき者をわたしはバラモンという。

六三一　あ[27]たかも芥子粒が錐の尖から落ちたように、貪りと怒りと慢心と偽善（＝覆）とが〔落ちた〕者をわたしはバラモンという。

六三二　粗[28]暴〔な言葉〕でなく、有益な言葉、真実の言葉を口にして、それ（＝言葉）によって何人をも怒らせない者をわたしはバラモンという。

六三三　また長いものや短いもの、あるいは微細なものや粗大なもの、美しいものや美しくないもの[29]であれ、この世において与えられないものを取らない者をわたしはバラモンという。

六三四　[30]この世においてもか〔の世〕においても願うことなく、求めることなく[31]、結縛を離れた者をわたしはバラモンという。

六三五　[32]執われがなく、覚りきって、疑い惑うことなく、不死に深く入ることが[33]できた者をわたしはバラモンという。

六三六　[34]この世において福徳と罪過とのいずれにも執着せず、憂いなく、塵がなく、清らかな者をわたしはバラモンという。

六三七　[35]あたかも曇りない月のように清らかに澄み渡っていて、濁りがなく、喜び（＝渇望）や生存が尽き果てた者をわたしはバラモンという。

六三八　[36]この泥道、嶮路、輪廻、愚かさを乗り超え、〔激流を〕渡って彼の岸に至り、瞑想して動揺することなく、疑惑なく、執着なくして、心の安らぎに達した者をわたしはバラモンという。

六三九　[37]この世において、もろもろの欲望を捨て、家なき者として遍歴し、欲望と生存とを滅し尽した者をわたしはバラモンという。

六四〇　[38]この世において渇望を捨てて、家なき者として遍歴し、渇望や生存を滅し尽した者をわたしはバラモンという。

六四一　[39]人間の絆を捨て、天上の絆を超え、あらゆる絆を離れた者をわたしはバラモンという。

六四二　[40]快と不快とを捨て、涼やかになり、依るもの（＝煩悩の汚れ）がなく、あらゆる世界に打ち克った勇者[41]をわたしはバラモンという。

六四三 [42]生きとし生けるものの死去と再生とを普く知り、執着することなく、〔彼の岸に〕善く行ける者、目覚めた者をわたしはバラモンという。

六四四 [43]神がみ、ガンダッバ（＝音楽神）、人びとも、その行くところ（＝趣）を知らない、煩悩の汚れが尽きた阿羅漢をわたしはバラモンという。

六四五 [44]前にも後にも、中間にも、所有する何ものもなく、無所有にして無執着である者をわたしはバラモンという。

六四六 [45]牛王（＝牛の王）、最上者、勇者、偉大な聖仙、勝利者、〔心が〕動揺しない者、沐浴する者、目覚めた者をわたしはバラモンという。

六四七 前の〔世の生涯における〕住むところを知り、また、天上界や苦界を見て、さらに、生を滅し尽すことができた者をわたしはバラモンという。

六四八 〔バラモン、戦士族、バーラドヴァージャ、ヴァーセッタという〕これは世の中における呼び名であり、名や姓は名付けられたものである。なぜならば、慣習から生じたもので、そこここで名付けられたものなのだから。

六四九 〔このことを〕知らない者たちには、長い間、陥った誤った見解がある。〔このことを〕知っていない者たちは、われわれにいう。「生まれによってバラモンである」と。

六五〇 [46]生まれによってバラモンとなるのではない。生まれによってバラモンでない者となるのではない。行ないによってバラモンとなる。行ないによってバラモンでない者となる。

六五一 [47]行ないによって農民となる。行ないによって職人となる。行ないによって商人となる。行ないによって使用人となる。

六五二　[48]行ないによって盗賊となり、行ないによって戦士ともなる。行ないによって司祭者となり、行ないによって王ともなる。

六五三　このように、ありのままにこの行ないを見る賢者たちは、縁起を見る者たち[49]であり、行ない（＝業）と〔その〕果報とをよく知る。

六五四　[50]行ないによってこの世の人びとは存在し、行ないによって生ける者は存在する。生きとし生けるもの（＝衆生）は行ないと結びついている。あたかも進行する車の轄《くさび》のように。

六五五　苦行により[51]、清らかな行ないにより、自制により、また統御によって、〔以上の〕これ（＝行ない）によってバラモンとなり、これが最上のバラモンの位である。

六五六　三つの覚りの智をそなえて静まり[52]、再生を滅し尽した者は、もろもろの識者にとって、梵天であり帝釈天であると[53]、このように、ヴァーセッタよ、知るがよい。」

このように説かれて、ヴァーセッタとバーラドヴァージャの二人の青年は、世尊に、このように申しあげた。「すばらしい。尊師ゴータマよ。すばらしい。尊師ゴータマよ。たとえば、尊師ゴータマよ、あたかも倒れた者を引き起こすように、あるいは覆われたものを開こうとするように、あるいは愚者に道を告げるように、あるいは暗闇の中に灯火をかかげ、眼ある者たちは色かたちを見ると、しかじかのように尊師ゴータマによってさまざまの仕方で教法を明らかにされました。

わたくしは、これらの世尊ゴータマと、教法と、行乞者の教団とに帰依いたします。尊師ゴータマよ。私を優婆塞（＝在家信者）[54]にしてください。今日より以後、生きている限り帰依いたします。」

ヴァーセッタの経　終わり

一〇、コーカーリヤの経[1]

このように、わたくしは伝え聞いている。

あるとき、世尊はサーヴァッティーのジェータの森の孤独な者たちに食物を与える者の園に住んでおられた。時にまさに、行乞者コーカーリヤは、世尊に近づいた。近づいて世尊に敬礼して、一方に坐した。一方に坐した行乞者コーカーリヤは、世尊にこのように申しあげた。

「尊師よ。サーリプッタとモッガラーナとは悪い欲があり、悪い欲求に支配されています」と。

そのようにいわれて、世尊は、行乞者コーカーリヤに、このように言われた。

「コーカーリヤよ。そのようにいわないように。コーカーリヤよ。そのようにいわないように。コーカーリヤよ。サーリプッタとモッガラーナとを心に信ずるがよい。サーリプッタとモッガラーナとは穏やかで素直である」と。

再びまさに、行乞者コーカーリヤは、世尊にこう申しあげた。

「尊師よ。たとえ世尊がわたくしにとって信頼がおける信ずべきお方であるにしても、サーリプッタとモッガラーナには悪い欲があり、悪い欲求に支配されているのです」と。

再びまた、世尊は、行乞者コーカーリヤにこう言われた。

「コーカーリヤよ。そのように言わないように。コーカーリヤよ。そのように言わないように。コーカーリヤよ。

サーリプッタとモッガラーナとを心に信ずるがよい。サーリプッタとモッガラーナとは穏やかで素直である」と。

三たびまた、行乞者コーカーリヤは、世尊にこう申しあげた。

「尊師よ。たとえ世尊がわたくしにとって信頼がおける信ずべきお方であるにしても、サーリプッタとモッガラーナには悪い欲があり、悪い欲求に支配されているのです」と。

三たびまた、世尊は、行乞者コーカーリヤにこう言われた。

「コーカーリヤよ。そのように言わないように。コーカーリヤよ。そのように言わないように。コーカーリヤよ。サーリプッタとモッガラーナとを心に信ずるがよい。サーリプッタとモッガラーナとは穏やかで素直である」と。

四たびまた、行乞者コーカーリヤは、世尊にこう申しあげた。

「尊師よ。たとえ世尊がわたくしにとって信頼がおける信ずべきお方であるにしても、サーリプッタとモッガラーナには悪い欲があり、悪い欲求に支配されているのです」と。

四たびまた、世尊は、行乞者コーカーリヤにこう言われた。

「コーカーリヤよ。そのように言わないように。コーカーリヤよ。そのように言わないように。コーカーリヤよ。サーリプッタとモッガラーナとを心に信ずるがよい。サーリプッタとモッガラーナとは穏やかで素直である」と。

時にまさに、行乞者コーカーリヤは、座より立って、世尊に敬礼して、右回りの礼をして〔そこから〕立ち去った。そして立ち去るやいなや、行乞者コーカーリヤの全身は芥子粒ほどの吹出物で覆われた。芥子粒ほどであったのが、小豆ほどになった。小豆ほどであったのが、大豆ほどになった。大豆ほどであったのが、棗《なつめ》の核ほどになった。棗の核ほどであったのが、棗の実ほどになった。棗の実ほどであったのが、アーマラカ（＝マンゴーの実）ほどになった。アーマラカほどであったのが、熟さないベールヴァ（＝パパイヤ）ほどになった。ベールヴァほどであったのが、熟したベールヴァほどになった。熟したベールヴァほどであったのが破裂した。膿と血とが漏れ出た。時にまさに、行乞者コーカーリヤは、まさしくその病いのために亡くなった。そして死んだ行乞者コーカーリヤは、サーリプッタとモッガラーナとに対し、心を怒らせていたから、紅蓮《ぐれん》地獄(2)に生まれた。

時にまさに、梵天のサハンパティは、夜中過ぎに、美しい容色で隈なくジェータの森を照らして、世尊に近づいた。近づいて世尊に敬礼して、傍らに立った。一方に立った梵天のサハンパティは、世尊にこのように申しあげた。

「尊師よ。行乞者コーカーリヤは死にました。そして、尊師よ。死んだ行乞者コーカーリヤは、サーリプッタとモッガラーナとに対して心を怒らせていたから、紅蓮地獄に往生したのです」と。

梵天のサハンパティは、このようにいった。〔このように〕いって、世尊に敬礼し、右回りの礼をして、その場でかき消えたのである。

時にまさに、その夜が明けて、世尊は行乞者たちに話しかけられた。

「行乞者たちよ。昨夜、梵天のサハンパティが夜中過ぎに（中略）梵天のサハンパティはこのようにいった。〔このように〕いって、わたしを敬礼し、右回りの礼をしてから、まさにその場でかき消えたのである」と。

〔世尊に〕このように言われて、ある一人の行乞者が、世尊に次のように申しあげた。

「尊師よ。紅蓮地獄における寿命の長さ（＝寿量）は、どれほどなのですか」と。

「行乞者よ。紅蓮地獄における寿命の長さはまさしく長い。幾年、幾百年とか、幾千年、幾万年とかいうように、それを数えることは容易でない」と。

「ですが、尊師よ。喩えることはできるでしょうか」と。

「行乞者よ。できるのだよ」と、世尊は言われた。

「たとえば、行乞者よ。コーサラ国の〔量目の〕二十カーリ量の胡麻荷があるとする。百年が経過するたびごとに（＝百年に一回）、それより人が一粒ずつの胡麻を取り出すとしよう。まさに行乞者よ、そのコーサラ国の〔量目の〕二十カーリ量の胡麻荷は、この方法によりなくなるであろう。だが、一つのアッブダ地獄〔の期間〕はそんなものではない。

たとえば、行乞者よ、アッブダ地獄が二十あるとすれば、一つのニラッブダ地獄〔の期間〕と等しい。たとえば、行乞者よ、ニラッブダ地獄が二十あるとすれば一つのアババ地獄と等しい。たとえば、行乞者よ、アババ地獄が二十あるとすれば、一つのアハハ地獄と等しい。たとえば、行乞者よ、アハハ地獄が二十あるとすれば、一つのアタタ地獄と等しい。たとえば、行乞者よ、アタタ地獄が二十あるとすれば、一つのクムダ地獄と等しい。たとえば、行乞者よ、クムダ地獄が二十あるとすれば、一つのソーガンディカ地獄と等しい。たとえば、行乞者よ、ソーガンディカ地獄が二十あるとすれば、一つのウッパラカ地獄と等しい。たとえば、行乞者よ、ウッパラカ地獄が二十あるとすれば、一つのプンダリーカ地獄と等しい。たとえば、プンダリーカ地獄が二十あるとすれば、一つの紅蓮地獄と等しい。しかも、紅蓮地獄にコーカーリヤは往生した。サーリプッタとモッガラーナに対して心を怒らせていたからである」と。

このように世尊は言われた。こういって、〔彼の岸に〕善く行ける者である教師は、またさらに、次のように説かれた。

六五七　「人は生まれたときに、口の中に斧が生じる。愚者は悪しき語を話しながら、それ（＝斧）によって自分を斬る。

六五八　(3)非難されるべき者を誉め、あるいは誉めるべき者を非難する者は、口によって〔賭博の〕カリ（＝最悪の不利な賽）(4)を集める。そのカリによっては安楽を見出さない。

六五九　このカリはわずかばかりで、誰でも賽の目で(5)わが身もろともにあらゆる財の損失がある。もしも〔彼の岸に〕善く行ける者たちを心憎む(6)ならば、これこそ最大のカリである。

六六〇　(7)十万と三十六〔という時期〕のニラッブダ〔地獄〕と五つ〔の時期〕のアッブダ〔地獄という年数〕の間、悪しき言葉と意《こころ》を向けて聖人を非難する者は(8)、その〔ような年数の間〕地獄に行く。

六六一　真実ではないことをいう者は、地獄に行く。あるいはまた、なしたのに「わたしはしない」という者も〔地獄に行く〕。その両者とも、死後に〔地獄に再生する点では〕同じことになる。〔そして〕あの世で卑しい行ないの人たち〔となるの〕である。

六六二　〔他人を〕憎まない者を憎み、清らかで汚れがない者を〔憎む〕ような愚者にこそ、悪〔の報い〕が戻って来る。あたかも風に逆らって細かい塵が投げ棄てられたように。

六六三　貪りの類に溺れる者は、言葉によって他の者たちを謗る。〔彼には〕信仰がなく、吝嗇で、不親切であり、物惜しみをし、仲たがいさせる言葉を口にするだけである。

六六四　口汚い者よ。不誠実で善くない者よ。生きものを殺す者よ(9)。悪者よ。悪いことをする者よ。最低の人間よ。〔賽の〕カリ〔のような者〕よ。卑賤の生まれの者よ。この世で、多くおしゃべりするな。お前は地獄に堕ちる。

六六五　お前は〔自分の〕不利益のために〔煩悩の〕塵を撒き、静まった者たちを非難して、罪過をつくる者であり、また多くの悪行をして、まさに長い間、深い坑に陥る。

六六六　何人の行ないも消滅することはない。それは必ず〔戻って〕来て、〔その行ないの〕主が受けるだけである。愚かしく罪過を犯した者は、他の世で自分自身で苦を経験する。

六六七　〔地獄に堕ちた者は〕鉄釘が打たれた所や、鋭利な刃のある鉄串に近づいて行く。また、赤熱した鉄球に似た食物があり、〔罪過を犯した者には以前につくった悪い行ないの〕そのとおりにふさわしい〔果報がある〕。

六六八　彼等〔地獄の獄卒たち〕は何かいうときにも優しくいわない。急いで迎えに来ることもなければ、救いにも来てくれない。彼等〔地獄に堕ちた者たち〕は敷き広げられた炭火の上に臥して、あまねく燃え盛る火の中に入る。

六六九　また、彼等〔地獄の獄卒たち〕は〔地獄に堕ちた者たちを〕網で覆った上、鉄槌で打つ。あるいは〔地獄に堕ちた者たちは〕暗黒の闇に入る。それはまさに霧のように広がっている。

六七〇　時にまた、火のように燃えたぎった銅の釜に入る。長い間、その中で煮られ、火のような〔釜の〕中で〔一度は沈み、一度は上に〕浮き上りつつ〔漂って〕いる。

六七一　時に、膿や血が混ざったところ〔＝銅釜〕、そこで罪過を犯した者は煮られる。[10]どの方角に向かおうとも、そこに触れる者は〔膿や血で〕汚れる。

六七二　蛆虫の棲みかである水の中、そこで罪過を犯した者は煮られる。出ようとしても〔つかまる〕縁すらまったくない。大釜はどこでもすべて同じ〔で縁がない〕からである。

六七三　また、鋭い剣の葉の林があり、そこに入る者たちは四肢が切断される。〔地獄の獄卒たちは〕鉤針によって舌をとらえ、何度も引き裂いて殺す。

六七四　また、さらに鋭い刃、剃刀の刃[11]〔のように〕、渡るのがむずかしいヴェータラニー〔河〕[12]に至る。そこに愚者たちは落ちる。悪をなす者たちは、もろもろの悪をなして〔その河に落ちる〕。

六七五　そこで泣き叫ぶ者たちを食らうのは、黒い犬や斑の犬、そして大烏の群である。ジャッカル、大鷲、禿鷹、そして烏が啄む。

六七六　ああ、これは苦難である、ここ（＝地獄）にいることは。罪過を犯した者は、それを見る（＝経験する）。だから、この世で生きている間に、人はなすべきことをするがよい。しかも怠ってはならない。

六七七　智者たちによって数えられたそれら胡麻荷の〔中の胡麻の数〕は、紅蓮地獄に連れ去られた者たち〔の寿命の年数に等しいもの〕である。〔すなわち〕実に五千万ナフタ[13]と、さらに十二倍の百千万〔年〕である。

六七八　ここに説かれたもろもろの地獄の苦がある限り、それだけの長い間、そこ（＝地獄）にまた住まなければならない。だからして、清らかで[14]穏和で善良で徳のある者たちに対しては、常に〔自らの〕言葉と意《こころ》とを慎むべきである」と。

コーカーリヤの経　終わり

一一、ナーラカの経[1]

六七九　アシタ仙[2]は昼の憩いのときに、歓喜が湧き起こって満ち足りた三十〔三天〕の衆[3]が、帝釈天や清らかな衣をまとう神がみが、うやうやしく、〔天〕衣をかかげて、大いに讃嘆しているのを見たのであった。

六八〇　意《こころ》喜んで躍りあがっている神がみを見て、そこで〔アシタ仙は〕うやうやしく、次のようにいった。
「どうして神がみの集団は、大いに喜んでいるのですか。どうしてあなたたちは〔天〕衣をかかげて振っているのですか。

六八一　阿修羅[4]たちとの戦いがあり、神がみが勝ち、阿修羅たちが敗けたときにも、これほどに身の毛がよだつほどの喜びはありませんでした。神がみはどんな不思議なことを見て喜んだのですか。

六八二　彼等〔神がみ〕は口笛を吹いたり、歌ったり、〔楽器を〕奏でたり、手を打ったり、踊っているのです。迷《めい》廬《る》山《せん》[5]の頂上に住むあなた方に、わたくしはお尋ねします。わたくしの疑惑を速かに除き去ってください。諸尊よ。」

六八三　〔神がみは答えた〕

「他に比べるものがなく、勝れた宝のようなかの菩薩[6]は、〔人びとの〕利益と安楽のために、人の世にお生まれになりました。釈迦族の村にあるルンビニー地方に[7]〔お生まれになりました〕。そういうわけで、わたしたちは満足して、大いに喜んでいるのです。

六八四　あらゆる者たちの中の最上であり最高の人物、あらゆる生きものの中の最上である牛王のような人は、聖仙〔堕処〕という森で[8]〔教法の〕輪を転ずるでしょう[9]。あたかも百獣の王である力のあるライオンが吼えるように[10]。」

六八五　彼（＝アシタ仙）は、その声を聞いて、急いで〔人間界に〕降りて行った。そのとき、スッドーダナ[11]の住居に近づいて行った。そこに坐って、釈迦族の人びとに、次のようにいった。

「童児はどこにいますか。わたしもまたお目にかかりたいものです。」

六八六　それから〔すぐさま〕、名人に精錬され、炉口で輝ける黄金のような童児〔すなわち〕吉祥のためにまばゆく容色妙なる子を、釈迦族の人びとは、アシタという〔聖仙〕にごらんいただいた。

六八七　〔アシタ仙は〕燃える焔のように、〔また〕天空を行く星辰の牛の王（＝月）(12)のように、極めて清らかな、雲を離れて照り輝く秋の太陽のような童児を見て、喜びが湧き起こり、大いに喜ぶことができた。

六八八　神がみは、多くの傘骨と、千の円輪がある傘蓋を空中に差し出した。黄金の柄のついたもろもろの払子《ほっす》が、上下に揺らいでいる。〔だが〕払子や傘蓋を持つ者たち(13)〔の姿〕は見えなかった。

六八九　結髪行者(14)のカンハシリ(15)という聖仙は、白色の毛布にくるまれた黄金色の金環のようで、その頭上には白傘がかかげられている〔童児〕を見て、〔喜びで〕意《こころ》が躍りあがり、楽しく、〔その童児を〕抱き取った。

六九〇　そして、占相や呪句の奥義を極めた者は、釈迦族の牛の王〔のような童児〕を抱き取って、〔身体の特徴を〕求めながら、心に清らかな信仰をもって(16)声を挙げた。

「この〔童児〕は無上なお方です。二足の者（＝人間）の中で最上のお方です。」

六九一　時に、〔アシタ仙は〕自分の行く末を思いながら、浮かない様子で、涙を流している。〔それを〕見て、釈迦族の人たちは、泣いている聖仙にいった。

「われわれの童児にさしさわりがあるのでしょうか」と。

六九二　悲しげな釈迦族の人たちを見て、聖仙は言った。

「わたしは、童児にためにならないことがあるかどうかを思っているのではありません。また、このお方にはさしさわりはないでしょう。このお方は劣っていません。注意をはらって差しあげなさい。

六九三　この童児は、最高の全き覚り（＝等覚）を実現するでしょう。このお方は最上の清らかなものを見(17)、多くの人びとのためになり、〔人びとを〕憐れんで、教法の輪を転ずるでしょう。このお方の清らかな行ない(18)は広まるでしょう。

六九四　けれど、この世において、わたしの余命は長くはありません。ときに、〔このお方が覚られるまでの〕途中で、わたしは死ぬでしょう。このわたしは、比類なく精進するお方の教法を聞くことがないでしょう。だから、わたしは苦悩し、不幸せになり、〔心の憂いとなって〕苦しむのです。」

六九五　かの梵行者（＝アシタ仙[19]）は、釈迦族の人たちに大きな喜びをもたらし、〔族長の〕奥向きの住居から去って行った。彼は自分の甥を憐れみながら、比類なく精進するお方の教法を〔聞くように〕勧めた。

六九六　「後に、お前が「目覚めた者は全き覚りを得て、教法の道を遍歴する」という声を聞くことがあれば、そこへ行って、教えを広く尋ねながら、かの世尊のもとで清らかな行ないをするがよい。」

六九七　そのような[20]〔人びとの〕利益を心掛け、未来において最高の清浄[21]を見る彼（＝アシタ仙）に教えられ、かのナーラカは、福徳を積んで、勝利者（＝仏陀）〔が世に出現するの〕を待ち望みながら、もろもろの感官を守って〔行乞者の教団とは〕別に住んだ。

六九八　勝利者が勝れた〔教法の〕輪を転じたという声を聞き、アシタという者が教えたことがそのとおりになったときに、〔ナーラカは〕行って、聖仙の牛王（＝目覚めた者）にお目にかかって、清らかな信仰を起こし、最も勝れた聖者の境地を〔この〕勝れた聖者に尋ねた。

序文の詩句　終わり

六九九　〔ナーラカ仙は尊師に申しあげた〕

「アシタ〔仙〕のこの言葉はそのとおりだと、よく分かりました。ゴータマよ。だから、そのことを、あらゆる教法の奥義を極めた[1]お方に、わたくしはお尋ねします。

七〇〇 家なき者となり、托鉢に行くことを求めているわたくしは、聖者よ、お尋ねします、聖者の最上の道を説いてください。」

七〇一 世尊は説かれた。
「わたしは、聖者であること（＝聖者の位）をそなたに教えてあげよう。〔それは〕行ないがたく、到達しがたいものである。さあ、わたしはそなたにそれを説いてあげよう。奮起するがよい。〔努力することによって〕堅固であれ。

七〇二 村で罵倒されようと敬礼されようと、そなたは同じ態度をとるがよい。〔罵倒されても〕意《こころ》の怒りを慎むがよい。〔敬礼されても〕冷静に、高ぶることなく、ふるまうがよい。

七〇三 林では火炎のように高いものや、低いもの〔さまざまのもの〕が、たち現われる。女性たちは聖者を誘惑する。まさに彼女たちが彼を誘惑すべきでない〔ようにふるまうがよい〕。

七〇四 情交の慣習から離れ、〔その他の〕さまざまな欲望を捨てて、生けるものたちのうちで、動くもの（＝動物）にも動かないもの（＝植物）にも敵意なく、愛着することもない。

七〇五 「わたしと同じように、これら〔の生けるもの〕があり、これら〔の生けるもの〕と同じように、わたしがある」〔と思って〕、自分に引きくらべて、〔生けるものを〕殺してはならないし、殺させてもならぬ（2）。

七〇六 眼ある者は、普通の者が執着するような欲と貪りとを捨てて、ふるまうがよい。〔激流を渡って彼の岸に行くように〕この〔渇望の〕地獄を〔実践によって〕渡るがよい（3）。

七〇七 腹を減らして、食物を節約し、少欲にして貪らないのがよい。彼はまさに欲のために飢えることなく、無欲となり、心の安らぎに達した者（4）である。

七〇八　その者は托鉢に行って、林の辺《ほとり》に至るがよい。聖者は樹の根もとにとどまって、座に着いている〔がよい〕。

七〇九　彼は〔心を〕堅固にしてひたすら瞑想し、林の辺で楽しんでいるがよい。自分を満足させながら、樹の根もとで瞑想するがよい。

七一〇　それから夜が明けそうになったら、村の中に至るがよい。〔信者から〕招かれても、村から〔食物を〕運ばれても、喜んで〔貰って〕はいけない。

七一一　聖者は、村に来たとき、家々で粗暴に〔ふるまい〕行なってはならない。食物を乞うための話を断ち（＝沈黙のままで）、〔また、食物を乞うことを〕意図した言葉を口にしてはならない。(5)

七一二　彼は「何にしても〔わたしが得ようとするものを〕得たことはよい。得なかったこともよい」と、まさしく両方ともに、〔平然として行く〕そのような者であり、〔瞑想する、もとの〕樹〔の根もと〕に戻るだけである。

七一三　鉢を手にしてめぐり歩いている彼は、唖者でないのに唖者だと思われている。わずかな布施を蔑んではならない。施主を蔑んではならない。

七一四　沙門によって、実に高低さまざまな実践の道(6)が、明らかにされた。彼の岸に重ねて行くことはなく(7)、これ（＝彼の岸）は一度で〔達することができるもので〕あるとも考えられない。

七一五　また、執着を離れ、〔煩悩の〕流れを断ち切り(8)、なすべきこととなすべからざることを捨てた行乞者たちに、苦悩はない。」

七一六　世尊は言われた。
「そなたに聖者の行為（＝牟尼行(9)）を知らせよう。〔食物については〕剃刀の刃のように〔細心で〕あるのがよい。舌で上顎を抑え、腹では〔食物を〕ひかえるのがよい。

七二七　そして、心が落ちこまず、また考えすぎないのがよい。生臭さがなく[10]、執われることなく、清らかな行ないが彼の岸に至る道である[11]。

七二八　一人して坐ることと、沙門の観想とを学ぶがよい[12]。一人であること（＝独住）が聖者の道といわれる。もしも一人でいて心楽しむならば[13]、

七二九　そのとき、彼は十方に輝き出すだろう。瞑想しながら、もろもろの欲望を捨てた賢者たちの評判を聞いて、わたしの弟子[14]は、ますます恥じらったり、信仰を起こすであろう。

七三〇　そのようなことを、もろもろの河によって知るがよい。溝や渓谷における小さな流れ[15]は音をたてて流れ、大河は静かに流れる。

七三一　不足しているものは音をたて、充ち満ちたものは静まりかえっている。愚者は、〔水を〕半分〔入れただけ〕の瓶のようであり、賢者は満々と水をたたえた湖のようである。

七三二　沙門が多く語ることは、〔意義や教法が〕そなわり、ためになるものである。その人（＝沙門）は〔このように意義や教法がそなわっていることを自分で〕知っていて教法を説き、その人は〔ためになることを〕知っていて、多くを語る。

七三三　そして、知っていて自分を制し、知っていて多くを語らない者、それが聖者として聖者にふさわしい。その人は聖者として、聖者にふさわしいところに到達したのである」と。

ナーラカの経　終わり

一二、二種の観察の経(1)

このように、わたくしは伝え聞いている。

あるとき、世尊はサーヴァッティーの東園にあるミガーラの母の講堂に住んでおられた。さて、そのとき、世尊はそのウポーサタ（＝聖日）である十五日のまどかな満月の夜に、行乞者の教団にとり囲まれて屋外に坐っておられた。

まさしくそのとき、世尊はそれぞれに沈黙している行乞者の教団を見渡して、行乞者たちに語りかけられた。

「行乞者たちよ。これらの善なる教法は、聖なるものであって、〔世間から〕出離して、正しい覚りに導くものである。行乞者たちよ。「あなた方はどうしてそれらの聖なる出離に至り、正しい覚りに導く善なる教法を聞くのですか」と、行乞者たちよ、もしも、そのように問う者たちがいるとすれば、彼等に次のようにいうべきであろう。

「まさにもろもろの教法は二種あることをありのままに知るためだけに、〔教法を聞くがよい〕」と。

それでは何を二種であるというのかというと、「これは苦であり、これは苦の原因（＝集）である」というのが一つの観察である。「これは苦の滅であり、これは苦を滅するに至る道である」というのが第二の観察である。

まさに行乞者たちよ。このように正しく二種であると観察する行乞者が、怠りなく、熱心に、自ら励んで住すれば、二つの果報のうちのいずれか一つの果報が得られるかもしれない。現世においての覚りか、あるいは〔再生の要素である〕生存の残余（＝有余依）(2)がある場合には、〔迷いの現世に〕還って来ないことである」と。

世尊は、こうしたことを説かれた。〔彼の岸に〕善く行ける者は、このように言って、さらにまた、教師は次のように〔詩句で〕説かれた。

七三四 苦を知らず、さらには苦の生ずるところを、またすべての苦が残りなく滅するところを〔知らず〕、また苦を滅するに至るような道を彼等は知らない。[3]

七三五 彼等は心の解脱を捨てた者たちであり、また智慧の解脱も〔捨てた者たちである〕。彼等は〔輪廻を〕滅することができず、彼等はまさに生と老とを受ける。[4][5]

七三六 また、苦を知り、さらには苦の生ずるところを、また、すべての苦が残りなく滅するところを〔知り〕、また、苦を滅するに至る道を知る者たちである、

七三七 彼等は、心の解脱を実現した者たちであり、また智慧の解脱も〔実現した者たちである〕。彼等は〔輪廻を〕滅することができ、彼等はまさに生と老とを受けることがない。

「行乞者たちよ、「他の方法によっても正しく二種であるとする観察があるであろうか」と、もしも、そのように問う者たちがいるとすれば、「あるであろう」というべきである。では、〔それは〕どのようにしてあるのだろうか。「どのような苦が生ずる場合でも、すべて〔渇望という〕生存の依りどころを縁（＝条件）として〔生ずるの〕である」という、これが一つの観察である。「だが、まさにもろもろの生存の依りどころを残りなく遠く離れ、滅し尽すことによって、苦が生じなくなる」という、これが第二の観察である。まさに行乞者たちよ。このようにして正しく二種であると観察する行乞者が怠りなく、熱心に、自ら励んで住すれば、二つの果報のうちのいずれか一つの果報が得られるかもしれない。現世においての覚りか、あるいは〔再生の要素である〕生存の残余がある場合に

は、〔迷いの現世に〕還って来ないことである」と。

世尊は、こうしたことを説かれた。〔彼の岸に〕善く行ける者は、このように言って、さらにまた、教師は次のように〔詩句で〕説かれた。

七二八　この世におけるどのようなさまざまなもの（＝苦）でも、もろもろの苦は〔渇望を生存の〕依りどころとして生ずる。無知の者たちこそが〔渇望という生存の〕依りどころ[6]をつくるのである。愚者はしばしば苦に近づく。だから、苦が生ずる根源を観察する者は、〔そのことを〕知りながら、〔生存の〕依りどころをつくるべきでない。

「行乞者たちよ、「他の方法によっても正しく二種であるとする観察があるであろうか」と、もしも、そのように問う者たちがいるとすれば、「あるであろう」というべきである。では、〔それは〕どのようにしてあるのだろうか。「どのような苦が生ずる場合でも、すべて根源的な無知を縁として〔生ずるの〕である」という、これが一つの観察である。「だが、まさに根源的な無知を残りなく遠く離れ、滅し尽すことによって、苦が生じなくなる」という、これが第二の観察である。まさに行乞者たちよ。このように正しく二種であると観察する行乞者が怠りなく、熱心に、自ら励んで住すれば、二つの果報のうちのいずれか一つの果報が得られるかもしれない。現世においての覚りか、あるいは〔再生の要素である〕生存の残余がある場合には、〔迷いの現世に〕還って来ないことである」と。

世尊は、こうしたことを説かれた。〔彼の岸に〕善く行ける者は、このようにいって、さらにまた、教師は次のように〔詩句で〕説かれた。

七二九　この状態から他の状態へと繰り返し生死輪廻[7]におもむく者たちは、ただ根源的な無知によってのみ、その行く方（＝趣[8]）が〔きまる〕。

七三〇　なぜならば、この根源的な無知は大いなる愚かさであり、そのためにこの輪廻している〔期間〕は長くなる。そして、覚りの智に達した人びとは、再生に戻ることがない。

「行乞者たちよ、「他の方法によっても正しく二種であるとする観察があるであろうか」と、もしも、そのように問う者たちがいるとすれば、「あるであろう」というべきである。では、〔それは〕どのようにしてあるのだろうか。「どのような苦が生ずる場合でも、すべて潜在的な心身の形成力（＝行[9]）を縁として〔生ずるの〕である」という、これが一つの観察である。「だが、まさに潜在的な心身の形成力を残りなく遠く離れ、滅し尽すことによって、苦が生じなくなる」という、これが第二の観察である。まさに行乞者たちよ。このように正しく二種であると観察する行乞者が怠りなく、熱心に、自ら励んで住すれば、二つの果報のうちのいずれか一つの果報が得られるかもしれない。現世においての覚りか、あるいは〔再生の要素である〕生存の残余がある場合には、〔迷いの現世に〕還って来ないことである」と。

世尊は、こうしたことを説かれた。〔彼の岸に〕善く行ける者は、このように言って、さらにまた、教師は次のように〔詩句で〕説かれた。

七三一　どのような苦が生ずる場合でも、すべて潜在的な心身の形成力（＝行）を縁として〔生ずるの〕である。もろもろの潜在的な心身の形成力を滅することによって、苦が生じなくなる。

七三二　「苦は潜在的な心身の形成力を縁として生ずる」というこの煩いを知ってあらゆる潜在的な心身の形成力が滅すれば想念が滅するから、このように苦が滅するこのことをありのままに知って、
七三三　正しく見る勝れた智ある賢者たちは、正しく知って、悪魔の結縛を克服して、再生に戻ることがない。(10)

「行乞者たちよ、「他の方法によっても正しく二種であるとする観察があるであろうか」と、もしも、そのように問う者たちがいるとすれば、「あるであろう」というべきである。では、〔それは〕どのようにしてあるのだろうか。「どのような苦が生ずる場合でも、すべて意識（＝識）を縁として〔生ずるの〕である」という、これが一つの観察である。「だが、意識作用（＝識）を残りなく遠く離れ、滅し尽すことによって苦が生じなくなる」という、これが第二の観察である。まさに行乞者たちよ。このように正しく二種であると観察する行乞者が怠りなく、熱心に、自ら励んで住すれば、二つの果報のうちのいずれか一つの果報が得られるかもしれない。現世においての覚りか、あるいは〔再生の要素である〕生存の残余がある場合には、〔迷いの現世に〕還って来ないことである」と。

世尊は、こうしたことを説かれた。〔彼の岸に〕善く行ける者は、このように言って、さらにまた、教師は次のように〔詩句で〕説かれた。

七三四　どのような苦が生ずる場合でも、すべて意識作用から〔生ずるの〕である。意識作用（＝識）が滅すれば、苦は生じなくなる。
七三五　「苦は意識作用による」という、この煩いを知って、あらゆる意識作用が滅すれば、行乞者は飢え渇くことがなくなり、全く心が静まっている。

「行乞者たちよ、「他の方法によっても正しく二種であるとする観察があるであろうか」と、もしも、そのように問う者たちがいるとすれば、「あるであろう」というべきである。では、〔それは〕どのようにしてあるのだろうか。「どのような苦が生ずる場合でも、すべて接触（＝触）を縁として〔生ずるの〕である」という、これが一つの観察である。「だが、接触を残りなく遠く離れ、滅し尽すことによって、苦が生じなくなる」という、これが第二の観察である。まさに行乞者たちよ。このように正しく二種であると観察する行乞者が怠りなく、熱心に、自ら励んで住すれば、二つの果報のうちのいずれか一つの果報が得られるかもしれない。現世においての覚りか、あるいは〔再生の要素である〕生存の残余がある場合には、〔迷いの現世に〕還って来ないことである」と。

世尊は、こうしたことを説かれた。〔彼の岸に〕善く行ける者は、このように言って、さらにまた、教師は次のように〔詩句で〕説かれた。

七三六　接触（＝触）にとらえられ、生存の流れにしたがって、邪道を行く彼等にとって、結縛を滅することは遠くにある。

七三七　だが、接触をすっかり知って、覚り、心の静まり（＝寂静）を楽しむ者たちは、まさに接触を滅しているから、飢え渇くことがなく、全く心が静まっている。

「行乞者たちよ、「他の方法によっても正しく二種であるとする観察があるであろうか」と、もしも、そのように問う者たちがいるとすれば、「あるであろう」というべきである。では、〔それは〕どのようにしてあるのだろうか。「どのような苦が生ずる場合でも、すべて感受作用（＝受）を縁として〔生ずるの〕である」という、これが一つの観察である。「だが、感受作用を残りなく遠く離れ、滅し尽すことによって、苦が生じなくなる」という、これが第二の観察である。まさに行乞者たちよ。このように正しく二種であると観察する行乞者が怠りなく、熱心に、自ら励んで住すれば、二つの果報のうちのいずれか一つの果報が得られるかもしれない。現世においての覚りか、あるいは〔再生の要素である〕生存の残余がある場合には、〔迷いの現世に〕還って来ないことである」と。

世尊は、こうしたことを説かれた。〔彼の岸に〕善く行ける者は、このように言って、さらにまた、教師は次のように〔詩句で〕説かれた。

七三八　もしも楽であれ、苦であれ、不苦不楽であれ、内なるものと外なるものとであれ、どのようなものであっても、感受されたものがあれば、

七三九　「これは苦である」と知って、虚妄性の壊れ易いものに触れるたびに、〔それが〕衰え滅びるのを見ながら、このように〔それらの感受のはたらきを知って〕そこで貪りを離れる。(11) もろもろの感受のはたらきを滅することによって、行乞者は飢え渇くことがなく、全く心が静まっている。

「行乞者たちよ、「他の方法によっても正しく二種であるとする観察があるであろうか」と、もしも、そのように問う者たちがいるとすれば、「あるであろう」というべきである。では、〔それは〕どのようにしてあるのだろうか。「どのような苦が生ずる場合でも、すべて渇望を縁として〔生ずるの〕である」という、これが一つの観察である。「だが渇望を残りなく遠く離れ、滅し尽すことによって、苦が生じなくなる」という、これが第二の観察である。まさに行乞者たちよ。このように正しく二種であると観察する行乞者が怠りなく、熱心に、自ら励んで住すれば、

二つの果報のうちのいずれか一つの果報が得られるかもしれない。現世においての覚りか、あるいは〔再生の要素である〕生存の残余がある場合には、〔迷いの現世に〕還って来ないことである」と。

世尊は、こうしたことを説かれた。〔彼の岸に〕善く行ける者は、このように言って、さらにまた、教師は次のように〔詩句で〕説かれた。

七四〇　渇望を伴侶とする者は、長い間、このような状態から他の状態への輪廻を繰り返し、輪廻を超えることがない。

七四一　「渇望は苦が生ずるもとである」という、この煩いを知って、渇望を離れ、執着なく、正しい想念をもって、行乞者は遍歴するがよい。

「行乞者たちよ、「他の方法によっても正しく二種であるとする観察があるであろうか」と、もしも、そのように問う者たちがいるとすれば、「あるであろう」というべきである。では、〔それは〕どのようにしてあるのだろうか。「どのような苦が生ずる場合でも、すべて執着を縁として〔生ずるの〕である」という、これが一つの観察である。「だが、執着を残りなく遠く離れ、滅し尽すことによって、苦が生じなくなる」という、これが第二の観察である。まさに行乞者たちよ。このように正しく二種であると観察する行乞者が怠りなく、熱心に、自ら励んで住すれば、二つの果報のうちのいずれか一つの果報が得られるかもしれない。現世においての覚りか、あるいは〔再生の要素である〕生存の残余がある場合には、〔迷いの現世に〕還って来ないことである」と。

世尊は、こうしたことを説かれた。〔彼の岸に〕善く行ける者は、このように言って、さらにまた、教師は次のように〔詩句で〕説かれた。

七四二　執着を縁として生存があり、生存した者は苦を得る。生まれた者には死があり、これが苦の生ずる〔原因〕である。

七四三　だから、賢者たちは執着を滅し尽す〔ということ〕によって、正しく覚って、生を滅し尽すのを明らかに知って、再生におもむくことがない。

「行乞者たちよ。「他の方法によっても正しく二種であるとする観察があるであろうか」と、もしも、そのように問う者たちがいるとすれば、「あるであろう」というべきである。では、〔それは〕どのようにしてあるのだろうか。「どのような苦が生ずる場合でも、すべて労苦を縁として〔生ずるの〕である」という、これが一つの観察である。「だが、労苦を残りなく遠く離れ、滅し尽すことによって、苦が生じなくなる」という、これが第二の観察である。まさに行乞者たちよ。このように正しく二種であると観察する行乞者が怠りなく、熱心に、自ら励んで住すれば、二つの果報のうちのいずれか一つの果報が得られるかもしれない。現世においての覚りか、あるいは〔再生の要素である〕生存の残余がある場合には、〔迷いの現世に〕還って来ないことである」と。

世尊は、こうしたことを説かれた。〔彼の岸に〕善く行ける者は、このように言って、さらにまた、教師は次のように〔詩句で〕説かれた。

七四四　どのような苦が生ずる場合でも、すべて労苦を縁として〔生ずるの〕である。もろもろの労苦が滅することによって、苦は生じなくなる。

七四五　「苦は労苦を縁として〔生ずるの〕である」という、この煩いを知って、あらゆる労苦を捨てて、労苦がなくなる場合に解脱する。

七四六　生存の渇望が断ち切られ、心が静まった行乞者の生の輪廻が超えられると、彼には再生がない。

「行乞者たちよ、「他の方法によっても正しく二種であるとする観察があるであろうか」と、もしも、そのように問う者たちがいるとすれば、「あるであろう」というべきである。では、〔それは〕どのようにしてあるのだろうか。「どのような苦が生ずる場合でも、すべて食（＝食物）を縁として〔生ずるの〕である」という、これが一つの観察である。「だが、食物を残りなく遠く離れ、滅し尽すことによって、苦が生じなくなる」という、これが第二の観察である。まさに行乞者たちよ。このように正しく二種であると観察する行乞者が怠りなく、熱心に、自ら励んで住すれば、二つの果報のうちのいずれか一つの果報が得られるかもしれない。現世においての覚りか、あるいは〔再生の要素である〕生存の残余がある場合には、〔迷いの現世に〕還って来ないことである」と。世尊は、こうしたことを説かれた。〔彼の岸に〕善く行ける者は、このように言って、さらにまた、教師は次のように〔詩句で〕説かれた。

七四七　どのような苦が生ずる場合でも、すべて食[12]を縁として〔生ずるの〕である。もろもろの食が滅することによって、苦は生じなくなる。

七四八　「苦は食を縁として〔生ずるの〕である」という、この煩いを知って、あらゆる食をよく知って、あらゆる

食に依ることなく、

七四九　無病（＝涅槃）[13]を正しく知って、もろもろの煩悩の汚れをすべて滅することによって思いはかり〔四種の生活用具に〕[14]馴染み、教法に安立し、勝れた智者は、言葉で〔どのようにも〕いい表わすことができない[15]。

「行乞者たちよ、「他の方法によっても正しく二種であるとする観察があるであろうか」と、もしも、そのように問う者たちがいるとすれば、「あるであろう」というべきである。では、〔それは〕どのようにしてあるのだろうか。「どのような苦が生ずる場合でも、すべて動揺（＝動転）[16]を縁として〔生ずるの〕である」という、これが一つの観察である。「だが、動揺を残りなく遠く離れ、滅し尽すことによって、苦が生じなくなる」という、これが第二の観察である。まさに行乞者たちよ。このように正しく二種であると観察する行乞者が怠りなく、熱心に、自ら励んで住すれば、二つの果報のうちのいずれか一つの果報が得られるかもしれない。現世においての覚りか、あるいは〔再生の要素である〕生存の残余がある場合には、〔迷いの現世に〕還って来ないことである」と。

世尊は、こうしたことを説かれた。〔彼の岸に〕善く行ける者は、このように言って、さらにまた、教師は次のように〔詩句で〕説かれた。

七五〇　どのような苦が生ずる場合でも、すべて動揺を縁として〔生ずるの〕である。もろもろの動揺が滅することによって、苦は生じなくなる。

七五一　「苦は動揺を縁として〔生ずるの〕である」という、この煩いを知って、それ故に動揺を捨て、もろもろの潜在的な心身の形成力を滅して、動揺なく、執着なく、正しい想念をもって行乞者は遍歴するがよい。

「行乞者たちよ、「他の方法によっても正しく二種であるとする観察があるであろうか」と、もしも、そのように問う者たちがいるとすれば、「あるであろう」というべきである。では、〔それは〕どのようにしてあるのだろうか。「〔依りどころとなるものに〕依存している者は動揺する」という、これが一つの観察である。「依存していない者は動揺することがない」という、これが第二の観察である。まさに行乞者たちよ。このように正しく二種であると観察する行乞者が怠りなく、熱心に、自ら励んで住すれば、二つの果報のうちのいずれか一つの果報が得られるかもしれない。現世においての覚りか、あるいは〔再生の要素である〕生存の残余がある場合には、〔迷いの現世に〕還って来ないことである」と。

世尊は、こうしたことを説かれた。〔彼の岸に〕善く行ける者は、このように言って、さらにまた、教師は次のように〔詩句で〕説かれた。

七五二 依存しない者は〔心が〕動揺することがないが、依存している者は執われていて、このような状態から他の状態への輪廻を超えない。

七五三 「もろもろの依存には大いなる恐怖がある」という、この煩いを知って、依存することなく、執われることなく、正しい想念をもって、行乞者は遍歴するがよい。

「行乞者たちよ、「他の方法によっても正しく二種であるとする観察があるであろうか」と、もしも、そのように問う者たちがいるとすれば、「あるであろう」というべきである。では、〔それは〕どのようにしてあるのだろうか。行乞者たちよ。「もろもろの物質世界（＝色）よりも、もろもろの精神世界（＝無色）はいっそう静まっている」

という、これが一つの観察である。「もろもろの精神世界よりも滅し尽すること（＝涅槃）がいっそう静まっている」という、これが第二の観察である。まさに行乞者たちよ。このように正しく二種であると観察する行乞者が怠りなく、熱心に、自ら励んで住すれば、二つの果報のうちのいずれか一つの果報が得られるかもしれない。現世においての覚りか、あるいは〔再生の要素である〕生存の残余がある場合には、〔迷いの現世に〕還って来ないことである」と。

世尊は、こうしたことを説かれた。〔彼の岸に〕善く行ける者は、このように言って、さらにまた、教師は次のように〔詩句で〕説かれた。

七五四　また、物質〔世界〕(18)に属している人びとと精神〔世界〕(19)に住する〔人びと〕とは、止滅（＝涅槃）(20)を知らないため、再生に戻る者たちである。(17)

七五五　また、もろもろの物質〔世界〕を明らかに知り、もろもろの精神〔世界〕にとどまることなく、止滅（＝涅槃）において解脱するような人びとは、死魔を捨てた者たちである。

「行乞者たちよ、「他の方法によっても正しく二種であるとする観察があるであろうか」と、もしも、そのように問う者たちがいるとすれば、「あるであろう」というべきである。では、〔それは〕どのようにしてあるのだろうか。行乞者たちよ、神がみを含み、悪魔〔や梵天〕を含む世界において、沙門やバラモンを含み、神がみや人間を含む生けるものが、「これは真実である」と思ったことに対して、もろもろの聖人は「これは虚妄である」と、あるがままに正しい智慧によって見抜いた。これが一つの観察である。行乞者たちよ、神がみを含み、悪魔を含み、行乞者やバラモンを含む世界の、神がみや人間を含む生けるものが、「これは虚妄である」と思ったことに対して、もろもろの聖人は「これは真実である」と、あるがままに正しい智慧によって見抜いた。これが第二の観察である。まさに行乞者たちよ。このように正しく二種であると観察する行乞者が怠りなく、熱心に、自ら励んで住すれば、二つの果報のうちのいずれか一つの果報が得られるかもしれない。現世においての覚りか、あるいは〔再生の要素である〕生存の残余がある場合には〔迷いの現世に〕還って来ないことである」と。

世尊は、こうしたことを説かれた。〔彼の岸に〕善く行ける者は、このように言って、さらにまた、教師は次のように〔詩句で〕説かれた。

七五六 見よ。自我（＝我）でないもの[21]を自我と思いこみ、個体存在[22]に執われた神がみを含む世界の人びとを。「これは真実である」とその者（＝世の人）は考える。

七五七 なぜならば、人びとがそれぞれ〔どのように〕考えても、それはこれとは異なったものである。なぜならば、その者のそれ（＝考え方）は嘘で、つかの間の虚妄なものだからである。

七五八 心の安らぎ（＝涅槃）は虚妄なものではない。聖人たちは、そのことを真実であると知る者たちである。彼等は実に真実をまのあたりに見ることによって、飢え渇くことなく、全く心が安らいでいる者たちである。

「行乞者たちよ、「他の方法によっても正しく二種であるとする観察があるであろうか」と、もしも、そのように問う者たちがいるとすれば、「あるであろう」というべきである。では、〔それは〕どのようにしてあるのだろうか。行乞者たちよ、神がみ、悪魔、梵天を含む世界において、沙門、バラモン、神がみ、人間を含む生けるものが、

「これは楽である」と思ったことに対して、もろもろの聖人は「これは苦である」と、あるがままに正しい智慧によって見抜いた。これが一つの観察である。行乞者たちよ、神がみ、悪魔、梵天を含む世界において、沙門、バラモン、神がみ、人間を含む生けるものが、「これは苦である」と思ったことに対して、もろもろの聖人は「これは楽である」と、あるがままに正しい智慧によって見抜いた。これが第二の観察である。まさに行乞者たちよ。このように正しく二種であると観察する行乞者が怠りなく、熱心に、自ら励んで住すれば、二つの果報のうちのいずれか一つの果報が得られるかもしれない。現世においての覚りか、あるいは〔再生の要素である〕生存の残余がある場合には〔迷いの現世に〕還って来ないことである」と。

世尊は、こうしたことを説かれた。〔彼の岸に〕善く行ける者は、このように言って、さらにまた、教師は、次のように〔詩句で〕説かれた。

七五九　色[23][24]・声・味・香・触、そして法[25]のすべては、好ましく、愛すべき、また愉しく、「〔これら六つの対象が〕ある」といわれるまでのものである。

七六〇　神がみを含む世界の人びとには、これらは実に好ましいものであると認められている。だが、それらが滅するところでは、彼等にとってそれは好ましくないものであると認められている。

七六一　個体（=有身）の破壊[26]は「好ましいものである」と聖人たちによって見られたが、〔正しく〕見ている聖人たちのこの見方は、あらゆる世の中の人びと〔の見方〕とは逆である。

七六二　他の者たちが好ましいものという〔あらゆる〕ものを、聖人たちは好ましくないものという。他の者たちが好ましくないものという〔あらゆる〕ものを、聖人たちは、好ましいものであると知る。知りがたい〔心の安らぎ＝涅槃という〕教法を見るがよい。知らない者たちは、ここで、惑い乱れている。

七六三　覆われた者たちには暗黒がある。見ていない者たちには蒙昧がある。そして、あたかも見ている者たちには光明があるように、善き人びとに〔涅槃は〕開かれたものである。教法をよく知らない動物〔のような者〕たちは、近くにあるもの（＝涅槃）を明らかに知らない。

七六四　生存の貪欲に打ち負かされ、生存の流れにしたがい、悪魔の領域に至った者たちには、この教法はよく覚られないものである。

七六五　聖人たち以外に、誰が〔その〕境地を覚ることができるか。その境地を正しく知って、煩悩の汚れなき者たちは、全く心安らかになる。

このように世尊は説かれた。意にかなった彼等行乞者たちは、世尊の説かれたことを喜んだ。実にまた、〔世尊が〕この解答を述べられているとき、六十人ばかりの行乞者たちの心は、執着なくして、煩悩の汚れから解脱した、という。

二種の観察の経　終わり

その結びの詩句《ウッダーナ》

真実、〔渇望という〕生存の依りどころ、根源的な無知、潜在的な心身の形成力、第五に意識作用と、接触と感受されるべきものと、渇望と執着と、労苦と食と、動揺と振動（＝依存）と、物質世界（＝色）と真実と苦との十六である。

大きな章　第三

その〔章の〕まとめの詩句（＝摂頌）。

出家と、励みと、善く説〔かれたこと〕と、スンダリ〔カ〕と、

マーガとの経と、サビヤと、セーラと、矢が説かれる。

またヴァーセッタと、コーカーリヤと、ナーラカと、二種の観察とである。

これら十二の経が「大きな章」といわれる。

四　八つの〔詩句よりなる〕章[1]

一、欲望の経[2]

七六六　人がもろもろの欲望を求めているとき、もしもそれが思いどおりになるならば、人は望むものを得て、確かに意《こころ》喜んでいるものとなる。

七六七　もしも欲が生じた者がそれを求めているとき、それらの欲望がかなえられないとき、あたかも矢に射貫かれたように、彼は悶える。

七六八　あたかも足で蛇の頭を〔踏まない〕ように、正しい想念をもち、もろもろの欲望を避ける者は、世間においてこの執着をよく超える。

七六九　田畑、宅地、黄金、あるいは牛馬、奴隷、使用人、女性たち、親族たち、〔といった〕もろもろの欲望〔の対象〕を人が大いに貪り求めるなら、

七七〇　もろもろの無力なもの（＝煩悩）がまさにこの者を征服し、もろもろの危難がこの者を踏みつける。そのことによって、その者に苦がつきまとう。あたかも壊れた船に水が〔入りこむ〕ように。

七七一　だから、人は常に正しい想念をもち、もろもろの欲望を避けるがよい。それら〔の欲望〕を捨てて激流を渡

るがよい[3]。船の水を汲み出して彼の岸に至った者[4]〔となるがよい〕。

欲望の経　終わり

二、洞窟に関する八つ〔よりなる詩句〕の経[1]

七七二　洞窟[2]（＝身体[3]）に執われ、多くのもの（＝欲望）によって覆われて暮らしている者は、愚かさの中に沈んでいる。まさにそういうたぐいの者は、〔身体、言葉、意《こころ》のはたらきから〕離れるのは遠くに〔ある〕。なぜならば、世の中にあって、もろもろの欲望は決して捨てやすいものではないからである。

七七三　欲によって生存の喜びに束縛された彼等は、今後（＝未来）や以前（＝過去）〔の欲望〕を期待しながら[4]、まさに、これら〔現在のもろもろの欲望〕、あるいは前〔掲の過去、未来〕のもろもろの欲望を熱望するために[5]、解脱するのがむずかしい。なぜならば、他の者によって〔自分が〕解脱するのではないからである。

七七四　彼等は、もろもろの欲望を貪り求め、追求し、混迷し、物惜しみをし、不正に執われ、苦がもたらされて、泣き悲しむ。死んでから、いったい、われわれはどうなるのだろうか〔と〕。

七七五　だからして、まさにここにおいて人は学ぶべきである[6]。およそ世の中で「不正である」と知れば、そのために不正をしてはならない。なぜならば賢者たちは「その〔人の〕命は短い」と説くからである。

七七六　世の中において、生けるものがもろもろの生存に対する渇望に執われて震えているのを、わたしは見る。卑俗な人たちは、さまざまな生存において渇望を超えず、死に直面して泣き悲しむ。

七七七　彼等はあたかも水量が少なく流れの尽きかけた川にいる魚のようである。〔渇望や誤った見解による自我の執われによって〕我がものと思い、〔物事に執われて〕震えている者たちを見るがよい。これを見て、もろもろの生存に対して、執われなく行動しながら、我執なくふるまうがよい。

七七八 賢者は〔接触と接触の起因との〕両端(7)に対する欲を抑え、〔たとえば眼と対象との〕接触〔など〕をよく知って、さまざまなものを貪らず、自らを非難することなく、見聞することに汚されない。

七七九 想念(8)を普く知って、激流を渡るがよい。(9)聖者はもろもろの執着に汚されることなく、〔貪りなどの〕矢を抜き取り、怠りなくふるまいながら、この世も、か〔の世〕をも願い求めない。

洞窟に関する八つ〔よりなる詩句〕の経　終わり

三、悪意に関する八つ〔よりなる詩句〕の経(1)

七八〇 実に悪意をもってものをいう者たちがいる。(2)また〔他から聞いたことを〕全く真実だと思ってものをいう〔者たちもいる〕。だが、論争が起こっても聖者は近づくことがない。それ故に、聖者はどのようなことにもこだわりがない。

七八一 いったい自分の見解をどのようにして乗り越えることができようか。欲に誘われ、〔見解の〕選り好みに執われ、自ら完全だと見なしている人ならば、まさに自分の知っているとおりに語るにちがいない。

七八二 自分のもろもろの戒めや禁戒(3)を人が尋ねもしないのに他の者にいい、自画自賛するならば、もろもろの練達の者は、「それは聖なる教説(4)ではない」という。

七八三 また行乞者が静まって自ら安らいでいて、もろもろの戒めについて「わたしはこうしている」と誇ることなく、どのような世の中においてもその〔貪りなどが〕増し加わることがなければ、練達の者たちは、「それは聖なる教説である」という。

七八四　思いはかられ（＝分別され）、〔観念によって〕つくられたもろもろの教説（＝誤った見解）が不浄であるのに〔それを〕尊んでいる者たちがいる。〔そうした場合に〕誰でも自分に利益を見出すならば、動揺するものによって〔ある〕ような〔世俗の〕静まりに依存しているのである。[5]

七八五　もろもろの教説の中で固執した〔教説〕を決定して〔しまえば〕、〔そうした誤った〕見解をもつことへの固執はたやすく超克されない。それであるから、人はそれら〔の誤った見解〕の固執において〔もろもろの教説の中の固執しない〕教説を捨てたり〔固執した教説を〕取りあげたりする〔だけである〕。[6][7]

七八六　どのような世の中の人びとでも、まさに〔誤った見解などの過失を〕洗い清めた者には、さまざまな生存について、思いはかられた誤った見解がない。欺瞞と慢心とを捨て、〔誤った見解などの過失を〕洗い清めた者は、どうして〔輪廻に〕おもむくことがあろうか。彼は執着なき者である。

七八七　なぜならば、執着がある者は、もろもろの教説に対して議論になる。執着なき者に対しては、何によってどのようにいうことができよう。なぜならば、彼には得たものも、捨てられたものもないからである。彼はあらゆる〔誤った〕見解を、ここにおいてこそ洗い清めているのである。

悪意に関する八つ〔よりなる詩句〕の経　終わり

四、清浄に関する八つ〔よりなる詩句〕の経[1]

七八八　「わたしは清浄であり、最高の無病なもの（＝無煩悩）を見る。見たことによって、人は清浄になる」〔と〕、こうしたことを認識しながら、最高なものを知り、清浄なものを見る者は、〔これが〕智慧であると了解する。

七八九　人はもしも見たこと（＝見解）によって清浄になるとすれば、あるいは、その者が知ること（＝知識）によって苦を捨てるとすれば、彼は〔聖道より〕他のものによって、〔煩悩という〕依りどころをもちながらにして、清らかになる。〔清浄を得ることについて〕そのように語っている者をまさに誤った見解をもつ人という。[3]

七九〇　バラモン[4]は、〔聖道より〕他のもの、〔すなわち〕見られたこと（＝見解）、聞かれたこと（＝学問）、戒めや禁戒、あるいは思われたこと（＝想念）において〔そのどれによっても〕清浄があるとは説いていない。福徳（＝善）や悪に染められず、自我を捨てて、この世において〔禍福の原因となるものを〕現につくらない。

七九一　前の〔師など〕を捨て、後の〔師など〕に頼り、〔煩悩の〕動揺（＝動貪）にしたがう彼等は、執着を超えることがない。彼等は〔教法を〕取りあげたり、捨て去ったりする。あたかも猿が枝を握っては放つように。

七九二　人は自らもろもろの禁戒[5]をしっかりと保ち、観念に執われて上や下のもの（＝あれこれのもの）におもむく。だが、智者はもろもろの勝れた智によって教法を知り、広大な智慧をもち、上下におもむかない。

七九三　彼はどのように見られたり、聞かれたり、思われたりしたことでも[6]、あらゆるものに対して執われがない。[7]まさしくそのように〔清浄なものを〕見て、〔渇望の〕覆いがなくて行なっている者たちを、この世において人びとはどうして〔渇望や誤った見解をもつ者たちだと〕いえようか。

七九四　彼等は構想することなく、重視することなく、「〔一定の見解について、これが〕究極の清浄である」と説くこともない。しばられた執着の繫縛を捨てて、どのような世の中においても望みを起こすことがない。

七九五　バラモンは〔煩悩の〕境界を超えて行った。彼には、知ったり、見たりしても、執われるものがない。貪りを貪ることなく、貪りを離れることに染められることもない。彼にはこの世で〔これが〕最高であると執われたものもない。

清浄に関する八つ〔よりなる詩句〕の経　終わり

五、最上に関する八つ〔よりなる詩句〕の経(1)

七九六　世の中で、人はそれより上とするものを「最上である」とし、もろもろの見られたこと（＝見解）に固執して、それより他のもろもろのものをすべて「劣ったものだ」という。そのため、もろもろの論争(2)を超えることがない。

七九七　見られたこと、聞かれたこと、戒めや禁戒、あるいは思われたことを自分に利益があると見て、彼はそれだけをそこで取りあげて、他のすべてのものを劣っていると見る。

七九八　あるいは彼（＝自分の師）に頼る者が、他の者（＝師）を劣った者と見るとすれば、それこそ繫縛であると、練達の者たちはいう。だからして、実に、見られたり、聞かれたり、思われたこと、戒めや禁戒に行乞者は頼ってはならない。

七九九　世の中において、智慧によったり、戒めや禁戒によったりして見解を考えさだめてはならない。自分を〔他の者と〕同じであると思いこんではならない。「劣ったもの」、あるいは「勝れたもの」とも思ってはならない。

八〇〇　彼は自分を捨て、執着することなく、智慧にも依存することがない。彼はまさに〔見解の相違で人びとが〕仲間割れした場合に、群に入ることなく、どのような見解にも同意しない。

八〇一　この世で、何であれ両極端に対して(3)願い求めること（＝渇望）がなく、さまざまな生存のために、これ（＝自分の身体などの類）か、他のもの（＝他人の身体などの類）に願い求めることがない者は、〔これらを願い求めることは〕もろもろのものに対する執われであると見定めて、それに対してどのような固執もない。

八〇二　彼には、この世で、見られたり、聞かれたり、あるいは思われたことについても考えさだめた想念は微塵もない。そのバラモンが〔誤った〕見解を取らないということを、この世において〔誰が〕何によって分かるだろうか。

八〇三　〔彼等バラモンたちは〕考えさだめることなく、〔特にある見解を〕重視することもない。彼等にとってはもろもろの教法(4)をもまた承認されない。バラモンは、戒めや禁戒によって導かれるものでない。そのような者は、彼の岸に達して戻らない(5)。

最上に関する八つ〔よりなる詩句〕の経　終わり

六、老いの経(1)

八〇四　ああ、この生命は短い。百歳にも至らずして死ぬ。たとえ〔百歳を〕超えて生きても、彼はついには老いによって死ぬ。

〈八〇五〉自分のものと思って執われたもの（＝我所執(2)）に対して、人びとは憂え悩む。なぜならば、もろもろの所有するものはいつまでもあるものではなく、これは離れるだけである、と見て俗家に住まないのがよい。

〈八〇六〉「これは自分のものである」と、人が考えるものはどのようなものでも、それは死によって捨てられる。このようにまた賢者は知って(3)、自分のものとして(4)、我がものという執われ（＝我執）に傾いてはならない。

〈八〇七〉たとえばまた、人は夢でそれに遇っても、目覚めると〔それを〕見ないように、そのようにまた愛された人が死んで亡者となれば〔何人も彼を〕見ることがない。

〈八〇八〉それらの人びとは、〔以前には〕〔姿が〕見られたり〔声が〕聞かれたりもした。〔だが、今は〕彼等のその名が口の端にのぼり、亡くなった人の名だけが残る。

〈八〇九〉自分のものと思って執われたものを貪り求める者たちは、憂いや悲しみや物惜しみ〔の心〕を捨てない。だからして、聖者たちは所有を捨て、安穏(5)を見る者として、行なったのであった。

〈八一〇〉〔あちらこちらから心を〕退かせて修行し、遠く離れた座所(6)に親しみ近づく行乞者にとって、自分を〔地獄などの迷いの〕生存の領域に見せないことは、彼にふさわしいことであると、人びとはいう。

〈八一一〉聖者は、あらゆるものに依存せず、愛するもの、愛さないものもつくらない。彼には悲しみや物惜しみ〔の心〕はない。あたかも〔蓮の〕葉に水が付かないように。

〈八一二〉また、水滴が蓮の葉に〔付かないように(7)〕、水が紅蓮華〔の色〕に染まらないように、そのように聖者は、この見られたこと（＝見解）や聞かれたこと（＝学問）、あるいは思われたこと（＝知識）に染まることがない。

〈八一三〉それ故、〔煩悩を〕洗い清めた者は、この見られたこと（＝見解）や聞かれたこと（＝学問）、あるいは思われたこと（＝知識）について考えないから、〔彼は〕他のものによって清浄〔になること〕を望まない。なぜならば、彼は〔欲に〕染まることもなく、〔すでに欲を離れているから〕欲を離れるということもないからである。

老いの経　終わり

七、ティッサ・メッテッヤの経[1]

〈八一四〉尊者のティッサ・メッテッヤは申しあげた。
「情交に耽る者の弊害をお説きください。わが師よ。あなたの教えを聞いて、わたくしたちは〔情交から〕離れることを学ぶでありましょう。」

〈八一五〉世尊はお答えになった。
「メッテッヤよ。情交に耽る者は、教えさえも忘失したり、また邪悪に行動をする。これが彼における聖ならざることである。

〈八一六〉かつては一人で暮らしていたのに[2]、情交を行なうようになった者は、あたかも迷走する戦車のようなものであり、世の中では彼を卑しい凡人であるという。

〈八一七〉かつての彼の名声や称賛も失われてしまう。このことをも見て、情交を捨てるために、〔戒・定・慧の三学を〕学ぶべきである。

八一八　彼はもろもろの思いに負けて、貧しい者のように思い込む。そうした者は、他人の〔非難の〕声を聞いて力を落としている。

八一九　時に、他人からさまざまな言葉で責められると、〔自分と他人とを切る〕もろもろの刃（＝身の悪行など）をつくる。これは確かに彼にとって大きな洞窟（＝拘束）(3)である。〔すなわち〕虚妄の言葉（＝妄語）に深く入り込む（＝沈む）。

八二〇　賢者であると称され、独り行なうことを決意した者が、それにもかかわらず、情交に耽ったならば、あたかも愚鈍な者のように悩まされる。

八二一　聖者は、この世で、前後にかけて(4)このわざわいを知って、確固として独り行なうべきである。情交に耽ってはならない。

八二二　遠離(5)をのみ学ぶべきである。このことが聖人たちの最上のものである。〔しかし〕それによって〔聖人自身が〕最勝であると思ってはいけない。彼はまさに心の安らぎ（＝涅槃）に近いところにいる。

八二三　聖者がもろもろの欲望を望むことなく、〔欲望を〕捨てて行ない、〔欲望の〕激流を渡ったとき、もろもろの欲望にとらえられた人びとは羨む。

ティッサ・メッテッヤの経　終わり

八、パスーラの経(1)

八二四　彼等は「ここにだけ清浄がある」といい、他のもろもろの教説に清浄があるといわない。依存したところのものだけが「善い」といいながら、それぞれの真実〔だと思われるもの〕に、(2)それぞれに固執している。

〈二五〉 議論を望む彼等は集会にもぐりこみ、敵対して相互に愚者だときめつける。彼等は、他人（＝師など）に頼って、論争する。〔他人からの〕称賛を願い、〔自らは〕練達の者であるといいながら、

〈二六〉 議論に熱中して、集会の中での称賛を求めながら、敗北を恐れている。だが、論破された場合には恥じ入る者となる。彼は〔他人の〕欠点を探し出し、〔相手の〕非難に対しては怒る。

〈二七〉 彼の議論はすっかり退けられ負かされた、と審判する者たちにいわれると、〔負けて〕捨てられた論者は悲しみ泣いて憂え、「〔論敵は〕わたし〔の議論〕を超えた」といって嘆く。

〈二八〉 〔仏教以外の遍歴行者である〕沙門の間でこれらの論争が生じると、これら〔の議論〕においては勝利と敗北とがある。これをまた見て、論難の言葉を慎むがよい。なぜならば、称賛を得るよりほかには利益はないからである。

〈二九〉 あるいはまた、集会の中で議論を述べて、そこで称賛された者となる。彼は思いどおりにその利益を得て、それによって笑い、そして慢心する。

〈三〇〉 高ぶることは、彼の破滅のもと（＝地）である。また、この者は慢心と高慢とを口にする。またこれを見て、論争してはならない。なぜならば、練達の者たちは、それをもって清浄であるとは決して説かないから。

〈三一〉 たとえば、国王の禄で養われた勇者が雄叫びをあげ、敵の勇者に向かって行くように、まさに彼（＝敵の勇者）がいるところへ行くがよい。勇者よ。もはや戦うべき者は誰もいない。

〈三二〉 〔相手の誤った〕見解を取りあげて論争し、また「これこそが真実である」と人びとがいうならば、そなたは彼等にいうがよい。なぜならば、議論が起こっても、そなたに敵対する者たちはここにいないからである。

八三三　だが、〔論敵の〕軍勢を粉砕していき(3)、もろもろの〔誤った〕見解によって〔自分の〕見解を妨害されない者たちがいて、彼等の中でそなたは何を得ようとするのか。パスーラよ。その者たちには最高なものと〔して〕取りあげられるものはここには〔何も〕ない。

八三四　ときに、そなたは意《こころ》にもろもろの偏見を抱きながら、〔勝敗を〕気にしてやって来た。そなたは〔煩悩を〕払って、清らかな〔目覚めた〕者とともに〔同じ一つの〕軛をつけて(4)、いっしょに進んで行くことはできないであろう。

パスーラの経　終わり

九、マーガンディヤの経(1)

八三五　〔世尊は説かれた〕
「わたしは渇望や不快および欲〔という魔女〕を見ても、情交に対する意欲などおこらなかった。まさにこの尿と糞に満ちた〔魔女の正体〕は何なのか。足によってさえ、それ（＝身体）に触れようとは思わない。」

八三六　〔マーガンディヤは申しあげた〕
「あなたがもしもこのような〔天女という〕宝を、〔すなわち〕多くの王たちが望んでいる〔ような〕女性を欲しないならば、どのような見解、戒めや禁戒、生活法を、またどのような生存への再生を説きますか。」

八三七　世尊は説かれた。
「マーガンディヤよ。「これをわたしは説く」という、それ（＝執われ）は〔わたしには〕ない。もろもろの教説に執われていると見定めて、もろもろの見解における〔欠点を〕見ながら取りあげることなく、〔真実を〕見極めながら、内なる静まり[2]〔である心の安らぎ（＝涅槃）〕をわたしは見た。」

（八三八）　マーガンディヤは申しあげた。

「聖者よ。決定的に、[3]思慮されたそれら〔の誤った見解〕を実に取りあげずに、内なる静まりというこのことを説かれますが、どのように賢者たちはそれを説いているのですか。」

（八三九）　世尊は説かれた。

「見ること（＝見解）、聞くこと（＝学問）、知ること（＝知識）、もろもろの戒めや禁戒によっても清浄になると、わたしは言わない。見ないこと、聞かないこと、知らないこと、もろもろの戒めがないこと、もろもろの禁戒がないこと、それによっても〔清浄になると、言わ〕ない。そして、これらを捨てて、取りあげることなく、静まって、依存することなく、生存を欲しがるべきでない。」

（八四〇）　マーガンディヤは申しあげた。

「もしも見ること（＝見解）、聞くこと（＝学問）、知ること（＝知識）、戒めや禁戒によってもっとも清浄になると、あなたが言わないならば、また、見ないこと、聞かないこと、知らないこと、戒めがなく、禁戒がないことによって〔もっとも清浄になると〕あなたが言わないならば、まさに愚かなことである、とわたくしは思います。ある者たちは、見ることによって清浄になると理解します。」

（八四一）　世尊は説かれた。

「マーガンディヤよ。また〔そなたは、自分の〕誤った見解に基づいて尋ねている。もろもろの執われたものの中で迷いに陥り、それからまた〔わたしの教法に〕少しも理解を示さなかった。だから、そなたは〔わたしの教法を〕愚かなものだと見るのである。

〈八四二〉同等である、勝れている、あるいは劣っている、と思うような人は、誰もがそれによって論争するであろう。〔これら〕三つのものに対して、動揺していないならば、「同等である、勝れている」ということは、その者にはない。(4)

〈八四三〉「真実である」といって、かのバラモンは何を議論するのだろうか。あるいは「嘘である」といって、なぜ彼は論争するのだろうか。〔そこには〕「同等である」ということも「同等でない」ということもない。〔それなのに〕なぜ彼は議論に関わるのだろうか。

〈八四四〉家宅を捨てて住む家もない聖者は、村人と親交することなく、もろもろの欲望を離れ、〔未来の再生をも〕望まず、人びとと論争し、〔争う〕話をすべきではない。

〈八四五〉それら〔の誤った見解〕を離れ、世の中を遍歴するがよい。ナーガ（＝聖者）(5)はそれらを取りあげて議論すべきでない。たとえば、汚水に生える〔茎に〕棘のある睡蓮が、〔汚れた〕水によって、また泥によって汚されないように、そのように聖者は静まりを説き、貪りを求めることなく、欲望や世の中に汚されることがない。

〈八四六〉覚りの智に達した者は、(6)〔誤った〕見解に奔らない。彼は思うことによって慢心に陥らない。なぜならば、彼は〔慢心に〕関わりあわないからである。行為によっても、(7)聞いたこと（＝学識）(8)によっても導かれず、彼は〔渇望や誤った見解などの〕もろもろの執著に運び去られたりはしない。

〈八四七〉〔煩悩の〕想念を離れた者には、もろもろの繋縛がない。智慧によって〔煩悩から〕解脱した者には、愚かさがない。想念と〔誤った〕見解とに固執した者たちは、〔欲望に基づく争いを〕ぶつけ合いながら世の中を遍歴する」と。

マーガンディヤの経　終わり

一〇、死ぬ前に、の経[1]

〈八四八〉「どのように見、どのように戒めを保つ者が、静まった者といわれるのですか。ゴータマよ。お尋ねします。その最上の人について、わたくしに説いてください。」

〈八四九〉世尊は説かれた。

「〔身体が〕変化し、形を変える（＝死ぬ）より前に、渇望を離れて、過去にこだわることなく、現在においては〔欲望に染まったなどと〕いわれない者、彼には思い煩うものがない[2]。

〈八五〇〉怒らず、恐れず、誇ることなく、無作法でなく、智慧をもって語り、落ち着いたかの聖者は実に言葉を慎めるものである。

〈八五一〉未来に執われることなく、過去を嘆くことなく、もろもろの接触（＝経験）において〔自我などの存在があるとすることから〕離れるのを見て、また、もろもろの〔誤った〕見解に左右されない。

〈八五二〉停滞せず、欺かず、羨まず、物惜しみせず、傲慢ならず、嫌われず、またもろもろの仲たがいさせる言葉に関わりあわない。

〈八五三〉もろもろの好ましいものに流されず、また高慢に関わりあわず、穏和で弁舌の才能があり、〔自己の体得した教法以外のものを〕信ずることなく、〔すでに貪りを離れたので〕貪りを離れる〔必要〕がない。

〈八五四〉利得を望んで〔経典などを〕学ぶのではなく、利得がない場合にも怒ることがない。また、渇望のために

(八五五) 〔他の者と〕離反することなく、〔美〕味についても貪り求めることがない。[3]無関心であり、常に正しい想念があり、世の中において〔自分を他者と〕等しいとも勝れているとも劣っているとも思わない。その者には〔貪りなどが〕増大することはない。

(八五六) 〔その者は渇望・誤った見解に〕依存することがなく、教法を知って〔渇望などに〕こだわっていない。その者は生存に〔対して〕も、あるいは非生存に〔対して〕も、もろもろの渇望がない。

(八五七) もろもろの欲望に対して〔それらを〕望まない者、彼を「静まった者」という。彼にはもろもろの繫縛がなく、彼は執着を超えた者である。

(八五八) 彼には子ども、家畜、あるいは田地や家宅もない。得たものも、あるいは捨てられたものも、彼には認められない。

(八五九) 普通の人たち[4]や、ときには沙門やバラモンたちが、彼に何かいうかもしれないが、その〔指摘される欲などの罪過〕を彼は気にかけない。だからして、どんなことをいわれても動揺しない。

(八六〇) 聖者は、貪りを離れ、物惜しみをせず、〔自分が他の者より〕上であるとも、同等であるとも、劣るとも言わず、思いはからうことなく、劫（＝輪廻の無限に長い時間）におもむかない[5]。

(八六一) 世の中に対して自分のもの〔として所有したもの〕がなく、また、ないことを憂えることがない。また、〔他の〕もろもろの教説におもむかない[6]。彼こそは静まった者といわれる」と。

死ぬ前に、の経　終わり

一一、口論と論争の経[1]

〈八六二〉「どこからもろもろの口論や論争が生じたのですか。また物惜しみとともに、嘆きや憂い、仲たがいさせる言葉（＝中傷）とともに、慢心や高慢などはどこから生じたものなのですか。どうか、あなたからそれを話してください。」

〈八六三〉「もろもろの口論や論争は、愛好するものから生じたのである。また物惜しみとともに、嘆きや憂い、仲たがいさせる言葉とともに、慢心や高慢などは〔愛好するものから〕生じたのである。口論や論争は物惜しみと結びついており、また論争が生じたときには、もろもろの仲たがいさせる言葉がある。」

〈八六四〉「そもそも、世の中において、もろもろの愛好するものは、何に基づいているのですか。あるいはまたこの世の中で、貪り欲するために世渡りする者たちがいます〔が、その貪りは何に基づくのですか〕。人の将来のために〔ある〕もろもろの願望と〔その〕成就[2]とは何に基づくのですか。」

〈八六五〉「この世の中において、もろもろの愛好するものは欲に基づく。あるいはまた、この世の中において貪りのために世渡りする者たちがいる。人の将来のために〔ある〕もろもろの願望と〔その〕成就とは、これ（＝貪り）に基づく。」

〈八六六〉「そもそも、この世の中においては欲は何に基づくのですか。あるいはまた、〔渇望や誤った見解による物事の〕決定は、どこから生じるものですか。あるいはまた、沙門によって[3]もろもろの事柄として説かれた怒りや嘘や疑惑は〔どこから生じたものなのですか〕。」

八六七　「この世の中において「快い、不快である」ということに基づいて欲が生ずる。もろもろのもの（＝色）[4]に消滅と生起とがあるのを見て、この世の中において人は〔渇望や誤った見解によってものごとに対する快や不快を〕決定する。

八六八　怒りや嘘や疑惑といったこれらのものも、〔快と不快との〕二つがあるときに生じる。疑惑がある者は、智慧の道によって[5]学ぶべきである。〔このことを〕知って、沙門によってもろもろの事柄が説かれた。」

八六九　「快と不快とは何に基づくのですか。何がない場合に、これらはまさにないのですか。消滅と生起ということの意味は何に基づくかを、わたくしに説いてください。」

八七〇　「〔感官と対象との〕接触に基づいて、快と不快とが生じる。接触がない場合には、これらは生じない。消滅と生起ということは、これ（＝接触）に基づくとわたしはそなたに語る。」

八七一　「この世の中において〔感官による〕接触は何に基づくのですか。あるいはまた、もろもろの固執[6]はどこから生じるのですか。何がない場合に、我がものという執われがないのですか。何が消滅した場合に〔感官による〕接触が接触でなくなるのですか。」

八七二　「名称（＝名）とものの存在（＝色）[7]とによって〔感官による〕もろもろの接触がある。もろもろの欲求に基づいて、もろもろの固執がある。欲がなければ我がものという執われは存しない。ものの存在が消滅すれば、もろもろの接触は存在しない。」

八七三　「どのように修行すれば、ものの存在は消滅するのですか。楽、あるいは苦は、どのようにして消滅しますか。どのようにして消滅するか、〔その仕方を〕わたくしに説いてください。「それを知りたい」というのが、わたくしの思いなのです。」

〈八七四〉「[8]想念を想う者でもなく、異なった想念を想う者でもなく、想念のない者でもなく、想念を滅した者でもない。このように修行する者には、ものの存在は消滅する。なぜならば、もろもろの想念に基づいて、〔渇望などの〕もろもろの妄想の名称があるからである。」

〈八七五〉「わたくしたちがお尋ねしたことを、あなたはわたくしたちに説いてくださいました。わたくしたちは、あなたに別のことをお尋ねします。どうぞ、あなたはそれを説いてください。この世の中において、ある賢者たちは、〔お説きくださった〕それだけによって「夜叉の最上の清浄[9]」〔ということ〕をわたくしたちに説くのですか。それとも、彼等は、それとは別のことだと説くのですか。」

〈八七六〉「実に、ある賢者たち[10]は、この世の中において、それだけによって「夜叉の最上の清浄」〔ということ〕を説く。また彼等のうちのある者たち[11]は、〔他の〕教義を説き、〔あるいは他の者たちは〕生存の残余がないことについて巧みに語っている。

〈八七七〉そして、「これらは〔自説に〕固執した者たちである」と知って、かの思慮深い聖者[12]は、もろもろの固執を知り、知って解脱し、論争におもむかず、賢者はさまざまな生存に近づくことがない」と。

口論と論争の経　終わり

一二、小篇・〔弁論の〕排置の経[1]

〈八七八〉「各々に固執する見解があり、さまざまに議論して、彼等は〔その〕練達の者と〔自〕称する。「このように知る者は〔真実の〕教説を知る。これを非難している者は不完全である」〔と〕。

〈八七九〉また、このように議論して、彼等はいい争う。そして、「他〔の論者〕は愚かで練達の者ではない」という。これらのうちでどれが真実の論説なのか。なぜならば、まさにこれらすべての者たちは〔自分こそ〕練達の者であるというからである。

〈八八〇〉もしも他の教説を認めない者が愚かで、動物のような者で、智慧の劣った者であるならば、まさしく、すべての者は愚かで、まったく智慧が劣っている。これらすべての者たちは一人残らず〔自分の〕見解に固執している。

〈八八一〉もしもまた、自分の見解だから清らかであり、清浄な智慧があり、練達で、智慧者だとするならば、彼等のうちで誰も智慧の劣った者はいない。なぜならば、まさに彼等の見解はまたそのように〔他の見解と〕同等だからである。

〈八八二〉彼等は相互に対抗して〔相手を〕「愚者」と呼ぶ。〔だが〕わたしは「これはそのとおりである」と言わない。各々〔自分の〕見解をこそ真実だとしている。だからして、彼等はまさに「愚者」と他の者をきめつける。

〈八八三〉「ある者たちが「真実で、そのとおりである」ということを、他の者たちは「虚偽で、嘘である」と言います。このようにしてまた議論して言い争います。どうして沙門たちは一つ〔の真実〕を説かないのですか。」

〈八八四〉「なぜならば真実は一つで、第二〔の真実〕はないからである。そのことを知る者は、知りながら、争うということはない。彼等は〔各自の立場で〕さまざまに、もろもろの真実を主張する。だからして、沙門たちは一つ〔だけの真実〕を説かない。」

〈八八五〉「〔自説を〕巧みに説いて議論する者たちは、どうして真実をさまざまに説くのですか。それら多くの真実はさまざまであるのですか。あるいはまた彼等は、〔自分の〕理論にしたがっているのですか。」

〈八八六〉「世の中においては、観念上、さまざまな永遠なるものがあるとされているだけであって、多くのさまざまな真実がさまざまにあるのでは決してない。しかし、もろもろの見解に対して理論を思いめぐらして「真実である。虚偽である」と二とおりのことをいう。

〈八八七〉見られたこと、聞かれたこと、戒めや禁戒、あるいは思われたことなどを頼りにして、〔自分で清浄だという他者に対する〕軽蔑を見て、〔そのような見解の〕判定に立って、あざ笑い、「他の者は愚かで、練達の者でない」ともいう。

〈八八八〉他の者を「愚者」だときめつけるからこそ、自分を「練達の者」ともいう。彼は自ら自分自身が「練達の者だ」といいながら、他の者を軽蔑して、その〔同じ言葉または見解〕どおりに〔その者に〕いう。

〈八八九〉彼は〔定義を〕超えた見解に達し、[2]〔その見解の〕慢心に酔って、驕りで満たされ、自らまさに自分自身、意で〔自分を〕灌頂している（＝王位に即《つ》いている）[3]。なぜならば、彼はそうした見解にそのように達したものだからである。

〈八九〇〉もしも他の者の言葉によって劣った者となるならば、自分も〔他の者と〕いっしょに智慧の劣った者となる。ところで、もしも自ら勝れた智ある賢者であるならば、沙門たちの中には誰も愚者はいない。

〈八九一〉「これ以外の教説をいう者たちは、清浄に違反した不完全な者たちである」と。まさに、このように他教徒たちはそれぞれにいう。なぜならば、彼等は自分の見解に対する愛着に大いに染められた者たちだからである。

〈八九二〉彼等は「ここだけに清浄がある」といい、他のもろもろの教説に清浄があるとはいわない。また、このように他教徒たちはそれぞれに執われ、そこで、自分のもろもろの道をきっぱりと説く。

〈八九三〉しかも、自分の道をきっぱりと説きながら、ここで、「愚者」と、他の誰をきめつけることができようか。

他の者を愚かで、〔その〕教説は不浄であると説くのなら、彼は自分だけで争い事をもたらすだろう。

〈八九四〉〔自分の立場で〕判断し、自ら思いはかり、さらに彼は世の中において論争におもむく。〔自分の〕あらゆる判断を捨てれば、人は世の中において争い事を起こすことがない」と。

小篇・〔弁論の〕排置の経　終わり

一三、大篇・〔弁論の〕排置の経(1)

〈八九五〉「これらの〔自分の〕誤った見解に固執している者たちは、「これだけが真実である」といい争い、彼等は皆、〔他人からの〕非難を招く。〔しかし〕ときには、その場合、称賛を得ることもある。

〈八九六〉〔称賛を得るにせよ〕これは実にわずかばかりで、〔心の〕平穏のためには十分ではない。わたしは、論争の結果は二つであるという。このことをも見て、そなたたちは論争なきところを安穏であると見ながら、論争すべきでない。

〈八九七〉すべて智者は、凡人たちのどのようなこれらの世俗的な見解にも近づかない。近づかない者は何に近づくことがあろうか。〔彼は〕見られたこと、聞かれたこと〔が清浄であること〕に愛着していない。

〈八九八〉戒めを最上であるとする者たちは、自制(2)によって清浄であると説き、禁戒(3)を身につけて〔それを〕遵守する。「ここにおいてのみわれわれは学ぶであろう。ここに〔こそ〕、清浄がある」〔と〕生存に執われて〔自分たちは〕練達の者であるといっている。

〈八九九〉もしも彼が戒めや禁戒から離れたならば、彼は行ない（＝羯磨(4)）をなくして〔心が〕動揺する。彼は、ここに清浄を望み求める。[5] あたかも家を出て旅の途中で隊商に見捨てられ、〔家または隊商を望み求める〕ように〔戒めや禁戒の清浄を求める〕。

九〇〇 あるいはまた、すべて戒めや禁戒をも〔捨てて〕、この呵責すべき、呵責すべからざる行ないをも捨てて[6]、「もろもろの清浄、もろもろの不浄なもの」といった〔それらを〕求めることなく、〔清浄・不浄から〕離れて、静まりを取得することなくして[7]行動するがよい。

九〇一 あるいは厭うべき苦行によって、もしくはまた見られたことや聞かれたこと、あるいは思われたことに〔よって〕、さまざまな生存の中にあって、渇望を離れないのに、声高に、「清浄である」と、彼等はいう。[8]

九〇二 願い求めている者には、まさにもろもろの望まれたことがあり、また、もろもろの思いはからわれたこと（＝渇望や誤った見解）がある場合には、恐れ震えることがある。ここ（＝渇望がない場合）には〔未来に〕死と再生とが存しない。〔その〕彼はどうして恐れ震えることがあろうか。また、どこに望むものがあろうか。

九〇三 ある者たちが「最高である」というものを、他の者たちはこれに反して「劣ったものだ」という。そもそも、これらの中のどれが真実の教説であるか。なぜならば、まさにこれらのすべての者が〔自分こそ〕練達の者だというのだから。

九〇四 〔また〕なぜならば、自分の教説こそが完璧であるといい、他の者の教説は劣ったものだと彼等はいうからである。このようにまた、彼等は固執して争い、めいめいに暫定的な説（＝誤った見解[9]）を真実だという。

九〇五 もしも他の者が侮蔑したことによって劣ったものになるとすれば、どんな教説であろうと勝れたものなどない。なぜかというと、それぞれに他の者の教説を劣ったものといい、彼等は自分で〔自説を〕確固として説いているからである。

九〇六　だがまた、自分のもろもろの道（＝行くところ）を称賛するように、まさにそのように自分の教説を尊重するならば、すべての論説は、まったくそのとおりになるであろう。なぜならば、それら〔の教説〕は各自にとってまさに清浄であるからである。

九〇七　バラモンにとっては、他の者に導かれることも〔なければ〕、もろもろの教説に決定的に執われることもない。だからして、〔その者は〕もろもろの論争を超えたものである。なぜならば、他の教説を最も勝れたものとして見ないからである。

九〇八　ある者たちは「わたしは知る。わたしは見る。(10) このことはまったくそのとおりである」〔と〕見ることによって〔それは、そのままそのとおりに〕清浄であると信ずる。たとえ見たとしても、そのことにより、自分にとって何になるのか。〔彼等他教の者たちは聖なる道を〕乗り越えて、〔聖なる道以外の〕他〔の教説〕によって清浄があると説く。

九〇九　見ている人は、個体存在（＝名色）(11) を見る。あるいは見て、それらのものをまさに〔常住あるいは安楽であるなどと〕知るであろう。多かれ少なかれ、〔見ようと〕思っている者は見るがよい。〔だが〕練達の者たちは、それによって清浄を決して説かない。

九一〇　〔「わたしは知る、わたしは見る」ということについて〕固執する論者は、思いはかられた誤った見解を信奉しているため、決して清浄に導かれない。何か〔それに自分が〕依存したものに〔のみ〕、善きもの（＝適正）があるといいながら、彼がそこで見たとおりに〔それは〕清浄であるという。〔だからして、それとは別のように見ようとはしない。〕

九一一　バラモンは考慮しながら、〔虚妄の〕思いはからいに至らない。誤った見解にさまようのでもなければ、〔瞑想による〕智慧を〔渇望や誤った見解の〕絆とするのでもない。そして、彼は普通の者たちによるもろもろの暫定的な説（＝誤った見解）を知って[12]、他の者たちが〔通俗的な見解を〕取りあげていても無関心である。

九一二　聖者はこの世の中において、もろもろの繋縛を捨て、もろもろの論争が生じた場合にも徒党に与しない。静まっていない者たちの中にあっても静まっていて、無関心で、〔たとえ〕他の者たちが〔それらに〕固執していても、固執することがない。

九一三　これまでのもろもろの煩悩の汚れを捨てて、新しい〔煩悩の汚れ〕をつくっておらず、欲に奔らず、独断論者でもない。かの賢者はもろもろの誤った見解に陥ることから脱した者であり、世の中に汚されず、自分を責めさいなむこともない。

九一四　その者はどのように見られたこと（＝見解）、聞かれたこと（＝学問）、あるいは思われたこと（＝知識）であろうと、あらゆることに執われない。かの聖者は重荷をおろして自由になった者であり[13]、思いはかることもなく[14]、〔これから得ようとする〕静まりもなく[15]、求められるべき〔渇望〕もない[16]」と、このように世尊は説かれた。

大篇・〔弁論の〕排置の経　終わり

一四、トゥヴァタカ〔迅速〕の経[1]

九一五　〔質問者〕

「太陽神の親族（＝日種[2]）であるあなたに、わたくしはお尋ねします。〔渇望から〕離れることと静まりの境地とを、偉大な聖仙[3]に〔わたくしはお尋ねします〕。行乞者はどのように見て、この世の中においていかなるものにも執われず〔煩悩を〕滅するのですか。」

九一六　世尊はお説きになった。「「わたくしは思考している」という妄想[4]と呼ばれるものの根本[5]をすべて破壊するがよい。内にあるどのような渇望でも、それらを制して常に正しい想念を保って学ぶがよい。

九一七　内にも、あるいはまた外にも、どのような事柄を証知しようとも[6]、それによって慢心してはならない。なぜならば、〔慢心は〕善き人たちの説いた、かの心の安らぎではないからである。

九一八　それ（＝慢心）によって〔自分は他の者〕より勝れている、〔他の者〕より劣っている、あるいはまた〔他の者と〕同等であると思ってはならない。さまざまな〔徳〕があっても、自分を〔そのように〕思い込んではいけない。

九一九　行乞者は内をこそ静めるがよく、〔内より〕他のものによって静まり〔を得ること〕を求めてはならない。内を静めている者には得られたものはない[7]。あるいは、どうして捨てられたものがあるか。

九二〇　たとえば海の中には波がたたず、静まっているように、そのように〔心が〕静まって動揺しないのがよい。行乞者はどこでも〔貪りなどを〕増大させてはならない。」

九二一　〔質問者〕
「眼を開いたお方が自ら体得した危難を制する方法を教えてくださいました。あなたに幸いあれ。どうか、修行道を、戒本（＝波羅提木叉[8]）を、あるいはまた瞑想（＝三昧[9]）を説いていただきたいのです。」

九二二　〔世尊〕

「眼をもって決して貪ってはならない。無益な話には耳を閉ざすがよい。また、もろもろの味を貪り求めてはならない。そして、この世の中において、どのようなものであれ、我がもの[10]であるとして執われてはならない。

九二三 行乞者はいつ〔たとえば、病気による〕苦痛に遭おうとも、〔そのときは〕どこであろうとも嘆き悲しんではならない。また、生きようと望んではならない。そして、さまざまな恐怖の中にあっても動揺してはならない。

九二四 食物や飲物、硬い食物や着物を得ても、貯えてはならない。そして、それらを得られなくとも恨んではならない。

九二五 〔常に〕瞑想して、うろうろしてはならない。不行儀を慎むがよい。[11]怠ってはならない。ときに、行乞者は閑静な座所や臥所にいるがよい。

九二六 長時間眠ってはならない。正しく勤めて、眠らないようにするがよい。怠惰、欺瞞、冗談、遊戯、情交、装飾を、ともに捨てるがよい。

九二七 呪法[12]、夢占い、占相、または星占いを行なってはならない。また〔動物による〕声占い、懐妊術や治療を、わたしの弟子は行なってはならない。

九二八 行乞者は、非難されても恐れてはならず、称賛されても高慢であってはならない。物惜しみや貪りや怒りを、そして仲たがいさせるような言葉を除き去るがよい。

九二九 行乞者は、売買にたずさわってはならず、だれも非難してはならない。また村落にあって、〔その土地の人びとと〕交際してはならない。利得を欲して人びとに浮わついたことをいってはならない。

九三〇 行乞者は自慢してもならず、出まかせの言葉を語ってもならない。傲慢を学んではならず、争いの議論をしてはならない。

九三一 嘘をいうことに誘惑されてはならない。よく知りながら、さまざまな狡猾なことをしてはならない。ときに、生活により、智慧により、戒めや禁戒によって、他の者を軽蔑してはならない。

九三二 沙門たちや多弁を弄する者たちの多くの言葉を聞いて、不快な目に遭っても、彼等に対して粗々しい受け答えをしてはならない。なぜならば、正しい人は敵対することがないからである。

九三三 そして、行乞者はこの道理を知り、思慮深く、常に正しい想念をもって学ぶがよい。〔貪りなどの〕静まりを「心が静まっていること」と知って、ゴータマの教えにおいて怠ることがあってはならない。

九三四 なぜならば、かの〔ものの存在すべてに〕勝利する者にして不敗の者は、伝え聞いたものではない体得の道理を見た。だからして、まさにかの世尊の教えにおいて、怠らず、常に帰依しながら、学び習うがよい」と、このように世尊は説かれた(13)。

トゥヴァタカの経　終わり

一五、武器を手にすることの経(1)

九三五 自分の武器(2)によって恐れが生じ、争う人びとを見るがよい。わたしが驚き恐れたような〔そのとおりの〕恐怖をわたしは語るであろう。

九三六 たとえば水の少ないところにいる魚のように、人びとが震えおののいているのを見たり、相互に反目しているのを見て、わたしに恐怖が近づいた。

九三七　この世は、まったく堅実ではなくあらゆる方角が揺れ動かされている。自分の住居を求めても、〔死などの〕ないところは見当たらなかった。

九三八　だが、まさに〔人びとが青春の〕終りに反目しているのを見て、わたしは不快になった。時に、ここに見えにくい〔煩悩の毒〕矢が〔人びとの〕心臓に突き刺さっているのを見た。

九三九　その〔煩悩の毒〕矢が刺さった者は、あらゆる方角にのたうち回る。まさにその矢を引き抜いてしまえば、〔あらゆる方角に〕走ることもなく、〔欲望などの激流に〕沈まない[3]。

九四〇　そこで、もろもろの学ぶべきことが順次に説かれる。どのようなものであれ、この世において繋縛されたさまざまなものを追い求めてはならない。普くもろもろの欲望を洞察して、自分の心の安らぎ（＝涅槃）を学ぶがよい。

九四一　聖者は、真実であれ。傲慢でなく、欺瞞せず、仲たがいさせる言葉を口にせず、怒りなく、邪悪な貪り[4]と、物惜しみとを乗り越えるがよい。

九四二　睡眠、怠惰、沈鬱に堪えるがよい。怠ってはいけない。意《こころ》の安らぎ（＝涅槃）をこころざす人は、高慢にとどまってはならない。

九四三　嘘をつくことに誘われてはならない。ものに愛着してはならない。また慢心をよく知るがよい。粗暴から離れて行動するがよい。

九四四　古いものを喜んではならない。新しいものに愛着してはならない。なくなっていくものに憂えてはならない。〔ものなどを自分に〕引きつけるもの（＝渇望）に依存してはならない。

九四五　わたしは〔渇望を〕貪り求めること、〔また〕大激流[5]といい、奔流[6]、熱望[7]と〔も〕いう。対象（＝所縁）をとらえるもの（＝渇望）[8]、思いはからうこと、超えがたい欲望の汚泥〔という〕。

九四六　聖者は真実から逸脱することなく、バラモンは陸地に立つ[9]。彼はすべてを捨て、彼こそは実に静まった者といわれる。

九四七　彼はまさに智者であり、勝れた智に通じ、教説を知って、〔教説を〕頼みとしない。彼はこの世において正しく行動し、ここ（＝この世）においていかなるものをも羨望しない。

九四八　この世においてもろもろの欲望を〔超え〕、この世で超えがたい執着を超えた人は、流れを断ち切って束縛がなく、憂えず、悩むことがない。

九四九　以前のものを枯らしてしまうがよい。後にはそなたにどんなものもあってはならない。もしも、中間（＝現在）において、そなたが欲することがなければ、〔そなたは〕静まっていくであろう。

九五〇　普く個体存在に対して、何にも、我がもの[10]という執われがない者は、〔何ものも〕なくても憂えない。彼は実にこの世において〔何ものも〕失わない。

九五一　何に対しても「これはわたしのものである」とか、「〔これは〕他の者たちのものである」といったような〔所有観念〕のない人は、我がものという執われを見出さず、「わたしには、〔何ものも〕ない」といって憂えることがない。

九五二　嫉妬せず、貪り求めず、動揺せず、あらゆる場合に平等である。動揺なきことを問われたならば、わたしはその利点を説く。

九五三　動揺せずに明らかに知る場合には、いかなる潜在的な形成力[11]も存しない。彼は〔福徳を積むことなどに〕勤め労することから離れて、あらゆる場合に安穏を見る。
九五四 (12)同等の者たちに対し、劣った者たちに対し、勝れた者たちに対して、聖者は〔自分のことを〕いわない。彼は静まっていて、物惜しみを離れ、取ることも捨てることもない(13)、と。

このように世尊は説かれた。

武器を手にすることの経　終わり

一六、サーリプッタの経(1)

九五五 尊者サーリプッタは説いた。
「わたくしが以前に見たことのない、あるいは誰にも聞いたことのないような妙《たえ》なる言葉を説く教師が兜率《とそつ》天《てん》(2)から衆の主としてやって来られた。
九五六 眼をそなえたお方(3)は、神がみを含む世界の人びとに見られるように、あらゆる暗黒を除き去って、一人だけで〔出離の〕楽しみを得たのです。
九五七 このようなこだわりなく(4)、詐《いつわ》りなく、衆の主としてやって来られた目覚めた者であるあなたに対して、ここにいる多くの束縛された者たちのために問おうとしてやって参りました。
九五八 行乞者が〔生・老・病・死の四苦などを〕厭い離れる場合、人なき座所、木の根もと、墓地、あるいは山々の洞窟に〔親しみ近づき〕、
九五九 高低〔種々の〕臥所に〔親しみますが〕、そこにはどれ程の恐怖があるのでしょうか。それによって行乞者

は音のしない〔静かな〕臥座所にいても恐れ震えてはなりませんが、

九六〇　不死の境地（＝涅槃）におもむく者には、(5)この世においてどれ程の危難があるのでしょうか。行乞者は辺鄙な臥座所において、何を克服すべきなのですか。

九六一　彼の言葉遣いはどのようにあるべきなのですか。この世で彼の行動する範囲はどのようであるべきですか。自ら励む行乞者のもろもろの戒めや禁戒(6)はどのようでなければなりませんか。

九六二　かの専一にして賢明で正しい想念をもつ者(7)は、どのような修行を身につけ、あたかも鍛冶工(8)が銀の垢を吹き除くように、自分の〔垢を吹き除くの〕ですか。」

九六三　世尊はお答えになった。

「サーリプッタよ。〔生・老・病・死の四苦を〕厭うている者に、この安楽があり、閑静な座所、臥所に親しみ、全き覚りを願う者に〔この安楽があるとするならば〕、わたしは道理にしたがって、知っているとおりに、それをそなたに説くであろう。

九六四　賢者は五つの恐怖を恐れてはならない。すなわち行乞者は正しい想念をもって分をわきまえて修行し、虻《あぶ》、蚊(9)、蛇、人間（＝盗賊など）との接触、四足〔獣〕の〔恐怖を恐れてはならない〕。

九六五　たとえそれらの多くの恐怖を見ても、他の教説を奉ずる者たち(10)を恐れてはならない。また、善を求めて、もろもろの他の危難(11)に打ち克つがよい。

九六六　病に罹り、飢えに襲われても、寒さ、酷暑をも耐え忍ぶべきである。彼はそれらによってさまざまに襲われても、くよくよせず、精進努力して、堅固にするがよい。

九六七　盗んではならない。嘘をついてはならない。もろもろの弱いもの強いものに慈しみをもって接するがよい。

意《こころ》が濁っているのが分かれば、「〔それは〕黒魔の輩である」として[12]除き去るがよい。

九六八 怒りや高慢[13]に支配されてはならない。それらの根をも掘り出すのがよい。時に、愛《いと》しいもの、あるいは愛しくないものにも、そなたたちは確実に打ち克つがよい。

九六九 智慧を尊重して、善を喜び、それらの危難を克服するがよい。辺鄙なところの臥所で不快に耐えるべきである。

九七〇 「わたしは何を食べようか。どこで食べようか。ああ、わたしは寝苦しかった。今日はどこで寝ようか。」これらのもろもろの〔悲嘆の〕思いを、住む家なくしてまだ学ぶべきものがある修行者（＝有学の者[14]）は、克服するがよい。

〔次の〕四つの悲嘆する事柄に耐えるがよい。

九七一 また、〔行乞の〕ときに、食物と衣服とを得て、彼はここに満ち足りるために〔衣食の〕量を知るべきである。彼はそれら〔衣食など〕に対して〔心得として、さまざまなことが〕守られ[15]、自制して村に行き、たとえ機嫌をそこねても粗暴な言葉を口にしてはならない。

九七二 目を伏せ、また、うろうろせず、瞑想を行なって、眠りすぎないでいるがよい。無関心（＝捨）にして自己統一し、〔欲望に対する〕思いや〔その思いに対する〕願い、不作法（＝悪い行ない）を断ち切らなければならない。

九七三 言葉で叱正されると、想いをこめて（＝感謝して）喜ぶがよい。同じく修行する者（＝梵行者）たち[16]に対する〔自分の〕頑固さを破れ。善き言葉を放て。過度に〔いうべきで〕ない。人びとを〔非難して〕いうことを思ってはならない。

九七四　またさらに、この世においては正しい想念をもって、〔それらを〕克服するために学ぶべき五つの塵[17]がある。色、声、味、香、触（＝感触）において、貪りに打ち克つべきである。

九七五　行乞者は、正しい想念をそなえて、よく心が解脱し（＝心が煩悩の束縛から解き放たれ）、これらのもの（＝色などの五つの対象）に対する欲を制すべきである。
彼は常にもろもろの存在するものを正しく考察しながら、もっぱら暗黒[18]を打ち破るがよい」と世尊は説かれた。

サーリプッタの経　終わり

八つ〔よりなる詩句〕の章　第四

その〔章の〕まとめの詩句（＝摂頌）。

欲望と、洞窟と、悪意と、清浄と、最上、老い、
〔ティッサ〕メッテッヤと、パスーラとマーガンディ〔ヤ〕と、死ぬ前にと、
口論〔と論争〕と、二つの排置と、またまさにトゥヴァタカ（＝迅速、Tuvaṭṭaka)、
武器を手にすることという勝れた経、長老の問いとともに十六。
まさにこれらの経は、すべて八つ〔よりなる詩句〕の章より成る、と。

五　彼の岸への道の章(1)

一、序の詩句(2)

九七六　ヴェーダ聖典の極意に精通した一人のバラモン(3)は、コーサラの人たちの美しい都から南道(4)へ、無所有(5)を求めながら行った。
九七七　彼はアッサカとアラカとの間の地域(6)に〔流れる〕ゴーダーヴァリー河(7)の岸辺に、落穂〔を拾い〕、木の実を採って住んでいた。
九七八　そのすぐそばに、大きな村もあった。そこ〔の村〕から得た収益によって、彼は盛大な供犠を行なった。
九七九　大きな供犠を行なって、再び、彼は草庵に入った。〔彼が〕そこに戻ったとき、他のバラモンがやって来た。
九八〇　足を傷めて、喉を涸らし、歯はよごれ、頭は埃だらけ。そして、彼はこの者（＝バーヴァリン）に近づいて(8)五百〔金〕を乞うた。
九八一　バーヴァリンはこの彼を見て座席に招いた。そして、「お変わりありませんか。お元気ですか」と尋ねて、次の言葉を述べた。
九八二　「わたくしが差しあげるべきものは、わたくしはすべて差しあげました。梵天〔のように最勝者であるバラモン」よ。わたくしをお許しください。わたくしには五百〔金〕がありません。」

九八三 「わたしが乞うているのに、もしもお前が与えないというのなら、七日後に、お前の頭は七つに裂けてしまえ。」

九八四 かの詐欺師は、〔呪詛の〕前触れをして、恐ろしいことを告げた。彼のそのような言葉を聞いて、バーヴァリンは苦しんでいた。

九八五 〔彼は〕憂いの矢にあたって、食事もとらずにやつれ、しかも、そのような心では、瞑想をしても意《こころ》は楽しむことがない。

九八六 恐れて苦しむのを見て、神性のものは、〔彼の〕ためにと願って、バーヴァリンに近づき、次のような言葉を述べた。

九八七 「彼は頭〔が落ちること〕を知りません。彼は詐欺師で財物を欲しがっていました。頭あるいは頭が落ちることについて、彼には知識がありません。」

九八八 「それでは、あなた（＝神性の方）はご存じですか。それをわたくしにお話しください。お尋ねします。頭と頭が落ちることについて、あなたのお言葉をわたくしたちは聞きたいのです。」

九八九 「わたくしも、それについては知りません。そういった知識はわたくしにはありません。なぜならば、頭と頭が落ちることについて、それは、もろもろの勝利者しか知らないことだからです。」

九九〇 「それでは誰がこの大地において、頭と頭が落ちることとを知っているのですか。それをわたくしにお話しください。神性の方よ。」

九九一 「カピラヴァットゥの都から(9)、この世の人びとの導師が出たのです。甘蔗王の末裔(10)で、釈迦族の出身(11)、光明をもたらすお方[12]です。

九九二　バラモンよ。彼はまさに等覚者[13]で、あらゆるものを明らかに知る力を得、あらゆるものに対して眼をそなえ、あらゆるものを滅し尽すことに達し、〔生存の〕依りどころを滅ぼして、解脱したお方です。

九九三　かの目覚めた者である世尊[14]、眼をそなえたお方は、この世において教法を説かれます。あなたはそのお方のところに行って尋ねなさい。そのお方はあなたのそれ（＝質問）について答えてくださるでしょう。」

九九四　等覚者という言葉を聞いて、バーヴァリンは歓喜した。彼の憂いは薄らいだ。そして大いなる喜びを得た。

九九五　かのバーヴァリンは歓喜し、〔喜びで〕踊りあがり、すぐれた智が生じて、その神性のものに尋ねた。「どこの村に、あるいは町に、あるいはどこの地方に、世間の主（＝目覚めたお方）はおられるのですか。そこへ行って、等覚者、二足（＝人間）の最上なるお方に、わたくしたちは帰依したいのです。」

九九六　「コーサラの都であるサーヴァッティーに、勝利者[15]であり、広大なる智慧をもち、勝れて広大な智者はおられます。彼は釈迦族の出身で、軛がなく、煩悩の汚れがなく、頭が落ちることについて知った、牛王〔のような人[16]〕です。」

九九七　それから、彼は呪句（＝ヴェーダ聖典）の奥義を極めた弟子[17]のバラモンたちに呼びかけた。「さあ、学生たちよ。わたしは告げよう。わたしの言葉を聞くがよい。

九九八　このお方はめったにこの世にお生まれにならない。まさに今、〔そのお方は〕この世にお生まれになり、等覚者であるという聞こえが高い。急いでサーヴァッティーに行き、二足（＝人間）の最上なるお方に、そなたたちはお目にかかるがよい。」

九九九　「では、バラモンよ。〔そのお方を〕見て、どうして目覚めた者と分かるのですか。わたくしたちがそれを知ることができるように、知っていないわたくしたちに言ってください。」

一〇〇〇「まさに、もろもろの呪句（＝ヴェーダ聖典）[18]の中に伝承された偉大な人物の三十二の〔身体的〕特徴[19]があり、そして〔それは〕順次に説かれ、完全なものである。

一〇〇一　誰にしても身体にこれらの偉大な人物の特徴がある者の進路は、二つだけである。なぜならば、第三〔の進路〕はないからである。

一〇〇二　もしも彼が俗家にとどまるならば、この大地を征服するであろう。〔彼は〕暴力によらず[20]、刀剣によらず、道義によって統治する。

一〇〇三　もしもまた、彼が俗家から家なき者として出家するならば、〔煩悩の〕覆いを開いて、等覚者、阿羅漢[21]、無上なる者[22]となる。

一〇〇四　生まれ[23]、氏姓、および身体的な特徴、もろもろの呪句、弟子たち、さらにまた頭と頭が落ちることとを、ただ意《こころ》で問うがよい。

一〇〇五　もしも目覚めた者が何もさまたげなく見るお方であれば、意によって尋ねた質問に、言葉でもって答えるであろう。」

一〇〇六　バーヴァリンの言葉を聞き、弟子の十六人のバラモンたち、〔すなわち〕アジタ、ティッサ・メッテッヤ、プンナカ、さらにはメッタグーと、

一〇〇七　ドータカとウパシーヴァとナンダ、さらにはヘーマカとトーデッヤとカッパの二人、そして賢者ジャトゥカンニン、

一〇〇八　バドラーヴダとウダヤ、そしてまたポーサーラ・バラモン、そして智慧者のモーガラージャンと偉大なる聖

仙のピンギャは、

一〇〇九　〔彼等は〕みなそれぞれの衆徒を率いる者たちで、あらゆる世界に聞こえが高い。瞑想する者で、瞑想を楽しむ賢者にして、前世の善き残り香（＝熏習）が薫っている者たちである。

一〇一〇　バーヴァリンを礼拝し、また彼に右回りの礼をとって、[24]結髪して鹿皮の衣をまとう者たちは、皆、北方に向かって出発したのであった。

一〇一一　アラカ〔国〕のパティッターナに、[25]往古の〔都の〕マーヒッサティに、それからウッジェーニーに、ゴーナッダに、ヴェーディサに、ヴァナサというところに行った。

一〇一二　コーサンビーに、サーケータに、そして最上の都サーヴァッティーに、セータヴィヤに、カピラヴァットゥに、そしてクシナーラーの都に〔行った〕。

一〇一三　パーヴァー[26]とボーガナガラに、[27]ヴェーサーリーに、[28]マガダ〔国〕の都（＝ラージャガハ）に、そして美しく心地よいパーサーナカ廟に[29]〔行った〕。

一〇一四　あたかも喉の渇いた者が冷たい水を、商人が大きな利得を、炎暑で焼かれた者が日陰を〔求める〕ように、彼等は〔世尊がいらっしゃるパーサーナカ廟のある〕山に、急いで登った。

一〇一五　そして、そのとき、世尊は行乞者の教団に尊敬されて、あたかもライオンが森で吼えるように、行乞者たちに教法を示していらっしゃった。

一〇一六　アジタは、あたかも光を放った太陽のような、あたかもすっかり丸くなった十五〔夜〕の月のような等覚者を見た。

一〇一七　ときに、〔アジタは〕その方の身体に完全な相好《そうごう》を見て、〔その方の〕一方に立って大いに喜んで、意《こころ》の中でお尋ねした。

一〇一八「〔わが師バーヴァリンの〕生〔年〕について語ってください。[30]〔バーヴァリンの〕氏姓を〔身体的な〕特徴とともに語ってください。もろもろの呪句（＝ヴェーダ聖典）について奥義に精通していることを語ってください。[31]〔師バーヴァリン・〕バラモンはどれだけの人に教えていますか。」

一〇一九「彼は年齢は百二十歳であり、そして、氏姓はバーヴァリンである。彼の身体には三つの特徴があり、三つのヴェーダの奥義を極めている。[32]

一〇二〇〔偉大な人物の〕特徴とイティハーサ（＝古伝説）を、語彙論と動詞活用論とともに、五百人に教え、自分の教説についての奥義に精通したものである。」

一〇二一〔アジタは尋ねた。〕

「人の中で最上なる者よ。バーヴァリンのもろもろの〔身体的な〕特徴の考察（＝詳細）を説明してください。渇望を断たれたお方よ。〔そのことについて〕わたくしたちに疑問がないようにしてください。」

一〇二二〔世尊はお答えになった。〕

「彼は舌で顔を覆う。[33]眉間の真ん中に白い毛の渦（＝白毫）がある。[34]陰部は皮膜の覆いで隠されたもの（＝陰馬《おんま》蔵《ぞう》）である。[35]学生よ。〔彼の三つの特徴を〕このように知るがよい。」

一〇二三〔アジタが〕質問をまさに何も〔声に出して〕聞いていないのに、〔世尊が〕質問に答えてくださるのを聞いて、人びとは皆、明らかな智を生じ、合掌して、〔次のように〕考えた。

一〇二四「そもそも、神か梵天あるいはスジャーの夫である帝釈天[36]のうちの、誰が意《こころ》の中でそれらの質問をしたのか。誰に〔世尊は〕このことを返答なさったのか。」

一〇三五　〔アジタは尋ねた。〕
「バーヴァリンは、頭と頭が落ちることについてお尋ねするのです。世尊はそれにお答えください。聖仙よ。わたくしたちの疑惑を除いてください。」

一〇三六　〔世尊はお答えになった〕
「頭とは根源的な無知(37)のことであると知るがよい。頭が落ちることとは覚りの智のことである。(38)覚りの智は信仰（＝信(39)）と正しい想念(40)と瞑想（＝三昧(41)）と意欲(42)と精進(43)とに結びついたものである。」

一〇三七　それから、学生は大いなる覚りの智をもって(44)〔喜びに〕身をこわばらせながら、一方〔の肩〕に羚羊の皮をかけ、〔世尊の〕両足に頭をつけた。

一〇三八　「尊師よ。尊いお方よ。バーヴァリン・バラモンは、弟子とともに、心歓喜し、善き意《こころ》で、み足を礼拝します。眼をそなえたお方よ。」

一〇三九　〔世尊はお答えになった。〕
「バーヴァリン・バラモンは弟子たちとともに幸せであれ。そして、そなたもまた幸せであれ。学生よ。長生きするがよい。

一〇四〇　また、バーヴァリンにとってもそなたにとっても、すべての者のあらゆる疑問について〔質問する〕機会が与えられたのだから、何でも思うことを尋ねるがよい。」

一〇四一　等覚者が認めてくださったので、アジタは坐って合掌し、そこで、如来(45)に最初の質問をしたのであった。

序の詩句　終わり

二、アジタ学生の問い(1)

一〇三二　尊者アジタは申しあげた。
「この世の人びとは何に覆われているのですか。この世の人びとはどうして輝かないのですか。何がそれ（＝この世の人びと）を汚すのですか。そもそも何がそれ（＝この世の人びと）の大きな恐怖なのですか。あなたは説いてください。」

一〇三三　世尊はお答えになった。
「アジタよ。この世の人びとは根源的な無知で覆われている。物惜しみと怠りによって〔この世の人びとは〕輝かない。貪りが〔この世の人びとを〕汚し、苦がその〔この世の人びとの〕大きな恐怖であると、わたしは言う。」

一〇三四　尊者アジタは申しあげた。
〔もろもろの煩悩の〕流れ(2)は至るところへ流れます。流れを遮《さえぎ》るものは何ですか。あなたは流れを防止するものを説いてください。何によって流れは閉ざされますか。〔あなたは説いてください〕」

一〇三五　世尊はお答えになった。
「アジタよ。この世における、もろもろの流れを遮るものは正しい想念である。わたしは流れを防止するものを説く。これら〔の流れ〕は、智慧によって閉ざされる(3)。」

一〇三六　尊者アジタは申しあげた。

「尊師よ(4)。まさしく智慧と正しい想念を保ち、名称と形態（＝個体存在(5)）は、どこで滅するのですか。わたくしが質問したことを説いてください。」

一〇三七 「アジタよ。そなたが質問したことについて、そなたに説こう。どこで名称と形態とが余すことなく滅するのか〔と(6)〕。意識作用（＝識）が滅すれば、そこで、これ（＝名称と形態）が滅する。」

一〇三八 「教法を究明した者たち(7)や、まだ学ぶべきものがある修行者（＝有学《うがく》の者）たち(8)や数多くの者たち(9)がいます。それら〔の者〕の行為（＝威儀）を〔智者であるあなたは〕わたくしに説いてください。尊師よ。」

一〇三九 「もろもろの欲望を貪り求めてはならない。意《こころ》に濁りなき者であれ。行乞者はあらゆる教法に精通し、正しく遍歴するがよい。」

アジタ学生の問い　終わり

三、ティッサ・メッテッヤ学生の問い(1)

一〇四〇 尊者ティッサ・メッテッヤが尋ねた。

「この世において、満足した者は誰ですか。誰に動揺がないのですか。誰が〔過去と未来のものごとの〕両端を知り、よく考えて、真ん中〔である現在のものごと〕にも汚されないのですか(2)。誰を偉大な人物(3)というのですか。誰がこの世で愛着を超えましたか(4)。」

一〇四一 世尊は答えられた。

「メッテッヤよ。もろもろの欲望に対しては清らかな宗教的行為を保ち(5)、渇望を離れて、常に正しい想念があり、よく思慮して心の安らぎに達した行乞者には動揺がない。

一〇四二　彼は両端を知って、よく思慮し、〔過去と未来のものごとの両端にも〕真ん中にも汚されない。彼はここで愛着を超えた。わたしは彼を偉大な人という」と。

ティッサ・メッテッヤ学生の問い　終わり

四、プンナカ学生の問い[1]

一〇四三　尊者プンナカは申しあげた。

「〔心が〕動揺することなく、根本[2]（＝不善根、すなわち不善を生ずるもとになるものなど）を見るお方にお尋ねしようとやって参りました。聖仙たち[3]、人びと、戦士族、バラモンたちは、何のために、この世で神がみにそれぞれ供犠を行なってきたのですか。世尊よ。それをわたくしはお尋ねします。そのことをわたくしにお話しください。」

一〇四四　世尊は答えられた。

「プンナカよ。これらの聖仙たち、人びと、戦士族、バラモンたちは、この世で神がみにそれぞれ供犠を行なった。プンナカよ。〔彼等は〕老いて〔なおかつ〕このような状態（＝人間など）であることを望みながら供犠を行なったのであった。」

一〇四五　尊者プンナカは申しあげた。

「これらの聖仙たち、人びと、戦士族、バラモンたちの誰もが、この世で神がみへの多くの供犠を行ないました。世尊よ。そもそも彼等は供犠の道を怠らずして、生と老とを渡ったのでしょうか。尊師よ。わたくしはそれをお尋ねします。そのことをわたくしに話してください。」

一〇四六　世尊はお答えになった。
「プンナカよ。彼等は希望し、称賛し、希求し、供養する。利得のために、もろもろの欲望を求める。彼等は供犠に専念し、生存の貪欲に染められ、生と老とを渡らなかった、とわたしは言う。」

一〇四七　尊者プンナカは申しあげた。
「もしも彼等が供犠に専念し、もろもろの供犠によっても生や老を渡らなかったならば(4)、尊師よ、それでは誰が神と人間との世界において、生や老を渡ったのですか。世尊よ。それをわたくしはお尋ねします。それをわたくしにお話ししてください。」

一〇四八　世尊はお答えになった。
「プンナカよ。世の中で彼や此（＝他の存在や自分の存在など）をよく考慮して、この世のどこにいても動揺せず、静まり、〔身体による悪行などの〕煙がなく(5)、悩乱なく、欲がない人のことを生や老を渡った者とわたしは言う。」

プンナカ学生の問い　終わり

五、メッタグー学生の問い(1)

一〇四九　尊者メッタグーは申しあげた。

「世尊よ。わたくしは、これをお尋ねします。それをわたくしに話してください。あなたは勝れた智者[2]で、自らを修めている方だと、わたくしは思います。世の中におけるありとあらゆる苦は、いったいどこから生じたのですか。」

一〇五〇　世尊はお答えになった。

「実に、苦の根源について、そなたはわたしに尋ねた。メッタグーよ。わたしが〔それらについて〕知っているままをそなたに話そう。どのようなものでも、世の中のあらゆる苦は〔生存の〕依りどころ〔である渇望〕を原因として生ずる。

一〇五一　無知の者[3]だけが〔生存の〕依りどころ〔によって苦〕をつくる。愚者はしばしば苦に近づく。だからして、苦の生ずる根源を観察する者は、〔それを〕知って、〔生存の〕依りどころ〔によって苦〕をつくってはならない。」

一〇五二　「あなたにお尋ねしたすべてのことを、あなたはわたくしたちに説明してくださいました。あなたに他のことをお尋ねします。どうぞ、それをお話しください。賢者たちはどのようにして〔煩悩の〕激流[4]、生や老、および憂いや嘆きを渡るのですか。聖者よ。それをわたくしに、どうぞお答えください。なぜならば、あなたは〔人びとが知るように〕この教法をそのとおりにご存じだからです。」

一〇五三　世尊はお答えになった。

「メッタグーよ。わたしはそなたに、現在、伝承されているものではない〔わたしが直接体験した〕教法[5]を説こう。〔それを〕知って、正しい想念をもって行ないながら、世の中に対する執着を渡るがよい。[6]」

一〇五四　「偉大な聖仙よ。また、わたくしはその最上の教法を学びます。〔それを〕知って、正しい想念をもって行ないながら、世の中に対する執着を渡るでしょう。」

一〇五五　世尊はお答えになった。

「メッタグーよ。何でも、何かあるものを知る者は、上方に下方に、横に、また、真ん中に(7)、これらに対する喜び(8)や執われ、意識作用（＝識(9)）を取り除いて、〔そのような〕生存〔の依りどころ〕にとどまってはならない。

一〇五六　行乞者は、このようにして、正しい想念をもち、怠りなく修行しながら、我がものというもろもろの執われを捨て、智者としてこの世でまさに生や老、および憂いや嘆き、苦を捨てるがよい。」

一〇五七　「偉大な聖仙のこのお言葉を、わたくしは喜びます。ゴータマよ。依るところなきこと（＝涅槃）がよく説かれました(10)。確かに、世尊は苦を捨てられました。なぜならば、あなたはこの教法をそのとおりにご存じだからです。

一〇五八　そして、彼等もまた確かに苦を捨てるにちがいありません。聖者よ。あなたはとどまらずして（＝常に）彼等を教え戒めてほしいのです。そのあなたに会って、わたくしは礼拝するでしょう。ナーガ(11)よ。世尊よ。とどまらずしてわたくしを教え戒めてほしいのです。」

一〇五九　「〔確かに、世尊は苦を捨てたと、そなたメッタグーはいったが、それと同じように〕ヴェーダ聖典に精通したバラモン(12)は、無所有(13)で欲望の生存(14)に執われず、確かにその者はこの〔苦の〕激流を渡った(15)。そして、彼の岸に渡って(16)、こだわりがなく、疑惑がないと、そなたは知るであろう。

一〇六〇　また、かの人はこれ（＝この教え、または自己の存在）について〔よく知っており〕、覚りの智に達した者(17)で、さまざまな生存に対するこうした執着を捨て、彼は渇望を離れて悩乱なく、欲がない。彼は生や老を渡ったのであると[18]、わたしは言う」と。

メッタグー学生の問い　終わり

六、ドータカ学生の問い[1]

一〇六一　尊者ドータカは申しあげた。
「世尊よ。わたくしはあなたにお尋ねします。あなたはそれをわたくしに説いてください。偉大な聖仙よ。わたくしはあなたの言葉を期待します。あなたの声を聞いて、自分の心の安らぎ[2]を学びたいのです。」

一〇六二　世尊は答えられた。
「ドータカよ。それでは、この世においてまさに賢明で正しい想念をもち、熱心に行なうがよい。この者〔すなわち、このわたし〕からの声を聞いて、自分の心の安らぎを学ぶがよい[3]。」

一〇六三　〔ドータカ〕
「わたくしは神と人間の世界において、何ももたずに行動するバラモン[4]を見ます。普き眼あるお方よ。そのようなあなたに帰依いたします。釈迦族のお方よ[5]。わたくしをもろもろの疑惑から解き放ってください。」

一〇六四　〔世尊〕
「ドータカよ。世の中において疑惑のあるすべての者を解脱させるために、わたしは行動しない（＝学び、励まない）であろう[6]。だが、最も勝れた教法を明らかに知って、その〔教法の〕とおりに、あなたはこの激流を渡るがよい[7]。」

一〇六五　「梵天〔のようなお方〕よ。[8] あなたは〔わたくしを〕憐れみ、遠く離れる教法を教えてください。それをわたくしは現に知って、大空が〔何にも〕妨げられないように、わたくしがまさにここにいながらにして、〔何にも〕頼らずに行くであろうように。」

一〇六六　世尊はお答えになった。

「ドータカよ。わたしは、そなたに現在、伝承されているものではなく〔わたしが直接体験した〕静まり[9]を勧めよう。〔そのことを〕知って正しい想念をもって行ないながら、世の中において執着を渡るがよい。[10]」

一〇六七　「偉大な聖仙よ。[11] また、わたくしはその最上の静まりを喜びます。〔そのことを〕知って、正しい想念をもって行ないながら、世の中において執着を渡りましょう。」

一〇六八　世尊はお答えになった。

「ドータカよ。そなたが知るあらゆるものは、上方に下方に、横にまた、真ん中にも、これをこの世の中に対する執着であると知って、さまざまな生存を渇望してはならない」と。

ドータカ学生の問い　終わり

七、ウパシーヴァ学生の問い[1]

一〇六九　尊者ウパシーヴァは申しあげた。

「釈迦族のお方よ。わたくし一人では大きな激流を〔何かに〕依らずに、渡ることはできません。[2] 普き眼をもつお方よ。[3]〔誰でも人が〕それに依ってこの激流を渡りたいと思う依りどころ[4]を説いてください。」

一〇七〇　世尊はお答えになった。
「ウパシーヴァよ。無所有を[5]観じながら、正しい想念があり、〔いかなるものも〕存在しない、という〔思い〕に依って激流を渡るがよい。もろもろの欲望を捨て、もろもろの論争を離れて、渇望を滅し尽すのを昼夜に見るがよい。」

一〇七一　尊者ウパシーヴァは申しあげた。
「あらゆる欲望において貪りを離れ、無所有に依って、他のものを捨て、最高の有想解脱において[6]解脱した者は、あと戻りすることなく、そこにとどまるのでしょうか。」

一〇七二　世尊はお答えになった。
「ウパシーヴァよ。あらゆる欲望において貪りを離れ、無所有に依って、他のものを捨て、最高の有想解脱において解脱した者は、あと戻りすることなく、そこにとどまるであろう。」

一〇七三　「もしも彼があと戻りすることなく、いつまでもそこにとどまるならば、普き眼あるお方よ。そこにおいてまさに彼は解脱して、清涼となるでしょうか。[7]そういった人に意識作用はあるのでしょうか。」

一〇七四　世尊はお答えになった。
「あたかも炎が風の勢いに煽られて消えてしまい、〔火と〕呼ばれないように、そのように聖者は名称の集まり（＝個体存在[8]）から解き放たれて消えてしまい、〔その者として〕呼ばれない。[9]」

一〇七五　「彼は消えてしまったのですか。それとも彼は存在しないのですか。さもなければ、実際に常住なものとして無病（＝変化しないもの[10]）なのですか。聖者よ。どうぞ、わたくしにそれを説いてください。なぜならば、あなたはこの道理をそのとおりにご存じだからです。」

一〇七六　世尊はお答えになった。

「ウパシーヴァよ。消えてしまった者について知る手だてはない。彼については何によっても〔それによって〕彼を言い表わす〔手だて〕がない。あらゆるものが根絶されたとき、あらゆる言語の道[11]もまた根絶される」と。

ウパシーヴァの問い　終わり

八、ナンダ学生の問い[1]

一〇七七　尊者ナンダは申しあげた。

「世の中にはもろもろの聖者[2]がいる、と人びとはいいます。それはどうしてですか。彼等は確かに智慧をそなえた者[3]を聖者というのですか。そうでなければ、実に〔修行者の〕生活法をそなえた者[4]を〔聖者というのですか〕。」

一〇七八　〔世尊はお答えになった。〕

「ナンダよ。練達の者たちは、見たり、聞いたり、知ること（＝見解、学問、知識）によって[5]、そこで〔彼は〕聖者であるとは言わない。〔悪魔の〕軍勢を引き離して、もろもろの悩乱なく、欲がなくてふるまう者たち、彼等を聖者であると、わたしは言う。」

一〇七九　尊者ナンダは申しあげた。

「これらの沙門・バラモンたちは、誰であろうと、見られたり、聞かれたりしたことによっても[6]清浄を説きます。彼等は戒めや禁戒によっても清浄を説きます。彼等はさまざまなものによっても清浄を説きます。世尊よ。それでは彼等は、そういったことを行なって、[7]生や老を渡った[8]のですか。尊師よ。わたくしはあなたにお尋ねします。世尊よ。わたくしにそれを説いてください。」

一〇八〇　世尊はお答えになった。

「ナンダよ。これらの沙門・バラモンたちは誰であろうと、見られたことにおいても、聞かれたことによっても清浄を説く。彼等は戒めや禁戒によっても清浄を説く。彼等はさまざまなものによって清浄を説く。たとえ彼等がそこでそういったことを行なったところで、〔それによっては〕生や老を渡らなかったと、わたしは言う。」

一〇八一　尊者ナンダは申しあげた。

「これらの沙門・バラモンたちは、誰であろうと、見られたり、聞かれたことによっても清浄を説きます。彼等は戒めや禁戒によっても清浄を説きます。彼等はさまざまなものによって清浄を説きます。聖者よ。もしも、あなたが〔彼等は生や老の〕激流を渡った者ではないと仰せられるならば、神や人間の世の中において、誰が生や老を渡ったのですか。尊師よ。わたくしはあなたにお尋ねします。世尊よ。あなたはそれをわたくしに説いてください。」

一〇八二　世尊はお答えになった。

「「すべての沙門・バラモンたちが、生や老に覆われたものである」とは、わたしは言わない。ここで、誰であろうと、そもそも見られたり、聞かれたり、思われたりしたこと、あるいはまた戒めや禁戒をすべて捨て、さまざまなものをもすべて捨てて、渇望をよく知っていて、もろもろの煩悩の汚れなき彼等こそ、「激流を渡った人びとである」とわたしは言う。」

一〇八三 〔尊者ナンダは申しあげた。〕

「偉大な聖仙のこのお言葉を、わたくしは喜びます。ゴータマよ。依るところなきこと（＝涅槃）をよくお説きくださいました。ここで、見られたり、聞かれたり、思われたりしたこと、あるいは戒めや禁戒をもすべて捨て、さまざまなものをもすべて捨てて、渇望をよく知って、煩悩の汚れのない彼等を、わたくしもまた「激流を渡った者たち」といいます」と。

ナンダ学生の問い　終わり

九、ヘーマカ学生の問い[1]

一〇八四 尊者ヘーマカは申しあげた。

「以前に彼等はわたくしに告げました。ゴータマの教えよりも前に〔でしたが〕「このようであった」「このようになるであろう」〔と説きました〕。それはすべて受け売りであり、それはすべて憶測を増すものなのです。

一〇八五 そのとき、わたくしはそこで喜ばなかったのです。聖者よ。また、あなたはわたくしに渇望を根絶する教法を説いてください。それを知って、正しく行ないながら、世の中において執着を渡りましょう。」

一〇八六 〔世尊はお答えになった。〕

「ヘーマカよ。ここにおいて、見られたり、聞かれたり、思われたり、知られたもろもろの愛好すべきものに対して[2]、欲と貪りとを除き去ることが不死なる心の安らぎへの道[3]である。

一〇八七　このことを知って、正しい想念によって現に心の安らぎを得たその者たちは、常にまた静まっていて、世の中において執着〔の激流〕を渡った者たち(4)である」と。

ヘーマカ学生の問い　終わり

一〇、トーデッヤ学生の問い(1)

一〇八八　尊者トーデッヤは申しあげた。
「もろもろの欲望がとどまっていることがなく、その渇望がなく、もろもろの疑惑〔の激流〕を渡った者(2)には、どのような解脱がありますか。」

一〇八九　世尊はお答えになった。
「トーデッヤよ。どこにももろもろの欲望がとどまっていることなく、その渇望がなく、もろもろの疑惑〔の激流〕を渡った者には、〔それより〕他の解脱はない。」

一〇九〇　〔尊者トーデッヤは申しあげた。〕
「その者は願いがないのですか。それとも望んでいるのですか。彼は智慧を有する者なのですか。それとも〔なお〕智慧を得る〔ことを望む〕者なのですか(3)。釈迦族のお方よ。わたくしが〔かの〕聖者のことを知りたいように〔そのとおりに〕それをわたくしに説明してください。普き眼をもつお方よ。」

一〇九一　〔世尊はお答えになった。〕
「その者は願いがなく、〔何かを〕望んでもいない。彼は智慧を有する者だが、智慧を得る〔ことを望む〕者ではない。トーデッヤよ。聖者は、またこのように無所有にして欲望の生存に執われない〔彼のような〕者であると知るがよい。(4)」

トーデッヤ学生の問い　終わり

一一、カッパ学生の問い(1)

一〇九二　尊者カッパは申しあげた。

「〔輪廻の〕流れの真っ只中に立って、恐るべき激流が生じたとき、(2)そういうことが二度とないように、老や死に打ち克った者たちの依りどころ（＝島または中州(3)）をお示しください。」

一〇九三　世尊はお答えになった。

「カッパよ。〔輪廻の〕流れの真っ只中に立って、恐るべき激流が生じたとき、老や死に打ち克った者たちの依りどころをわたしはそなたに説く。

一〇九四　無所有、無執着が、心の安らぎを得ることの依りどころである。ほかでもないそれを、心の安らぎを得ることとわたしはいう。〔それが〕老や死を滅し尽すことである。

一〇九五　このことを知って、正しい想念によって現実に心の安らぎを得た彼等は、悪魔の勢力にしたがわない者たちであり、彼等は悪魔の手下ではない」と。

カッパ学生の問い　終わり

一二、ジャトゥカンニン学生の問い(1)

一〇九六　尊者ジャトゥカンニンは申しあげた。

「わたくしは、〔あなたが〕欲望を望まない勇者(2)であると聞いて、激流を超えた無欲なお方にお尋ねするために参りました。あなたは静まりの境地(3)を、お説きください。生得の眼あるお方よ(4)。如実に、そのことをわたくしに説いてください。

一〇九七　なぜならば、世尊はもろもろの欲望を克服して行動されます。あたかも輝ける太陽が威光をもって大地を照らすように、広大な智慧あるお方よ。智慧少なきわたくしに、この世で、生や老を断つ教法について、わたくしが知りたいことを示してください。」

一〇九八　世尊はお答えになった。

「ジャトゥカンニンよ。もろもろの欲望に対して、貪り求めることを制するがよい。出離を安穏(5)であるとみて、〔渇望や誤った見解によって〕とらえられたり、捨てられたりしたものは〔なく〕、〔貪りなど〕どのようなものであっても、そなたにあってはならない。

一〇九九　以前（＝過去）にあった〔もろもろの煩悩〕は、萎《しぼ》ますがよい。後（＝未来）にはそなたにどんなものもあってはならない。もしも、中間（＝現在）においてそなたが執着しないならば、そなたは静まった者(6)として行なうであろう。

一一〇〇　バラモンよ。個体存在に対して、普く貪りを離れた者には、もろもろの煩悩の汚れはない。それら（＝もろもろの煩悩の汚れ）によって、死魔の勢力(7)におもむくのである」と。

ジャトゥカンニン学生の問い　終わり

一三、バドラーヴダ学生の問い(1)

一一〇一　尊者バドラーヴダは申しあげた。
「家宅を捨て(2)、渇望を断ち切り、〔心が〕動揺せず、〔世俗の〕喜悦を捨て、激流を渡って(3)、解脱し、劫（＝輪廻の迷いの長い時間）を捨てた賢者(4)に懇願いたします。ナーガ(5)〔の声〕を聞いて〔人びとは〕ここから立ち去るでしょう。

一一〇二　さまざまな人びとがいろいろな地方から集まって来ました。勇者よ。〔彼等は〕あなたの言葉を期待している者たちなのです。どうぞ、あなたは彼等に説いてください。なぜならば、あなたはそのとおりにこの教法が分かっているからです。」

一一〇三　世尊はお答えになった。
「バドラーヴダよ。上方にも下方にも、横にも中間にも、取得するものへの渇望(6)をすべて制するがよい。なぜならば、世の中において、それぞれに取得するものは、それによってまさに悪魔(7)が人につきしたがうからである。

一一〇四　だから、行乞者は正しい想念をもって、明らかに知りつつ、あらゆる世の中において、どのようなものにも執われてはならない。

死の領域に執着しているこの人びとを「執着に執われた者たちである」と観察しながら」と。

バドラーヴダ学生の問い　終わり

一四、ウダヤ学生の問い[1]

一一〇五　尊者ウダヤは申しあげた。
「瞑想するお方で、塵を離れて坐したお方に、なすべきことをなして煩悩の汚れなきお方に、あらゆる教法の奥義に精通したお方に、お尋ねするためにやって参りました。あなたは根源的な無知（＝無明）を破る、完全な智による解脱を説いてください[2]。」

一一〇六　世尊はお答えになった。
「もろもろの欲望や欲求を捨てること、またもろもろの憂悩もろとも〔捨てること〕、また沈鬱を除き去ること、もろもろの悔恨を防ぎ止めること、

一一〇七　教法の思考に基づく無関心（＝心を関わらせないこと）と正しい想念が清らかであることとが根源的な無知を破り、〔それが〕完全な智による解脱であると、わたしは説く。」

一一〇八　〔尊者ウダヤは申しあげた。〕
「そもそも、世の中の人びとは何に縛られているのですか。そもそも、何が〔結縛の〕はたらきの原因なのですか。何を捨てることによって、心の安らぎがあるにちがいないといわれるのですか。」

一一〇九　〔世尊はお答えになった。〕

「世の中の人びとは、喜悦に縛られている。妄想がそれ（＝結縛）のはたらきの原因である。渇望を捨て去ることによって、心の安らぎがあるといわれる。」

一一一〇　〔ウダヤ〕
「どのように正しい想念をもって行なえば、意識のはたらきがなくなるのですか。世尊にお尋ねするために参りました。あなたのそのお言葉を、わたくしはお聞きします。」

一一一一　〔世尊〕
「内と外との感受のはたらきを喜ぶことなくして、このように正しい想念をもって行なう者には意識のはたらきはなくなる」と。

ウダヤ学生の問い　終わり

一五、ポーサーラ学生の問い(1)

一一一二　尊者ポーサーラは申しあげた。
「過去を説き示し、〔心が〕動揺せず、疑惑を断ち切り、あらゆる教法の奥義に精通したお方にお尋ねしたくて参りました。

一一一三　ものという想念がすでに存しないお方(2)、すべて身体を捨てたお方、内と外とにいかなるものもないと見るお方の智慧を、わたくしはお尋ねいたします。釈迦族のお方よ。そのような類《たぐい》〔の智慧〕はどのように導かれるべきですか。」

一一二四　〔世尊はお答えになった。〕
「ポーサーラよ。意識のはたらきのありさまをすべて認識する如来[3]は、存在していながら解脱した者で、それを依りどころ（＝究極）とする[4]と知る。

一一二五　無所有〔の境地〕が可能であるのを知り[5]、〔世俗の〕喜悦は結縛であると、それぞれ認識して、それから、そのとき〔次のように〕観察する。〔このようにして〕そのバラモンが〔修行を〕成就したとき、こうした真実の智慧がある」と。

ポーサーラ学生の問い　終わり

一六、モーガラージャン学生の問い[1]

一一二六　尊者モーガラージャンは申しあげた。
「わたくしは釈迦族のお方に二度、お尋ねしたのです。〔だが〕眼をそなえたお方よ。あなたはわたくしにお答えになりませんでした。ところで、三度目には神仙[2]はお答えになると、わたくしは聞いています。

一一二七　この世の人びと、他の世の人びと、神を含む梵天の世界[3]も〔そうですが〕、わたくしも名声あるゴータマ、あなたのご見解を知りません。

一一二八　このように、すばらしいことを見るお方にお尋ねするために参りました。どのように世の中を観察する者を死王は見ない[4]のですか。」

一一二九　〔世尊はお答えになった。〕

「モーガラージャンよ。世の中を空なるものとして観察するがよい(5)。常に正しい想念をもち、自我の邪見(6)を除けば、このようにして死〔の激流〕を渡る者となるであろう(7)。このようにして世の中を観察する者を、死王は見ない」と。

モーガラージャン学生の問い　終わり

一七、ピンギヤ学生の問い(1)

一二〇　尊者ピンギヤは申しあげた。
「わたくしは年老いて、力なく、容色もありません。目もよく見えず、耳もよく聞こえません。〔だが〕わたくしは愚かなまま、途中で亡くなりたくはないのです。あなたはわたくしが知りたいこと〔すなわち〕生と老とをこの世で放棄する教法を説いてください。」

一二一　世尊はお答えになった。
「もろもろの色かたちあるもの(2)にとらわれている者たちを見て、もろもろの色かたちあるもののために怠っている人びとは〔眼病などに〕悩まし害される。ピンギヤよ。だから、そなたは怠らずして、再生がないように、色かたちあるものを捨てるがよい。」

一二二　「四方、四隅、上方と下方、これら十方の世において、あなたにとって、見られないこと、聞かれないこと、思われないこと、または知られないことは、何ひとつありません。あなたはわたくしが知りたいこと〔すなわち〕生や老をこの世の中で捨て去る教法を説いてください。」

一一三三　世尊はお答えになった。「ピンギヤよ。渇望に陥って激しい苦悩（＝熱悩）を生じ、老いに悩まされた人たちをまのあたりにして、ピンギヤよ。だからして、そなたは怠りなく再生することがないように、渇望を捨てるがよい」と。

ピンギヤ学生の問い　終わり

一八、十六人の学生の問いの結び(1)

世尊は、マガダ国のパーサーナカ廟(2)に住んでおられたとき、次のように説かれた。〔バーヴァリンの〕従者である十六人のバラモンたちに求められ、それぞれに尋ねられて、もろもろの問いにお答えになった。

もしも一つずつの問いの意味を知って、教法を知り、教法にしたがって行なうならば、老死〔を超えたところ〕の彼の岸（＝究極）(3)に行くであろう。これらの教法は彼の岸に行くためのものであるから、それ故に、この教法の部門の名称はほかならぬ「彼の岸への道(4)」というのである。

一一三四　アジタ、ティッサ・メッテッヤ、プンナカ、またメッタグー、ドータカとウパシーヴァ、そしてナンダとさらにヘーマカ、

一一三五　トーデッヤとカッパの両人、そして賢者ジャトゥカンニン、バドラーヴダとウダヤ、またポーサーラ・バラモン、また智者モーガラージャン、そして偉大な聖仙ピンギヤ、

一一三六　彼等は行ないのそなわった聖仙なる目覚めたお方に近づいた(5)。もろもろの意味のこもった問いをしようと、最勝の目覚めたお方に近づいたのであった。

一一三七　目覚めたお方は、彼等に問われたもろもろのことに対して、ありのままにお答えになった。もろもろの問いにお答えになって、聖者はバラモンたちを満足させた。

一一三八　彼等は、眼をそなえ、太陽神の親族（＝日種）である目覚めたお方に(6)満足し、勝れた智者のもとで清らかな宗教生活を行なった。

一一三九　一つ一つの問いに対して、目覚めたお方が示されたとおりに修行するならば、此の岸から彼の岸に行くであろう(7)。

一一四〇　最上の道を修めながら、此の岸から彼の岸に行くであろう。それは彼の岸に行くための道(8)である。それ故に、彼の岸への道(9)という。

一一三一　尊者ピンギヤがいった。

「彼の岸への道をわたくしは復唱しましょう。汚れがない広大な智慧をもつお方は、見たままに、そのとおりにお説きになりました。欲望がなく、〔煩悩の〕林がない(10)師主(11)が、何で嘘をいいましょう。

一一三二　汚れや愚かさを捨て、慢心や偽善を捨てたお方に、さあ、わたくしは讃嘆をともなう言葉を述べるでしょう。

一一三三　梵天〔に等しい最勝者であるバラモン〕よ。暗黒を破った目覚めたお方は、普き眼をもつお方、世の中の達人、すべての生存を乗り越えたお方、煩悩の汚れなく、あらゆる苦を断ち切ったお方、真実と称されるお方(12)です。わたくしは〔このお方に〕お仕えしました。

一一三四　たとえば鳥が小さい林を捨てて、果実の豊かな森に棲むように、そのように、またわたくしも見識のない者たちを捨てて、白鳥の〔それの〕ように大海に到達しました。

一一三五　ゴータマの教えよりも前に、これらの者たちは、以前に「このようであった」「このようになるであろう」と説き明かしたのです。それはすべて聞き伝えであり、推量を増すだけでした。

一一三六　〔そのお方は〕一人して暗黒を破って、坐られたのです。そのお方はよき生まれで、光をもたらします。ゴータマは、広大な智慧のあるお方、ゴータマは広大な賢者です。

一一三七　そのお方は、わたくしに教法を説かれたのです。〔その教法は〕自分で体験したもので、即時に、渇望を滅し尽し、安らかなものです。(13)〔そのお方に〕喩える程の者はどこにもおりません。」

一一三八　〔バラモン〕
「ピンギヤよ。広大な智慧をもつゴータマ、広大な智者であるゴータマ、そのお方から片時でも離れて住むのか。

一一三九　そのお方があなたに教法を説き示した。〔その教法は〕自分で体験したものであり、即時に、渇望を滅ぼし尽し、安らかなものである。〔そのお方に〕喩える程の者はどこにもいない。」

一一四〇　〔ピンギヤ〕
「バラモンよ。(14) わたくしは、広大な智慧あるゴータマ、広大な賢者であるゴータマ、そのお方から片時も離れて住むことはありません。

一一四一　そのお方はわたくしに教法を説かれたのです。〔その教法は〕自分で体験したもので、即時に、渇望を滅ぼし尽し、安らかさ〔を説くもの〕です。〔そのお方に〕喩える程の者はどこにもおりません。

一一四二　バラモンよ。わたくしは昼夜〔を分かたず〕に怠りなく、そのお方を眼で〔見るように〕意《こころ》で見ます。〔そのお方に〕帰依しながら、わたくしは夜を過ごします。そういうわけですから、わたくしは〔そのお方と〕離れている気がしないのです。

一一四三 わたくしの信仰と歓喜と意《こころ》と正しい想念とは、ゴータマの教えより離れることがありません。広大な智慧あるお方が行かれる、それぞれの方角に、わたくしは向かっています（＝礼拝しています）。

一一四四 わたくしの身は年老いて力が弱いのです。だからして、全く、そこ（＝目覚めたお方のおいでになるところ）におもむくことはありません。常にわたくしは〔そのお方を〕思念することにいたします。バラモンよ。なぜならば、わたくしの意はそのお方と結ばれたものだからです。

一一四五 泥水の中に臥して〔心が〕動揺しながら、依りどころ（＝島または中州）から依りどころへとわたくしは漂流しました。そして、激流を渡り煩悩の汚れがない等覚者にわたくしはお目にかかったのです。」

一一四六 〔世尊〕
「ヴァッカリが〔目覚めた者に〕信仰を起こした(15)ように、またバドラーヴダとアーラヴィ・ゴータマも〔同じく信仰を起こした〕ように、そなたもまた信仰を起こすがよい。(16)ピンギヤよ。そなたは死魔の領域の彼方に行くであろう。」

一一四七 〔ピンギヤ〕
「このわたくしは聖者のお言葉を聞いて、いっそう信仰いたします。(17)〔あなたは煩悩の〕覆いを開いた等覚者であり、こだわりがなく（＝貪り・怒り・愚かさがなく）、弁舌の才能のあるお方です。

一一四八 〔あなたは〕至上天（＝神）においてよく知り、(18)ありとあらゆることをご存じです。
教師は、疑問を抱いても〔われわれは疑問がないと〕公言する者たちの〔内心の〕もろもろの問いを解消してくださるお方です。

一一四九　それの喩え〔とするもの〕が〔他の〕どこにも見当たらず、取り除くこともできなければ動揺もしないところに、わたくしは確かに行くでしょう。ここには〔もはや〕わたくしの疑いはありません。このように〔信仰を〕志向した心（＝信解《しんげ》心(19)）をもつわたくしをお認めください」と。

彼の岸への道の章　終わり

聖典の八誦分の量をもつ経集　終わり

Sn. 本文正誤表（訳者訂正）

PTS. 本の脚註に各種の異本の読み方を示す（左記、異本の略号参照）。これに基づいて訳者が本文の語を訂正した場合は、備考欄に依用した異本を掲げてある。ただし、空欄の箇所は訳者の立場で読みを改めたものである。

〔略号〕

C^k = a Cingalese MS. in the Copenhagen Royal Library.
コペンハーゲン王立図書館蔵、シンハラ語写本（Westergaard, Cat. Cod. Pal. xix)。

C^b = a Cingalese MS. in the British Museum.
大英博物館蔵、シンハラ語写本（Add. 27, 469)。

B^a = a Burmese MS. in the Library of the Royal Asiatic Society, London.
ロンドン、王立アジア協会図書館蔵、ビルマ語写本。

B^i = a Burmese MS. in the Phayre Collection of the Indian Office Library.
インド政庁図書館のフェア・コレクション蔵のビルマ語写本（*J. P. T. S.*, 1882, p. 60)。

B^m = a Burmese MS. in the Mandalay Collection of the Indian Office Library.
インド政庁図書館のマンダレー・コレクション蔵、ビルマ語写本。67（159）（*J. P. T. S.*, 1896, p. 24 参照)。

M^k = a Cingalese MS. of the Majjhima-Nikāya in the Copenhagen Royal Library.
コペンハーゲン王立図書館蔵の中部経典のシンハラ語写本（Westergaard, Cat. Cod. Pal. VI)。

Pj. = *Paramatthajotikā*（『スッタニパータ』に対するブッダゴーサの註解）の二つのシンハラ語写本。

Fsb. = Fausböll. B^a（コペンハーゲン大学図書館のファウスベール・コレクションに保存されたもの）に含まれる註解（*Pj.*）に基づいてファウスベール教授によって作られた *Pj.* の写本。

〔正誤表〕

頁	行	G.	誤	正	備考
8	6	45	satīmā	satimā	$C^{b}B^{ai}$
14	16	82	satī	sati	C^{k} *Pj.* B^{ai}
31	3	178	sudditṭhaṃ	suditṭhaṃ	B^{ai}, cf. Fsb. 143^{11}
32	12	181	āvahāti	āvahati	C^{k}
32	16	182	āvahāti	āvahati	C^{k}
33	16	190	puthū	puthu	$C^{b}B^{ai}$
33	20	191	so	yo	B^{ai}
34	4	194	Aṭṭhīnahārusaññutto	Aṭṭhinahārusaññutto	B^{aim}
40	13	228	mudhā	muddhā	B^{a}
48	27	271	vaṃkam	dhaṃkam	B^{aim}Fsb.
56	4	321	tatrūpayaññū	tatrupāyaññū	B^{ai}
61	21	352	añjalī	añjali	$C^{k}B^{ai}$
62	2	353	sutassavassa	sutaṃ pavassa	B^{m}
62	7	355	tanhaṃ	taṇhaṃ	
62	12	356	Esa	evaṃ	B^{i}
75	20	435	passa sattassa	passatha attassa	B^{i}
76	8	439	esa	esā	
77	1	443	gacchāmi	bhañjāmi	cf. Fsb. *SBE.* x. 70.
79	13	454	bhāsatī	bhāsati	$C^{b}B^{aim}$
80	19	455	manta	mantā	

80	23	456	akalla	akallaṃ	$C^{b}B^{am}$
82	13	464	ujju	ujjū	
83	7	469	yamhī	yamhi	$C^{k}B^{ai}$
85	8	480	satī	sati	$C^{kb}B^{am}$
85	10	481	kukkucavūpasantaṃ	kukkuccavūpasantaṃ	$C^{k}B^{ai}$
89	10	497	ujju	ujjū	
90	24	508	attanā	atthena	B^{i}, but correct B^{i} attenā.
92	3		te	te upasaṃkami	C^{b}
100	11	539	atāresī	atāresi	$C^{b}B^{ai}$, but Fsb. atārayī (atārayi)
108	6		no aparipuṇṇehi		Omit by B^{ai}
111	12	568	Aggihuttamukhā	aggihuttaṃ mukhaṃ	B^{aim}
113	3	576	pāto	niccaṃ	B^{m}
113	6	577	evam maccāna	evaṃ maccānaṃ	B^{ai}
115	5		abhiññātā		Omit by $C^{k}M^{k}$, so $C^{k}M^{k}$, not repeated in C^{b} B^{ai}
116	8		bho		B^{i} omits bho.
119	21	620	ve	ce	$M^{k}B^{aim}$
126	11		parikkhayaṃ		Omit by B^{aim}
130	2	671	kilijjati	kilissati	B^{aim} *Pj.*
144	14	740	dīgham addhāna	dīgham addhānaṃ	B^{ai} *Pj.* II. p. 526
147	5	755	susaṇṭhitā	asaṇṭhitā	B^{aim}
155	4	789	diṭṭhī	diṭṭhi	B^{ai}

166	8	846	anūpanīto	anupanīto	B^{m}
173	17	889	Atīsaraṃdiṭṭhiyā	atisāradiṭṭhiyā	B^{aim} *PED*. p. 21, atisāraṃ diṭṭhiyo = diṭṭhigatāni *Nd.*[1] p. 297.
174	19	895	diṭṭhi	diṭṭhī	B^{m}
177	11	908	kiṃ hi	kiñci or kicci	B^{im} kiñci, B^{a} kicci
178	8	913	nivissavādo	nivissavādī	B^{m}
178	13	914	vippayutto	vippamutto	B^{im}
179	13	917	thamaṃ	mānaṃ	C^{kb} *Pj.* B^{ai} Fsb.
183	10	939	nisīdati	na sīdati	B^{i}
188	3	971	sotesu	so tesu	Fsb. *Pj.*
191	12	988	Bhotī	Bhoti	B^{aim}
195	16	1019	Bāvari	Bāvarī	C^{b}Fsb.
200	2	1043	puthū	puthu	B^{ai}
200	6	1044	puthū	puthu	B^{ai}
203	20	1060	vedagu	vedagū	B^{aim}
208	5	1079	diṭṭhe	diṭṭhena	B^{i} Fsb.
208	13	1080	diṭṭhe	diṭṭhena	B^{i} Fsb.

〔付記〕

p. 9, l. 9, G. 54 aṭṭhāna tam. B^{a} は aṭṭhānaṃ. *Pj.* は Tass' attho: aṭṭhāna tan ti aṭṭhānaṃ taṃ, akāraṇaṃ tan ti vuttaṃ hoti, anunāsikassa lopo kato "ariyasaccāna dassanan" ti ādisu viya と註解するので、ブッダゴーサの披見したテキストは aṭṭhāna tam とあったことがわかる。

略号表

Ait Br.	*Aitareya-Brāhmaṇa.*
AN.	*Aṅguttara-Nikāya*（PTS）.
Ap.	*Apadāna*（PTS）.
Āpas Dh.	*Āpastamba-Dharmaśāstra.*
AV.	*Atharva-Veda.*
Āyā.	*Āyāraṅga* [*Ācāraṅga, erster Śrautaskandha. Text, Analyse und Glossar* hrsg. von Walter Schubring. Abhandlungen für die Kunde des Morgenlandes herausgegeben von der Deutschen Morgenländischen Gesellschaft. XII. Band. No. 4. Leipzig 1910. Genehmigter Nachdruck Kraus Reprint LTD. Nendeln, Liechtenstein, 1966.
Bhag.	*Bhagavatī-sūtra.*
Bh G.	*Bhagavadgītā.*
Bṛhad Up.	*Bṛhadāraṇyaka-Upaniṣad.*
BSB.	H. Lüders: *Beobachtungen über die Sprache des Buddhistischen Ur-Beobach-Kanons.* Berlin 1954.
Chānd Up.	*Chāndogya-Upaniṣad.*
Cu N.	*Cullaniddesa*（PTS）.
Das.	*The Dasaveyāliya-Sutta*, ed. by E. Leumann and tr. by W. Schubring, Ahmedabad 1932.
Dhp.	*Dhammapada*（拙著『暮らしのなかの仏教箴言集』ちくま学芸文庫）*PTS. DHAMMAPADA*, with a Complete Word Index Compiled by Shoko Tabata and Tetsuya Tabata. Oxford 1994.
Dhp A.	*Dhammapadaṭṭakathā*（PTS）.
Divy.	E. B. Cowell & R. A. Neil: *Divyâvadâna, A Collection of Early Buddhist Legends.* Cambridge 1970.

DN. — *Dīgha-Nikāya* (PTS).

G. — Gāthā (詩句・偈頌).

Hari. — *Harivaṃśa* (Poona ed.).

Isi. — *Isibhāsiyāiṃ.* Walter Schubring, *Isibhāsiyāiṃ,* Ein Jaina-Text der Frühzeit, NAWG Jahrgang 1942 Nr. 6, Jahrgang 1952 Nr. 2.

It. — *Itivuttaka* (PTS).

J. — *Jātaka* (PTS).

JRAS. — *Journal of the Royal Asiatic Society of Great Britain and Ireland.* London.

Kappa. — *Kappavaḍiṃsiyāo.*

Kāṭh Up. — *Kāṭhaka-Upaniṣad, Kaṭha-Upaniṣad.*

Mai Up. — *Maitri-Upaniṣad.*

Manu. — *Manu-smṛti* (=*Mānava-dharma-śāstra*).

Mav. — (*Vinaya*) *Mahāvagga.*

MBh. — *Mahābhāratam. The Mahābhārata,* for the first time critically ed. by V. S. Sukthankar & others, 22 Vols., Poona 1927–1966.
Shriman Mahābhāratam, with Bharata Bawadeepa by Nīlkaṇṭha ed. by R. Kinjawadekar, 6 parts, Poona 1929–1933.

Mhp. — *Mahāparinibbāna-suttanta* (PTS).

Mil. — *Milinda-pañho* ed. by V. Trenckner, London 1880, 1928 (PTS).

MN. — *Majjhima-Nikāya* (PTS).

Mtu. — *Le Mahâvastu,* Texte sanscrit, publié pour la première fois, par É. Senart, Tomes 1–3, Paris 1882, 1890, 1897.

	The Mahāvastu (Tral) by J. J. Jones (*SBB* Vols. 16, 18, 19) 1949, 1952, 1956.
Muṇḍ Up.	*Muṇḍaka-Upaniṣad.*
Ṇāyā.	*Ṇāyādhammakahāo.*
Nd.^{1}	*Mahāniddesa* (PTS).
Nd.^{2}	*Cullaniddesa* (PTS).
Paṇh.	*Paṇhāvāgaraṇaṃ.*
PED.	*The Pali Text Society's Pali-English Dictionary.* ed. by T. W. Rhys Davids & William Stede. Oxford 1998.
Pj.	*Paramatthajotikā* (=*Suttanipātaṭṭhakathā*) (PTS).
Pra Up.	*Praśna-Upaniṣad.*
Prav.	*Pravacana-sāroddhāra.*
Pug.	*Puggala-paññatti* (PTS).
Rām.	*Rāmāyaṇa.*
RV.	*Ṛg-Veda.*
Śata Br.	*Śatapatha-Brāhmaṇa.*
SN.	*Saṃyutta-Nikāya* (PTS).
SBE.	*Sacred Books of the East,* ed. by F. Max Müller, Oxford. Vols. 1–50, 1879–1910.
Sn.	*Sutta-nipāta* (PTS).
Sut.	*Suttāgame.*
Sūy.	*Sūyagaḍaṃ* (=*Sūtrakṛtāṅgam*). *Sūyagaḍaṃ,* critically ed. with the text of Niryukti, by P. L. Vaidya, Poona 1928. William B. Bollée, *Studien zum Sūyagaḍa* Teil I, Schriftreiche des Südasien Institute der Universität Heiderberg, Band 24, Wiesbaden 1977.

Tait Up. *Taittirīya-Upaniṣad.*
TB. *Taittirīya-Brāhmaṇa.*
Therag. *Theragāthā* (PTS).
Therīg. *Therīgāthā* (PTS).
TS. *Taittiriya-Saṃhitā.*
Udv. *Udānavarga,* Franz Bernhard, *Sanskrittexte aus den Turfanfunden* X, *Udānavarga, Abhandlungen der Akademie der Wissenschaften in Göttingen,* Dritte Folge Nr. 54, Bd. I. 1965, Bd. II (Indices-Konkordanzen, Synoptische Tabellen), 1968.
Utt. *Uttarajjhayaṇasūtra.* ed. by Jarl Charpentier, Upsala 1922, Paṃnyāsa-śrī-Buddhi-vijayagaṇi-saṅkalita-saṃskṛta-chāyā-sahitāni *Śrīmanty-Uttarādhyayaṇa-sūtrāṇi,* Rājanagara 1932.
Uvā. *Uvāsagadasāo.*
Vav. *Vyavahāra-sūtra.*
Vin. *Vinaya* (PTS).
Vism. *Visuddhi-magga* (PTS).
Vv. *Vimānavatthu* (PTS).
VvA. *Vimānavatthu-aṭṭhakathā* (PTS).
YV. *Yajur-Veda.*

『赤沼辞典』 赤沼智善編『印度仏教固有名詞辞典』増訂版、法藏館、一九六七年。
荒牧本 後掲『原始仏典』第七巻　ブッダの詩Ⅰ所収「スッタニパータ」。
岩波本 後掲『ブッダのことば——スッタニパータ』。
「印仏研」 「印度学仏教学研究」日本印度学仏教学会。

榎本本	後掲『原始仏典』第七巻　ブッダの詩I所収「スッタニパータ」。
大正	『大正新脩大蔵経』全一〇〇巻、大蔵出版（例：大正、一・三〇四頁上は、大正蔵第一巻、三〇四頁、上段）。
著作集	『宮坂宥勝著作集』全六巻、法藏館、一九九八年。
南伝	高楠順次郎監『南伝大蔵経』全六五巻、大蔵出版、一九七〇―七四年。
本庄本	後掲『原始仏典』第七巻　ブッダの詩I所収「スッタニパータ」。
村上・及川本	後掲『仏のことば註㈠㈡㈢㈣―パラマッタ・ジョーティカー』。
渡辺本	後掲『渡辺照宏著作集』第五巻所収「スッタニパータ」（五七―二八五頁）。
B Skt.	Buddhist Hybrid Sanskrit language.
Pāli.	Pāli language.
Pkt.	Prakrit language.
PTS.	Pali Text Society（ed.）.
Skt.	Sanskrit language（=Classical Sanskrit）.
V Skt.	Vedic Sanskrit language.

参考文献

翻訳に当って使用した文献は次のとおりである。

(1)底本

Sutta-Nipāta, New edition by Dines Andersen and Helmer Smith, Pali Text Society, London 1913, Reprinted 1948, 1962, 1965 (=*Sn.*).

Sutta-Nipāta Commentary being Paramatthajotikā Ⅱ, edited by Helmer Smith, Vol. Ⅰ *Uragavagga Cūḷavagga*, PTS., London 1916, Reprinted 1966.

ibid., Ⅱ. Vol. Ⅱ *Mahāvagga Aṭṭhakavagga Pārāyanavagga*, PTS., London 1917, Reprinted 1966.

ibid., Ⅱ. Vol. Ⅲ Indexes and Appendix, PTS., London 1918, Reprinted 1972.

The Khuddaka-Pāṭha together with its commentary *Paramatthajotikā* Ⅰ, Edited by Hermer Smith from A collation by Mabel Hunt. PTS., London 1915, Reprinted 1959, 1978.

(2)右の他に、*Sn.* に関する主要なテキスト・研究書は次のとおりである。

Anecdota Pâlica, Nach den Handschriften der Königl. Bibliothek in Copenhagen im Grundtexte herausgegeben, übersetzt und erklärt, Ⅰ. Rasavâhinî, eine Buddhistische Legendensammlung C. 1–4, Uragasutta, aus dem Suttanipâta, nebst Auszügen aus den Scholien von Buddhaghosa. Leipzig 1845.

The Group of Discourses (*Sutta-Nipāta*), Vol. I, tr. by K. R. Norman, PTS., London 1984.

The Group of Discourses (*Sutta-Nipāta*), Vol. II, tr. by K. R. Norman, PTS., Oxford First published 1992.

Khuddaka-Nikāya, Khuddakapātha, Dhammapada, Udāna, Itivuttaka, Suttanipāta (*Sutta-Piṭaka*), Rangoon 1969.

Khuddaka-Nikāye, Paramatthajotikā, Suttanipāta-Aṭṭhakathā, 1. Vipassana Research Institute. Igatpuri, 1 st ed., 1995.

Khuddaka-Nikāye, Paramatthajotikā, Suttanipāta-Aṭṭhakathā, 2. Vipassana Research Institute. Igatpuri, 1 st ed., 1995.

Khuddakanikāyassa, Khuddakapātha, Dhammapada, Udāna, Itivuttaka, Suttanipāta (*Suttantapiṭake*), Bangkok 1980.

Khuddaka-pātha; Dhammapada; Udāna; Itivuttaka; Suttanipāta Pāli (*Suttanipiṭake Kuddakanikāye,* 1).

(Pāli Language in Burmese character). Buddha Sansara Council. Rangoon 1992.

Paramatthajotikāya nāma Khuddaka Nikāyatthakathā, 2 *Suttanipāta Vannana,* pt. 1 (Pāli Language in Thai character, Royal Siamese Edition). Bangkok 1990.

ibid. pt. 2 Bangkok 1991.

Paramatthajótiká [Bhadantácariya Buddhaghósa Théra's], or the Commentary to the Suttanipáta of the Khuddakanikáya, Suttapiṭaka (Pali Aṭṭhakathā in Sinhalese character) ed., by S. Sumangala Théra. Colombo rep. 1991. 2nd rev. ed. 1934; 1st ed. 1920.

Reverse Index of the Dhammapada, Suttanipāta, Thera- and Therīgāthā Pādas with Parallels from the Āyāraṅga, Sūyagaḍa, Uttarajjhāyā Dasaveyāliya and Isibhāsiyāiṃ, edited by W.B. Bollée. Studien zur Indologie und Iranistik, Monographie 8, Verlag für Orientalistische Fachpublikationen, Reinbek 1983.

The Suttanipāta-Aṭṭhakathā, Vol. I ed. by A. Chaudhary. Nālandā 1974.

ibid. Vol.II ed. by A. Chaudhary. Nālandā 1975.

Suttapiṭake, Khuddaka-Nikāye, Itivuttakapāḷi, Suttanipātapāḷi. Vipassana Research Institute. Igatpuri, 1st ed. 1995.

Sutta-Nipāta, Früh-buddhistische Lehr-Dichtungen aus dem Pali-Kanon von Nyanaponika. Verlag Christiani. Konstanz, 2nd rev. ed. 1977.

The Sutta-Nipāta, One of the Oldest Canonical Books of the Buddhism for the first time. ed. by P. V. Bapat.Poona 1924, Delhi 2nd ed. 1990.

The Sutta-Nipâta, A Collection of Discourses, Being one of the Canonical Books of the Buddhists. Translated from Pâli by V. Fausböll, Oxford University Press, 1881. *The Sacred Books of the East*, Vol. X (pt. 2), Reprinted, Motilal Banarsidass, Delhi 1968.

Die Reden Gotamo Buddhos aus der Sammlung der Bruchstuecke Suttanipāto des Pāli-Kanons, Uebersetzt von Karl Eugen Neumann, Johann Ambrosius Barth, Leipzig 1905, 2te. Aufl. R. Piker & Co., München 1924.

Buddha's Teachings Being the Sutta-Nipāta or Discourse-Collection, Edited in the original Pali text with an English version facing it by Lord Chalmers, *Harvard Oriental Series* 37, Harvard University, Cambridge, Mass., 1932. Reprinted, Delhi 1997.

Woven Cadences of Early Buddhists (*Sutta-nipāta*). Translated by E. M. Hare, *The Sacred Books of the Buddhists*. Vol. X V, Oxford University Press, London 1945, Reprinted 1947.

The Minor Readings (*Khuddakapāṭha*), PTS. by Bhikkhu Ñānamoli. 1960, Reprinted 1978.

The Pādas of the Suttanipāta with Parallels from the Āyāraṅga, Sūyagaḍa, Uttarajjhāyā, Dasaveyāliya and Isibhāsiyāiṃ, edited by W. B. Bollée. Studien zur Indologie und Iranistik, Monographie 7, Verlag für Orientalistische Fachpublikationen, Reinbek 1980.

The Sutta-Nipāta. Trans., by H. Saddhatissa. London 1985.

(3)*Sn.* の邦訳、註解、解説などは比較的近年に出版された主なものを記す。

荒牧典俊・本庄良文・榎本文雄『原始仏典』第七巻　ブッダの詩Ⅰ所収「スッタニパータ（釈尊のことば）」（講談社、一九八六年七月）。

正田大観『ブッダその真実のおしえ―スッタニパータ第四章　和訳と注解』（シーアンドシー出版、二〇〇〇年二月）。

友岡雅弥『ブッダは歩む　ブッダは語る』（第三文明社、二〇〇一年一月）。

中村元『ブッダのことば―スッタニパータ』（岩波書店、一九五八年九月初版。改訳、一九八四年五月。現行本、一九九三年九月。ワイド版岩波文庫7 二〇〇一年一月)。

中村元『仏典をよむI　ブッダの生涯』(岩波書店、二〇〇一年三月)。

早島鏡正『ゴータマ・ブッダ』(講談社、一九九〇年四月)

村上真完・及川真介『仏のことば註㈠―パラマッタ・ジョーティカー』(春秋社、一九八五年五月)。

同　『仏のことば註㈡―パラマッタ・ジョーティカー』(同、一九八六年七月)。

同　『仏のことば註㈢―パラマッタ・ジョーティカー』(同、一九八八年一月)。

同　『仏のことば註㈣―パラマッタ・ジョーティカー』(同、一九八九年一〇月)。

渡辺照宏「スッタニパータ」(『渡辺照宏著作集』)第五巻所収、筑摩書房、一九八二年四月)。

註解

（1）世尊―bhagavant, V Skt. 同形。アルダマーガディー語は bhagavaṃta. この語自体は、富を有する、幸運な、幸福な、という意味の形容詞として古く、*RV.* や *AV.* などにみえる。H. Grassmann: *Wörterbuch zum Rigveda.* Wiesbaden 1964. S. 923 参照。漢訳、世尊。仏教における語義については『大智度論』大智度初品中婆伽婆釈論第四（大正、二五・七〇頁中―七一頁中）に婆伽婆（bhagavan←bhagavat）の語義を詳説する。が、チベットに伝承された語義とも一致するので、インド起源のものであることが知られる。ヒンドゥー教でヴィシュヌ、クリシュナなどの尊称として用いるのは、仏教やジャイナ教の影響と思われる。

本書冒頭の「世尊云々」以下は帰敬頌といわれるもので、釈尊に対する帰依を表明する重要な意味をもつ。

（2）阿羅漢―arahant, Skt. arhant. アルダマーガディー語は arahaṃta. 漢訳、阿羅漢（略称、羅漢）。したがって、仏教、ジャイナ教に共通の用語であるが、初期仏教では釈尊をはじめとする宗教的聖者の呼称。G. 135, 539, 590, 644, 1003 参照。

（3）正等覚者―sammāsambuddha, Skt. samyaksaṃbuddha. アルダマーガディー語には相当する語がなく、恐らく仏教に特有の呼称と思われる。なお saṃbuddha（等覚者）はパーリ語、Skt., アルダマーガディー語ともに同形。初期仏教では「世尊・阿羅漢・正等覚者」は釈尊に対する尊称で定型句として用いられる。

一　蛇の章

一、蛇の経

（4）蛇の章―*Uraga-vagga.* 十二経よりなるが、最初に蛇の経があるので、章名をこのようにつけたものである。

（5）蛇の経―*Uraga-sutta.* 行乞者（＝修行者）の心得を「あたかも蛇がこれまでの古びた皮を〔脱ぎ捨てる〕ように」と比喩で示すように、蛇の脱皮に事寄せて説くのでこの経題がある。*Sūy.* 1. 2. 2. 1 にも同じ比喩がある。

一（6）蛇―uraga. uraga (ura-ga) は「胸や腹で行くもの」というのが原意で、蛇の一般的な名称。同じく蛇を意味するナーガ（nāga）は非アリアン語でインドに生息する毒蛇コブラ（cobra 漢訳語は竜）。古代種族の中にナーガ族があり、ナーガ信仰が種族宗教にはあった。あるいはナーガは釈尊の尊称として用いられる。また仏像やヒンドゥー教の神像などの後背に配されるのもナーガであるが、この場合は守護神的な存在である。ウラガとは区別すべきである。G. 1〜17の蛇の脱皮の喩えは *Bṛhad Up.* 4. 4. 7 などにみえる。蛇の脱皮が再生もしくは永遠の生命を意味することは、G. 1〜17の反復の文言に含まれていることに注意すべきであろう。G. 518, 522, 543, 573, 845, 1058, 1101 参照。『著作集』第一巻、八九、三五六、四一二、四一六、四二八頁参照。

（7） 薬草―osadhĭ, V Skt. avaṣadhī, Skt. oṣadhi. アルダマーガディー語は oahi（＝Skt. auṣadhi, oṣadhi).『アーユル・ヴェーダ』(*Āyur-veda*) の中の一学科に毒物学 (toxicology) があるように、古代インドでは毒物に関する高度の知識と技術が発達していた。ここではある種の薬草を用いる解毒が予想される。G. 296, *AN.* IV. p. 100, *DN.* I. p. 12. 参照。

（8） 行乞者（＝修行者）―bhikkhu, Skt. bhikṣu. アルダマーガディー語は bhikkhu. 行乞の修行者。漢訳の音写語は比丘、旧訳は苾芻《びっしゅ》。動詞の語根√bhikṣ（分け前を望む、施しものを乞う）に基づく名詞。乞食僧。バラモン教では人生の四期（(1)学生期・(2)家庭期・(3)林住期・(4)遊行期）の中の第四期のバラモンをいう。ジャイナ教でもパーリ語と同形で禁欲主義の修行者をさす。食を乞いながら遍歴、遊行する一処不住の者。遍歴行者 (paribbājaka) のことである。一般的には禁欲主義者をいう。

（9） 劣った此の岸―orapāra. ora は「低い」または「劣った」の他に「此の岸」（此岸）の意味があり、pāra は「彼の岸」（彼岸）であるから、「此の岸と彼の岸」と解することができる。漢訳では、たとえば、『発智論』（大正、二六・九二二頁下）に「苾芻捨二此彼一如三蛇脱二故皮一」とあり、その他の多くの論書など、すべて漢訳でも「……捨二此彼一」とある。村上・及川本(一)（五五―五六頁、六七―六八頁）参照。

岩波本では「この世とかの世をともに捨てる」とある。これは *Pj.* による一つの解釈である。すなわち ora（この世）、pāra（かの世）と解する。なお *Pj.* のもう一つの解釈は、「劣った此の岸」と読む。そして、この場合 pāra は tīra（岸辺、水際）の名だと断わっている。なお、参考までに、たとえば G. 779 には、「この世も、か〔の世〕をも願い求めない」(nāsiṃsati lokaṃ imaṃ parañ cā ti) という文言もある。

という形容詞とみていると思われる。ただし、これはブッダゴーサ（Buddhaghosa）が ora-pāra と語分解したうえでの解釈であろう。ora（此の岸）＋pāra（彼の岸）でもよいが、訳者はこれとは別に ora＋apāra＝orapāra とみて、「劣った此の岸」と解することができると思われる。Skt. の連声（saṃdhi）では ora＋apāra＝orāpāra となるべきところであるが、パーリ語では ora＋apāra＝orapāra であるからである。*Sn.* には pāragāmin, pāragū（彼の岸に行く）、pāragata, pāraṃgata（彼の岸に行った）、pāraṃgamana（彼の岸に至る、到彼岸）などの用語があり、それらの多くはいずれもアルダマーガディー語に共通する古語である。此の岸を捨て彼の岸に到達するのが仏教の究極の理想とするところであるから、此の岸を捨て彼の岸におもむくと解すべきではなかろうか。たとえば、『ウダーナ・ヴァルガ』に次のような用例がある。

Udv. 32. 63

yas tūpatitaṃ nihanti dveṣaṃ
visṛtaṃ sarpaviṣaṃ yathauṣadhena/
sa tu bhikṣur idaṃ jahāty *apāram*
hy urago jīrṇam iva tvacaṃ purāṇam//

蛇の毒が〔体に〕まわるのを薬草で抑えるように、憎悪が生じたのを抑えるかの行乞者は、此の岸（apāra）を捨てる。あたかも蛇がそれまでの古い皮を〔脱ぎ捨てる〕ように。

右の「かの行乞者は、此の岸を捨てる」とあるのが参照されるべきである。これによってみても ora＋apāra と語分解すべきであろう。なお、参考までに、G. 1129, gacche pāraṃ apārato「此の岸から彼の岸に行くであろう」。G. 1130, apārā pāraṃ gaccheyya . . . maggo so pāraṅgamanāya, tasmā Pārāyanaṃ iti「此の岸から彼の岸に行くであろう。それは彼の岸に行くための道である。それ故に、彼の岸への道という」の文言があるのを指摘しておく。

（10）あたかも蛇が―urago . . . iva. 蛇の脱皮の喩えは『ブリハドアーラニヤカ・ウパニシャッド』などにみえる。
tadyathā 'hinirvlayanī valmīke mṛtā pratyastā śayītaivam evedaṃ śarīraṃ śete, athāyam aśarīro 'mṛ

taḥ prāṇo brahmaiva teja eva (*Bṛhad Up.* 4. 4. 7).
たとえば蛇のぬけがらが蟻塚において死んで棄てられて横たわるように、まさにその身体は横たわる。だが、それは身体がなくて不死であり、プラーナ（生気）であり、梵にほかならず、光そのものである。

また、次のような喩えも指摘される。

yaḥ punar etaṃ trimātreṇ 'oṃ ity etenaivākṣareṇa paraṃ puruṣam abhidhyāyita sa tejesi sūrye saṃpannaḥ. yathā pādodaras tvacā vinirmucyata evaṃ ha vai sa pāpmanā vinirmuktaḥ sa sāmābhirunnīyate brahmalokaṃ sa etasmāj jīvaghanāt parāt paraṃ puriśayaṃ puruṣam īkṣate. tad etau ślokau bhavataḥ (*Pra Up.* 5. 5. 5).

また、ア（a）、ウ（u）、ム（m）〔の三字〕によるオーム（oṃ）という、まさにこの字音によって最高のプルシャ（＝原人）を念じる者は威光が太陽において成就する（＝太陽に等しい威光をそなえる）。あたかも蛇が皮から脱け出すように、そのようにまさに彼は罪悪から免れ、彼はサーマ・ヴェーダによって梵界に導かれる。彼はこの広大な生けるものの高さより高い城砦にこもるプルシャを見る。ここに二つの詩がある。

蛇の脱皮が再生もしくは永遠の生命を象徴することは、G. 1〜17の反復する文言に含まれているのに注意すべきであろう。これについては『著作集』第一巻、八九、三五六、四一二、四一六、四二八頁参照。なお、ナーガの用例は、G. 522, 543, 573, 845, 1058, 1101 参照。

二（11） 貪り—rāga. 激しい欲望。やや後には三毒煩悩として貪欲（rāga）・瞋恚（dveṣa）・愚痴（moha）にまとめられるものの一つ。インドの哲学諸派にも影響を与えた。G. 11, 74, 204, 270, 271, 341, 361, 364, 370, 476, 493, 631, 764, 795, 891, 1046 参照。ジャイナ教の聖典では *Utt.* 32. 9に rāgaṃ ca dosaṃ ca taḥ' eva mohaṃ とある。

三（12） 急流—sīghasara. 渇望（taṇhā）を急流に喩える。それを干上がらせるという表現に注意したい。

（13） 渇望—taṇhā, Skt. tṛṣṇā. 漢訳、渇愛、愛など。喉が渇いて水を飲みたいときのようにどうにも抑えることのできない激しい欲望。G. 70, 83, 306, 339, 355, 495, 496, 640, 740, 741, 746, 776, 854, 856, 916, 1068, 1085, 1101, 1103, 1109, 1123, 1137, 1139, 1141 参照。

四（14）大激流─mahogha. 激流（ogha）の喩えは*Sn.* に多い。そして、これはジャイナ教にも共通する。たとえば盗賊で殺人鬼であったが、釈尊に帰依したアングリマーラ（Aṅgulimāla）の唱えた感興詩（Udāna）に次の一句がある。

Vuyhamāno mahoghena Buddhaṃ saraṇam āgamam（*MN.* II. p. 105）.

大激流に運び去られながら〔わたくしは〕目覚めた者に帰依したのです。

これに相当する漢訳は四本あるが、同一の文言のあるのは、次の箇所だけである。「浚流之所ㇾ漂　三帰制令ㇾ息」（『雑阿含経』大正、二・二八一頁中）。G. 21, 173, 174, 178, 183, 184, 219, 273, 471, 495, 538, 771, 779, 823, 1052, 1059, 1064, 1069, 1070, 1081〜1083, 1092, 1093, 1101. 煩悩の流れ(sota)は、G. 1034, 1035参照。G. 174にはoghaṃ tarati duttaraṃ「渡り難い激流を渡る」とある。同じくたとえばジャイナ教の*Sūy.* 1. 11. 1にもohaṃ tarai dutaraṃ「渡り難い激流を渡る」という全く同じ表現がある。

（15）葦の〔生える〕堤防─naḷasetu. 激流と葦の堤防の喩えは、古く『リグ・ヴェーダ』にみえる。

nadaṃ na bhinnam amuyā śayānaṃ mano ruhāṇā ati yanty āpaḥ（*RV.* 1. 32. 8）.

あたかも〔激流で〕断ち切られた葦の〔生えた堤防を水が破って越えてゆく〕ように、そのように〔落ちて死んで〕横たわるもの（＝ヴリトラ Vṛtra. 水の流れをせきとめる蛇状の悪魔）を乗り越えて水はマヌ（Manu. 人類の始祖）のために流れゆく。

〔 〕はサーヤナ（Sāyaṇa）の註を参照して補訳したが、これによってみるとG. 4は「葦の橋」ではなく「岸辺に葦の生える堤防（kūla）」と解するのがよいと思われる。

なお、葦の〔生えた〕堤防（naḷasetu）について岩波本（二四八頁）に葦（naḍa）とあるのは古典Skt. だからV Skt. のnadaに訂すべきである。setuには橋と堤防（正確にいえば土手道）との二つの意味がある。岩波本（二一頁、四・二四八頁、註四）のように「葦の橋」だとすれば、葦で作った橋を連想し、具体的にイメージしにくい。土手道（causeway）は当然、堤防が予想される。ここは大激流によって、葦の生えている脆弱な土手道、すなわち堤防が決壊すると解しておきたい。

四（16） 慢心―māna, Skt. 同じ。アルダマーガディー語は māṇa. 漢訳、憍慢、高慢、我慢など。おごり高ぶる心。G. 132, 245, 328, 342, 370, 469, 473, 631, 786, 830, 846, 862, 863, 889, 943, 1132 参照。

五（17） 無花果―udumbara. 漢訳、憂曇華。桑科の無花果《いちじく》の一種。学名、Ficus Glomerata. 三千年に一度だけ花が咲き、とくに如来または転輪聖王が出現するときに咲くと言い伝えられる。

（18） 生存―bhava. Skt., アルダマーガディー語ともに同形。漢訳、有《う》。現実生存の意。G. 16, 69, 175, 176, 361, 367, 472, 514, 639, 640, 736, 746, 764, 773, 776, 777, 836, 839, 856, 1046, 1055, 1133 参照。

（19） 堅牢〔不変〕なもの―sāra. 本性の意。*Pj.* は常住性（niccabhāva）と解する。

六（20） 〔世俗の〕是非判断―itibhavābhavatā. 文字どおりには「……と、このようになる、〔このように〕ならないこと」の意。是非判断をともなう世間（世俗）の議論や論争をさす。

七（21） 思念―vitakka, Skt. vitarka. アルダマーガディー語もパーリ語と同形。vitarka の漢訳は尋。尋は小乗アビダルマ教学では伺（vicāra）と併称されて、詳細に考察されている。やや後の部派仏教では尋は対象を大ざっぱに考察すること、伺は対象をできるだけ細かく考察するはたらきだとされる。が、ここでは vitakka は英語の reflection, thought, thinking（*PED*. p. 620）が適訳である。

八（22） 行き過ぎることもなく、遅れ過ぎることもなく―yo nāccasārī na paccasārī. *Pj.* によると走り過ぎもせず、落後もせずということで、精進し過ぎると心が浮きたって行き過ぎる、ゆっくりし過ぎて怠けると遅れてしまう意。そのように生存に対する渇望で疲れて行き過ぎたり、渇望のために欲望の快楽に溺れて遅れてしまう云々とあり、結局、中道を歩んで、行き過ぎることもなければ遅れ過ぎることもない人ということである（取意）。

（23） 妄想―papañca, Skt. prapañca. pra-√pañc に基づく名詞。意味は前方に進んで広げる、という動詞の派生語。漢訳は戯論で、後代では無益な議論をとりとめもなく広げること（大乗仏教の『中論』やヴェーダーンタ学派の用語）。ここでは illusion, obsession が適訳。初期仏教では一般に用いられ、ジャイナ教のアルダマーガディー語も同形の papaṃca. 意味も同じである。G. 874 参照。

九（24） 「この〔世の〕すべては虚構である」―sabbaṃ vitatham idan ti. このすべて（sabbaṃ . . . idan ti）は *Pj.* に

よると、「この」（idam）とはまさしくこのすべてを直接体験したものとして示して述べたのである、と。vitatha（虚構）は Skt. も同形。アルダマーガディー語は vitaha. また G. 10〜13 vitatha は、vi（異なって）-tatha（=tathā. そのとおりの、真実な、の形容詞形）と語分解され、そのとおりでないもの、非真実を意味し、虚構、虚偽の意。*Āyā.* 1. 2. 3. 8 参照。

一二（25）貪り—rāga. G. 2 参照。以下、引き続き、G. 12, 13 でそれぞれ怒り（dosa）、愚かさ（moha）のいわゆる三毒煩悩が説かれる。G. 469, 494 参照。

一四（26）潜在的な煩悩（=随眠）—anusaya, Skt. anuśaya. 漢訳、随眠。悪い傾向、性向という意味で、潜在的な煩悩をさす。G. 342, 369, 545, 571 参照。アルダマーガディー語は aṇusaya でパーリ語と同語なるも、仏教用語と同じ意味ではなく、(1)高慢、(2)懺悔の意。

（27）もろもろの不善の根—mūlā akusalā. akusala は Skt. akuśala. 初期仏教では多義の用法がある。ここでは善（kusala）に対する不善（akusala）で、すなわち悪。*Pj.* は不善を安穏でない意に解する。また同じく、根（mūla）というのは三毒煩悩の行相《かたち》にしたがう意とする。

一六（28）〔欲望の〕叢林より生ずる—vanathaja. vanatha には叢林（森林）と欲望との二義があるので、欲望をはびこる叢林、すなわちはびこる茂みに喩えたもの。*Dhp.* G. 283 参照。

一七（29）五つの覆いを—nīvaraṇe . . . pañca. 漢訳、五蓋（貪欲蓋・瞋恚蓋・惛沈睡眠蓋・掉挙蓋・疑蓋）。これらは心を覆っている五種の煩悩で、(1)貪り、(2)怒り、(3)身心の落ち込みと随眠、(4)心に落ち着きがないことと心悩ませること、(5)疑い深いこと。

（30）惑いを超え—tiṇṇakathaṃkatha. ジャイナ教でも全く同じ表現がある。tiṇṇe chinnakahaṃkahe. *Āyā.* 1. 8. 6. 5, 1. 8. 7. 5 参照。

二、ダニヤの経

（1）ダニヤの経—*Dhaniya-sutta.* 釈尊と牧牛者ダニヤとの対話。時は雨期がくる直前である。最後に悪魔パーピマンと釈尊との一問一答で結びになる。最初期に在家の者がどのような釈尊の教法に心打たれて仏教信者になったかをうかがうことができよう。

一八（2）ダニヤ―Dhaniya. Dhaniyaという人名をリューダース（H. Lüders）は東部古代インド語の影響を受けた語で、Skt.ではdhanika（dhanaすなわち財物ある者）となるという（*Beobachtungen*, §90. S. 79）が、これはそうではなく、アルダマーガディー語のdhaṇiya（富める者）に対応すべき語で、富裕な牧牛者の通称とみるべきである。

（3）マヒー河―Mahī. マヒーは大河の意で、固有名詞ではないというのがノイマン（K. E. Neumann）の説である。しかし、五大河（Gaṅgā, Yamunā, Aciravatī, Sarabhū, Mahī）の一つでガンジス河北方にある支流の一つ。漢訳、摩醯、摩企、莫醯。*AN.* IV. p. 101, *SN.* II. p. 135, *Vin.* II. p. 237などにみえる。後の*MBh.*や*Hari.*などにも。なお玄奘の『大唐西域記』（大正、五一・九三五頁下、九三六頁下）にも西インド・アヴァンティ地方の西方の莫醯河として記録し、古来、仏教の盛んな地方であったことが知られる。部派仏教の一派の化地部（Mahīśāsaka-vādin）は、この地方にちなむ部派名とみられる。

（4）神よ、ときに、もしお望みとあれば、雨を降らせたまえ―atha ce patthayasī, pavassa deva. ダニヤの経は牛飼いのダニヤと世尊との間に取り交わされる問答で、G. 18～29まで、この文言が繰り返される。ときは雨期（varṣā）に入る直前である。雨期は毎年六月半ばから約三か月間余り、十月の終わり頃まで続く。この季節は南西から東北に吹く季節風によって、とくにガンジス平原に多量の降雨があって、河は増水し氾濫する。この激しい流れをオーガ（ogha）という。漢訳、暴流《ぼる》。G. 21に「激流に打ち克って〔河を〕渡りきり、彼の岸（＝理想）に到達した」（tiṇṇo pāragato vineyya oghaṃ）、またはG. 32に「生死〔を超えたところ〕の彼の岸に到達し」（jātimaraṇassa pāragū）とあるのも、この季節が背景になっている。なお、暴流は後の部派仏教のアビダルマ教学では煩悩（kleśa）の別名だが、これは初期仏教以来の概念。大乗の唯識派ではアーラヤ識の連続のことをいう。

一九（5）小さな家―kuṭi. kuṭiは自体（attabhāva）または身体（deha）。*Pj.*によると、家が木材などからできていて「家」という名があるように、骨などによってできていて身体という名があるから、身体を小さな家に喩える、と。

また覆いとは渇望、慢心、誤った見解という屋根で人びとを覆っていることだと解する。火（gini＝aggi）は貪りなどの十一火、すなわち貪（rāga）・瞋（dosa）・痴（moha）・生（jāti）・老（jarā）・死（maraṇa）・愁（soka）・嘆（parideva）・苦（dukkha）・憂（domanassa）・悩（upāyāsa）。*Vin.* I. p. 34 その他参照。

これらのうちで、三毒煩悩はとくに貪火・瞋火・痴火の三火をいう。バラモン教では火（aggi）を神聖視して、神として祀るのに対して、初期仏教では火を煩悩に喩えているのは極めて対照的である。後代の密教における護摩では薪を煩悩に、火を智慧に喩える。これについては『著作集』第一巻、四七八―四七九頁参照。

二二（6）激流に打ち克って〔河を〕渡りきり、彼の岸（＝理想）に到達した―tiṇṇo pāragato vineyya oghaṃ. G. 1096, 1101 参照。本書の他の箇所で激流は生死、老死、煩悩、輪廻など、さまざまなものに喩えられる。G. 4, 173, 174, 178, 183, 184, 219, 273, 471, 495, 538, 771, 779, 823, 1052, 1059, 1064, 1069, 1070, 1081〜1083, 1092, 1093.

二五（7）わたしは誰にも雇われていない―Nāhaṃ bhatako 'smi kassaci. 当時の雇用関係については『著作集』第二巻、三八、九二頁参照。

二六（8）〔まだ馴らされていないが成長した〕子牛たち―vasā. vasā は *Pj.* によるとまだ訓練されていない年長の子牛である。

（9）乳を飲む幼い牛たち―dhenupā. *Pj.* によると、牝牛について「乳を飲んでいる子牛」または「乳を与える牛」のことであると解する。

二八（10）ムンジャ草―muñja. 学名 Saccharum Sara または Munja. 葦の一種。インドの各地で見られる。三四一頁参照。

（11）乳を飲む幼い牛たち―dhenupā. ここは、あるいは乳を飲ます母牛かもしれない。dhenupā（乳を飲ます母牛）は女性名詞の単数・複数ともに主格は dhenupā. ただし sakkhinti（……することができる）が三人称・複数なので dhenupā という主語も複数でなければならない。ところが、dhenupā を乳を飲む子牛の意味にとってもその男性・複数・主格である。dhenupā を受ける動詞も同じく sakkhinti であるからである。しかし、離乳期の子牛とすれば母牛を繋ぐとも思われる。

二八（12）できない〔でしょう〕―na hi sakkhinti. na hi sakkhinti を *Pj.* は「できないでしょう」(na hi sakkhissanti) と未来形に読む。B[i] も同じ。

二九（13）クサカズラを―pūtilataṃ (←pūtilatā). 学名 Coccolus Cordifolius あるいは Galoci. これと同一の詩句は *Mil.* p. 369 にもみえる。

三二（14）眼あるお方よ―cakkhuma. アルダマーガディー語は cakkhumaṃta, Skt. cakṣuṣmat. 仏教、ジャイナ教を通じて、当時の宗教的聖者の呼称。cakkhuma は cakkhumant の男性・単数・主格。G. 160, 161, 405, 541, 562, 570, 596, 706, 956, 992, 993, 1028, 1116 参照。*Dhp.* G. 273, *It.* 108, 115, *AN.* I. p. 116, 124, IV. p. 106, *Vin.* I. p. 16 など

（15）教師―satthar, V Skt. śāstṛ, アルダマーガディー語は satthāra. G. 153, 179, 343, 345, 545, 547, 556, 571, 573, 955, 1148 参照。

（16）偉大な聖者―mahāmuni. Skt. も同じ。アルダマーガディー語も mahāmuṇi. 聖者を意味するムニ (muni 漢訳、牟尼）は非ヴェーダ・アリアン系の宗教者の呼称で、仏教、ジャイナ教に共通する。本書には muni の用例が多い。G. 83, 87, 163A〜165, 207〜221, 251, 359, 414, 462, 508, 523, 527, 540, 541, 545, 571, 698, 700, 703, 708, 711, 723, 779, 780, 809, 811, 812, 821, 823, 838, 844, 845, 850, 860, 877, 912, 914, 941, 946, 1052, 1074, 1075, 1077, 1078, 1081, 1090, 1091, 1127, 1147, *Utt.* 1. 36. 24, 13. 29. 1, *Āyā* 1. 1. 1. 13, 1. 2. 6. 99 など参照。

三三（17）善く行ける者（=善逝）―Sugata, Skt. 同形。漢訳、善逝。よく〔彼の岸に〕到達した者の意。アルダマーガディー語は sugaya. 仏教ではいわゆる如来の十号の一つで、釈尊の尊称。ジャイナ教では仏教の開祖釈尊に固有の呼称として用いられ、宗教的聖者の一般的な呼称ではない。

（18）清らかな行ない―brahmacariya, Skt. brahmacarya. アルダマーガディー語は baṃbhacara. 漢訳、梵行。バラモン教では本来、ヴェーダ聖典の読誦、学習を意味し、さらに独身を守る宗教的生活を意味したのを仏教で独自の「清らかな行ない」の意に転釈したもの。G. 274, 289, 292, 294, 326, 354, 396, 428, 463, 566, 567, 655, 693, 696, 1128 参照。

（19）生死〔を超えたところ〕の彼の岸に到達し―jātimaraṇassa pāragā. 彼の岸に到達するという比喩は宗教的な

理想の境地を実現することで、仏教とジャイナ教に共通して認められる表現。生死は激流〈=暴流、一八（4）参照〉に喩えられるから、生死の激流を渡って彼の岸に到達することを「生死の彼の岸に到達し」といったのである。pāraga の類語に pāragū, pāragata, pāraṃgata, pāragāmin などがある。本書解説、四七六―四八〇頁参照。

三三（20）悪魔のパーピマン―Māro pāpimā（←pāpimant）. Māro（Māra 悪魔）は語源√mṛ 死ぬに基づく。死に誘う者、死魔。Māra は、G. 429〜431, 442, 545, 561, 563, 571, 733, 764, 1095, 1103 参照。死魔パーピマンについては *MN*. I. p. 227, T. O. Ling: *Buddhism and the Mythology of Evil*. London 1962, p. 47, 56, 105 参照。

（21）〔生存の〕依りどころ―upadhi. 語源は upa-√dhā, B Skt. upadhi. 音写語は優波提、漢訳は依著、所依であるから、依りどころの意であるが、とくに、生存の依りどころというのは再生の基礎になり、または再生にまといつく執着のもとになる煩悩、渇望、欲望などをさすからである。*Pj.* は欲望（kāma）・蘊（khandha）・煩悩（kilesa）・潜勢力（abhisaṅkhāra 行作）の四つを挙げ、ここでは欲望の意味であるとする。G. 364, 374, 546, 572, 728, 1050 に用例がみられ、仏教に固有の用語である。

三、犀の角の経

（1）犀の角の経―*Khaggavisāṇa-sutta*. 各詩句の終わりに「犀の角のように一人で歩むがよい」とあるように、釈尊が自立的な生き方とはどのようなものであるかを犀の角のようにという喩えをもって説いたものである。

三五（2）生けるもの―bhūta. 存在する（√bhū）という動詞の過去受動分詞で、生きとし生けるもの、生きものをさす。G. 146, 147, 154, 155, 394, 629 参照。

（3）暴力―daṇḍa. 原語は棒、杖の意味がある。刑杖あるいは軍棒。一般に武器、さらには暴力をいう。ここには釈尊の非暴力主義が明確に打ち出されている。「すべての者は、暴力に怯《おび》える。すべての者は死を恐れる。自分に引き比べて殺してはならぬ。人をして殺させてはならぬ（*Dhp.* G. 129）」「すべての者は暴力に怯える。生はすべての者が愛好する。自分に引き比べて殺してはならぬ。殺させてはならぬ（*Dhp.* G. 130）」（拙著『暮らしのなかの仏教箴言集』ちくま学芸文庫、一三九―一四〇頁参照）。*Dhp.* G. 129, 130 と異なる点は、殺すのを傍観していてもいけないという文言が加わっていることである。daṇḍa のさまざまな語義の用法については、G. 312, 394, 629, 630, 935（atta daṇḍa）参照。

三五（4）犀の角—khaggavisāṇa. 一角獣の犀の角を喩えにしたもので、以下 G. 75 までにわたって「犀の角のように一人して歩むがよい」と繰り返す。

三六（5）愛着—sneha. 執著するという動詞√snih に基づくが、本来は油に濡れてぬるぬるになる意で、恩愛の情が断ち切りがたくなること。sneha＝sineha. sineha はアルダマーガディー語も同形。

四二（6）危難—parissaya, B Skt. pariśraya, parisrava. アルダマーガディー語で同じ意味をもつ parissava に相当する。G. 45, 770, 921, 960, 965, 969, *Āyā.* 1. 2. 4. 130 参照。

四四（7）コーヴィラーラ樹—koviḷāra, Skt. kovidāra. 学名 Bauhinia Variegata. 黒檀の木をさす。

（8）勇者—vīra. 初期仏教の時代の種族社会における宗教者の呼称で、尊敬の意をこめる。仏教、ジャイナ教に共通の用語。ジャイナ教の教祖ヴァルダマーナ（Vardhamāna）も偉大な勇者（Mahāvīra）と呼ばれる。G. 543, 573, 642, 646, 1096, 1102 参照。

四五（9）正しい想念を保ち—satimā（←satimant）. sati は Skt. smṛti（記憶）に相当するが、パーリ語の sati はとくに正念すなわち正しい想念を意味する。G. 70, 77, 88, 174, 212, 411, 446, 503, 515, 974, 975, 1036, 1054, 1070 など参照。

四七（10）過ち〔の心〕なく—anavajjabhojī. *Pj.* は怒りや迎合する心を生ずることなくと解する。

四八（11）黄金の二つ〔の腕輪〕—suvaṇṇassa . . . duve. これは仲間と二人でいる喩えで、そうした仲間といることを戒めて次の G. 49 を説いている。

五〇（12）欲望—kāma. 動詞の√kam（欲する）に基づく名詞で、狭義には男女間の愛欲をいうが、一般には人間のあらゆる欲望を意味する。このほかに、kāma の用例は G. 51, 60, 139, 160, 161, 166, 175, 176, 239, 243, 272, 284, 315, 337, 359, 361, 423, 424, 435, 436, 464, 467, 497, 639, 766〜769, 771〜774, 823, 844, 857, 940, 945, 1039, 1041, 1046, 1070〜1072, 1088, 1089, 1096, 1097, 1106, 1131 参照。

（13）欲望の対象—kāmaguṇa. guṇa を種類の意味にとるむきもあるが、次詩を含めたここのコンテキストの場合、対象でなければ意味をなさない。

五一 (14)〔煩悩の〕矢―salla. 初期仏教と初期ジャイナ教では、煩悩を毒矢に喩える。仏教では『中阿含経』(大正、一・八〇四頁上―八〇五頁下)、*MN.* I. pp. 426〜431の「箭喩経」の喩え話がよく知られる。G. 331, 334, 592, 593, 938, 939 参照。

五二 (15) これらすべてのものを克服して―sabbāni p' etāni abhisambhavitvā. これを修行者の苦行と解するむきもあるが、苦行というのは人為的な禁欲主義であるから、寒暑、飢渇などをしのぐことは、ことさらに苦行とはいえない。

五三 (16) 蓮〔の花のような斑点〕を有する―padumi. この解釈はさまざまで、従来、「蓮華のようにみごとな」とか「蓮華のように美しい」などの訳がある。が、蓮華の比喩契機が象と結びつかず、意味不明である。ファウスベール(Fousböll)の spotted(斑点のある)という意味を採るのがよい。蓮の花のような斑点のある雄象については、砂本悦二郎著『象』(世尊普賢会出版部、一九三一年)参照。

五四 (17) 僅かな間の解脱に―sāmayikaṃ vimuttiṃ. *Pj.* によると世間定(lokiya-samāpatti)のことである。それは精神統一したときだけ障害(paccanika)から解き放たれるからである、とする。vimutti(解脱)についてはG. 73, 725, 727 参照。

(18) 太陽神の親族(＝日種)―Ādiccabandhu. 釈迦族の呼称であり、ここでは釈迦族出身の釈尊をさす。ヒンドゥー教のプラーナ文学(Purāṇa)では古代インドに日種王統(Āditya-vaṃśa)と月種王統(Candra-vaṃśa)との二つの王統があったというが、多分に神話的な伝承であろう。*Pj.* II. p. 105 に paccekabuddha(独覚)とあるので、ここでは釈尊も独覚の一人で、独覚の実践する道を教えている、と解するむきもあるが、*Pj.* の解説そのものがよくない。釈尊は独覚とは無関係である。なお、Ādicca については、G. 423, 540, 915, 1128 参照。

五五 (19)〔矛盾した、すなわち誤った〕見解―diṭṭhi. Skt. の dṛṣṭi に相当する語で、漢訳では邪見、悪見、妄見などの訳語があるように、誤った見解、謬見の意味に用いられる場合が多い。単なる哲学的見解であれば dassana, Skt. darśana. 漢訳は正見である。この両語は明確に区別して用いられているのに注意。G. 116, 243, 474, 781, 785, 787,

796, 799, 800, 802, 832〜834, 836, 837, 839〜841, 846, 847, 851, 878, 880, 882, 895, 908, 910, 911, 913, 1117, 1119 参照。

五五 （20） 確定—niyāma. *Pj.* によると本性上悪しきところ（＝悪趣）に堕ちないことと等覚の究極に到達することが確定することと解する。

五八 （21） 〔真実を〕多く聞いて—bahussuta. 漢訳、多聞。多くを聞くということは、極めて重要な意味をもつ。古代インドの場合、宗教や文化一般が伝承を基盤として成立していたからである。

（22） 教法を身につけ—dhammadhara. dhammaは、この場合、釈尊の教えであり、それは真実なものとして仏教徒は受け取ったのだから、訳者は教法と訳した。dhammaをたとえばtruthと訳すヨーロッパの東洋学者たちにしたがって、従来わが国では真理の語を用いるが、dhammaを単に真理と訳すと、客観的なものの存在のように誤解される恐れがあるように思われる。

（23） もろもろのためになること—atthāni. リューダースによると、その原語atthāniは男性・複数・対格であり、古アルダマーガディー語の語形である（H. Lüders: *Philologica Indica.* S. 288 f.）と解する（岩波本、二六一頁、註五八）が、この場合のatthaは中性であるから、その複数・対格はatthāniであって、アルダマーガディー語の語形だとする必要はない。なお、atthaはSkt. arthaに相当し、arthaもヴェーダ・サンスクリット語（V Skt.）の語形は中性である。

六一 （24） 智慧者—mutīmant〔＝matimant〕. mutīmantについてはG. 321, 385, 539, 881 参照。

（25） ここには—ettha. *Pj.*によると、五種すなわち眼・耳・鼻・舌・身の五官の欲望の対象である。pañca-kāmaguṇaの漢訳は五欲楽。

（26） これは釣針である—galo eso. *Pj.* によると「これ」とは五種の欲望の対象のことであり、釣針はこれ、すなわち餌をみせつけてひっかけるものである（取意）。なお、B^a gaṇḍo（腫物）、B^i gaṇṭho（意味不詳）。gaṇṭhikā〔結び目〔輪〕をつくる〕と関連があるか。

六二 （27） 〔煩悩の〕結縛—saṃyojana. アルダマーガディー語はsaṃyojaṇa. 後の教学では、結縛は煩悩の異名。G. 74,

175, 363, 375, 476, 491, 492, 621, 736, 1108, 1109 参照。

六四（28）パーリチャッタ樹—pārichatta, Skt. pārijāta.　漢訳音写語は波利質多（樹）。学名 Erythrina Indica.　落葉樹なので、もろもろの特相を取り去った出家者を喩えたもの。コーヴィラーラ樹のことだとして説明する場合もある。G. 44 参照。

六六（29）心の五つの覆い—pañcāvaraṇāni cetaso.　漢訳、五蓋。一七（29）参照。

（30）随伴する煩悩（＝随煩悩）—upakkilesa, Skt. upakleśa.　漢訳は随煩悩、他に小煩悩、随惑など。以前の煩悩にしたがって新たに生ずる煩悩。

六七（31）放棄（＝捨）—upekhā, Skt. や B Skt. upekṣā.　アルダマーガディー語は upehā.　漢訳、捨。G. 73, 972, 1107 参照。

（32）静安（＝止）—samatha, Skt. śamatha.　漢訳、止。のちに止観（śamatha, vipaśyanā）として説かれ、中国およびわが国の天台宗の実践徳目として重要な用語になる。

六八（33）最高の目的—paramattha, Skt. paramārtha.　漢訳、第一義、勝義。*Pj.* は涅槃（nibbāna）の意であるとする。

六九（34）独坐と瞑想とを捨てず—paṭisallāṇaṃ jhānam ariñcamāno. paṭisallāṇa の類語にアルダマーガディー語の paṭisaṃlīṇa, paṭisaṃlīṇayā があり、jhāna（禅定、禅）はアルダマーガディー語は jhāṇa.

（35）生存—bhava.　漢訳、有。五（18）参照。

七〇（36）渇望—taṇhā, Skt. tṛṣṇā.　漢訳、渇愛、愛。

（37）自制し—niyata, Skt. 同じ。ni-√yam（制御する、抑止する）に基づく過去受動分詞。アルダマーガディー語は niyaya.

七一（38）ライオン—sīha.　この喩えは、G. 213 参照。釈尊をライオンに喩えるのはほかに AN. II. p. 24, III. p. 122, SN. I. p. 28, *It.* 123 など参照。*Utt.* 21. 14 には、sīho va saddeṇa saṃtasejjā とある。

七三（39）慈しみ—mettā, Skt. maitrī, B Skt. maitrā.　漢訳、慈。G. 967 参照。

（40）捨て去ること—upekhā, B Skt. upekṣā.　漢訳、捨。

七三（41）憐れみ―karuṇā, Skt. 同形。漢訳、悲。

（42）解脱―vimutti, Skt. vimukti. 漢訳、解脱。

（43）喜び―muditā, Skt. muditā. 漢訳、喜。

（39）～（41）、（43）には、後の慈・悲・喜・捨の四無量心（＝四梵住）の原形が認められる。ただし、悲（karuṇā）と喜（muditā）とは、この詩句にみられるだけである。

（44）あらゆる〔生存するものの〕世界によって妨げられず―sabbena lokena avirujjhamāno. *Pj.* は十方におけるあらゆる生存するものの世界（sattaloka）と解する。生存するもの（生けるもの）の世界というのは、漢訳では有情世間あるいは衆生世間（sattvaloka）で、地獄・餓鬼・畜生・阿修羅・人・天の六道。これに対して、生存するものが住んでいる自然界のことを器世間（bhājanaloka）という。

四、耕作者バーラドヴァージャの経

（1）耕作者バーラドヴァージャの経―*Kasibhāradvāja-sutta.* Bhāradvāja はバラモンの十姓の一つに数えられる名門。この「耕作者バーラドヴァージャの経」は、ジャイナ教の古経典『イシバーシヤーイム』（*Isibhāsiyāiṃ.* Chap. 26, p. 529）にも伝えられ、このほうが古形を保つ。仏教、ジャイナ教の興起以前から存して人口に膾炙され、それが両教に伝えられたであろうと夙に指摘されている（Seiren Matsunami: *Buddhist Variants of Two Portions of the Isibhāsiyāiṃ.*「印仏研」九―二、一九六一年、一六―二〇頁）。訳者はこれによってみても、仏教、ジャイナ教に伝えられる以前の共通の源泉として、種族宗教があったと考える。

散文（2）南方の山―Dakkhiṇāgiri. *Pj.* によると、マガダ（Magadha）の首都ラージャガハ（Rājagaha 王舎城）を取りかこむ丘陵の南側にあった村落がエーカナーラ（Ekanāḷa）だという。

（3）ゴータマ―Gotama.「最上の雄牛を持つもの」の意で、釈迦族の中のゴータマ氏族。ここではその氏族出身の釈尊をさす。G. 1136～1138, 1140. アーラヴィ（Āḷavi）のゴータマは G. 1146. なお、ゴータマの教え（Gotama-sāsana）については G. 1084, 1135, 1143 参照。

（4）詩句―gāthā. V Skt. もアルダマーガディー語も同形。漢訳、句、頌、諷頌。音写語、伽陀、迦陀など。仏教やジャイナ経の経典の詩句的な部分。サンスクリットの詩の韻律では一般にはアーリヤー（Āryā）調に相当する。

七七 （5）信仰―saddhā. アルダマーガディー語もパーリ語と同形。V Skt. śraddhā. 漢訳は信、信受、正信、浄信、信解など。G. 90, 182, 184, 286, 337, 432, 1026, 1143, 1146 参照。

（6）苦行―tapo, Skt. tapas. アルダマーガディー語は tava. ジャイナ教などの身心を苛酷に修練するいわゆる苦行主義ではなく、抑制、自制などの意に仏教的に転釈しているのに注意されたい。tapa（tapo）については G. 249, 267, 292, 655, 901 参照。

（7）智慧―paññā, Skt. prajñā. 漢訳、般若。アルダマーガディー語は paṇṇā. G. 83, 90, 182, 184〜186, 329, 330, 343, 346, 352, 373, 381, 390, 432, 434, 443, 468, 591, 847, 880, 881, 931, 969, 1036, 1090, 1091 など、その用例は多い。大乗仏教では般若を主題とした般若経典群があるのは周知のとおりである。哲学用語として prajñā が使用されるようになったのは古期ウパニシャッド（前七世紀）の頃からである。

（8）慚―hiri, Skt., B Skt. hrī. アルダマーガディー語は hirī. G. 133, 253, 462, 719.

（9）意―mano（manas）, Skt. manas. アルダマーガディー語は maṇo. G. 154, 155, 252, 270, 271, 330, 365, 388, 470, 512, 660, 678, 680, 689, 766, 780, 834, 889, 942, 967, 985, 1004, 1005, 1024, 1039, 1142, 1144 参照。

（10）正しい想念―sati, Skt. smṛti. 四五（9）既出。アルダマーガディー語は sati. 単なる想念ではない点に注意されたい。G. 340, 434, 444, 1026, 1035, 1036, 1107, 1143 参照。

七九 （11）全き安穏の境地（＝涅槃）―yogakkhema. これに相当する V Skt. の yogakṣema は *RV.* 10. 166. 5, *TS.* 7. 5. 18. 1, *TB.* 3. 8. 13. 3 などにもみえる。本来は繁栄の意。yogakṣema の語形は B Skt. も同じ。仏教では涅槃、解脱の意に用いられる。その用例は多い。*MN.* I. p. 117, 349, 357, *SN.* I. p. 173, II. p. 195, *Divy.* p. 98, 123, 303, 498 など。

八〇 （12）甘露（＝不死）―amata, Skt. amṛta. ヴェーダ神話ではソーマ（soma）の酒。*RV.* 8. 48. 3. 仏教では涅槃の意。アルダマーガディー語もパーリ語と同形で、不死を意味するが、仏教のように涅槃の意味に用いない。なお、甘露は真諦の訳語。G. 204, 228, 453, 635, 960. 雲井昭善「不死（amṛta）の世界とそのめざすもの」（『仏教興起時代の思想研究』〈平楽寺書店、一九六七年〉）二六〇―二六五頁参照。

〈一〉（13）詩句を唱えて―gāthābhigītam. バラモンは詩句〔＝ヴェーダ聖典の讃歌〕を唱えることによって供物を得る（*Ait Br.* 39. 7〜9）が、仏教ではこれを退ける意。

（14）目覚めた者たち（＝諸仏）―buddhā. Skt., アルダマーガディー語ともに buddha（男性）。目覚めた者すなわち仏は釈尊に限らず、多数の修行者達の一般的呼称であり、また過去仏思想をも背景にしていると考えられる。目覚めた者が釈尊個人をさす場合は、たとえば G. 202, 233, 234, 236, 276, 377, 408 参照。G. 377 にはダンミカが釈尊に対して「人びとはあなたを最勝の目覚めたお方と呼ぶ」（tuvaṃ hi Buddhaṃ pavaraṃ vadanti）とあるが、この場合、釈尊も目覚めた者、すなわち仏の一人であることを示唆する。同じく、G. 383 に釈尊を「最勝の目覚めたお方よ」（buddhaseṭṭha）という。G. 429 に「悪魔は目覚めた者の近くに立ったのであった」とある。これは隆魔伝説の一場面なので、むろん成道前の釈尊だから、回想のかたちの記述か、それとも修行者の一人としての釈尊を目覚めた者といったのであろうが、チュンダが釈尊に対して「目覚めた人たちは誰を道による勝利者というのですか」と尋ねる G. 85 のような用法だとみると、後者と解されよう。G. 83, 85, 86, 134, 157, 161, 167, 252, 377, 383, 386, 401, 429, 454, 486, 513, 517, 523, 545, 558, 571, 622, 643, 646, 696, 993, 999, 1005, 1126〜1129, 1133 参照。

〈三〉（15）煩悩の汚れ―āsava. アルダマーガディー語も同形。B Skt. āsrava（＝āśrava）. 漢訳、漏。心を擾《みだ》す特殊な想念、苦悩の意味で煩悩（kleśa）と同義語。

（16）他より自立した―aññena ca kevalinaṃ. kevalin について *Pj.* は「あらゆる徳が満たされ、あるいはあらゆる束縛から離脱したという意味」（sabbaguṇaparipuṇṇaṃ sabbayogavisaṃyuttaṃ vā ti attho）と解する。Skt. kevalin は自立（＝独存）する者の意。アルダマーガディー語 kevali は全智を有する者の意で、成就者（siddha）、宗祖ヴァルダマーナをいう。この「他より自立した」という詩句は「偉大な聖仙」の形容句として読むべきである。なお後のサーンキヤ哲学の二元論では根本物質（prakṛti）に対して純粋精神の本来のあり方をカイヴァルヤ（kaivalya 独存位）という。

（17）偉大な聖仙―mahesi.　アルダマーガディー語も同形。Skt. maharṣi.　聖仙（isi, ṛṣi）は本来、ヴェーダ聖典を読誦する祭官をさすが、仏教、ジャイナ教では偉大な宗教者の呼称に転用したもの。G. 176, 177, 208, 646, 915, 1054, 1057, 1061, 1067, 1083 参照。

（18）福徳を望む者のための田地―khettaṃ . . . puññapekhassa.　福徳を生産する田地は仏教の福田思想で、七福田が説かれる。その萌芽がここに認められる。G. 473, 481, 486, 524, 769, 858 参照。大乗仏教の七福田については『著作集』第三巻、四九―五〇頁参照。

散文

（19）沙門・バラモン―samaṇa, brāhmaṇa, Skt. śramaṇa, brāhmaṇa.　アルダマーガディー語は samaṇa, baṃbha. この併称は仏教とジャイナ教あるいはアショーカ王法勅文に――バラモン・沙門という場合もあるが――共通して認められる。沙門の多くは種族出身の宗教者で、バラモン以外の者である。

アショーカ王法勅文に見えるものは、次のとおりである。

samana-baṃbhanāhaṃ Kāl. Ⅳ, 9, Ⅷ, 23, Ⅸ, 25.
samana-bābhanāmaṃ Dhau. Ⅷ, 2, Ⅳ, 4; Jau. Ⅸ, 4.
samana-bābhanesu Dhau. Ⅸ, 1, 4.
samanā-[ba]ṃbhanānā Kāl. Ⅺ, 29.

次のような「バラモン・沙門」という表現は、仏典には全く認められない。

baṃbhana-samanānaṃ Kāl. Ⅲ, 8, Ⅳ, 11.
baṃbhana-samanehi Dhau. Ⅲ, 3; Jau, Ⅲ, 3.
bamaṇa-śramaṇana Mān. Ⅳ, 15.
bamhaṇa-samaṇānaṃ Gir. Ⅸ, 5.
bābhana-samanesu Tōp. Ⅶ, 29.
bāmhaṇa-samaṇānaṃ Gir. Ⅲ, 4, f; Ⅷ, 3.
bāmhaṇa-s[r]amaṇā[naṃ]Gir. Ⅺ, 2.

[bra]maṇa-śramaṇana Shāh. IV, 8 f.
bramaṇa-śramaṇana[ṃ]Shāh. III, 6; Mār. III, 11.
bramhaṇa-samaṇānaṃ Gir. IV, 6.
brā[m]haṇa-sramaṇānaṃ Gir. IV, 2.
Gir.＝Girnār. Jau.＝Jaugaḍa. Kāl.＝Kālsī. Shāh.＝Shāhbāzgaṛhī. Mān.＝Mānsehrā. Dhau.＝Dhauli.
Tōp.＝Delhi-Tōprā.

(E. Hultzsch: *Corpus Inscriptionum Indicarum.* Vol. I. Inscriptions of Asoka. Oxford 1925)

なお、brāhmaṇa の用例については、G. 100, 129, 130, 136, 138, 140, 142, 189, 285, 291, 298, 301, 303, 305, 308, 344, 356, 382, 455〜458, 460, 463〜466, 469, 480, 490〜503, 518, 529, 558〜560, 566, 596, 612〜647, 649, 650, 655, 790, 802, 803, 843, 911, 946, 976, 979, 992, 997, 999, 1006, 1008, 1018, 1029, 1043〜1045, 1063, 1079〜1082, 1115, 1125, 1127, 1140, 1142, 1144 参照。わが国で沙門を自由思想家と名づけるのは不適切である。

散文（20） 如来—tathāgata, Skt. 同じ。アルダマーガディー語 tahāgaya.「そのとおりに彼の岸に行ける者」を意味するので、漢訳の如去が初期仏教の語義。如来は「そのとおりに来た者」で、このような還相的な解釈は大乗仏教が興起してからのものであろうから、厳密にいえば、初期仏教に関する限り、如来の訳語は実は適切でない。なお、五世紀のブッダゴーサ（Buddhaghosa）は tathāgata に tathā＋āgata（如来）、tathā＋gata（如去）の二義を説く。G. 236〜238, 252, 347, 351, 467〜478, 557, 1031, 1114. なお本書解説、四四五—四五〇頁参照。

（21） この乳粥を食べて完全に消化することができる者を見ない—Na kho . . . passāmi . . . yassa so pāyāso bhutto sammāpariṇāmaṃ gaccheyya. *Pj.* によれば、神がみの身体は微細なので、人間の食べる粗大な食物は消化しない。また一般の人びとが食べて消化しないのは、人間の身体は粗大にできているので、食物に含まれる微細な精気を消化することができないため、如来もしくは如来の弟子以外はこの乳粥を食べても消化しないということになる。しかし今日では、如来もしくは如来の弟子の神聖性を意味しているとみることができよう。たとえばインドネシアのある地方の族長の食べ残したものはほかの者が食べても消化しないとされ、これを遺棄させる習慣があるのも同じく族長の神聖性を意味づけている。『著作集』第二巻、二五二―二五四頁参照。

(22) 眼のある者たち―cakkhumanto. アルダマーガディー語は cakkhumaṃta. 古典サンスクリット語に相当する語がなく、初期の仏教、ジャイナ教に特有な用語である点はⅢ(14)参照。

(23) 具足戒―upasampadā, Skt. upasaṃpad, upasaṃpanna. 漢訳、具足戒のほかに受戒、受具足など。比丘、比丘尼として守るべき戒。後代では二十歳を過ぎなければ受戒の資格が認められない。

(24) その無上の清らかな宗教的行為の極致を―tad anuttaraṃ brahmacariyapariyosānaṃ. brahmacariya の漢訳は梵行。本来はバラモンの四つの生活期(⑴学生期・⑵家庭期・⑶林住期・⑷遊行期)のうちの第一学生期が梵行の時期で、ヴェーダ聖典の学習の意味があるが、仏教で転用して清らかな宗教的行為の意。

(25) 生は尽きた。清らかな宗教的行為は完成した。なすべきことはなされた―khīṇā jāti, vusitaṃ brahmacariyaṃ kataṃ karaṇīyaṃ. 輪廻からの解脱を含意し、釈尊が覚りの境地を表明した定型句として知られる。『著作集』第二巻、三八七―三八九頁参照。

「生は尽きた以下」について岩波本(二六七頁)には、これはウパニシャッドの表現を受けている(cf. na ca punar āvartate. *Chānd. Up.* Ⅷ, 15; *SN.* I, p. 161 f.)として出典が示されている。『チャーンドーギヤ・ウパニシャッド』の当該箇所の原文と和訳を左に示して検討を加えてみたい。

ahiṃsant sarvabhūtāny anyatra tīrthebhyaḥ sa khalv evaṃ vartayan yāvad āyuṣaṃ brahmalokam abhisaṃpadyate na ca punar āvartate na ca punar āvartate (*Chānd Up.* 8. 15. 1).

聖地より他のところでも、すべての生けるものを殺害せず、彼は実にこのように命ある限り実行しながら梵天の世界(=梵界)に到り〔この世に〕再び帰ることがない。再び帰ることがない。

これはすべての生きものを殺害しない者は梵天の世界に達して再びこの世に戻らないというのであるから、いわゆる施・戒・生天論として釈尊が在家信者に対して説く中の生天論であって、仏教の本義というよりもウパニシャッドの転用で現実の生活における倫理的な戒告である。いずれにせよ梵天の世界に至って再びこの世に戻らないというのである。しかるに「生は尽きた云々」はいかなる生も再び得ることがない、すなわちあらゆる再生からの離脱を説いているのだから、ウパニシャッドのそれとは意味内容が全く異なる。ウパニシャッドの表現を受けたとはいえないようである。梵天の世界に到達することと、いわゆる「生は尽きた」とは、意趣が違うからである。

五、チュンダの経

（1） チュンダの経—*Cunda-sutta.* 釈尊が在俗信者チュンダに四種類の沙門（⑴道による勝利者、⑵道を説き示す者、⑶道において生活する者、⑷道を汚す者）について説き聞かせたもの。

八三（2） 鍛冶工出身—kammāraputta. kammāra はアルダマーガディー語も同じであるが、鉄工。Skt. は karmāra で、これは英語の smith に相当する。なお、-putta は種族的な呼称であって、……の出身、……に所属する者の意味。わが国で putta（=Skt. putra）を字義どおり、……の子と訳すのは誤り。チュンダは同じく鍛冶工として、八十歳の釈尊に最後の供養としてスーカラマッダヴァ（sūkaramaddava）を献供したことが、『大般涅槃経』にみえるが同一人物かどうかは不詳。しかし、同名異人ではないようである。

（3） 聖者—muni, Skt. も同形。アルダマーガディー語は muni. いずれも宗教的聖者を意味するが、ジャイナ教では苦行者のことをいう。漢訳、寂黙。音写語は牟尼。すでに『リグ・ヴェーダ』（*RV.* 10. 136. 2）に異端の宗教者として登場する。非ヴェーダ・アリアン系の、種族社会の宗教者に対する尊称。三二（16）参照。

（4） 御者—sārathi. アルダマーガディー語、Skt. ともにパーリ語と同形。仏教、ジャイナ教においてすぐれた宗教者を車の御者に喩えたもの。*Sn.* の詩句では sārathi はここにみられるだけであるが、*DN.* II. p. 178, 254, *SN.* I. p. 33, *AN.* II. p. 112, IV. p. 190 などにもみられる。また *J.* I. p. 59, 180 参照。御者の喩えは『カータカ・ウパニシャッド』（*Kāṭhaka-upaniṣad*）にみえる。金倉圓照『インド哲学史』（平楽寺書店、一九六二年）六五頁。

八四（5） 道による勝利者—maggajina. G. 84 以外に用例が見当たらないので、特殊の語であろうと思われる。magga-ññū（道を知る〔者〕）は *Nd*^{I} p. 446 にある。類語の khettajina（田地の勝利者）も、G. 523, 524 のほかには用例をみない。ところが、Skt. に kṣetrajña の語形があり、*Mai Up.* 2. 4 にアートマン（ātman）の別名で、身体を知るものの意味がある。またヴェーダーンタ哲学では個人我をさす語として用いる。『マハーヴァストゥ』（*Mvu.*

Ⅲ. pp. 398〜399）に muni を kṣetrajña という詩句がある。そこでは G. 523 所出の khettajina が kṣetrajña となっている。岩波本（二六八―二六九頁）には次のように解説する。「道による勝者――maggajino ti maggena sabbakilese vijitāvī ti attho（*Pj.* p. 162）. 勝者の原語は jina であるが、煩悩にうち勝った人であるから、このようにいうのだ、と南方仏教徒は解した。khettajina（523-524）は kṣetrajña の俗語形である可能性が強いから、ここでの maggajina も mārgajña の俗語形であるという可能性が、ますます確かめられることになる」と。だが、-jina の語根は√ji である。同類形の mārgajña の -jña の語根は√jñā であるから、わが国では khettajina が kṣetrajña の俗語形だとみるむきもあるが、これは誤りである。したがってまた、maggajina が mārgajña の俗語形であるという可能性もなく、両語は別のものである。パーリ語には道の智慧を意味する maggañāṇa や、同じく道を知る〔者〕を意味する maggaññū があり、いずれも√jñā を語根とするからである。

八六（6）矢（＝煩悩）を離れ―visallo. 矢（salla）は初期仏教では毒矢の喩えがある。五一（14）参照。貪り（rāga）の意は G. 592, 593. 憂い（soka）の意は G. 985. 渇望を矢に喩える場合もある。*SN.* I. p. 40, 192.

（7）心の安らぎ（＝涅槃）―nibbāna, Skt. nirvāṇa. アルダマーガディー語は nivvāṇa. 涅槃はプラークリット語(Pkt.)（パーリ語をも含む）の nibbāna の音写語。-na の最後の母音 a がドロップするのは漢訳の音写語の場合の通例。たとえば jhāna（＝dhyāna）を禅と音写するのがそれである。Skt. nir-√vā（火が消える、吹き消される）という動詞に基づき、「火が吹き消された状態」と解するのが、初期仏教の時代の語義。貪り・怒り・痴さ――貪・瞋・痴の三毒煩悩――がすでに *Sn.* に説かれ、しばしばそれらは火に喩えられるからである。すなわち貪火・瞋火・痴火の三火である。G. 186, 204, 365, 454, 758, 822, 940, 942, 1061, 1062, 1086, 1094, 1108, 1109 参照。『著作集』第一巻、四七二―四八〇頁参照。

八九（8）家を汚し―kuladūsako. *Pj.* によると、戦士族などの四つ（＝バラモン・戦士・庶民・隷属民）の家々に生じた浄信を適切でないふるまいによって汚すことであると解する。

九〇（9）「彼等〔四種の沙門〕はすべてがそのようである」―sabbe ne'tādisā'ti. *Pj.* は sabbe n'etādisā と読むので、解釈が異なる。*Pj.* の当該箇所を示すと次のとおりである。

まさしく彼等沙門たちを「この者とこの者とはこのような特徴がある」と知るだけで智慧がある者である。他のすべての者が最後に説いた道を汚す者のように「そのとおりではない」と知って〔すなわち〕とみて、そのように悪をなしているこの悪しき比丘をみて〔ということである〕。

そこで、〔以上の〕構文は次のとおりである。

そして誰であれ、これらを聞いて洞察する者にして智慧ある在家の聖なる弟子は、彼はその智慧によって「すべてがそのとおりなのではない」と知って住しながら、そのようにみて、〔彼の〕信仰はなくならない。そのように悪業をなしている悪しき行乞者をみても信仰はなくならず、失われず、消失しない、と。このように、この詩句によって彼等がまざった者でないことを説明して、さらに、そのようにみても「すべて〔の者〕がそのようなのではない」と知っている聖なる弟子を称賛していう。「なぜならば〔彼は〕どうして汚れた者と云々」と。

te yeva samaṇe 'ayañ câyañ ca evaṃlakkhaṇo' ti pajānanamattena *sapañño*, 'yādiso ayaṃ pacchā vutto maggadūsī, itare pi *sabbe n'etādisā' ti ñatvā, iti disvā* evaṃ pāpaṃ karontam pi etaṃ pāpabhikkhuṃ disvā, —tatrāyaṃ yojanā: ete ca paṭivijjhi yo gahaṭṭho sutavā ariyasāvako sapañño, *tassa* tāya paññāya 'sabbe n'etādisā'ti ñatvā viharato iti disvā *na hāpeti saddhā* evaṃ pāpakammaṃ karontaṃ pāpabhikkhuṃ disvā pi na hāpeti na hāyati na nassati saddhā ti. Evam imāya gāthāya tesaṃ avyāmissabhāvaṃ dīpetvā idāni iti disvā pi 'sabbe n'etādisā 'ti jānantaṃ ariyasāvakaṃ pasaṃsanto āha: kathaṃ hi duṭṭhenā ti（II. p. 166).

九〇（10）信仰—saddhā, Skt. śraddhā. アルダマーガディー語はパーリ語と同じ。七七（五）参照。

六、滅亡の経

（1）滅亡の経—*Parābhava-sutta.* 神性をもつ者（=神に準ずる者）が釈尊に、滅亡への門を尋ねる。十二門ある。主として倫理的な問題であり、人間関係についての戒めでもある。

散文（2）サーヴァッティー—Sāvatthī. 漢訳、舎衛城。コーサラ（Kosala）国の首都。

（3）ジェータの森—Jetavana. コーサラの太子ジェータ（Jeta）が所有していた土地で、スダッタ（Sudatta）という資産家が敷地に黄金を敷きつめて、それだけの大金で購入し、釈尊教団に寄進したといわれる。

（4）孤独な者たちに食物を与える者の園—anāthapiṇḍikassa ārāma. 富豪スダッタのあだ名が「孤独な者達に食物を施す者」で、彼の所有する園。漢訳は祇樹給孤独園、略称、祇園。

一〇〇（5）浮浪者—vaṇibbaka（＝Skt. vaṇibbin, vaṇibbaka), B Skt. vaṇipaka. アルダマーガディー語の vaṇimaga も浮浪者、または旅人などをも意味する。

一〇四（6）生まれ—jāti. Skt. もアルダマーガディー語も同じ。家柄、血統、階級、血縁的集団などを含意する。G. 136, 139, 141, 142, 351, 355, 421, 462, 467, 476, 484, 500, 517, 596, 599〜607, 610, 647, 650, 725, 727〜729, 1004, 1045〜1048, 1052, 1056, 1060, 1079, 1081, 1082, 1097, 1120, 1122 参照。

（7）氏姓—gotta, Skt. gotra. アルダマーガディー語はパーリ語と同形。漢訳、種、種族、種姓など。家柄などを意味する個人名、氏姓の意。本来は牛小屋を意味し、同一の氏族に属する者の意。gotta は『著作集』第一巻、四二、五三、六七、一一五頁参照、また gotra は四二、五三頁参照。

（8）自分の親族を軽蔑する—saṃ ñātiṃ atimaññeti. 岩波本（二七三頁、註一〇四）では saṃ を taṃ と読み、「原本には saṃ ñātiṃ atimaññeti とあるが、異本により taṃ（＝attano. *Pj.*）と解する」とある。異本とは C^k であって、その読み方の taṃ を PTS. 本の脚註で *Pj.* は attano（自分の）と解しているという意味である。しかし本文の saṃ（＝saṃ）は形容詞 sa（＝Skt. sva. 自分の、自己の）の単数・対格（目的格）で、ñātiṃ（親族を）と数・格を同じくするから異本によって訂正する必要はない。ちなみに異本の taṃ（tam）は三人称 so（彼）または sā（彼女）の単数・対格であるからこの場合不適当である。

一一〇（9）ティンバル果—timbaru, Skt. tinduka. 学名 Diospyros Embryopteris.

一一三（10）権限をもたせる—issariyasmiṃ thāpeti. 文字どおりには統治者の主権に立たせる、または自在に置く。*Pj.* によると放埒な女もしくは男に「印（lañcha）や印契（＝指環 muddikā）などを与えて「権限をもたせ」、住宅あるいは仕事、あるいは販売などの商売で〔彼等と〕ともに業務にしたがう者は、その損害で資財を失なって云々」(lañchamuddikādīni datvā gharāvāse vā kammante vā vaṇijjādivokāresu vā savyāpāraṃ karoti, so yasmā tassa dosena dhanakkhayaṃ pāpuṇanto . . .) とあるので、世俗において一定の権限が与えられることを意味するようである。

二五（11） 賢者—paṇḍita. Skt. も同形。アルダマーガディー語 paṃḍiya. G. 254, 335, 336, 523, 526, 578, 653, 721, 733 ,743, 820, 875, 876, 1007, 1125 参照。

（12） 聖人—ariya, Skt. ārya. アルダマーガディー語 āriya. G. 330, 533, 535, 660, 758, 761, 762, 765, 822 参照。

（13） 知見をそなえた者—dassanasampanna. Skt. にはこれに相当する語形がない。

（14） 幸福なすばらしい世界に近づく—so lokaṃ bhajate sivan ti. *Pj*. によって補う。なお bhajate（近づく）を allīyati（とりつく）、upagacchati（到達する）と換言する。

七、賤民の経

（1） 賤民の経—*Vasala-sutta*. 賤民（vasala）はいわゆるアウトカーストである。本経に相当する『雑阿含経』（大正、二・二八頁中）では釈尊の住居はラージャガハの迦蘭陀竹園で、托鉢のために王舎城婆羅豆婆遮婆羅門の家に入る。また同じく『別訳雑阿含経』（大正、二・四六七頁中）では王舎城火姓達頼殊婆羅門の家がある。が、登場人物、ストーリー、詩句の内容は全同である。釈尊が人間の平等を説いたもの。

散文（2） 禿頭め—muṇḍaka. muṇḍa は剃頭した者で、当時の出家修行者。muṇḍaka は貶称。偽りの修行者をいう。

（3） 賤しい者—vasala, Skt. vṛṣala. アウトカーストとしての、この語の特殊性の精細な史的研究は、拙著『インド学密教学論考』七七、八三頁参照。

バラモン法典では、たとえば『マヌ法典』に賤民（ヴリシャラ族）について次のように規定する。

vṛṣo hi bhagavān dharmas tasya yaḥ kurute hy alam,
vṛṣalaṃ taṃ vidur devās tasmād dharmaṃ na lopayet（*Manu*. 8. 16).

尊厳なる法は牧牛なのだ（から）、誰でもそれを犯す者、彼を神がみはヴリシャラ族であると認める。それ故に、法を犯してはならない。

G. 137 にみえる同じく階級外のチャンダーラ族については、ヴリシャラ族と同類のものとして次のように規定する。

śūdrād āyogavaḥ kṣattā caṇḍālas cādhamo nṛṇām,
vaiśyarājanyaviprāsu jāyante varṇasaṃkarāḥ (*Manu*. 10. 12).

シュードラ族（隷属民）からはアーヨーガヴァ族とクシャットリ族、人間の最下なるチャンダーラ族が生ずる。〔これは〕ヴァイシャ族・戦士族・司祭族における階級の混乱である。

āyogavaś ca kṣattā ca caṇḍālaś cādhamo nṛṇām,
prātilobhyena jāyante śūdrād apasadās trayaḥ (*Manu*. 10. 16).

シュードラ族からは逆の順序で三種類の卑賤族〔すなわち〕アーヨーガヴァ族とクシャットリ族および人間の最下なるチャンダーラ族とが生まれる。

sūto vaidehakaś caiva caṇḍālaś ca narādhamaḥ,
māgadhaḥ kṣattrajātiś ca tathā 'yogava eva ca (*Manu*. 10. 26).

スータ族・ヴァイデーハカ族、またまさに人間の最下なるチャンダーラ族・マーガダ族・クシャットリ族およびまたアーヨーガヴァ族こそ〔が生まれる〕。

二六（4）偽善者―pāpamakkhī. 難解な語であるが、文字どおりには悪（pāpa）を覆う者（makkhin）であるから、偽善者の意か。*Pj.* は「他の人びとの徳を汚して拭くというのが覆うということであり、彼は悪者であり、覆う者でもあるので、悪者で覆う者である」(paresaṃ guṇe makkhati puñchatī ti makkhī, pāpo ca so makkhī ca *pāpamakkhī*.) と解する。なお、puñchati（←puñchati 拭く）は異本では muñcati（のがれる）と読む。が、分かりにくい。

（5）偽る者―māyāvī（←māyāvin). māyāvin は本来、幻術師で、釈尊も māyāvin と呼ばれる場合がある。その語義と呼称の由来については『著作集』第一巻、二八四—二八五、二八七、二九七、二九九頁参照。

一一七 (6) 一回生まれるもの(胎生)でも二回生まれるもの(卵生)でも—ekajaṃ vā dijaṃ vā pi. 一回生まれるものは胎生で母胎から生まれるもの。二回生まれるものは卵生で卵のかたちで母胎から産み出され、体外で孵化して発育するもの。このようにあらゆる生きものを殺害しないという思想がみられるのは、農耕種族社会が基盤になっているからであろう。

一一八 (7) 圧制者—niggāhaka. 住民を抑圧する者で、具体的には国王などの為政者をさす。初期仏教はバラモン教体制の国家権力を批判し、否定する族制の立場に立つから、すべての侵略者に対しては、次の詩句に掲げる盗賊と同列と見なす。

一一九 (8) 我がものとする(=所有する)—mamāyitaṃ. mama(我がもの)の名動詞(denominative)、mamāyati の過去分詞で、我がものとする意。私的所有の観念を表わす。G. 466, 777, 805, 950. *Dhp.* G. 367, 1056. アルダマーガディー語は mamāiya. *Āyā.* 1. 2. 6. 2 参照。

一二四 (9) G. 98 に同一の詩句がある。

一二九 (10) バラモンや沙門—yo brāhmaṇaṃ vā samaṇaṃ vā. 本書解説、四七〇—四七一頁参照。

一三一 (11) 真実ならざることをいう者—asataṃ yo . . . pabrūti. *Pj.* は「善からざる者たちの言葉を語る」(asajjanānaṃ vacanaṃ pabrūti)とも解する。

一三三 (12) 〔自分に対して〕恥知らずで、〔他人に対しても〕恥じることがない者—ahiriko anottāpī. 恥を意味する hiri は Skt. hrī. 漢訳、慚。恥じることを意味する ottāpī→ottappa(=ottapa)は B Skt. で apatrāpya. 漢訳、愧、恥。後の教学では慚愧は対語として用いられる。

一三四 (13) 目覚めた者を〔誹り〕—buddhaṃ. buddhaṃ は男性・単数・対格。岩波本(二八〇頁、註一三四)には「ここで「目ざめた人」(buddha)は単数で示されている。この詩がつくられたころには、ようやく(当時としては)ただ一人であるブッダの権威が漸く確立したのであろう」とあるが、これは釈尊だけが「目ざめた人」なのでなく、彼の弟子(sāvaka)、出家者(paribbāja)、在家者(gahaṭṭha)がすべて単数だから、この場合、これらは不特定の個人をさすとみるべきであろう。buddha（目覚めた者）は√budh（目覚める）の過去受動分詞（budh＋ta）の形。釈尊の弟子や出家者などでも修行を成就すれば、すべて「目覚めた者」と呼ばれる。だから、この場合も単数形をとるが、釈尊一人だけに限定すれば、釈尊の自称ということになりかねないであろう。

（14）弟子—sāvaka, Skt. śrāvaka. 漢訳、声聞。これらと対応するアルダマーガディー語の *sāvaga* は教えを聞く在家者（gihin）。初期仏教では在家出家を問わないが、後に大乗仏教では śrāvaka（声聞）は小乗教徒をさし、声聞、縁覚と併称し、修行段階では菩薩の階位以前の者とされるようになる。G. 90, 345, 357, 376, 391, 393, 395, 444 等参照。

一三五（15）阿羅漢（＝聖者）—arahaṃ（←arahant), Skt. は arhat. アルダマーガディー語 arahaṃta. 漢訳、阿羅漢、羅漢（略称）。

一三六（16）行ないによってバラモンとなる—kammanā hoti brāhmaṇo. 同文がG. 142にみえる。ジャイナ教の *Utt.* 25. 33 にも同様の文言がある（*Sut.* Vol. II, p. 1024 参照）。

kammuṇā baṃbhaṇo hoi, kammuṇā hoi khattio,
vaisso kammuṇā hoi, suddo havai kammuṇā.

行ないによってバラモン（祭司族）となり、行ないによって戦士となり、
行ないによって庶民となり、まさしく行ないによって隷属民となる。

これは、後出のG. 650〜652の簡略な表現となっている。

G. 650　Na jaccā brāhmaṇo hoti, na jaccā hoti abrāhmaṇo, kammanā brāhmaṇo hoti, kammanā hoti abrāhmaṇo.
G. 651　Kassako kammanā hoti, sippiko hoti kammanā, vāṇijo kammanā hoti, pessiko hoti kammanā,
G. 652　coro pi kammanā hoti, yodhājīvo pi kammanā, yājako kammanā hoti rājā pi hoti kammanā.

（訳文は本書当該詩句参照）

いずれにしても、仏教、ジャイナ教に同類の階級批判があるのは、貸借関係というよりも両教以前の種族社会に

起因したことが考えられる。なお、詳細については『著作集』第一巻、四一七—四一八頁参照。

一三七（17）チャンダーラ族出身—caṇḍālaputta. あるいはチャンダーラ族に属する（者）の意で、これを文字どおりにチャンダーラ族の子と訳すのはよくない。チャンダーラの漢訳音写語は旃陀羅。階級外の最下層民で、ほとんど人間と見なされない者。もとは林住種族である。

（18）犬殺しのマータンガ—sopāko Mātaṅgo. マータンガは、本来、種族名であるが、広く山岳種族のキラータ族（Kirāta）、林住種族のチャンダーラ族（Caṇḍāla）などをも意味する。詳細については拙著『インド古典論　上』三九—五七頁所収「MĀTAṄGA と仏教」参照。なお『著作集』第一巻、四一七頁参照。

一三九（19）神の乗物—devayāna. 乗物（yāna）は道とも解される。このような理解の仕方については、*Bṛhad Up.* 6. 2. 9～16, *Chānd Up.* 5. 4. 1～5. 9. 2, *Jaiminīya-Brāhmaṇa* 1. 45～46, *Muṇḍ Up.* 1. 2. 5～6, 1. 2. 11, 3. 1. 6, *Pra Up.* 1. 10, *Mai Up.* 6. 30, *Bh G.* 8. 24, 8. 26. 類語の brahma-yāna（至高善の道）は *SN.* V. pp. 4～5, *J.* VI. 57. 『著作集』第二巻、三七八—三八三頁。

（20）大道—mahāpatha. これは古期ウパニシャッド（*Bṛhad Up, Chānd Up.*）に説く二道五火説を予想する。二道は神道（*devayāna*）と祖道（*pitṛyāna*）であり、ここにいう大道は前者に相当する。五火は死後火葬に付されて五段階に輪廻するという教えである。その中の神道は大道に相当する。『著作集』第二巻、三八二—三八三、三九一頁参照。なお、五火については金倉圓照著『インド哲学史』（平楽寺書店、一九六二年）三三頁参照。

（21）梵天の世界—brahmaloka. 梵天はバラモン教の神ブラフマー（brahmā←brahman）。G. 508, 509, 1117 参照。『著作集』第二巻、三二八、三九二頁。

一四〇（22）ヴェーダ聖典の文言—manta, Skt. mantra. 神がみへの讃歌。アルダマーガディー語は maṃta で同義。G. 249, 302, 306, 1000, 1004 に言及する。

一四一（23）悪しきところ—duggati, Skt. durgati. 漢訳、悪趣。アルダマーガディー語 duggai. ジャイナ教では *Das.* 5. 1. 11, *Sūy.* 2. 7. 20, *Utt.* 7. 18, 9. 53. *MN.* I. p. 73 f. 参照。

散文（24）このわたくしは—esāham. esa＋aham と語分解される。esa は指示代名詞 etad（これ）の男性・単数・主格の形でaham（わたくし）にかかり、ahamを強調する代名詞で「ほかならぬこのわたくしは」と訳される。わが国では、「ですから—esāham. esāという指示代名詞は、他の代名詞の前では、理由を示す」と解するむきがある。これによると、esāhamはesā＋ahamと語分解される。だが、esāはetadの女性・単数・主格または同じく複数・主格の語形であるからこの説明は意味をなさない。またこのesāが他の代名詞の前では理由を示すという規定は、パーリ語文法にはない。

（25）優婆塞（＝在家信者）—upāsaka. Skt. も同形。優婆塞は音写語。アルダマーガディー語はuvāsaga. ジャイナ教、仏教特有の語。G. 376, 384. なお女性の在家信者はupāsikāであるが、この語は*Sn.*にはみられない。

八、慈しみの経

（1）慈しみの経—*Metta-sutta.* 生きとし生けるものすべてを慈しむことを説く。とくにG. 149に「母親がたった一人のわが子を命懸けで守るように」という喩えは大乗仏教、密教を通じて用いられる。また同じく「はかり知れない〔慈しみの〕意を起こすがよい」とあるのは後の四無量心（慈無量心・悲無量心・喜無量心・捨無量心）の中の第一慈無量心として数えられるものである。

一四三（2）静まりの境地—santaṃ padaṃ, Skt. śāntaṃ padaṃ. śāntaは動詞√śram（静まる）に基づく。静まりの境地とは環境の静かな場所のことではなく、心の平穏な状態をいう。なお、パーリ語にsantapada（寂静境）の語がある。これもメンタルな意味での静まりの境界である。

（3）思いあがらないようにしてほしい〔ことである〕—G. 143は*Khuddaka-pāṭha.* 9. 2と同文。*Pj.* I. p. 240, *AN.* IV. p. 376参照。

一四六（4）どんな生きものであれ—ye keci pāṇabhūtā. 岩波本（二八六頁、註一四六）に生物生類（pāṇabhūtā）について「pāṇa-bhūt' atthiとあるのはmetreの関係でbhūtāの最後のāが省略されたのである（Nyanatiloka: *Pali-Anthologie,* S. 34)。またatthiと単数になっているが、普通のパーリ語では複数形を用いるべきである（*atthi* ti santi saṃvijjanti. *Pj.* p. 243)。主語が中性・複数であるときには、動詞が単数で示され得る」という見解が見受けられる。だが、――bhūtā atthi が――bhūt' atthi となるのは、パーリ語の連声（sandhi）の法則で、二母音が相接するとき、いずれかの母音がドロップするためである。したがって、とくに metre（韻律）の関係で最後の ā が省略されたのではなく、散文の場合でも認められる。次に atthi（√as の単数形・三人称）となっているのは、一般には santi（√as の複数形・三人称）であるべきであるというが、atthi を用いることは、慣用上しばしばあり得る。これについては W. Geiger: *Pali Literatur und Sprache.* Strassburg 1916. §141. 1 参照。その後、エジャートン（Edgerton）などの研究もある。また、中性・複数であるときには、動詞が単数で示され得るということについては、たまたま右の pāṇabhūta が中性であるだけで、必ずしも中性に限らず、男性の例もある。たとえば、sace paṭhamagahitā manussā atthi「もしも最初に捕縛された人びとがあるとすれば」という場合、manussā は manussa（人）の複数・主格であるが、性は男性である。なお *Sn.* を例にすれば、G. 26, go-dharaṇiyo paveṇiyo pi atthi の godharaṇiyo は godharaṇī（身ごもる牝牛）という女性の複数・主格であり、paveṇiyo は paveṇī（処女牛）という女性の複数・主格であるが、それを受ける動詞 atthi（……います）は単数・三人称であって複数形をとらない。この場合二つの主語は女性であって中性ではないから、右の推量は成り立たない。なお、この詩句はジャイナ教の *Das.* 6. 10, *Sūy.* 1. 6. 4 参照。

一四七（5）生まれたものであれ、生まれてくるであろうものであれ―bhūtā vā sambhavesī vā. これと同一の文言は、*MN.* I. p. 48, *SN.* II. p. 11 にみえる。

一四八（6）憎悪の念で―paṭighasaññā. paṭighasaññāya とあるべきところを音韻（ミーター）の関係で -ya を落としたとみるむきもある。そして、Nyanatiloka: *Pali-Anthologie,* S. 148 を参考に挙げる（岩波本、二八七頁、註一四八）。そして、ただし古形とも解されるとあるが、女性・単数・主格とも読める。そして憎悪の念がある者と所有複合語(Bahuvihi. この複合語はつねに所有の意味をもつ形容詞だが、実名詞化される）に解することができよう。

一五〇（7）はかり知れない慈しみの意を起こすがよい―mettañ ca . . . mānasaṃ bhāvaye aparimāṇaṃ. 前の詩句で「はかり知れない意を起こすがよい」とあるが、それは「慈しみの意」であることが知られる。後代の教学で説かれる菩薩の四無量心（慈・悲・喜・捨）の中の慈無量心がここに説かれている。

一五一 (8) 崇高な境地—brahmaṃ . . . vihāraṃ. 漢訳、梵住。後代の教学には慈・悲・喜・捨の四梵住（四無量心とも）がある。

一五二 (9) 誤った見解—diṭṭhi, Skt. dṛṣṭi. 漢訳、邪見。間違った見解。diṭṭhi（邪見）の反対語は dassana（正見）である。

(10) 正しい見方—dassana, Skt. darśana. 漢訳、正見。diṭṭhi と dassana との語が対になっているのに注意。

九、雪山の住者の経

一五三 (1) 雪山の住者の経—*Hemavata-sutta*. *Pj.* には別名「サーターギラ経」（*Sātāgira-sutta*）という。『別訳雑阿含経』（大正、二・四八三頁下）参照。釈尊とはいかなる存在であるかという釈尊をめぐってのサーターギラ夜叉とヘーマヴァタ夜叉とのダイアローグである。そして、二人の夜叉が釈尊に質問し、最後にヘーマヴァタ夜叉が釈尊の宗教性を称賛するというストーリーである。

(2) サーターギラ（＝七山）夜叉—Sātāgiro Yakkho. yakkha は Skt. yakṣa. 漢訳、夜叉、薬叉など。精霊的存在。後には北方守護のクベーラ（Kuvera　毘沙門天）の眷属で、邪悪な鬼神の一種となる。『著作集』第二巻所収「ヤクシャ考—初期仏教を中心として」三九五—四一五頁参照。

(3) ウポーサタ（＝聖日）—uposatha, Skt. upavasatha. Pkt. posaḍha の漢訳音写語は布薩。布薩会。訳、斎戒。ウパヴァサタ（upavasatha）は、本来、バラモン教でヴェーダの祭祀においてソーマ祭を行なうために準備をする日で、陰暦十五日（満月の日）に執行する。仏教興起時代にジャイナ教でも月二回ポーサハ（posaha）を行ない、これによって霊力を夜叉とともにすることができると考えられた。この場合、精霊的な夜叉は清浄そのものである。G. 401〜403 参照。仏教ではこれを転釈して教団における行事などをするための準備をする日をウポーサタという。またジャイナ教では非暴力を実践する日（聖日）のこと。

バラモン教のウポーサタ、バラモン教以外のウポーサタが初期仏教聖典に紹介されている。*MN*. I. p. 39, *AN*. I. pp. 205〜208. 仏教では教団の定期集会日をウポーサタといい、一定の地域の沙門たちが月に二回、すなわち十五日（満月）と三十日（新月）に集会を開き、戒律の条項（戒本、波羅提木叉）を長老が読みあげ、修行者は該当する罪を懺悔告白する。在家信者のウポーサタは八斎戒を守り、月に三回、日を定めて聞法し、出家修行者に供養をささげる慣わしである。ここは行乞者たちの布薩日の十五日。

一六三（4）覚りの智をそなえて—vijjāya sampanna. vijjā, Skt. vidyā は通常、明と漢訳する。

（5）清らかな行ない—saṃsuddhacāraṇa. 初期仏教では覚りの智（vijjā）と〔清らかな〕行ない（caraṇa）とをそなえたもの（漢訳、明行具足）の用語が一般に用いられ、また如来の十号の一つにも数えられる。vidyācaraṇa については『著作集』第一巻、二三七—二五四頁に詳細に説いてあるので参照されたい。なお、アルダマーガディー語にも vijjācaraṇa の語があるので、仏教、ジャイナ教に共通の語であることが知られるが、ジャイナ教では空中を飛行する聖者のことである。*Bhag.* 20. 9, *Prav.* 6. 9.

一六三a（6）聖者の心は行ないと言葉とをそなえている—sampannaṃ munino cittaṃ kammanā vyappathena ca. 心（citta）が行ない（kamma）と言葉（vyappatha）とをそなえているというのは、身・口・意の三業という行為論の原初的な表現である。*Utt.* 18. 24 の vijjācaraṇasampanna は超能力をもつ飛行仙で、語義を全く異にする。

（7）覚りの智と行ないとをそなえた彼—vijjācaraṇasampanna. 一六三（4）（5）参照。

一六六（8）死神の罠—maccupāsa. maccu（死神）は Skt. mṛtyu で、√mṛ（死ぬ）という動詞の語根に基づき、悪魔、魔王の意。pāsa（＝Skt. pāśa）は動物を捕獲する投げ縄（輪縄）である。この語は *J.* V. p. 360 にもみえる。

一六七（9）あらゆるものごとの彼の岸（＝理想）に到達し—sabbadhammāna pāragum.「彼の岸（＝理想）に到達し」の原語 pāragū は本来、此岸から彼岸に行くことであるが、究極に達する意で、あらゆるものごとの彼の岸に到達するとは、仏教の理想とするところ、すなわち涅槃（nibbāna＝心の安らぎ）を得ることである。pāragū については G. 251, 539, 699, 771, 1019, 1105, 1112 参照。この語の類語に pāraṃgata, pāragata, pāraga, pāragamana, pāraṃgama などがあり、その多くはアルダマーガディー語にも共通するのはジャイナ教と仏教との親近性のゆえである。如来という訳語の原語である tathāgata も「そのとおりに〔彼岸〕に行った者」を意味する。したがって、少なくとも初期仏教では「如来」の訳語は不適切であるが、慣用語として本書でも用いることにする。

一六九（10）六つのもの—cha. 眼・耳・鼻・舌・身・意の六根（＝六つの感官）。*Pj.* はこれに色・声・香・味・触・法を加えて十二処とするが、漢訳資料によれば六法あるいは六処とあって、コンテキストより判断して明らかに六根を意味する。また G. 171 に「世の中の人びとにおける五種のもろもろの欲望の対象に対する欲求と、第六の意（の欲望）とが説かれている」という世尊の言葉があるから、六根とみるべきであろう。

爾時世尊説レ偈答言

六法起二世間一　六法世和合　六法取二受世一　六法世損減（『雑阿含経』大正、二・三六六頁下）

その時、世尊は偈を説いて答へて云《のたまは》く、

六法は世間を起こし、六法によりて世は和合し、六法は世を取受し、六法によりて世は損減す。

爾時世尊以レ偈答二醯摩跋多神王一曰

衆生生二六処一　数数習二六処一　執二持六種法一　六処受二苦悩一（『立世阿毘曇論』大正、三二・一七八頁上）

その時、世尊は偈を以って醯摩跋多神王に答へて曰《まう》さく、

衆生は六処を生じて、数数《しばしば》六処を習ふ。六種の法を執持し、六処に苦悩を受く。

一七〇（11）五種のもろもろの欲望の対象に対する欲求—pañca kāmaguṇā. これを五つの欲望の対象（guṇa）と解する仕方がある。岩波本（二九一頁、註**一七〇**）参照。これに対して、guṇa には対象の意味はないとして「五欲の楽」の訳語がある。村上・及川本(二)（四〇頁）参照。また同書(一)（七四頁）に「kāma-guṇa は「欲望の対象」とも考えられ、……しかし単なる対象でなく、対象享受の楽、快楽を意味するようである云々」とある。しかし「五欲楽」を「五欲の楽」と読むのは誤りで、「五つの欲楽《よくぎょう》——楽は「ねがう」「もとめる」の意——」すなわち五欲、五つの欲望のことである。訳者は guṇa を対象に対する欲求の意味にとるのがよいと考える。アルダマーガディー語にも kāmaguṇa の語がある。M. Ratnacandra: *Ardha-māgādhi Koṣa*. Bhāga 2. p. 448 に any of the five objects of sensers e. g. sound etc., which excite desire or lust とある。

これによると guṇa には対象の意味がある。しかし、それは欲望の対象であると同時に、対象にはたらきかける欲望の性質そのものであるから、「五種のもろもろの欲望の対象に対する欲求」と解すると、G. 171 の後半の「そ

こで欲（chanda）を離れ」というコンテキストにつながる。なお、chanda に漢訳で欲楽の訳語があるのは、この際、参考になる。『瑜伽師地論』（大正、三〇・五五七頁中）、*Bodhisattvabhūmi*. p. 366, ll. 1〜2など。*AN*. III. p. 411, *MN*. III. p. 114 etc. 因みに『阿毘達磨発智論』（大正、二六・一〇一七頁上）、『阿毘達磨大毘婆沙論』（大正、二七・三頁下、一九〇頁中ほか）で玄奘が「五妙欲」の訳語を用いているのは、けだし適訳というべきであろう。

一七三（12）激流を渡る—tarati ogham. ogha（激流）は雨期で増水し、あるいは氾濫する河川、とくにガンジス河の流れをいう。前述のように激流は老死、煩悩あるいは輪廻などを喩える。仏教の彼岸の思想の起源がここに認められる。

（13）大海を渡る—tarati aṇṇavam. aṇṇava は海のほかに、海のような大河、さらには河川の流れという意味もある。*Pj*. は aṇṇava を広いだけでも深いだけでもないどころか、広くしてさらに深いものといって、大海を示唆している。なお、G. 11, 34 の詩句でも大海（mahodadhi）に言及する。激流を意味する ogha の対語としての aṇṇava は文字どおり大海と解すべきであろう。ガンジス河を海に喩えた語ではない。岩波本（二九二頁、註一七三）の解釈は誤り。

四（14）参照。なお、原本 tarati を B[ai] によって tarati に戻す。

一七四（14）戒め—sīla. 仏教徒の守るべき行為規定。仏教倫理の総称。二二三（10）参照。

一七六（15）欲望の生存—kāmabhava, Skt. 同形。漢訳、欲有。後代の教学では三有（欲有・色有・無色有）の中の一つに数えられる。

（16）崇高な道を—dibbe pathe. パーリ語には神の道（dibbapatha）の語もあるが、ここでは dibba, Skt. divya は「崇高なる」という形容詞。なお「神の乗物」（devayāna）は仏教で「神の道」と訳されるが、訳者は採らない。

（17）偉大な聖仙—mahesi. 釈尊の尊称。八一（17）参照。聖仙（isi）はもちろん、仏教的な転用である。

一七七（18）聖なる道を—ariye pathe. 一七六（16）の「崇高な道を」と類似の表現である。

一七八（19）煩悩の汚れなき—anāsava（煩悩の汚れ āsava）、Skt. anāśrava. アルダマーガディー語は aṇāsava. *Bhag*. 25. 6, aṇāsave amame akiṃcane「煩悩の汚れなく、我執なく、無所有で」。G. 212, 219, 765, 996, 1082, 1083, 1105,

1133, 1145 参照。

一〇、アーラヴァカの経

（1） アーラヴァカの経—*Āḷavaka-sutta.* この経はそのままで*SN.* I. pp. 213〜215にもみえる。アーラヴァカは林住種族のアーラヴィー族（Āḷavī）が信仰していた精霊的な存在である。また、密教の大元帥明王のモデルになっている。『著作集』第一巻所収「林住種族—アータヴァカ（Āṭavaka）」三〇三—三五一頁参照。アーラヴァカ夜叉が釈尊と対話をして、彼が釈尊に帰依した物語である。仏教と林住種族との関わりを記録した最古の経としても注目されよう。

散文（2） アーラヴィー—Āḷavī. *Pj.* は、アーラヴィー国（Āḷaviraṭṭha）またはアーラヴィーナガラ（Āḷavīnagara）近郊の二説を紹介する。

（3） アーラヴァカ夜叉の—Āḷavakassa yakkhassa. 本来、夜叉（yakkha）は非アリアン系の先住種族であるが、ここでは神格化され精霊的な存在で、アーラヴァカという精霊を意味する。アーラヴィー族の祖霊ということが考えられる。

一八三（4） 信仰—saddhā, Skt. śraddhā. アルダマーガディー語もパーリ語と同形。*Utt.* 3. 1, 6. 20〜56 etc. この箇所の信仰について釈尊の成道直後の詩によると、「信仰（saddhā）を捨てよ」ということを教えている。それはヴェーダ以来の祭祀・教学に対する信仰を捨てよ、というのである、という見方がある（岩波本、二九四頁、註一八三）。
　釈尊が成道直後に梵天のサハンパティ（sahampati）に詩句のかたちでいったのは、次のようである。

apārutā tesaṃ amatassa dvārā ye sotavanto, pamuñcantu saddhaṃ.
vihiṃsasaññī paguṇaṃ na bhāsi dhammaṃ paṇītaṃ manujesu Brahme 'ti（*Vin.* I. p. 7).

彼等に甘露の門は開かれた。
耳をもつ者たちは聞くがよい。信仰を起こすがよい。
梵天よ。聡《さと》く〔彼等の〕悩害を思い、

人びとに極妙の教法を説かなかったのである。

この詩句の前文は、世尊が仏眼をもって世間には実にさまざまな宗教的素質をもった人びとがいるのをみてから、この詩句を説いたとあるから、バラモンたちだけを対象にしているのでないことは明らかである。だから、ヴェーダ以来の祭祀・教学に対する信仰を捨てよ、というのとは、矛盾しているといわなければならない。

また釈尊の基本的立場として、信仰を強要したり、積極的に改宗を勧めたりすることは、多くの例証もあるとおりに絶対にあり得ない。たとえばジャイナ教の信者であったシーハ（Sīha）という将軍が釈尊の教えを聞いて心打たれ、仏教に改宗したい旨を申し出たところ、釈尊は、ジャイナ教という宗教を信奉しているのだからといって断わったというのは、有名な話である。釈尊はバラモン教の因習的形骸化を批判したが、バラモン教そのものを否認したのではない。ましてやG. 182で「この世では信仰が人間の最も勝れた富である」とさえいっているから、「ヴェーダの信仰を捨てよ」というのと矛盾する。逆に釈尊はヴェーダの信仰を尊重していたのである。

一八三（5）激流を渡る—tarati ogham. 一七三（12）参照。

（6）海を渡る—tarati aṇṇavaṃ. 海（aṇṇava）は、激流（ogha）と対語。一七三（13）参照。

一八六（7）心の安らぎ（＝涅槃）—nibbāna, Skt. nirvāṇa. アルダマーガディー語 nivvāṇa. 八六（7）参照。

（8）教法—dhamma. Pj. には「〔教法を〕聴く願いによる智慧という名で説かれた教法（dhamma）」とある。これはG. 168に「〔教法を〕聞こうと願って、怠らず、明察すれば、智慧を得る」とあるのが、それに対応する。要するに智慧を得るために聴聞する教法のことである。そして、ここでいう教法は次のG. 188にもみえるが、G. 189には自制（dama）と換言してあるので、自制についての教法——自制の教え——と解すればよいであろう。

一八九（9）忍耐—khanti, Skt. kṣānti. 漢訳、忍辱。G. 292, 294, 623 参照。

一一、勝利の経

（1）勝利の経—*Vijaya-sutta*. *Pj.* にみえる別名は「身離欲無関心経」（*Kāyavicchandanika-sutta*）。身体の不浄を観じて欲を離れよと説く。個体存在を構成要素的にどのように分析しても、実体的な自我、すなわちアートマンの存在は認められないという空観の一つとしての析空観となったとも考えられる。

一九四（2）G. 194〜196の詩句は人体の解剖学的所見に基づくものである。古代インドの解剖学は『アーユル・ヴェーダ』（*Āyur-veda* 生命科学）の一環として高度に発達していた。これらはすでに初期仏教で「三十二身分」としてまとめられた。また、ここにある人体の内臓の分解は後に不浄観という観法の基礎になった。

一九九（3）根源的な無知（＝無明）—avijjā, Skt. avidyā. 漢訳、無明。アルダマーガディー語はパーリ語と同形。G. 277, 729, 730, 1026, *Utt.* 6. 1, 34. 33 参照。

二〇〇（4）墓地に捨てられ—apaviddho susānasmiṃ. 死体遺棄で、風葬のたぐいである。火葬は身分の高い人びとに限られていた。釈尊の場合などがそうである。

二〇三（5）内にも外にも—ajjhattañ ca bahiddhā ca. *Pj.* によると、内に、すなわち自分自身に対する貪りを捨て、他者に対する怒りを捨てる。そして、そのことによって生死を同一のものと知って、生と死との両方についての無知（＝迷い）を捨てる、とある（取意）。

二〇四（6）不死—amata, Skt. amṛta. 涅槃の別名として初期仏教では用いられる。八〇（12）参照。

（7）静まり—santi, Skt. śānti. 漢訳、寂静。同じく涅槃の別名。

（8）心の安らぎの境地—nibbāna-pada. 涅槃は前出のように心の安らぎを意味する。G. 365 の nibbāna-pada はしばしば nibbāna-patha（涅槃への道）と同義語としても用いられる。

一二、聖者の経

（1）聖者の経—*Muni-sutta*. 聖者の原語ムニ（muni, mona とも）は本来、種族宗教における宗教者の理想像ともいうべきものである。ジャイナ教とも共通の語。初期仏教もしくは釈尊の立場からみた真実の宗教者とはいかなる存在であるかが語られる。

二〇七（2）聖者—muni, Skt. 同形。アルダマーガディー語は muṇi. 仏教では釈尊の別称。漢訳は寂黙。現代の学界では、単に沈黙を守る者、または新説では思考する者という意味に解しているが、伝統的な理解によれば煩悩を滅ぼして心の静まった者を意味する。『著作集』第一巻、三六六頁参照。

三〇七（3）正しい見方—dassana, Skt. darśana. 正見（＝正しい見解）。すなわち瞑想によってありのままに見ることで、「覚り」とはニュアンスを異にするのは、コンテキストからみても明らかである。

三〇八（4）〔煩悩〕を増大させず—na ropayeyya. ropayeyya の語根$\sqrt{\text{rup}}$には植える、生長させるの意味がある。初期仏教では、しばしば煩悩を繁茂する森林に喩える。たとえば *Dhp.* G. 344.

（5）偉大なる聖仙—mahesi. 釈尊の別称。

（6）静まりの境地—santipada. 覚りの世界。G. 915, 1096 参照。

三一〇（7）〔執着の〕住居—nivesana. G. 785 参照。

（8）彼の岸にすでに到達した者—pāragata. 彼岸（pāra）は涅槃の世界（＝境地）を喩える。類語に pāraṃgata（アルダマーガディー語 pāraṃgaya）がある。pāragata については G. 21, 638, 803 参照。

三一一（9）渇望—taṇhā, Skt. tṛṣṇā. 漢訳、渇愛。愛とも訳すので、今日ではしばしば誤解される。

三一三（10）戒めや禁戒—sīlavata（-vata は -bata のかたちも可）、Skt. śīlavrata. アルダマーガディー語はパーリ語と同形。戒めは禁制で、仏教道徳としての勧善止悪の総称。vata に相当する Skt. vrata の音写語は没栗多。誓いの意。一定の期間、誓願をたてて戒を守ることであるが、本来は原始的なトーテム行為のこと。G. 624, 782, 790, 797〜799, 803, 836, 839, 840, 887, 900, 961, 1079〜1083 参照。仏教とトーテムの委細については『著作集』第一巻、八五一九七頁参照。

三一四（11）水浴所における柱—ogahane thambho. 沐浴する岸辺に柱（thambha, Skt. stambha）があって、身分の高下の別なく、誰でも身体をその柱にこすりつけるが、柱自体は相手によって奢ることもへりくだることもないというのが、*Pj.* の解するところである。

三一五（12）自己を確立して—ṭhitatto. G. 328, 359, 370, 477, 519 などに同じ表現がある。

三一七（13）〔器の〕上方からの、中ほどからの、あるいは残りからの食物を得ようとも—yad aggato majjhato sesato vā piṇḍaṃ labhetha. *Pj.* によると〔器の〕上方からの〔食物〕とは壷から初めに出した食物、中ほどからの〔食物〕とは、中ほどまで取り出した壷から出した食物、残りからの食物とは一匙か二匙の分量しか残っていないのを取り出した食物のことである、と解する。

二二九（14）最高の真理―paramattha, Skt. paramārtha. 漢訳、勝義、第一義。アルダマーガディー語も同形。

（15）激流を〔超え〕海を超える―ogham samuddaṃ atitariya. 序文および三一（6）参照。激流と海とは対語になっているから、海は激流の形容（海のような激流）ではない。

二　小さな章

（1）小さな章―*Cūla-vagga. Vin.* I, pp. 3〜6 に同文がある。

一、宝の経

（2）宝の経―*Ratana-sutta.* 勝れた宝というのは目覚めた者（＝仏）、教法（＝法）、教団（＝僧、僧伽）にあると説く。このいわゆる三宝を礼拝するがよい、と読む。

二二三（3）もろもろの生けるもの―bhūtāni. *Pj.* によると人間ならざるもの（amanussa）をさす。

二二五（4）サキヤムニ（＝釈迦族出身の聖者）―Sakyamuni. 音写語は釈迦牟尼。ムニの出身種族を特定しているのに、とくに注意すべきである。牟尼（muni）については、三一（16）参照。

（5）教法―dhamma. dhamma は今日、わが国では、通常、真理、理法などと訳されるが、この訳語が適切かどうかは問題がある。もちろん多義を内含する語であるが、真理、理法などという単なる客観的なものではなく、釈尊が主体的に悟達した境地を人びとに説いた教え――もちろん真理、理法が含まれているのだが――というニュアンスが強いので、著者は教法の訳語を用いた。なお、これは北方仏教の伝統的な用語として古来用いてきたことも付言しておきたい。

二二六（6）覚りに直結する瞑想（＝無間定）―samādhim ānantarikaṃ. samādhi（＝瞑想）は Skt. も同形。漢訳の音写語は三昧、三摩地など。アルダマーガディー語ではsamāhi. ジャイナ教も仏教と同じく、宗教的な瞑想が重視される。この二つの宗教が非アリアン系でインダス文明まで遡る瞑想に起源することを推測させよう。

三七 (7) 八輩の者の、これら四双の者—puggalā aṭṭha . . . cattāri etāni yugāni. 八輩は四向四果の修行者。四向四果は聖者の四つの位階で、修行目標と修行の成果でもある。(1)預流、(2)一来、(3)不還、(4)阿羅漢が四双。これに修行段階（向）と修行によって到達した境地（果）とを配当して、(1)預流向、(2)預流果、(3)一来向、(4)一来果、(5)不還向、(6)不還果、(7)阿羅漢向、(8)阿羅漢果とする。後に部派仏教のアビダルマ（Abhidharma）教学では詳しく論じられるが、この部分は初期仏教でもある程度教義がととのった段階に成立したものであろう。

(8) 〔彼の岸に〕善く行ける者—Sugata, Skt. 同形。漢訳、善逝。アルダマーガディー語はsugaya. いずれも「〔彼岸に〕善く行ける者」という意。釈尊の別称であるが、仏教では一般の宗教者に対する尊称でもある。ジャイナ教ではゴータマ（Gotama 釈尊）の呼び名としてのみ用いる。sugataは、わが国では「幸せな人」という訳語をあてることがあるが、これは近代ヨーロッパ語による訳語の邦訳だと思われる。が、到彼岸（彼岸に到達すること）を実現したのが釈尊であり、初期仏教では到彼岸を究極の実践目標とするから、「幸せな人」という表現では原意から遠ざかってしまう。

三八 (9) 得るものを得て—pattipattā. 得るもの（patti）はSkt. prāpti. 漢訳、得。獲得の意で、具体的には阿羅漢（聖者）の位のことであり、涅槃すなわち心の安らぎを得ることを意味する。

(10) 不死—amata. 涅槃の意。(10)（12）参照。

(11) 心の安らぎ（=寂滅）—nibbuti, Skt. nirvṛti. 漢訳は寂滅のほかに滅度、寂静、解脱など。G. 933参照。

三九 (12) 〔城外に立つ〕標柱—indakhila, Skt. indrakīla. なお、門、入口の意味もある。

(13) もろもろの聖なる真実—ariyasaccāni. 苦・集・滅・道の四聖諦。

四〇 (14) 第八の生存を—bhavam aṭṭhamaṃ. 預流果を得た聖者は、第七回の転生までの間に涅槃を得て、第八の生存まで再生することはないことをいう。教義の発達を反映した詩句で、初期にはもちろん、このような教学はまだ存しなかったと思われる。

二三一（15）　戒め、禁戒―sīlabbata（=sīlavata）．二三一（10）参照。

（16）　三つのもの―tayas . . . dhammā．十結（saṃyojana）は経の所説では五上分結と五下分結で、⑴有身見、⑵疑、⑶戒禁取、⑷欲貪、⑸瞋恚、⑹色貪、⑺無色貪、⑻慢、⑼掉挙、⑽無明で、この中のはじめの三つをいう。預流向以上の聖者はこれがなくなるということである。

（17）　四つの悪しきところから―catūh' apāyehi．漢訳は四悪趣で、地獄・餓鬼・畜生・阿修羅。

（18）　六つの重罪―cha cābhiṭhānāni．後代の教学では五逆罪として⑴殺母（母を殺すこと）、⑵殺阿羅漢（宗教的な聖者を殺すこと）、⑶殺父（父を殺すこと）、⑷破僧（教団の和合を破壊すること）、⑸於如来所悪心出血（悪心をもって如来の身体を傷つけ血を出すこと）を五逆罪または五無間業として最も重罪であると説くが、これに他の教師の教説にしたがうことを加えたもの。

二三三（19）　〔心の安らぎの〕境地―pada．pada の原意は足、足跡などであるが、転じて場所、位置、そして境界、境地を意味する。

二三六（20）　如来―Tathāgata．「そのように〔彼の岸に〕行ける者」というのが原意。前述のように慣用によって如来の語を用いることをお断わりしておく。

二三七（21）　G. 237, 238 は、生きとし生けるものへの呼びかけの点で G. 145～147 の反復である。

二、生臭さの経

（1）　生臭さの経―*Āmagandha-sutta*．*Pj.* によると本経はカッサパ（Kassapa）仏がティッサ（Tissa）というバラモンに説いたものという。カッサパは過去七仏（漢訳では⑴毘婆尸仏、⑵尸棄仏、⑶毘舎浮仏、⑷拘留孫仏、⑸拘那含牟尼仏、⑹迦葉仏、⑺釈迦牟尼仏）の中の第六仏に数えられる。もしそうだとすれば、ここにはすでに過去仏思想が背景になっていることになる。*DN.* Ⅱ. pp. 1～11, *DN.* Ⅲ. p. 196 および『著作集』第一巻、三五二―三九六頁所収「2　密呪の成立――過去七仏信仰の発展形態について」参照。

二四一（2）　梵天（=ブラフマン）の親族―brahmabandhu．梵天すなわちブラフマンは世界を創造した最高神であって、その親族とは司祭者バラモンをいう。*J.* VI. p. 532, *Therig.* 251 参照。

二四二 (3) よこしまな学習—ajjhenakujja. ajjhena (=ajjhaya) はヴェーダ聖典を学習すること、ajjhenakujja は文字どおりにはよこしまな学習、いわゆる曲学で、*Pj.* によると、無益 (niratha)、無意味 (anattha) を生ずるだけの書籍を習得することである。

二四三 (4) 不浄〔な状態〕と混ざり合い—asucikamissitā. *Pj.* によると、いろいろな種類のよこしまな生活 (=邪命) といわれる不浄な状態 (asucibhāva) と混ざり合うことである。

二四五 (5) 傲慢—mānātimāna. 漢訳は慢過慢で、一語。自分より勝れている者に対して自分のほうが勝れているとする慢心。後代の教学では七慢 ((1)慢、(2)過慢、(3)慢過慢、(4)我慢、(5)増上慢、(6)卑慢、(7)邪慢) のうちの一つに数えられる（『倶舎論』巻第十九）。

二四六 (6) ここ (=法廷) で—idha. ここは、文脈上法廷をさす。だがまた*Pj.* によると、「ここに」と読み、それは教え (=仏教) において行住坐臥の威儀をそなえるなどの戒めや禁戒 (sīlabbata) を偽ることであるともする。しかし、次の G. 247 にあわせて、「この世において」とも解して冒頭に置くことも可 (岩波本)。

二四九 (7) 〔ヴェーダ聖典の〕呪句—manta, Skt. mantra. アルダマーガディー語は maṃta. G. 302, 306, 1000, 1004, 1018 参照。

(8) 祭祀—āhuti. Skt. 同じ。アルダマーガディー語は āhui で、振り動かす、驚かす意の動詞 ā-√hu に基づく。*Pj.* によると馬祭り (assamedha) などのバラモンの五大祭などをいう。āhuti は祭式の総称。

(9) 供犠—yañña, Skt. yajña. バラモン教で家畜などを神に犠《いけにえ》にささげる祭式。釈尊はバラモンの供犠祭を厳しく批判する。G. 295, 308, 458, 461, 482, 484, 505, 509, 568, 1043〜1045, 1047, *A.N.* IV. pp. 41〜46. 参照。

(10) 季節の行事—utūpasevanā. *Pj.* によると、「暑熱の夏には太陽を浴び、雨期には家の中に住まずに樹下を住居とし、冬期に水中に入るなどの修行」(gimhe ātapaṭṭhānasevanā vasse rukkhamūlasevanā hemante jalappavesasevanā) を意味する。なおこの語は初期仏教のほかの文献には見当たらないようである。

(11) 人を清めない—*Dhp.* G. 141 参照。

二五〇（12）感官—sota, Skt. śrotra. sota は身体の穴が本義であるが、感覚器官の意。*Pj.* によると、眼・耳・鼻・舌・身・意の六つの器官（根）。

（13）教法に安立し—dhamme ṭhito. *Pj.* は「教法に安立しとは聖道によって現前に明らかに観察されるべき四諦（苦・集・滅・道）の教法に立ってということ」（*dhamme ṭhito* ti ariyamaggena abhisametabbacatusacca-dhamme ṭhito）と解する。

二五二（14）出家—pabbajjā, B Skt. pravrajyā. pra-√vraj〔俗家〕より〔家の外〕へ出るの意。アルダマーガディー語は pa-vvajjā. G. 405～407, 567, *Utt.* 9.6, *Bhag.* 3.1, 15.1 参照。バラモン教の四つの生活期の第四遊行期（saṃnyāsa）に入るのをも pravrajyā というのは、種族社会における宗教的慣習によるものである。

三、恥じらいの経

（1）恥じらいの経—*Hiri-sutta.* 「恥じらい」は G. 253, 254 に友人関係についての戒めが説かれ、その最初の G. 253 にみえる語を採ったものである。

二五六（2）結果を期待している者は—phalānisaṃso. 効果を意味する ānisaṃsa は漢訳では功徳。*Pj.* は結果を期待している者（phalaṃ paṭikaṃkhamāno）と解する。また修める（bhāveti）とは増大する（vaḍḍheti）意である、と。

二五七（3）〔渇望を〕遠離する味—pavivekarasa.

（4）静まりの味—rasam upasamassa ca. 静まりについては G. 737 参照。なお、この「遠離する味と静まりの味とを味わって」は *Dhp.* G. 205 に同文がみえる。

四、大いなる幸せの経（大吉祥経）

（1）大いなる幸せの経（大吉祥経）—*Mahāmaṅgala-sutta. Khuddaka-pāṭha,* 5.2 f. に同一の経がみえる。

散文（2）神性をもつ者—devatā. 神の性格をもつ者、神的な者、神に準じた、あるいは神に類した者の意。神（deva）とは区別しなければならない。G. 316, 986, 990, 995, 1043～1045参照。

二六〇（3） 誓願—paṇidhi, B Skt. praṇidhi. 漢訳、誓願、願、弘誓など。類語に paṇidhāna (Pāli.), praṇidhāna (B Skt.) がある。漢訳、誓願、正願、本願など。とくにわが国の浄土教では重要な語である。

二六三（4） 施与—dāna. dāna は与える √dā という動詞に基づく名詞である。本来は種族社会における分配の様式であった。仏教をはじめとするインドのすべての宗教における実践的徳目であるから、パーリ語のみならず他のすべての言語に共通して dāna という。

二六五（5） 知恩—kataññutā (kataññu-tā), Skt. kṛtajñatā. また類語に kṛtajña がある。本義は他によってなされたのを知ること。*SN.* Ⅱ. p. 272, *AN.* Ⅰ. p. 87.

（6） 時にしたがって教法を聞くこと—kālena dhammasavanaṃ. kālena（時々に）を常にという副詞に読むことも可。dhammasavana（m）は Skt. dharmaśravaṇa. 漢訳、聞法、聴法。初期仏教以来の用語であるが、とくにわが国の浄土教では重要な意味をもつ。

二六七（7） 〔心の〕訓練—tapo, Skt. tapas. tapo を苦行と訳す場合は、普通バラモン教などにみられるように身体に苛酷を強いる宗教的行為であるが、初期仏教ではこの語を転釈していることが知られる。七七（6）参照。*Pj.* に tapo とは悪しき事柄（pāpaka-dhamma）を焼き滅ぼすことであるという。したがってこの場合、苦行という一般的な訳語を用いるのは実は不適当である。

（8） もろもろの聖なる真実—ariyasaccāna（m）. 苦・集・滅・道の四聖諦。*Dhp.* G. 90, *DN.* Ⅰ. p. 189, Ⅱ. p. 90, 304 f., Ⅲ. p. 217, *MN.* Ⅰ. p. 62, 184, Ⅲ. p. 248, *SN.* Ⅴ. p. 415 f. など。

（9） 心の安らぎ（＝涅槃）を体得すること—nibbāna-sacchikiriyā. 涅槃（nibbāna）は仏教、ジャイナ教（nivvāṇa）に共通の用語であり、両教の究極の実践目標である。*DN.* Ⅱ. p. 290, *SN.* Ⅴ. p. 167, *AN.* Ⅲ. p. 423, Ⅴ. p. 141.

二六八（10） 世の中の事柄（＝世間法）—lokadhamma. 利得・不利得、名誉・不名誉、誹謗・称賛、楽・苦の八世間法をいう。*DN.* Ⅲ. p. 260, *AN.* Ⅳ. pp. 156〜160.

（11） 安穏であること—khema, Skt. kṣema. アルダマーガディー語もパーリ語と同形。G. 424, 425, 454, 809, 896, 953, 1098, *Bhag.* 2. 1, *Utt.* 9. 28, 10. 34, 21.6 など。

二六九（12）平安―sotthi, B Skt. svasti. *Dhp.* G. 219, *AN.* III. p. 38 = IV. 266, *J.* I. p. 355, *DN.* I. p. 96.

五、スーチローマ〔夜叉〕の経

（1）スーチローマ〔夜叉〕の経―*Sūciloma-sutta.* まず散文でスーチローマ夜叉と釈尊との対話があり、後半は詩句のかたちの問答となり、釈尊はいかにすれば再生することがないかを説き示す。漢訳、針毛鬼、箭毛夜叉。

散文（2）ガヤー―Gayā. *Pj.* によるとガヤーは村名で、また沐浴場（tittha, Skt. tīrtha）の名でもある。そしてその村落の〔入口の〕門に近くタンキタ（Ṭaṃkita）という石床があったという。ガヤーは現在、中インドのビハール州にあり、ヒンドゥー教の聖地として多くの寺院がある。

（3）石床―mañca. *Pj.* によると、四つの石の上に一枚岩を置いたもの。

（4）スーチローマ―Sūciloma. 針のような剛毛のある者の意。ガヤーのスーチローマ夜叉は *SN.* I. p. 207 にもみえる。*SN.* II. p. 257 および『雑阿含経』（大正、二・三六三頁下）、『別訳雑阿含経』（大正、二・四八一頁下）参照。

（5）カラ―Khara. スーチローマ夜叉の友人。漢訳経典の『雑阿含経』（大正、二・三六三頁下）、『別訳雑阿含経』（大正、二・四八一頁下）には、それぞれ「炎鬼」「炙夜叉」とある。これらの語義は現行のパーリ語辞典には見当たらない。が、Skt. には「熱い」という語義がある。

（6）にせ沙門―samaṇaka. *Pj.* によると自ら沙門のふりをする者（samaṇapatirūpakattā）である。

二七〇（7）鳥―dhaṃka. 原本 vaṃka を異本によって dhaṃka（=dhaṅka）と読む。*Pj.* によると、「村の子どもたちが鳥の両足を糸でしばり、放って投げる」と。岩波本（三一一頁、註二七〇）によると、ウェイマン教授は『瑜伽師地論』（大正、三〇・三七六頁下）とそのチベット語訳とによって、dhaṅkam は dhātrīm の転訛であるとして、最後の句を次のように解するという。

kumārakā dhātrīm ivossajanti（=iv' ossajanti 訳者註）／こどもらが乳母の膝の上にのっているように

（*Journal of the American Oriental Society.* 1982, pp. 515–516）

これは子どもたちが乳母の膝の上で無心に抱かれているように「心を投げ捨てる」というのであろうが、この解釈には無理があるように思われる。

二七〇（8）　妄想―vitakka, Skt. vitarka.　漢訳、尋。七（21）参照。

二七一（9）　これ（＝自身）から生ずる―itonidāna.　*Pj.* は ito（これから）は自身（attabhāva）からと解する。

（10）　あたかも子どもたちが―kumārakā . . . iva（原文 iv'）.　この原文をウェイマン教授（A. Wayman）は前掲のように kumārakā dhātrīm ivossajanti' と訂正する（岩波本、三一一頁、註二七一）。しかしこの二箇所における dhātrīm（乳母〔の膝〕に）は Skt. であるから、パーリ語では dhātim に訂正しなければならない。

二七二（11）　ニグローダ樹―nigrodha.　漢訳、音写語は尼拘陀など。バンヤン樹、榕樹。クワ科の植物。横に枝を張って木根を垂らす。山野に自生するが、街路樹などにも用いられる。ヒンドゥー教では聖木の一つで信仰の対象とされる。

二七三（12）　激流―ogha.　激流は渇望（taṇhā 渇愛）、老死（jarāmaraṇa）などを喩えるが、*Pj.* によると、ここは輪廻の激流であると解する。

（13）　再び生まれかわることがない―apunabbhavāyā.　もはや輪廻転生せず、この世限りの生存である意。

六、善き行ないの経（法行経）

（1）　善き行ないの経（法行経）―*Dhammacariya-sutta*.　*Pj.* はカピラの経（*Kapila-sutta*）の別名であると伝える。カッサパ仏入滅後、出家したカピラは傲慢であったので、死後地獄に行ったのに因み、釈尊がこの教えを説かれた。『賢愚経』（大正、四・四三二頁下―四四三頁上）がこれに相当する。ただし、パーリ文の詩句に相当する句はない。

二七四（2）　善き行ない―dhammacariya.　*Pj.* は世俗的な善行だとする。dhammacariya の語形は *SN.* I. p. 101, *AN.* II. p. 5, III. p. 448, IV. p. 87, 302 にもみえる。

（3）　清らかな行ない―brahmacariya.　漢訳、梵行。三（18）参照。

（4）　たとえ俗家より〔出て〕家なきものとして出家者となろうとも―pabbajito pi ce hoti agārasmā anagāriyaṃ. 俗家（在俗者の家）を意味する agāra はアルダマーガディー語も同形で、苦行者を俗家でないもの（aṇagāra）という。*Utt.* 1. 18, 2. 4, *Āyā.* 1. 1. 2. 15, 1. 6. 2. 183, *Das.* 4. 18.

二七七（5）根源的な無知—avijjā, Skt. avidyā. 漢訳、無明。または不明、黒闇など。

（6）〔煩悩の〕汚れ（＝雑染）—saṃkilesa, Skt. saṃkleśa. アルダマーガディー語はパーリ語と同形。*Utt.* 6. 1, 34. 23. 漢訳、雑染。煩悩の異名。後代の教学では一切の有漏法（＝煩悩）の総称とされる。*DN.* I. p. 10, 53, 247, *MN.* I. p. 402, *SN.* III. p. 69, *AN.* II. p. 11, III. p. 418 f, *Vin.* I. p. 15.

二八〇（7）俗家にたよる者—gehanissitaṃ. *Pj.* は「五欲の類（＝五種類の欲望）にたよる」と解する。一七一（11）参照。

七、バラモンのあり方の経

（1）バラモンのあり方の経—*Brāhmaṇadhammika-sutta.* コーサラ国の大富豪のバラモンたちが釈尊に従者のバラモンたちのことを尋ねる。釈尊はそれについて諄々と説き聞かせる。その中には仏教の不殺生の戒めも含まれたり、あるべき理想の宗教者のすがたなどをうかがうこともできる。

二八四（2）苦行者—tapassin, Skt. tapasvin. アルダマーガディー語は tavassi.

（3）五種のもろもろの欲望の対象に対する欲求を—pañca kāmaguṇe. 一七一（11）参照。

二八六（4）信仰—saddhā. 七七（五）参照。

二八七（5）もろもろの地方や国々—janapadā raṭṭhā. 地方は広範な住民の居住地で種族社会もしくは部族化した地方。国は王国をさす。このように種族と国家を区別しているのは注意すべきであろう。

二八九（6）覚りの智と行ないとを求めた—vijjācaraṇapariyiṭṭhim. *Pj.* によると行ない（caraṇa）の追求とはもろもろの持戒（戒めを保つこと）のことであり、-pariyiṭṭhim を -pariyeṭṭhum と読めば普き覚りの智と行ないとを追求するために実践した（acarum）という意味になるという。

二九六（7）薬—osadha. *Pj.* によると五味すなわち乳・酪・生酥・熟酥・醍醐をいう。牝牛からは胆病などの薬になる五味が生ずる。また牛の糞尿を薬用にするのを腐爛薬または陳棄薬という。『四分律』（大正、二二・七五八頁下）、『十誦律』（大正、二三・一五六頁下）参照。『南海寄帰内法伝』（大正、五四・二二五頁上）には子牛の糞、牛の尿を薬用にする、とある。

三〇二 (8) オッカーカ（＝甘蔗王）—Okkāka, Skt. Ikṣvāku. 漢訳、甘蔗王。すでに『リグ・ヴェーダ』(*RV.* 10. 60. 4) にみえる。釈迦族の伝承ではこの種族の祖であり、また中世インドのプラーナ文学においては日種王統（Āditya-vaṃśa)、月種王統（Candra-vaṃśa）との中で、前者の祖と伝える。いずれにしても、ここではバラモンたちの遠祖として登場する。G. 306, 991.

三〇三 (9) 馬祀り—assamedha. 以下の人祀り（purisamedha)、棒投げ祀り（sammāpāsa)、飲酒祀り（vācapeyya〈＝vāja-peyya〉)、施し祀り（niraggaḷa＝niraggala）を加えてバラモンの五大祭という。*Pj.* には次のように詳細な説明がある。

ここで馬をいけにえにするというのが、馬祀りである。〔これは〕二度の完全な供犠祭によって祀られるべき二十一本の〔いけにえにする動物を縛る〕柱を〔用い〕、土地と人とを除いた残りのすべての富を施す供犠祭のそれと同義語である。ここで人をいけにえにするのが人祀りである。〔これは〕四度の完全な供犠祭によって祀られるべき土地とともに馬祀りで述べた富を施す供犠祭のそれと同義語である。ここで、棒を投げるというのが棒投げ祀りである。〔これは〕毎日、棒を投げてそれが落ちた場所に柵をつくって運搬する柱などによってサラスヴァティー河が〔砂漠に〕潜入するところから始まって〔流れを〕遡って行くことによって祀られるべき献供の施しのそれと同義語である。ここで、力づけのソーマ酒を飲むというのが飲酒祀りである。〔これは〕一度の完全な供犠祭によって十七頭の家畜をもって祀られるべきベールヴァ樹の柱の、十七頭ずつ施す供犠祭のそれと同義語である。ここで、かんぬき（＝横木）がないというのが、誰にも与える施し祀りである。〔これは〕九度の完全な供犠祭によって祀られるべき土地と人とともに馬祀りで述べた富を施し、一切祀りという別名がある。馬祀りの変化したもののそれと同義語である。

assam ettha medhantī ti *assamedho,* dvīhi pariyaññehi yajitabbassa ekavīsatiyūpassa ṭhapetvā bhū-miñ ca purise ca avasesasabbavibhavadakkhiṇassa yaññass' etaṃ adhivacanaṃ; purisam ettha medhantī ti *purisamedho,* catuhi pariyaññehi yajitabbassa saddhiṃ bhūmiyā assamedhe vuttavibhavadakkhiṇassa yaññass' etaṃ adhivacanaṃ; sammam ettha pāsantī ti *sammāpāso,* divase divase sammam khipitvā tassa patitokāse vediṃ katvā saṃhārimehi yūpādīhi Sarassatinadiyā nimuggokāsato pabhuti paṭilomaṃ gacchantena yajitabbassa sātrāyāgass' etam adhivacanaṃ; vājam ettha pivantī ti *vājapeyyo*, ekena pariyaññena sattarasahi pasūhi yajitabbassa beḷuvayūpassa sattarasasattarasakadakkhiṇassa yaññass' etaṃ adhivacanaṃ; n' atthi ettha aggalo ti *niraggaḷo*, navahi pariyaññehi yajitabbassa saddhiṃ bhūmiyā ca purisehi ca assamedhe vuttavibhavadakkhiṇassa sabbamedhapariyāyanāmassa assamedhavikappass' ev' etaṃ adhivacanaṃ (*Pj*. II. pp. 321～322).

このバラモンの五大祭に対する釈尊の批判は、*SN*. I. p. 176, *AN*. II. p. 42, IV. p. 151, *It*. 21 参照。なお niraggaḷa については、*MN*. I. p. 139 参照。施しの祀りはあらゆる人びとに施与する祭りで後に仏教に取り入れられて無遮大会、般遮于《う》瑟《しつ》（五年大会）などという。また sammāpāsa は Skt. śammāpāsa, B Skt. śamyāprāsa.

（10） 献供—yāga. バラモン教では供犠、犠牲。仏教では転釈して施与、供物、供養の意。一般には財の施与＝財施（āmiśa-dāna）をいう。『著作集』第一巻、七五頁参照。

三一〇（11） 帝釈天—Inda, Skt. Indra. インドラは漢訳、帝釈天など。『リグ・ヴェーダ』では雷霆神として登場し、最高神の一つ（ヴェーダの宗教では、神がみが交替で最高神の位置につくからである。マックス・ミュラーはこれを交替神教と名づけた）。初期仏教以来、梵天とともに仏法を守護する有力な神。G. 316, 679, 1024 参照

三一四（12） 隷属民と庶民—suddavessikā. 隷属民は sudda, Skt. śūdra. 第四階級。アルダマーガディー語 sudda. *Sūy*. 1. 9. 2. 庶民は vessika, Skt. vaiśya. 第三階級。アルダマーガディー語 vessa. G. 314, 315, *Sūy*. 1. 9. 2 にバラモン教体制のアリアン社会における四つの階級が説かれている。この古典的な四階級はすでに『白ヤジュル・ヴェーダ』（*Śukra-yajurveda*）にみえる。なお、初期仏典にチャンダーラ族（Caṇḍāla）、プックサ族（Pukkusa）などの名が認められるが、彼等は、本来、林住種族で、ヴェーダ・アリアン民族の社会では階級外の存在である。拙著『インド学密教学論考』七一、一三一頁参照。

三一五（13） 梵天の親族—brahmabandhu. 司祭者バラモンの呼称。なお、これに対して釈迦族は太陽神の親族（ādiccabandhu）と、対照的な呼び方を自称する。二四一（2）参照。

八、船の経

三二二 （1）船の経―*Nāvā-sutta*. *Pj.* は別名、「法経」（*Dhamma-sutta*）ともいう。釈尊の教法を彼の岸に人びとを渡す船に喩え、それによって「船の経」と名づけられたものである。G. 321 に説かれているとおりである。

（2）そこで―tattha. *Pj.* のコンテキストによると、「そこで」とは、その船の運航、発進などの方法を知っていることによって、（また）航路を行くことによって〔そこで〕という意味に解される。

三二三 （3）ヴェーダ聖典（＝勝れた智）に精通し―vedagū. 類語に「ヴェーダの究極に精通している〔者〕（vedantagū, Skt. vedapāraga）」がある。veda はもとよりヴェーダ聖典をさすが、それをそのまま仏教的に転釈して覚りの智慧を意味する。G. 458, 459, 463, 472, 479, 503, 528, 529, 733, 749, 846, 890, 1049, 1059, 1060 参照。PTS. 本 vedagu.

九、「戒めとは何か」の経

（1）「戒めとは何か」の経―*Kiṃsīla-sutta*. 戒めは仏教では戒律という場合の戒（sīla）と律（vinaya）の中の前者に相当する。戒は個人道徳、個人的な生活規定であり、律は仏教教団のあり方、すなわち教団の規則（団体規定）ともいうべきものとして両者を区別する。しかし、ここでは戒めは恐らく出家、在家を問わず仏教者としての日常倫理を説き、仏教者としてのあり方を説き示す。

三二四 （2）どのようなものを戒め―kiṃsīlo. *Pj.* によると質問する者はサーリプッタ（Sāriputta）である。

三二五 （3）説かれている―erayitam. ereti（説く）の過去分詞が erayitam である。したがってまた岩波本（三一七頁、註三二五）のように erayitaṃ を erayitum と訂正して読む必要はない。

三二六 （4）教法―dhamma. G. 325 との関わりからみて、ここは一般にいう真理ではなくて教法の意味にとるべきであろう。

三二七 （5）教法に安立し―dhamme ṭhito. *Pj.* によると教法を得ていること（dhammaṃ patvā vattanto）の意。

（6）教法の確定を知り―dhammavinicchayaññū. *Pj.* によると、「これは生起の智、これは消滅の智」というのが教法の確定を知ることである。

三〇 (7) 無上な者たち―anuttarā. *Pj.* によると、その他の人びとと等しくなく、最高で、勝れている者たち、の意。

(8) 瞑想―samādhi. Skt., アルダマーガディー語ともに同形。漢訳、三昧、三摩地など。G. 434, 921, 1026 参照。なお、G. 329 の「専念することが大切である」(samādhisāram) は特殊な用例である。

一〇、奮起の経

(1) 奮起の経―*Uṭṭhāna-sutta.* ウッターナ(uṭṭhāna)は起立の意味であるが、ここではふるい立つこと、奮起の意。なお、G. 331 に相当する詩句が『雑阿含経』(大正、二・三六七頁下)、『別訳雑阿含経』(大正、二・四八九頁下)にある。

三三 (2) 死王―maccurāja. *Pj.* によると、Māra(悪魔)と同じ。G. 1118, *Dhp.* G. 46, 170 参照

(3) おまえたちの―ve. Pāli. テキストの脚註に次のようにある。

C^b vo; *here and in parallel passages* ve *seems to mean* vaḥ, *see* Senart's *notes on* Dhp. 315, 337 (*MS.* Khar., *pp.* 11, 18), *and* Fsb., Dhp. (1855), p. 398.

このように vo であれば、tvam(二人称代名詞)の複数・属格で、V Skt. であるが、vo もパーリ語の二人称代名詞・複数・属格であるから、いずれも意味は同じである。

一一、ラーフラの経

(1) ラーフラの経―*Rāhula-sutta.* ラーフラ(Rāhula)は釈尊の一子であり、出家して彼の弟子になった人物である。釈尊がわが子を教誡したものである。恐らくラーフラの出家後のことであるのは、教えの内容からして推察できる。

三五 (2) 松明をかかげる者―ukkādhāro manussānaṃ. サーリプッタ(舎利弗、舎利子)をさす。

三七 (3) 五種のもろもろの欲望の対象に対する欲求を―pañca kāmaguṇe. 一七 (11) 参照。なお、G. 339 に「これらのものを渇望(taṇhā)してはならない」とあるのを参照しても、kāmaguṇa を「欲望の対象」と訳すのはよくない。

三四〇（4）戒本──pātimokkha. B Skt. prātimokṣa. pātimokkha（＝pāṭimokkha）は戒本、戒経、別解脱などの訳がある。漢訳の音写語は波羅提木叉。*Pj.* によると、戒本と五つの感官によって戒経防護戒（pātimokkha-saṃvara-sīla 別解脱律儀戒とも）と根防護戒（imdriya-saṃvara-sīla 根律儀戒）とを授けて受持させたのだから、この二つにおいて守られてあれ、の意になるであろう。

（5）五つの感官において──indriyesu ca pañcasu. 眼・耳・鼻・舌・身の五つ。*Pj.* は、これに第六の意（認識器官）も加えて述べられているとみるべきである、と。

三四一（6）なくして──abhisamayā.「止滅」を意味する abhisamaya（abhi-√śam abhisama-ya）の従格が abhisamayā で、止滅することにより、止滅しての意。岩波本（三一九頁、註三四一）には「ほろぼして──原文には abhisamayā とあるが、水野博士にしたがって、abhi√sam＋ya よりつくられた語と解する（*abhisamayā* khayā vayā pahānā paṭinissaggā. *Pj.*）。なお、第七三七詩に対する註記参照」とある。が、*Pj.* には「abhisamayā とは、滅尽することによって（khayā）、滅することによって（vayā）、捨てることによって（pahānā）、捨離することによって（paṭinissaggā）ということである」といって繰り返し換言しているだけであるが、これらの語はいずれも男性・単数・従格である。だから、abhisamaya という語基の性・数・格を指摘すれば足りる。

一二、ヴァンギーサの経

（1）ヴァンギーサの経──*Vaṅgīsa-sutta*. *Pj.* は「ニグローダカッパ経」（*Nigrodhakappa-sutta*）の別名をつけている。この経は全文が *Therag.* 1263〜1278 にみえる。ヴァンギーサは釈尊の弟子の中で弁舌第一といわれた。G. 451 以下参照。*Therag.* 1209〜1279 の註に彼についての詳細な記述があり *Therag.* 1209〜1279 は彼の遺した詩句だと伝える。*SN.* I. pp. 185〜194, *Dhp A.* IV. p. 226 参照。

散文（2）アッガーラヴァ廟──Aggāḷava cetiya. アーラヴィー（Āḷavī）にある最上の霊樹のある宗廟。cetiya は Skt. caitya で漢訳は廟、宗廟など。音写語は制底など。*Pj.* によると釈尊以前にはヤッカ（夜叉）、ナーガ（竜）などの住居であるというが、それは本来種族の宗廟である。仏塔（thūpa, Skt. stūpa）が建立されるようになり caitya は

stūpa と同一視されるようになる。ヴァンギーサがアーラヴィーのアッガーラヴァ廟に師のニグローダカッパと一緒に住んでいたことは SN. VIII. p. 1,『雑阿含経』（大正、二・三三一頁中）、『別訳雑阿含経』（大正、二・四六一頁下）などにもみえる。

（3）ニグローダカッパ—Nigrodhakappa. *Pj.* によるとニグローダ樹（榕樹、バンヤン樹）の下で聖者（arahat 阿羅漢）となったので、このように呼ばれる、と。

（4）〔右の〕一肩の衣をはずして—ekaṃsaṃ cīvaraṃ katvā. これに相当する Skt. の表現は、ekaṃsam uttarāsaṅgaṃ kṛtvā（〔右の〕一肩の上着衣をはずして）である。漢訳では偏袒右肩。出家者が如来などに恭敬の意を表わすために、袈裟の右肩をかた脱ぎして膚をあらわすという作法または礼法である。仏像でも右肩をあらわしたものが多くある。インドでは仏教以前、インダス文明時代にはすでに行なわれていた風習のようであるから非アリアン起源の風俗であることが知られる。

三四五 （5）サッカ（＝釈迦族出身者）—Sakka. Sā̆kiya, Sā̆kya（釈迦族の者）と同語。G. 1063, 1069, 1090, 1113 参照。

（6）普き眼をもつお方よ—samantacakkhu. 釈尊の尊称。この呼称は仏教に独自なもののようである。アルダマーガディー語には相当する語が見当たらない。G. 346, 378, 1063, 1069, 1073, 1090. *Nd.*¹ p. 360, *Mil.* p. 111 参照。

三四六 （7）一千の眼があるサッカ（＝帝釈天）が神がみのために〔説く〕ように—Sakko va devānaṃ sahassanetto. サッカはインドラ（Indra 帝釈天）の別名。インドラは神がみの中の神といわれる最高神。また一千の眼があるというのは、後の密教における千手千眼観音にもみられる。ここでは前の詩句のサッカ、すなわち釈迦族の出身の釈尊と音通なので、最高神であるサッカを対比させたもの。

三四七 （8）最高の眼—cakkhuṃ . . . paramaṃ. 如来のことを眼をもつ者（cakkhumat）ともいうので、このような表現をとる。なお、この G. 347 と同文が *Therag.* 1267 にある。

三五三 （9）聖なる教法—ariyadhamma. 具体的には四聖諦（苦・集・滅・道）の教法など。

三五四 （10）カッパーヤナ（＝ニグローダカッパ）—Kappāyana. *Pj.* によると ayana（足跡・行路）は尊称だというから、カッパ尊師といえばよいであろう。

三五四（11）生存のもと〔である渇望や煩悩など〕の残り―saupādisesa. 漢訳、有余依涅槃。これと対の anupādisesa-nibbāna（無余依涅槃）は雲井昭善『パーリ語仏教辞典』（二一一頁）によると、パーリ文献では *Itivuttaka*. p. 38（『本事経』大正、一七・六六七頁上）にのみみえる、とある。

三五五（12）名称と形態（＝個体存在）―nāmarūpa. 古期ウパニシャッドの用語を仏教で借用したもの。G. 530, 537, 756, 909, 950, 1036, 1100 参照。

（13）長い間潜在していた黒魔の流れを―Kaṇhassa sotaṃ dīgharattānusayitaṃ. 黒魔（Kaṇha）は悪魔（Māra）をさす。G. 439, 967 参照。アルダマーガディー語も同形だが、黒魔ではなく、クリシュナ（Kṛṣṇa）もしくはヴァースデーヴァ神（Vāsudeva）。渇望（taṇhā 漢訳、渇愛）を流れに喩える。流れについては他に G. 319, 433, 715, 736, 777, 1034, 1035 の用例を参照。

（14）五人の〔修行者の〕―pañca. 仏伝によると、かつて成道前に修行していたときの釈尊の仲間であるが、六年にわたる苦行のすえ、ウルヴェーラー村の娘スジャーターより乳糜《にゅうび》の供養を受けたのを見て、釈尊は堕落したといって見限って立ち去った。成道後、釈尊はヴァーラーナシーの郊外鹿野苑（ミガダーヤ、現在のサールナート）に行って、そこで五人と再会。釈尊の教法を聞いて帰依したので、ここに最初の仏教教団が成立した。『初転法輪経』とその異訳など参照。

三五六（15）第七の聖仙よ―isisattama. 過去七仏の第七仏が釈尊であるのでこのような言い方をするが、七人の聖仙というこの呼称自体はバラモン教に由来する。『著作集』第一巻、三六七、三六八、四三一頁参照。

三五七（16）幻術師―māyāvin. 釈尊を māyāvin と呼ぶ場合がある。特殊な呼び名である。これについては『著作集』第一巻、二八四、二八五、二八七、二九七、二九九頁参照。

（17）死魔―maccu. maccu のこの用例は他にない。G. 574, 576, 577, 580, 766 におけるそれは（死すべき）人の意。

三五八（18）極めて渡り難い死魔の領域を渡りました―accagā . . . maccudheyyaṃ suduttaran ti. 渡り難い、渡るという表現は彼の岸に渡る意で、したがって死魔の領域は彼の岸に渡る際の激流に喩えられる。『著作集』第一巻、三三九頁参照。

一三、正しい遍歴の経

（1）正しい遍歴の経―*Sammāparibbājaniya-sutta*. *Pj.* には「大会経」（*Mahāsamaya-sutta*）、「聖者経」（*Muni-sutta*）の二つの別名を伝える。初期仏教の時代の遍歴行者をパリッバージャカ（paribbājaka）、女性の場合はパリッバージカー（paribbājikā）という。その実態はまだ明らかにされていないが、当時の流浪種族（vrātya）と混同されたりしているようである。バラモン法典はバラモンの四つの生活期（cāturāśramya）を規定する。これは一生を⑴学生期、⑵家庭期、⑶林住期、⑷遊行期に分けたものである。本来、バラモンたちの生活期がこのようであったのではなく、第四期はサンニャーサ（saṃnyāsa）ともいうように遊行遍歴の人生であるが、これは流浪種族の生活を慣習としてバラモン教側が取り入れたとみるべきであると思われる。いずれにしても、ここでは正しい遍歴とは何かが釈尊によって問われている。

三五九（2）彼の岸に至り―tiṇṇaṃ pāragataṃ. pāragata の類語に pāragū がある。

三六〇（3）吉凶占い―maṅgalā samūhatā. 以下、天変地異占い（uppādā）、夢占い（supinā）〔ものに表われた吉凶の〕相の占い（lakkhaṇā）などの占いは、当時、バラモン教で行なわれていたものであるが、釈尊はすべて排除した。それは遍歴修行者にとって修行に無益なものと見なされたからであろう。

三六四（4）〔渇望という生存の〕もろもろの依りどころに―upadhīsu. *Pj.* は蘊（五蘊、五つの集まりで、色・受・想・行・識）という依りどころ（khandhūpadhi）と解する。一般には煩悩の依りどころである五蘊（漢訳、五取蘊）とみればよいであろう。upadhi に対応するアルダマーガディー語は uvahi. *Āyā.* 2. 3. 2. 121, *Bhag.* 12.5, 17.3, 18.7など。

三六五（5）言葉によっても、意によっても、行ないによっても―vacasā manasā ca kammanā ca. ここに身・口（＝語）・意の三業の原初の型が説かれている。

（6）心の安らぎの境地―nibbānapada. *Therig.* 725, *Nd.*^{2} p. 166, 189, *Vism.* p. 139.

三六九（7）潜在的な煩悩―anusaya, Skt. anuśaya. 漢訳、随眠。仏教に固有の語義。アルダマーガディー語は aṇusaya.

三七二（8）清らかな勝利者―saṃsuddhajina. ジャイナ教の場合と同様に真実の遍歴行者を勝利者――煩悩、渇望を克服した者――という。アルダマーガディー語は jiṇa. *Bhag.* 1.1, 1.3, 2.1, 7.1など。

三七二 （9） もろもろの教法において自在を得―dhammesu vasī. 教法は苦・集・滅・道の四つの真実（＝四諦）。

（10） 生存を成り立たせる潜在的な形成力（＝諸行）を滅する智慧に巧みである者―saṃkhāranirodhañāṇakusalo.

三七三 （11） 劫（＝輪廻転生の長い時間、妄想）を超えて―kappātīto aticca. 「輪廻転生の長い時間」の原語は kappa (Skt. kalpa)。これには二義ある。(1)漢訳の劫は音写語であるが、ほとんど無限に長い時間の単位。後代には芥子劫、盤石劫などの呼称がある。(2)妄想分別すなわち妄想による思いはからい。*Pj.* はこの二義に基づいて解説する。とくに前者については、*Pj.* によると（過去・未来・現在の）三時（addhattaya）を超えて、とある。本文は「過去に対しても未来に対しても」とあるから、ここでは（現在はもとより）過去と未来にまで及んで無限に長い時間を超えてと解することもできよう。岩波本（三二三―三二四頁、註三七三）には、「kappa は「劫」ではあるが時間そのものではないから、「時間」と解する訳は不適当である」とある。だが、遍歴行者を賞讃する言説をみると、妄想分別の意味になるので、劫の意味を含めて、妄想の「思いはからい」の意を取ることにしたい。なお、G. 517 は劫ではなく、「妄想の思いはからい」である。kappa について興味深い例を指摘しておきたい。『大日経』住心品（大正、一八・三頁上）に三妄執（三劫とも）の語がある。もちろん、時間の単位である。ところが中国密教では時間ではなくて、我執・法執・無明の惑であると解した。これをわが国の密教が踏襲したとする。しかし、本来、劫には妄想分別の意味があるから、中国密教でそのように初めて理解されたとみる従来の見方は訂正されなければならない。G. 517, 521, 535, 860, 1101 参照。

（12） すべての感覚の領域―sabbāyatana. āyatana の漢訳は処。*Pj.* は十二処（眼・耳・鼻・舌・身・意の六つの感覚器官と色・声・香・味・触・法の六つの認識対象）であるという。

三七四 （13） 〔四つの真実の〕句を〔四つの真実を決定する智慧によって〕知り、〔四つの真実の〕教法を知り―aññāya padam samecca dhammaṃ. 後代の解釈であるが、参考までに *Pj.* によると（苦・集・滅・道の四諦すなわち四つの真実）の句を四諦を決定する智慧によって知り、預流道・一来道・不還道・阿羅漢道の四つの聖道によって四諦の教法を知り、の意。

一四、ダンミカの経

（1） ダンミカの経—*Dhammika-sutta.* ダンミカという信者と釈尊との対話を書きとどめたものである。在家あるいは出家を問わず仏教者としての心得ともいうべきものが説かれる。が、在家に対する釈尊の最初期の教えでもあるのは注目すべきであろう。

三七六 （2） 〔教えを〕聞く者—sāvaka, Skt. śrāvaka. 漢訳、声聞。アルダマーガディー語は *sāvaga* で在家信者をさす。この詩句によると、釈尊の教えを聞く者は出家者であろうが在家者であろうが、その別を問わないことが知られる。G. 384, 393 参照。後に仏教では在家信者をウパーサカ（upāsaka 漢訳、優婆塞、近士）、女性の場合はウパーシカー（upāsikā 優婆夷）という。upāsaka に対応するアルダマーガディー語はウヴァーサガ（uvāsaga）であるが、これは後の文献にみえる。

三七七 （3） 行くところ（＝趣）—gati. *Pj.* に行くところとは心の傾向のおもむくところ（ajjhāsaya-gati）または地獄などの五種類とする。二説あるうち、地獄・餓鬼・畜生・阿修羅・人間の区別すなわち五趣とするのを採る。*DN.* III. p. 234.

（4） 彼の岸に至ること—parāyana（para+ayana）. パーリ語は文字どおりには彼岸に至らしめるもので、彼岸への道、すなわち彼岸道。*Pj.* は完成（nipphatti）と般涅槃（parinibbāna）の二義を示すが、後者を採る。なお、parāyana を「究極の目的」と意訳するのはよくない。

三七八 （5） 普き眼をもつお方—samantacakkhu, Skt. samantacakṣus. 漢訳、普眼、普遍眼。

三七九 （6） エーラーヴァナ—erāvaṇa, Skt. airāvaṇa. 雷霆神インドラ（Indra）の乗る象、*Sn.* 以外のサンスクリット語文献では仏伝の『マハーヴァストゥ』に初見。*Mtu.* II. p. 275 参照。

三八〇 （7） 毘沙門天王—Vessavaṇa, Skt. Vaiśravaṇa. 漢訳は多聞天とも。

（8） クベーラ—Kuvera. 毘沙門天王と同じ神である。北方の護方神であり、富の神として知られる。

三八一 （9） 他教徒たち—titthiyā. プーラナカッサパ（Pūraṇakassapa）などのいわゆる六師外道。三四九頁、**散文**（5）参照。*Pj.* によると、彼等はナンダ（Nanda）、ヴァッチャ（Vaccha）、サンキッチャ（Saṃkiccha）という三人の開祖たちの教えを受けて出家した者たちだという。これら三人は初期仏典には伝えられない。ヴァッチャ姓の者（Vaccha-gotta）がラージャガハ近傍の他教の大論師であったことが『大智度論』（大正、二五・三三四頁中）に伝えられるが、ブッダゴーサの指摘するヴァッチャという人物と同人か異人かは比定できない。

三八一（10）アージーヴィカ教徒たち―ājīvikā. B Skt. 同じ。-ka（単数）。漢訳、邪命外道。釈尊と同時代のマッカリ・ゴーサーラ（Ma-kkhali Gosāla）が開祖。後にジャイナ教に併合される。

（11）ジャイナ教徒たち―nigaṇṭhā, Skt. nirgrantha（単数）。漢訳、離繋外道、露形外道など。音写語、尼乾子など。ニガンタ（nigaṇṭha）はジャイナ教の教派名。釈尊と同時代のヴァルダマーナ（Vardhamāna）――マハーヴィーラ（Mahāvīra）とも――はニガンタ派に属しナータ族出身なので、初期仏典にはニガンタ・ナータプッタ（Nigaṇṭha-nātaputta）の名で、しばしば登場する。『沙門果経』（*Sāmaññaphala-sutta*）に六師外道の教説を紹介するが、その第六はニガンタ派のジャイナ教である。

なお後の発達したジャイナ教には空衣派（Digambara）、白衣派（Śvetāmbara）があると一般にはいわれているが、この二派はすでに初期仏教の時代に認められる。

三八四（12）ヴァーサヴァ（＝インドラ神）―Vāsava. Skt. 同形。ヴァス（Vasu）神群の首長でインドラ神の別名。

三八五（13）〔煩悩を取り除く〕頭陀行法を―dhutam（＝dhūtam). 音写語、頭陀、頭陀行。煩悩をふるい落とすのが原意。衣・食・住に対する貪りを払い除いて修行すること、またその生活規律。後には十二頭陀行（糞掃衣・但三衣・常乞食・不作余食・一坐食・一揣食・空閑処・塚間坐・樹下坐・露地坐・随坐・常坐不臥）が説かれる。

（14）行動の仕方（＝威儀路）―iriyāpatha, Skt. iryāpatha. 行・住・坐・臥の威儀に関するとのことで、正しい動作、行儀。

三八六（15）時ならぬ時に―vikāle. 比丘は早朝、行乞のために村や町中に出かける。G. 387 に「その」ときに、彼は早朝に「村に」入るがよいとあるように、時ならぬ時を避ける意。

三九〇（16）彼等は、〔反駁しながら〕心をそこに遠くやるからである―cittaṃ hi te tattha gamenti dūre. *Pj.* によると、相手に立ち向かって反撃しながら心をそこに差し向けるので、そこへいった心は止観すなわち瞑想の境地からほど遠いからであるという意（取意）。*cittaṃ hi te tattha gamenti dūre* yasmā te paṭiseniyantā cittaṃ tattha gamenti, yattha gataṃ samathavipassanānaṃ dūre hotī ti.

三九一（17）〔彼の岸に〕善く行ける者—Sugata. Skt. 同形。漢訳、善逝。これは釈尊が在俗信者ミンダカをはじめ五百人の在俗信者に向かって説いた教法であるから、彼の岸に善く行ける者、すなわち善逝は釈尊の一人称とみなくてはならないが、釈尊以外の不特定多数の目覚めた者と解することもできるであろう。

（18）臥坐具—sayanāsana. 臥具（sayana）と坐具（āsana）の意であるが、臥具と坐具を兼ねたものとみてよい。

（19）大衣—saṃghāṭī. 重衣とも。三衣（大衣・上衣・中衣）の一つで、外被の衣。

三九四（20）世の中において—loke. この G. 394 は *Dhp.* G. 142 と同様の文言があるが、ここでは「そして、他の者たちが〔生きものを〕殺害するのを容認してもならない」というのが加えられている。なお、一四六（4）参照。

三九七（21）集会所—sabhā. Skt., アルダマーガディー語とも同形。民衆の集会ならびに集会所。すでに『リグ・ヴェーダ』（*RV.* 10. 34. 6 etc.）にみえる。『著作集』第一巻、六三、六五、九九頁参照。ジャイナ教の文献では *Sūy.* 2. 6. 2, *Bhag.* 3.1, 5.7, 8.9, 10.6, 18.10. *Pj.* は santhāgārādi（公会所など）。この公会所は種族社会の時代における種族会議の場所であって国家における宮廷会議の議事堂とは全く性質を異にする。

（22）集会—parisā, Skt. pariṣad. 漢訳、大衆など。*Pj.* は pūga（衆会、漢訳は共集とする）。parisā についてのジャイナ教文献は *Sūy.* 1. 4. 1, *Utt.* 22. 21, 25. 12. *Bhag.* 1. 1, 2. 1, 3. 1, 3. 10, 7. 10, 14. 2, 15. 1. 『著作集』第一巻、六五、四〇七頁参照。

四〇〇（23）生きものを殺すなかれ—pāṇaṃ na hane. G. 394〜400 に仏教の五戒（pañca-sīla 不殺生・不偸盗・不邪婬・不妄語・不飲酒）が説かれ、この G. 400 でまとめられるが、初期の段階で説かれたものとして注目してよいであろう。生きもの（pāṇa）は Skt. prāṇa. アルダマーガディー語はパーリ語と同形で pāṇa＝pāṇin. pāṇa は生きものだが、ここではとくに人間をさす。アショーカ王法勅文にもみえる pāṇa は「生きもの」（Girnār. IX, 6 参照）だが、この詩句ではとくに人間をさす。*AN.* I. p. 214, *Therag.* 33, 237, 238, 867. pāṇa＝pāṇin は *Therag.* 492, 603, *AN.* III. p. 41.

四〇一（24）八条項よりなるウポーサタ（＝布薩・斎戒）—aṭṭhaṅgikam . . . uposathaṃ.

四〇二（25）特別の月（＝神変月）—pāṭihāriyapakkha. *Pj.* によると雨期前のアーサーラー（Āsāḷhā）月、すなわち六、七月と雨期の三か月間、雨期後のカッティカ（Kattika）月、すなわち十、十一月である。しかし、他にはアーサーラー月とカッティカ月とパッグナ（Phagguṇa）月、すなわち二、三月との三つ、また半月ごとのウポーサタの前後の日である一日、七日、九日、十三日だとされる。わが国では古来、布薩会は月の十四、十五、二十九、三十日と定めて、行なわれている。初期仏教では八斎戒についてG. 153, *AN.* I. pp. 214〜215 参照。なお、ウポーサタの仏教的な転釈については *MN.* I. p. 39 および『雑阿含経』（大正、二・三二二頁中）、『別訳雑阿含経』（大正、二・四〇八頁下）参照。

四〇四（26）適正な商売—dhammikaṃ . . . vaṇijjaṃ. *Pj.* によると、武器・生きもの・肉・酒・毒の売買を除いた他の商売。また武器の売買でなくて、人身売買を数える場合もある。*AN.* V. p. 177 参照。

（27）自ら光る者—Sayampabha. *Pj.* は六欲天の総称であるとする。これに対して（岩波本、三三〇頁、註四〇四）には「これは、後代の教学にもとづく解釈である。最初期には、「みずから光を放つ」（sayampabha）という神々を漠然と考えていただけである。ところが、後の、或る程度発展した教学体系では六欲天を考え出したので、それらと同一視したのである」とある。バラモン教で説く不特定多数の神をさすのかどうか。詳細は『著作集』第二巻、三九三頁註（35）参照。

三　大きな章

（1）大きな章—*Mahā-vagga.* 出家から二種の観察までの十二の経を収めている。この中で、一、出家の経（G. 405〜424）では釈尊とマガダ国王ビンビサーラとの会見を、二、励みの経（G. 425〜449）では降魔の光景を、一一、ナーラカの経（G. 679〜723）では釈尊降誕のときの光景とナーラカ仙の占相を伝える。それぞれ仏伝の一齣の最古の伝承形態として注目される。また、バラモンのスンダリカ・バーラドヴァージャ、マーガ青年、遍歴行者サビヤ、結髪行者ケーニヤ、ヴァーセッタとバーラドヴァージャという二人の青年、行乞者コーカーリヤ、ナーラカ仙など、実に多彩な人物と釈尊との対話がある。釈尊が説いた初期の教説はどのようなものであったかがうかがわれ、また彼等はいずれも釈尊に帰依して仏教徒となったというところで完結する。

最後の二種の観察の経は、縁起観の原型ともいうべきものが説かれる。

一、出家の経

（2）出家の経—*Pabbajjā-sutta.* 釈尊が出家してからマガダ国王ビンビサーラと会見したときの対話である。釈尊の成道前の出来事か、成道後のことかは諸学者によって見解を異にする。

四〇五（3）眼をもつ人—cakkhumā. 三一（14）参照。

四〇八（4）マガダ族の、山に囲まれたラージャガハ—Rājagahaṃ . . . Magadhānaṃ Giribbajaṃ. ラージャガハは Skt. Rājagṛha. 漢訳、王舎城。マガダ国の首都で、当時、北インド随一の大都市であった。なお、Magadhānaṃ は Magadha の複数・属格であるから、岩波本（八五頁、四〇八）に「マガダ国の（首都）」とあるが、「マガダ族たちの」でなければならない。『著作集』第一巻、三六頁参照。これについてはコーサンビー博士（D. D. Kosambi）および訳者の指摘がある。*Pj.* にも「マガダ族たちのというのは、マガダ族たちの広域の土地の都に」という意味である、と説いている。

四一〇（5）一尋—yugamatta. yuga は軛。軛の長さ程の目先の距離。

四一四（6）パンダヴァ山—Paṇḍava. ラージャガハを囲む五山（Paṇḍava, Gijjhakūṭa, Vebhāra, Isigili, Vepulla）の一つ。

四一七（7）戦士族の者（＝ビンビサーラ王）—khattiya. バラモン教の四姓制度における第二階級。

四二三（8）太陽神という氏姓をもち—Ādiccā nāma gottena.

（9）サーキヤ（＝釈迦族）—Sākiyā. Sākiya の男性・複数・主格。

（10）種族—jāti（＝jana）. jātiyā は jāti の女性・複数・具格。

（11）わたしはその（サーキヤ種族の）氏族から出家しました—tamhā kulā pabbajito 'mhi. 岩波本（八七頁、四二三）

には「わたくしはその家から出家したのです」とある。その家の「その」は前文のサーキヤ種族をさし、kula は氏族と訳すべきである。サーキヤという種族（jana）の中のゴータマ氏族（kula）の意であるからである。

二、励みの経

（1）励みの経―*Padhāna-sutta.* パダーナ（padhāna）の Skt. は pradhāna だが、パーリ語のように努め励むこと、精励、精勤という意味はなく、勝れたという形容詞としてのみ用いられるのに注意しなければならない。G. 424, 428, *Dhp.* G. 141. 釈尊が成道以前にネーランジャラー河畔で苦行していたとき、悪魔のナムチが種々の手段をもって釈尊を誘惑し成道をさまたげる。しかし、釈尊は遂に誘惑を退ける。それをここでは「励み」という。仏伝における降魔の有名な一齣である。

四二五 （2）ネーランジャラー河―Nerañjarā, Skt. Nairañjanā. 漢訳、尼連禅河。現在、土地の人びとはガヤー市附近をパルグ河（Phalgu）といい、ブッダガヤー附近をネーランジャラー河といって区別している。また、以下釈尊の苦行した舞台はウルヴェーラー（Uruvelā）で、現在のウレール村（Urel）である。

四二六 （3）ナムチ（＝魔）―Namuci. ナムチはすでにヴェーダ聖典（*RV.* 10. 131. 4）に出ていて殺害されるべき悪魔であるが、仏陀の降魔伝説に登場するのは Na-muci←na-√muc で解脱（mokkha<√muc）を否定する（na）という通俗語源解釈に基づくものと考えられる。『著作集』第一巻、三四七頁、*RV.* 10. 131. 4 参照。

四二九 （4）目覚めた者―buddha. この場合は、釈尊個人をさす。

四三二 （5）信仰―saddhā, Skt. śraddhā. 七七（5）参照。

（6）精進（＝努力）―viriya, Skt. vīrya. アルダマーガディー語は viria で霊我（jīva）の力の意。

（7）智慧―paññā, Skt. prajñā. 漢訳の音写語。般若。アルダマーガディー語は pannā で仏教と共通。

四三三 （8）この風―ayaṃ vāto. 苦行（tapo）による激しい呼吸。tapo の語根 √tap（熱する）を熱風に掛けたもの。*Pj.* によると、わたしの体には息をつめる瞑想の精進の力によって起こる、この風がある。それはガンガー（ガンジス）河、ヤムナー河などの河の流れも干上らせてしまうだろう、の意。

四三四（9）正しい想念―sati, Skt. smṛti. sati は単なる想念ではない点はすでに述べたとおりである。四五（9）参照。

（10）瞑想―samādhi. Skt., アルダマーガディー語も同形。

四三五（11）自己の清らかなさまを見るがよい―passa attassa suddhatam. 原本に sattassa とあるのを、異本並びに *Pj.* によって attassa（自己の）と読む。岩波本（三三七頁、註四三五）には「このように「心身の清らかなこと」（sattassa suddhatā）という表現は、バラモン教とも共通である。この場合の sattva は恐らく中性名詞で、仏典一般でいうパーリ語 satta（＝Skrt. sattva）（男性名詞）すなわち有情とは意味合いを異にする云々」とある。ここでは satta＝sattva に心身あるいは本性（心身）の訳語を与えているが、そのような意味があるとは思われない。attassa（自己の）でよいのではなかろうか。

四三九（12）黒魔―Kaṇha. 悪魔ナムチをさす。なお、この箇所は岩波本（八九頁、四三九）に「ナムチよ、これらは汝の軍勢である」とある。原文は esa Namuci te senā Kaṇhassābhippahāraṇī である。ただし、esa は原本の誤りまたは誤植で、女性・単数・主格の esā でないと、senā や -hāraṇī と性・数・格が合わない。また岩波本のように「これらは」であれば esa→esā ではなく、女性・複数・主格の etā もしくは etāyo でなければならないであろう。*Nd.*[1] p. 455, 489. *Nd.*[2] p. 507 参照。インドラ神（Indra）によるナムチ殺害物語は *MBh.* 9. 42. 29～31 参照。

四四〇（13）この者（＝わたし）は、ムンジャ草を〔腰に〕しっかり着けよう―esa muñjaṃ parihare. ムンジャ草（muñja）は漢訳、吉祥草。古代インドにおけるムンジャ草の呪的な意味について述べなければならないが、この詩句はナムチに絶対に降伏しないという釈尊の意思を示すものとみなければ、コンテキストからみて理に合わない。しかるに、岩波本（八九頁、四四〇）は「このわたくしがムンジャ草を取り去るだろうか？（敵に降参してしまうだろうか？）」とあるが、この訳語が問題である。このように邦訳ではムンジャ草を取り去る、すなわち敵に降参してしまうだろうか、と解するむきもある。だが、原本は parihare（←pari-√hṛ）とあり「取り去る」のでなく「保持する」「身につける」意である。ムンジャ草を身体のどこかにつければ、悪魔払いの呪力が身につくと信じられた。*Śata Br.* 3. 2. 1. 10, *Kātyāyanaśrauta-sūtra* 2. 7. 1. ここではムンジャ草で編んだ縄帯を腰に三まわり巻きつけるとみなければならない。なお、本詩句の「この世では命は厭わしい」という表現は、*Utt.* 22. 29 参照。

四四三（14）智慧で破る—paññāya gacchāmi. gacchāmi は意味がとりにくい。そこで、岩波本（三三九—三四〇頁、註四四三）は次のように解する。「智慧の力で……うち破る——原文には paññāya gacchāmi とあるが、諸異本並びに前後の関係から見ると、gacchāmi＝bhecchāmi と解してよいであろう」と。bhecchāmi でも意味がとれなくはない。が、同じ PTS. 本の脚註に掲げる別の異本の bhañjāmi（わたしは破る）でもよい。これについては最古期の *Mvu.* II. p. 240 の bhetsyāmi もこの際、参考になる。

（15）生の鉢を—āmaṃ pattaṃ. *Pj.* には「生の粘土製の器を（āmaṃ mattikābhājanaṃ）」とある。āma（生の）は加工しないという意味があるから、焼く前の粘土製の乾いた鉢（あるいは素焼の鉢）と解すればよいであろう。

四四六（16）正しい想念をそなえている等覚者—Sambuddhassa satīmato.

四四九（17）夜叉—yakkha. この場合は悪魔をさす。本来、種族名であり、精霊的存在、神霊であった夜叉の神格が種族社会の崩壊によって零落したのである。

三、善く説かれたことの経

（1）善く説かれたことの経—*Subhāsita-sutta.* サーヴァッティー（コーサラ国の首都）のジェータの森における、あるときの行乞者たちと釈尊との対話。釈尊は行乞者のあり方を懇切に説かれた。長老ヴァンギーサは詩句をもって釈尊のすばらしい教法を称賛する。

四五〇（2）善き者たち—santo, Skt. santās. ただし、静まれる者たちをも含意する。アルダマーガディー語の saṃta の語義がそれである。

四五三（3）G. 453 と類似の文言が *Therag.* 1229 にある。

四五四（4）心の安らぎ（＝涅槃）—nibbāna, Skt. nirvāṇa. 八六（7）参照。

四、スンダリカ・バーラドヴァージャの経

（1）スンダリカ・バーラドヴァージャの経—*Sundarikabhāradvāja-sutta. Pj.* に別名、「プーララーサ経」（*Pūraḷāsa-*

sutta）という、とある。

散文（2）似非坊主—muṇḍaka. muṇḍaka は禿頭の者で、剃髪した人。-ka はここでは蔑称。

四五五（3）戦士族出身—rājaputto. -putta は種族社会の血縁共同体の時代の呼称の名残りとみるべきである。

（4）庶民—vessāyano. vessaputta と同語。庶民の出身、出自は庶民の意。

（5）普通の者—puthujjana, Skt. pṛthagjana. 漢訳は凡夫、また異生。

（6）氏姓—gotta, Skt. gotra. 漢訳は種姓。家系を意味する。血縁関係にある同一氏族。本来は共有の牛舎を意味する。これについては『著作集』第一巻、四二、五三、六七、一一五頁参照。

（7）無所有にして賢者として（＝思考して）—akiñcano mantā. 原本は manta. これは mantar（賢者）の男性・単数・主格の mantā か、もしくは manteti（彼は思考する）の連続体（gerund）の mantā（思考して）とみて mantā と改読する。

四五六（8）重衣—saṃghāṭi. 大衣とも。三衣（大衣、上衣、中衣）の一つ。中衣と上衣をつけて、その上に着るのが大衣。修行者が着るものとしては三衣と、所持するものとしては他に鉢が一つだけ許されるので、通常、三衣一鉢という。

四五七（9）三句二十四音節の〔リグ・ヴェーダ聖典の〕サーヴィッティー讃歌を—Sāvittiṃ . . . tipadaṃ catuvīsatakkharaṃ. ここにいうサーヴィッティーは『リグ・ヴェーダ』にある太陽神のサヴィトリ（Savitṛ）への讃歌である。それは一句（pada）八音節で、三句よりなるので計二十四音節よりなる韻律の一種でガーヤトリー調（Gāyatrī）という。仏教では、たとえば『ヴァジラ・スーチー』（*Vajra-sūcī* 漢訳『金剛針論』）などが、それである。*RV.* 3. 62. 10 がここでは指摘されよう。

tat savitur verṇyaṃ bhargo devasya dhīmahi, dhiyo yo naḥ pracodayāt. 10.

サヴィトリ神の中で最も優れたこの光輝*はわれわれが得る。彼（＝サヴィトリ）はわれわれのためにもろもろの静慮（＝想念）を助長するように。　＊bhargas は V Skt. に特有の語で、輝かしい形相、光輝を意味する。しかし、このガーヤトリーは実際には三つの詩句よりなり、*RV.* 3. 62. 10 の次に11〜12がある。

devasya savitur vayaṃ vājayantaḥ puraṃ dhiyā, bhagasya rātim īmahe. 11.

devaṃ naraḥ savitāraṃ viprā yajaiḥ suvṛktibhiḥ, namasyanti dhiyeṣitāḥ. 12.

なお、サヴィトリに関するまとまった讃歌は*RV.* 1. 35. 1〜11, 2. 38. 1〜11にもある（和訳は、辻直四郎『リグ・ヴェーダ讃歌』岩波文庫、三四―三八頁参照）。

ヴェーダを学習する初心者に師が祈念するための、また、今日でも一般にインドの人びとが毎朝読誦し、最も人口に膾炙したサヴィトリ讃歌は*RV.* 2. 28. 1〜11（Vaidika Saṃśodhana Maṇḍala: *Ṛgveda saṃhitā with The Commentary of Sāyaṇāchārya.* Vol. II. 2-5 Maṇḍalas. Poona 1976, pp. 158〜162）であって、*Sn.* にみえるガーヤトリーとは異なる。なお、これについてはA. A. Macdonell: *The Vedic Mythology.* Delhi 1971, pp. 32〜35 参照（木村俊彦訳『マクドネル・サンスクリット文学史』山喜房佛書林、一九七五年、五五―五六頁参照）。ただしこの木村訳は一九〇九年版によるが、一九七一年版のほうが解説に委細を極める。なお『バガヴァッドギーター』（*Bh G.* 10. 35）に次の讃歌があるので指摘する。

bṛhatsāma tathā sāmnāṃ, gāyatrī chandasām aham, māsānāṃ mārgaśīrṣo 'ham, ṛtūnāṃ kusumākaraḥ.

同じく、わたしは歌詠（sāman）の中のブリハトサーマン（Bṛhatsāman）であり、（三ヴェーダ以外の）讃歌の中のガーヤトリーである。わたしは月々の中のマールガシールシャ（第十月）であり、わたしは季節の中の春である。

これもまた三句二十四音節よりなるサヴィトリ讃歌の詩句である。*Pj.* は、これになぞらえて、このG. 457にいうサーヴィッティー讃歌は同じく三句二十四音節（字）よりなる三帰依文のことであると解するが、この解釈によるのは不要である。

四五八（10）究極に達した勝れた智者―ya-d-antagū vedagū.「ヴェーダ聖典に精通した者」という語の仏教的な転釈であることは三二三（3）に指摘したとおりである。

四五九（11）そのような―tādisaṃ.「このような立派な者」と名詞に読むむきもあるが、形容詞である。

四六二（12）火―jātaveda. 生まれたものを知る者が原意。薪より生じたものが火であるという意。さまざまな薪より発生する火で、火そのものは平等である。それと同じように階級によってその人が差別されることは、その人自身の本質には何ら関係がない。「真に生まれを知れる者」というのは仏教的な転釈である。『著作集』第一巻、四七五、四七九頁註（14）参照。

四六三（13）勝れた智があり―vedantagū. ヴェーダ聖典の極意に精通する、というのが原意で、この語を仏教的に転釈したもの。類似の語に vedagū がある。G. 458 参照。

四六四（14）G. 464 と次の G. 465 は G. 497, 498 とほぼ同文。

四六五（15）ラーフ―Rāhu. 漢訳は羅睺、阿修羅鬼など。古代インドの神話では悪魔のラーフが太陽や月を侵蝕すれば日蝕や月蝕が起こるといわれる。後のヒンドゥー教の神話では、ラーフが海を攪拌して得た神酒を飲もうとしたが、ヴィシュヌ神（Viṣṇu）が彼の頭を切り落とした。頭は神酒を飲んだので不死となる。神酒を飲もうとしたのを暴露した太陽と月とをラーフは周期的に呑み込んで蝕を侵して復讐した。これが日蝕と月蝕であるという。この詩句にラーフの侵蝕が説かれているのをみると、その起源は意外に古いとみなくてはならないであろう。

四六七（16）如来―tathāgata. この詩句より G. 478 まで如来の語が繰り返される。釈尊が説く如来とは宗教的な理想の人間像ともいうべきものである。とくに G. 469 で「バラモンの如来」という表現は注目される。なお、tathāgata の訳語である「如来」を慣用的に初期仏教の訳語として、そのまま用いてよいかどうかについては問題がある。初期仏教における tathāgata は、「〔過去の諸仏がそのように（yathā）行った〕そのとおりに〔彼岸に〕行った者」というのが本義だからである。五世紀のブッダゴーサは tathā+gata（かくの如く去った者）と tathā+āgata（かくの如く行ける者）との二とおりに語分解した。漢訳ではそれぞれ如去と如来とに相当する。これは大乗仏教の時代に往相的解釈と還相的解釈とがあったためであって、大乗の立場は還相的に理解するので、如来の訳語が一般的に行なわれるようになり、わが国でも如来が普通の呼称になった。しかし、前述のように少なくとも初期仏教の時代は如来ではなく如去が本義であるべきであろう。なお、tathāgata については、本書解説、四四五―四五〇頁参照。

四六八（17）等しい者たちと―samehi. ヴィパッシン仏などの過去の諸仏をさす。ここにも過去仏信仰が看取される。

四六九（18）欺瞞なく―na māyā. ここに挙げる⑴欺瞞（māyā）、⑵慢心（māna）、⑶貪欲（lobha）、⑷怒り（krodha）は

ジャイナ教でも四煩悩として、怒り（koha）、慢心（māṇa）、欺瞞（māyā）、貪欲（lobha）を挙げる。*Utt.* 29. 1, 29. 67 f., 34, 29, *Sūy.* 1. 1. 3. 7, 1. 34. 4. 12 など参照。

四七〇（19）意の執着を除き去り—nivesanaṃ yo manaso ahāsi. *Dhp.* G. 20 参照。

四七一（20）激流を渡り—udatāri oghaṃ. ここでは煩悩を激流に喩える。

（21）最後の身（＝最後身）を保つ如来—antimadehadhārī, tathāgato. この世における身体が最後で、再生を受けない如来すなわち涅槃を得た者という意。

四七二（22）覚りに達した智者—vedagū. 本来、ヴェーダ聖典に精通した者の意であるが、仏教的に転釈したもの。三三（3）参照。

四七三（23）田地と屋敷とにともなう—sakhettavatthuṃ. *Pj.* によると田地と屋敷は業・煩悩を喩えたもの。因縁をともなう（sahetuppaccaya）であり、業・煩悩をともなう（kamma-kilesehi）と註解するので、田地＝因＝業、屋敷＝縁＝煩悩と解するのがよいと思われる。

四七八（24）最後の身を保ち—sarīrañ ca antimaṃ dhāreti. この世の生が最後であって、もはや絶対に再生することのない身体のこと。輪廻から脱却した体。本書五五頁にスンダリカ・バーラドヴァージャ・バラモンが「「生は尽きた。清らかな宗教的行為は完成した。なすべきことはなされた。今後、このような〔輪廻という〕状態は〔再び繰り返すことが〕ない」と覚った」とあるのを参照。

（25）吉祥なる無上の全き覚り（＝等覚）—sambodhi anuttaraṃ sivaṃ. sambodhi は Skt. saṃbodhi で同形。漢訳は等覚、正覚。音写語は三菩提。梵漢合成語は等菩提。

（26）この限りにおいて夜叉の清らかさがある—ettāvatā yakkhassa suddhi. ここにみえる夜叉（yakkha）は特殊な用法である。岩波本（九八頁、四七八）には「これだけでも人の霊は清らかとなる」とある。また同じく（三四四頁、註四七八）「人の霊——yakkha（＝purisa. *Pj.*）. 第八七六詩参照」とあるが、G. 875, 876 である。同本、三九五頁、註八七五をみると、「霊（たましい）の——yakkhassa. 人間のうちに存する霊的なものを考えていたのであろう」とある。*Pj.* は yakkha を purisa（人）と解する。村上・及川本㈢（一一九頁）には yakkha を霊と訳す。同、七三三頁も同じ。yakkha（＝Skt. yakṣa 漢訳、夜叉）を「人の霊」「霊」などと邦訳するが、*Pj.* の purisa（人）の意がよいと思われる。ただし、「最上の人」「目覚めた者」を含意する。その理由は yakkha＝tathāgata（如来）＝sammāsambuddha（正等覚者）の等式に基づく。これについての詳細な論述、とくに夜叉と献供との結びつき、夜叉の語の含意するものなどについては拙著『インド古典論　上』所収「YAKṢA 考―初期仏教を中心として―」（二八―三二頁）にあるので参照されたい。なお、初期仏教では yakkha は釈尊の尊称としても用いられる。そして、これは精霊的存在、神霊を意味する yakkha の仏教的な転釈であるとみるべきある。このようなわけで yakkha には夜叉の訳語をそのまま用いたが、含意するところは「最上の人」である。要するに、この yakkha の用法は特殊のように思われるが、yakkha が絶対の神性をもつ精霊として信仰されていた種族宗教の時代の残滓とみれば、氷解しよう。

四七九（27）覚りに達したお方に―vedagunaṃ（←vedagū）。原意はヴェーダ聖典に精通した者に。

四八一（28）自立する者である偉大な聖仙―kevalinaṃ mahesiṃ. kevalin（自立者）は Skt. 同形。アルダマーガディー語は kevalī で修行者に対する尊称。本詩句と次の G. 482 とは G. 81, 82 に同じ。

（29）悪事をなくした者には―kukkuccavūpasantaṃ. これについて岩波本（九八頁、四八一）に「悪行による悔恨の消滅した人に対しては」とあるのは、意味不明である。同じく三四五頁、註四八一には「kukkuca という語は、前述のように二義あるが、vūpasanta という語が付せられていると、「悪行による悔恨が消滅した」という意味のほうが適合するように思われる」とあるが、その理由が分からない。また悔恨が消滅したというのはどういうことだろうか。本文の kukkuca（正しくは異本の kukkucca の語形がよい）には、悪業、悪事と悔恨との二義があるが、悪事の意味にとるだけで十分ではないだろうか。

（30）福徳を望む者の田地となる―khettaṃ . . . puññapekhassa hoti. 福徳を生み出す田地という、いわゆる福田思想は大乗仏教の時代に発展するが、その萌芽がここに見出される。その思想的な起源は農耕種族社会にある。福田については拙著『著作集』第三巻、四九頁参照。

四八四（31）境界の終極（＝煩悩）―simanta. *Pj.* によると sima（限界）とは善人の行ないであるから、その終極とは善人の行ないでないもの、すなわち煩悩をさす。

四八四（32）聖者としての徳をそなえている—moneyyasampannaṃ. *Pj.* には聖者としての徳は智慧（paññā）であるとする。

四八六（33）最上の福田〔を〕—puññakkhetam anuttaraṃ. 福田については四八一（30）、*PED.* p. 464 参照。

五、マーガの経

（1）マーガの経—*Māgha-sutta.* 釈尊がラージャガハのギッジャクータ山に住んでいたとき、マーガという青年が訪れた。マーガ青年と釈尊との一問一答である。釈尊の初期の教法はどのようなものかをうかがうことができよう。マーガは釈尊の教法に打たれて三宝に帰依し仏教徒となる。

四八七（2）どこに（＝誰に）供養しているものが清らかになるのでしょうか—kathaṃ hutaṃ yajamānassa sujjhe. 供物の献げ方によって施主が清らかなることが説かれている。

四九〇（3）自らを制して自立する者たち—kevalino yatattā.

四九七（4）G. 497, 498 は G. 464, 465 とほぼ同文。

四九八（5）ラーフ—Rāhu. 四六五（15）参照。

四九九（6）捨て去って—vippahāya. *Pj.* は khandha（生存の構成諸要素すなわち色・受・想・行・識の五蘊）を捨て去って、と読む。

五〇一（7）自己を依りどころとしてこの世を遍歴し—ye attadīpā vicaranti loke. dīpa には中州（Skt. dvīpa）と灯（Skt. dīpa）との二義があるが、次に遍歴し（vicaranti）とあるコンテキストからみて、これらの意味はとらない。

五〇二（8）「これは最後の〔生存〕で、再生はない」—'ayam antimā, n' atthi punabbhavo' ti. これは定型句になっている。*SN.* I. p. 120, *AN.* II. p. 37, *Dhp.* G. 352, 400 参照。

五〇三（9）全き覚り—sambodhi. 四七八（25）参照。

五〇八（10）梵天の世界—Brahmaloka. 一一七（3）、*J.* II. p. 61 参照。

五〇九（11）梵天—Brahman. 二四一（2）参照。

（12）三種の完全な祭祀を行なう—Yo yajati tividhaṃ yaññasampadaṃ. G. 505 の *Pj.* によると、三種（tividha 三つの時期）とは施主が与える前のときに心楽しく、与えているときは心が清らかで、与えたときは心喜ばしい、という三つの時期をもつような祭祀である。これは *AN.* Ⅲ. p. 337, *J.* Ⅲ. p. 300 の詩句の引用である。

G. 509 の邦訳は訳者によって異なるが、著者は一応本文のように訳す。たとえば、「施されるのにふさわしい者たちによって達成されるであろう」は、岩波本（一〇五頁、五〇九）では「施与を受けるにふさわしい人々を喜ばせる」とある。しかし、ārādhaye（同本、喜ばせる）は願望法・単数・三人称であるから、この訳は文法的にみて間違いである。コンテキストからすれば、祭祀を実行することが主語でなければならないからである。

六、サビヤの経

（1）サビヤの経—*Sabhiya-sutta.* 釈尊がラージャガハにある竹林のカランダカニヴァーパに住んでおられたときのことである。神性をもつ者が遍歴行者サビヤに示唆されて六師外道と呼ばれる六人の宗教者に質問したが、誰も答えられなかった。そこで、サビヤは沙門ゴータマに質問をする。そこでゴータマとサビヤの一問一答が行なわれる。質問内容とそれに対する答えは本文を見ていただきたい。釈尊の教法を聞いてサビヤは阿羅漢（＝聖者）となる。

散文（2）カランダカニヴァーパ—Kalandakanivāpa. 漢訳、栗鼠飼育所。

（3）遍歴行者—paribbājaka, Skt. parivrājaka.

（4）神性をもつ者—devatā. 三二一頁、**散文**（2）参照。

（5）プーラナ・カッサパ云々—Pūraṇo Kassapo, Makkhali Gosālo, Ajito Kesakambali, Pakudho Kaccāyano, Sañjayo Belaṭṭhiputto, Nigaṇṭho Nātaputto. 初期仏典たとえば『沙門果経』などに詳説するいわゆる六師外道の指導者たちの名前を連ねている。彼等はいずれも種族の出身者で、バラモンに対して沙門（samaṇa）と呼ばれる人たちである。

五一五（6）〔激流を〕渡った沙門—tiṇṇo samaṇo. *Sūy.* 1. 5. 2. 24, *Āyā.* 1. 3. 3. 3 参照。

五一七（7）もろもろのすべての〔虚妄の〕思いはからい—kappāni . . . kevalāni. *Pj.* は kappa とは渇望（taṇhā）と誤った見解（diṭṭhi）であると解するので、この場合の kappa は虚妄分別の意になるが、kevala-kappa（全劫）の熟語があるように、この kappa は劫を意味する場合もある。

五一八（8）沐浴者（＝浄行者）—nhātaka. nahātaka とも。Skt. snātaka.

（9）ナーガ—nāga. —（6）参照。後の密教でも、ナーガは如来——この場合は法身大日如来——の別号であると説く。たとえば、善無畏（六三七—七三五）の『大日経疏』に、次のようにある。

故云。汝今能志求。当成就如来自然智大竜世間敬如塔也。自然智。是如来自覚自証之智。昔所未聞未知之法。自然了了現前無所罣礙。故以為名。摩訶那伽是如来別号。以況不可思議無方大用也。（大正、三九・六二八頁中）

故に云く、汝今能く志求す。当に如来自然智の大竜を成就すべし。世間に敬ふこと塔の如しと云ふなり。自然智とは、是れ如来の自覚自証の智なり。昔より未だ聞かず未だ知らざるところの法を自然に了了に現前して、罣礙する所なきが故に以って名とす。摩訶那伽（mahānāga 大竜）とは、是れ如来の別号なり。以って不可思議無方の大用を況《たと》ふるなり。

これもかつての種族社会の時代にナーガが神格化された——最高神——残滓にほかならない。

五一九（10）彼は自立し、〔渇望や誤った見解に〕依存しない者—kevalī so, asito. 原語の kevalin（自立者）と asita（＝Skt. aśrita 依止しない者）とは連関する類語である。

五二〇（11）生死を超越してしまった者—jātimaraṇam upātivatto. 「超え行ける」（upātivatto）という表現は生死（＝輪廻）を激流に喩えることが含意されている。

五二一（12）劫（＝輪廻）におもむかない者—kappan n'eti. 劫（kappa, Skt. kalpa）はほとんど無限に長い時間であるが、それにしても時間の中に存在していることは輪廻転生を意味する。ここではそうした〔長時間の〕輪廻から脱却して解脱する者を「沐浴者」（nhātaka）と呼ぶというのが意趣である。

G. 521 の原文は kappan n'eti で主語は沐浴者（nyātaka）である。ただし、コンテキストは次の G. 522 にかかり、そこでは解脱した者（vimutta）のことであるから、沐浴者と解脱した者とは同格である。またG. 535には「智者である彼は、母胎におもむかない」（vidvā so na upeti gabbhaseyyaṃ）とある。G. 521の前文kappan n'etiを伏線として、G. 535で、「彼を聖人という」（tam āhu ariyo ti）とある。G. 860は聖者（muni）が主語でkappaṃ n'eti akappiyoである。これらの中でG. 521のkappaについて*Pj.*は「渇望・誤った見解という分別（taṇhādiṭṭhi kappa）によって分別される神がみや人間に対して、分別しない彼を沐浴者という」とある。G. 535についても*Pj.*はkappaを渇望・誤った見解という分別であるとする。G. 860でもkappaを（渇望・誤った見解という）二種の分別である云々とある。

G. 535は前文にしたがってkappaは劫（この場合は輪廻と同義語）におもむかないと解さないと意味をなさない。G. 860は聖者は輪廻におもむかず、輪廻しない者（akappiyo）と解さなければならない。これらの場合のkappaを*Pj.*においてG. 521では分別、G. 535とG. 860では渇望・誤った見解と解するのは註釈者の誤りである。なお、kappaが時間の意味に輪廻を含意するのは、水野弘元『パーリ語辞典』（八三頁）、雲井昭善『パーリ語仏教辞典』（二五六頁）のそれぞれkappaの項の説明を参照。後者によるとkappiyaという形容詞にも「輪廻の」という意味がある。これによってG. 860のakappiya（輪廻しない者）の語を理解することができよう。

五二二（13）　ナーガ―nāga.　釈尊の尊称。アルダマーガディー語もnāga.　漢訳には竜と象の訳語があるように、この語は二義ある。そして「竜象」（高僧たちの意）という術語もある。ここではコブラ（cobra）すなわち竜の意。すでに初期仏教の時代に*Sn.*に英語のelephant（象）の意味にも用いられているから（G. 53, 166, 379, 421）、わが国でカーヴィヤ（技巧的宮廷詩）以後の後代にはnāgaというのは「象」をも意味するようになったという見解もあるが、ちなみにカーヴィヤは二世紀以後の詩文学である。

五二三（14）　田地の勝利者―khettajina.　*Pj.*によると田（khetta）とはもろもろの〔感覚とそのはたらく対象との〕領域（āyatanāni 処）のことであるから、いわゆる十二処（眼・耳・鼻・舌・身・意およびその対象である色・声・香・味・触・法）をさす。また*Pj.*は、神の（dibba）十二処、人間（mānusaka）の十二処、梵天（Brahman）の十二処をあげるが、これらは次のG. 524に関わるものである。また*Pj.*はkhettaの類語としてvatthu（宅地）をあげる。農耕種族社会における田地の耕作者、支配者を「田の勝利者」といったのであって、ここでは感官などを制御、抑止する者という意に転釈したものとみるべきであろう。一説にこの語は kṣetrajña の俗語化だとする。

バラモン教の「ブラーフマナ」(Brāhmaṇa) 以来の伝統ある kṣetrajña の語を仏教的に転釈したのか、あるいは kṣetrajña の転訛が khettajina かは問題を留保したほうがよいようである。前者だとすれば、アートマン、プルシャと同義語で二元論的哲学における精神という形而上学的存在を仏教的に転釈したという使用契機が訳者には分からない。また俗語化とすれば、パーリ語としては khettañña または khettaññu の語形をとるべきだが、この語は存せず、また khettajina であれば kṣetrajña の原意から離れたものとなる。khetta については八二 (18) 参照。

五二四 (15) 神の、人間の、梵天の田地―divyaṃ mānusakañ ca brahmakhettaṃ. この場合の田地をウパニシャッド的に「身体」と解すると、――神的、人間、梵天という限定詞は一応保留して――「あらゆる田地の根本の束縛から解き放たれた者」という表現は、身体から離脱した個人我、精神ということになり、後のサーンキヤ哲学やヴェーダーンタ哲学と同類の文言になるのではなかろうか。*Pj.* は「もろもろの行ない (業) はもろもろの田地であるという」とある。結局、本詩句の真意は不詳であるとしなければならない。

五二五 (16) 神の、人間の、および梵天の蔵―dibbaṃ mānusakañ ca brahmakosaṃ. 蔵 (kosa) をどのように解するかは問題である。村上・及川本㈢ (一九六頁) に「あらゆる蔵 (=鞘《さや》、業または身心)」とある。*Pj.* は「また、自分のものという意味から業と同義性のものだから、もろもろの蔵というのはもろもろの業のことであるといわれる。そしてそれらを切るから (lunanā)〔すなわち〕断つから (samucchedanā) 巧みな者 (kusala) となる」と註解する。ここでも前掲 khetta の語と同様に kosa は業の意に解する。また巧みな者の通俗語源解釈が示される。

岩波本 (三四九頁、註五二五) には「蔵――kosa. ここで三つの蔵をもち出しているのは、『タイッティリーヤ・ウパニシャッド』における五蔵 (pañcakośa) の説と何か関係があるのであろう。両者とも人間の本性に対する束縛の被いをいう」とある。ここにいう五蔵はアートマンの五蔵説といわれるもので、アートマンの構造は外から内へと、食味所成、生気所成、意所成、識所成、歓喜所成の五重のアートマンよりなるという説である。しかるに本詩の三蔵は神と人間と梵天との蔵であるから、五蔵説とは内容的に無関係である。私見によれば、この蔵は G. 523,

524の田地（khetta）と関連する語で、収穫した農作物を貯蔵する倉庫と解すべきではないかと思う。ウパニシャッドと結びつけるよりも、むしろ農耕種族社会を基盤とするほうが実情にそうようである。そうしてみると、*Pj.* が蔵を業の意味に解するのは妥当であって、厳密にいえば業を貯蔵するところである――これは後の大乗仏教の唯識派が説くアーラヤ識（阿頼耶識）の思想になったのではないかと考えられる――ウパニシャッドのアートマンの哲学（五蔵説）とは結びつかない。

五二六（17） 内にも外にも、両つながら白い〔清らかな〕もの—dubhayāni viceyya paṇḍarāni ajjhattaṃ bahiddhā ca. *Pj.* によると、内に外にというのはあらゆる世間をさす。また白いものは同じく清らかな智慧をさし、結果的にはそれは悪に対する善である。本文にあるように黒色は悪業、白色は善業を象徴的に表現する。

五二七（18） もろもろの不善の者ともろもろの善人との道理を知っていて—asatañ ca satañ ca ñatvā dhammaṃ.

五二八（19） 覚りに達した智者（＝ヴェーダ聖典の精通者）—vedagū. 遍歴行者のサビヤは真実のバラモン、すなわち理想とする宗教者像のことを繰り返し釈尊に尋ねているのであるから、このvedagūの語はヴェーダ聖典の精通者を強く意識しているとみるべきである。次のG. 529に「もろもろのバラモンの〔有する〕すべての勝れた智を考察して」と釈尊が説いているからである。

五二九（20） 〔真の〕勝れた智者—vedagū. vedagūは本来、ヴェーダ聖典に精通した者のことであるが、これを仏教的に転釈して「覚りの智に達した者」とする。前出の「すべての覚りの智」（vedāni . . . kevalāni）という場合の智は、バラモンに限ってみた場合にはヴェーダ聖典を含意するとみれば、「あらゆる覚りの智を超えて」という場合の「智」（veda）というのがヴェーダ聖典に通じるから、ヴェーダ聖典を超えれば、仏教における覚りの智に達した者すなわち目覚めた者となると解することもできよう。

五三〇（21） 妄想—papañca, Skt. prapañca. アルダマーガディー語はpapaṃcaで、同じくvain show, vanityの意。後代の教学では「戯論」と漢訳され、無用の議論を意味するが、初期仏教では虚妄分別、忘想の意。G. 874, 916.

（22） 名称と形態（＝名色、個体存在）—nāmarūpa. 三五五（12）参照。

五三五（23） もろもろの執われ—ālayāni. 執われ（ālaya）についてはG. 177, 635参照。

五三五（24）三種の想念と汚泥とを取り除き—saññaṃ tividhaṃ panuja paṃkam. 三種の想念は欲想（kāmasaññā)、恚想（vyāpādasaññā)、害想（vihiṃsāsaññā)。汚泥は *Pj.* によると、欲楽（kāmaguṇa）だとするから、眼・耳・鼻・舌・身の五官（五根）の対象である色・声・香・味・触に対する欲求をさす。

（25）劫（＝輪廻）におもむかない—kappan n'eti. kappa は分別。妄想分別ではないことは前述のとおりである。前文の「彼は母胎におもむかない」の対句とみるべきであって、そうでないと「母胎におもむかない」といいながら「妄想分別におもむかない」といういい方は、理に合わない。

五三六（26）行ないをそなえる者（＝徳行ある者）—caraṇavā（←caraṇavat).

五三七（27）回避し—parivajjayitā. この原語は次の遍歴行者を意味する paribbājaka と単に音韻上の語呂合わせをしたにすぎない。したがって意味上からすれば関連しないから、通俗語源解釈（岩波本、三五〇頁、註五三七）とみることはできない。

五三八（28）六十三もの異論（＝他教に走ること）—yāni ca tīṇi yāni ca saṭṭhi . . . osaraṇāni. *Pj.* によると初期仏教の『梵網経』（*Brahmajāla-sutta*）などに説かれる通常六十二の他教の教説、いわゆる六十二見に有身見（sakkāyadiṭṭhi）を加えて六十三見すなわち六十三種の誤った見解とする。

（29）激流の闇を渡られた—oghatamagā. 渡ったのは彼の岸である。ここでは六十三見を激流の闇に見立てたものである。

五三九（30）彼の岸に至ったお方—pāragū.

（31）阿羅漢—arahā（←arahant), Skt. arhant. 本書二七七頁（2）参照。

（32）正等覚者—sammāsambuddha, Skt. samyaksaṃbuddha. 本書二七七頁（3）参照。

（33）あなたは、わたくしを〔彼の岸に〕渡してくださったのです—atāresi maṃ. これは前文に「激流の闇を渡られた」（G. 538）、「あなたは……彼の岸に至ったお方です」（G. 539）とあり、また「わたくしを〔彼の岸に〕渡してくださったのです」（G. 539）とあるから、世尊がわたくしを彼の岸に渡してくださったことになる。ところが、G. 539 の *Pj.* には「わたくしを渡らせたというのは疑念からわたくしを渡らせたということである」（*atāresi maṃ* ti kaṃkhāto man atāresi）とある。もしそうだとすれば、疑念を激流に喩えることになるが、この解説はよくない。したがって、いくつかの邦訳もこの箇所の訳文には、一々指摘しないが、さまざまな混乱がみられる。

五四〇（34）わたくしの疑念をはらしてくださいました—mam atāresi. 原文の atāresi（渡す）という表現は彼の岸を予想するが、ここでは激流の闇を渡る、すなわち単に疑念をはらしてくださったという意。

（35）太陽神の親族の者よ—Ādiccabandhu. 五四（18）参照。

五四一（36）等覚者—sambuddha. Skt., アルダマーガディー語は同形の saṃbuddha.

五四二（37）ナーガ（=竜）の中のナーガ—nāganāgassa. *Pj.* は nāga nāgassa（ナーガの中のナーガよ）と読み、呼びかけの語（āmantana-vacana）であるとする。漢訳語についていうと、nāga は前述のように竜と象との二義がある。岩波本（一一五頁、五四二）には「象の中の象王であり」とあり、同じく（三五〇頁、註五四二）「象の中の象王—nāganāgassa.……この場合の nāga は象であろう。cf. nāgāpalokitena」とあるが、この詩句の中の nāga は象ではなく、竜である。釈尊の尊称として非アリアン系の nāga がコブラ（indian cobra 漢訳、竜）の意味で用いられることは初期仏教にしばしば認められる。『著作集』第一巻、一六、七七、九〇、一一七、三一五、三五六頁参照。象中の象という意味で、釈尊を象王（nāgarāja）と呼ぶことは少なくとも初期仏教には一つも用例がない。G. 379 にエーラーヴァナ（Erāvaṇa）という象王が登場して、釈尊に随喜する。が、釈尊の呼称は象王ではない。エーラーヴァナはインドラ神（Indra）の乗る象である。*J.* Ⅲ. p. 392. なお *Mtu.* Ⅱ. p. 275 参照。アルダマーガディー語とB Skt. ではエーラヴァナ（Eravaṇa）。また右に、nāgāpalokitena（象が眺めるように）という釈尊を形容する文言を参考に掲げているが、これは本文とは無関係である。詩句 Tassa te nāganāgassa mahāvīrassa bhāsato sabbe devā anumodanti ubho Nārada-Pabbatā に対応する文言は *Mtu.* Ⅲ. p. 401 に次のようにある。

tasya te nāganāgasya mahāvīrasya bhāṣato, sarvadevatānumodanti ubhau nāradaparvatā.

そのようなナーガの中のナーガ、偉大な勇者であるあなたが説かれたとき、すべての神性あるものはナーラダとパルヴァタという二つ〔の神群〕もろともに随喜いたします。

『仏本行集経』（大正、三・八三五頁上）にも同文がある。

如ㇾ是世尊猶若ㇾ竜　最大丈夫金口説　帝釈一切諸天等　諸仙諸聖皆楽ㇾ聞。

是くの如く世尊は猶《なほ》し竜の若《ごと》し。最大丈夫は金口もて説きたまふ。帝釈、一切諸天等、諸仙、諸聖、皆、聞かんと楽《ねが》ふ。

これらによって漢訳も nāga を竜と訳していることが分かる。

五四三 （38） 偉大な勇者—mahāvīra. マハーヴィーラ（=偉大な雄者）は、ジャイナ教のマハーヴィーラ（Mahāvīra）の通称として知られる。が、ここでは釈尊の尊称である。このようにジャイナ教、仏教に共通の用語は少なくとも同一の文化圏にあった種族の社会的基盤が想定される。

（39） あらゆる神がみやナーラダ、パッバタという二つ〔の神がみの集団〕—sabbe devā . . . ubho Nārada-Pabbatā. 前註『仏本行集経』ではあらゆる神がみ（sabbe devā）を「帝釈一切諸天等」、ナーラダ、パッバタの両者（ubho Nārada-Pabbatā）を「諸仙諸聖」と訳す。この中で、ナーラダ、パッバタは *Pj.* によると「ナーラダ、パッバタとこれらは、まさに智慧をもつ二つの神群である」という。

ナーラダとパッバタが二つの神群であることは *J.* Ⅵ. p. 568, *Mtu.* Ⅲ. p. 401 にみえる。しかし、ヒンドゥー神話ではこれらは神名でなくて、古い聖仙の名前として伝えられる。『仏本行集経』に「諸仙諸聖」とあることや、前文のあらゆる神がみ（帝釈天=インドラ神をはじめとする諸神）と対であることからして、ナーラダ、パッバタは神群ではなく、聖仙ではないかということも考えられよう。

五四五 （40） あなたは煩悩の潜在力（=随眠）を断って—tuvaṃ anusaye chetvā tiṇṇo tāres' imaṃ pajaṃ. 「渡り」（tiṇ-ṇo）、「この人びとを渡らせたのです」（tāres' imaṃ pajaṃ）という表現に、激流を渡って彼岸に達したという、いわゆる彼岸思想を看取することができよう。

五四六 （41） もろもろの〔生存の〕依りどころ—upadhi.

五四七 （42） たとえば妙なる白蓮華が水に汚されないように—puṇḍarīkaṃ yathā vaggu toye na upalippati. この白蓮華の喩えは大乗仏教、密教に至るまで好んで用いられている。

（43） 勇者よ—vīra. 釈尊の尊称であることはジャイナ教のマハーヴィーラの場合も同じ。四四（8）参照。

七、セーラの経

（1）セーラの経―*Sela-sutta.* 最初に結髪行者ケーニヤと釈尊との会話が行なわれる。次にケーニヤとセーラ・バラモンとの対談、そしてセーラと釈尊との対話がある。最後にケーニヤが釈尊を招待する。ケーニヤは覚りを得、セーラは釈尊を称賛する。これらのストーリーをとおして、釈尊の最初期の教法はいかなるものであったかをうかがうことができよう。なお、ドイツの東洋学者オルデンベルクが古期ウパニシャッドに初めて対話の場面が認められるのは都会生活を反映したものだと指摘したが、初期仏教における釈尊と仏弟子や在家信者との会話が*Sn.* に多いのも、当時の新興国家の都市の出現を推知させるものであろう。*MN.* II. p. 146 f. は本経と同文。

　セーラの経にみえるセーラについての当該の記述は他にもある。たとえば『大智度論』（大正、二五・三一三頁下）、貰夷羅婆羅門など。*Ap.* p. 318, *Mav.* VI. p. 35,『四分律』（大正、二二・八七三頁中）、施盧婆羅門。『増壱阿含経』（大正、二・七九八頁上）、施羅。*Therag.* 818〜841 など。

散文（2）アングッタラーパ―Aṅguttarāpa. *Pj.* によると、アンガ（Aṅga）地方にある。ガンガー河（Gaṅgā）の北方（uttara）の水郷（āpa）で、そこから遠くないからウッタラーパ（北方の水郷）というとする。そこは大いなるマヒー・ガンガー（Mahī-gaṅgā）の水郷であると。マヒー・ガンガーがマヒー河と同じかどうかは不明であるが、マヒー河については一八（3）参照。

（3）結髪行者ケーニヤ―keṇiyo jaṭilo. 結髪行者はバラモン教の火を祀る者（事火外道）。*J.* I. p. 15, II. p. 382, *Vin.* I. p. 24, IV. p. 108 ほか。*Therag.* 818 註参照。

（4）アーパナ―Āpaṇa. 初期仏典の各所にみえる。『赤沼辞典』五二頁参照。

（5）阿羅漢云々―arahaṃ sammāsambuddho vijjācaraṇasampanno sugato lokavidū anuttaro purisadammasārathi satthā devamanussānaṃ buddho bhagavā. いわゆる如来（または仏）の十号。『法華経』序品などに詳説される。漢訳は⑴阿羅漢、⑵正等覚者、⑶明行具足、⑷善逝、⑸世間解、⑹無上士、⑺調御丈夫、⑻天人師、⑼仏、⑽世尊。この十号はジャイナ教のヴァルダマーナの称号とほとんど一致する。本書解説、四五〇―四六一頁参照。

散文（6）三つのヴェーダ聖典に精通し―tiṇṇaṃ vedānaṃ pāragū. 三つのヴェーダ聖典は『リグ・ヴェーダ』（*Ṛg-veda*）、

『サーマ・ヴェーダ』(*Sāma-veda*)、『ヤジュル・ヴェーダ』(*Yajur-veda*)。

(7) アタルヴァ・ヴェーダ聖典—*Atharva-veda*. パーリ語ではアータッバナ(Āthabbaṇa＝Athabbaṇa)。

(8) 史伝—*Itihāsa*. 大叙事詩『マハーバーラタ』(*Mahābhārata*)、『ラーマーヤナ』(*Rāmāyaṇa*)などの総称とする見解もあるが、これらは初期仏教時代当時にまだ成立していないから、ここでは、直接には、このような大叙事詩を含意していないと思われる。*Pj.* で史伝とは昔物語(purāṇa-kathā)で、「〔昔〕このようなことがあった、このようなことがあった」(今は昔)という物語であると解するのが妥当である。

(9) 順世論—lokāyata. 「世間の常識にしたがうもの」といった意味で、いわゆる唯物論である。唯物論哲学の萌芽はすでに『リグ・ヴェーダ』に認められるが、ここにもみられるのは注目すべきであろう。*J.* VI. p. 486, *SN.* II. p. 77, *Mil.* p. 178.

(10) セーニヤ・ビンビサーラ—Seniyo Bimbisāro. セーニヤ(将軍)は本来、種族社会における族長の職分であった。詳細は『著作集』第一巻、一〇二頁。なお六〇、七〇、九二、一一九頁も参照。

(11) 三十二の偉大な人物の特徴—dvattiṃsa mahāpurisalakkhaṇāni. 漢訳は三十二相、三十二大人相。

(12) 転輪聖王—cakkavatti(←cakkavattin). 古代インドにおける理想の帝王像とされるもの。

五四八 (13) 以下G. 567まで*Therag.* 818〜841と同文。

五五三 (14) 閻浮樹の国土(＝全インド)の主宰者—Jambusaṇḍassa issaro. 閻浮樹(jambu)はこの木の生えている島(Jambudvīpa)の略。古代インドの神話によると、メール(Meru)山頂に巨大な閻浮樹があって、その樹によって瞰下されるところということから、全インドをいう。主宰者(issara)はそこを支配する者。

五五四 (15) 無上なる教法の王—dhammarājā anuttaro. 釈尊のこと。

(16) わたしは教法によって輪を転ずる—dhammena cakkaṃ vattemi. 輪(cakka)は古代インドの武器で、ブーメランの一種。輪を転ずるというのは敵を征服することを意味する。だが、この場合は武器としての輪ではなくて、教法(法)の輪であるから、漢訳で法輪という。教法によって世界を統一するのを「転法輪」という。

五五七 (17) 如来から生まれた〔弟子の〕サーリプッタ(＝舎利弗)—Sāriputto . . . anujāto Tathāgataṃ. *Pj.* は「そこで、

如来から生まれたというのは、如来を原因として生まれた、如来という原因から生まれたという意味である」（Tatha *anujāto Tathāgatan* ti Tathāgatahetu anujāto, Tathāgatena hetunā jāto ti attho）と解する。もしそうだとすれば、ここには、後の大乗仏教で説く如来蔵の思想の萌芽がすでに認められる。

五五九 （18）〔わたしを〕信頼するがよい―adhimuccassu. adhi-√muc に基づく。同じく adhimutti（B Skt. adhimukti), adhimokkha（B Skt. adhimokṣa）など。漢訳、信解、勝解など。あるいは信の訳語もあるように、信ぜよ、信を起こせ、の意味である。なお、「信を起こすがよい」（pamuñcassu saddham）という表現もある。G. 1146 参照。

五六〇 （19）〔煩悩の毒〕矢を抜き取る最上の治療者―sallakatto anuttaro. 毒矢の喩えというのが『中阿含経』に収める「箭喩経」にある。五一（14）参照。また、釈尊はしばしば矢医――毒矢にあたった者を治療する医師――に喩えられる。仏教では毒矢は一般に煩悩を意味する。*MN*. I. p. 429 参照。

五六一 （20）〔わたしは〕梵天となった者―Brahmabhūto. *Pj.* は最勝者となった者（seṭṭhabhūta）であると解する。岩波本（一二五頁、五六一）は「神聖な者」と訳すが、その根拠は不明。最勝の者または最上の者の意。

五六二 （21）偉大な勇者―mahāvīra. ジャイナ教のヴァルダマーナの場合と同じ尊称。『著作集』第一巻、一〇三、二八四頁参照。

五六三 （22）黒魔（＝皮膚の色の黒い種族）の生まれ―kaṇhābhijātiko. 黒魔（kaṇha）は釈尊の降魔伝説にも登場する。が、本義は非アリアン系の土着原住の種族である。

五六五 （23）正等覚者―sammāsambuddha. この呼称はジャイナ教には見当たらない。*Sn.* の本文では、ここ一箇所のみにみられる。

五六八 （24）火神への祭儀―aggihutta, Skt. agnihotra. アルダマーガディー語は aggihotta. *Mav.* 6. 35. 8, *Mtu.* Ⅲ. p. 246, 755, *Utt.* 25. 16 参照。

（25）サーヴィッティー讃歌―Sāvittī, Skt. Sāvitrī. サーヴィトリーが最上のものであることは四五七（9）にもみえる。太陽神のサヴィトリ（Savitṛ）にささげられるヴェーダ聖典の讃歌。*RV*. 3. 62. 10. とくに'tat savitur vareṇyam' で始まるものをいう。サヴィトリはガーヤトリー調（Gāyatrī）とも。ここではサーヴィッティー讃歌を仏教的に転釈したもの。なお、*RV*. 3. 62. 10 参照。『バガヴァッド・ギーター』には次のようにある。

bṛhatsāma tathā sāmnāṃ, gāyatrī chandasām aham, māsānāṃ mārgaśīrṣo 'ham, ṛtūnāṃ kusamākaraḥ (*Bh G*. 10. 35).

さらに、わたしはもろもろの（ヴェーダの）詩句《サーマン》の中の偉大な詩句であり、讃歌《チャンダス》の中のガーヤトリーである。わたしはもろもろの月の中のマールガシーシャ（第十月）であり、もろもろの季節の中の春である。

五六八 (26) ヴェーダ聖典の韻律云々—chandaso... 『バガヴァッド・ギーター』にも同一の表現がみえる。前掲（25）。

(27) 王は人間たち云々—rājā... manussānaṃ. 同じく *Bh G*. 10. 27 に同一の表現がみえる。

uccaiḥśravasam aśvānāṃ viddhi mām amṛtodbhavam, airāvataṃ gajendrāṇāṃ, narāṇāṃ ca narādhipam.

馬たちの中で、わたしはウッチャイヒシュラヴァス（インドラ神の駿馬）であると、そなたは知るがよい。象王たちの中のアイラーヴァタ（インドラ神の乗る象の名）であり、また、人びとの中の王である。

(28) 大海は云々—sāgaro... 同一の文言が *Utt*. 25. 16, *MBh*. 2. 358. 3 にみえる。なお、*Bh G*. 10. 24 に同一の表現がみえる。

purodhasāṃ ca mukhyaṃ māṃ viddhi, pārtha, bṛhaspatiṃ, senānīnām ahaṃ skandaḥ, sarasām asmi sāgaraḥ.

そして、わたしを王侯に属する主祭官たちの中の最上のものであり、ブリハスパティであると、そなたは知るがよい。わたしは指揮官たちの中のスカンダであり、もろもろの湖沼の中の大洋である。

五六九 (29) 月は云々—cando... *Bh G*. 10. 21 に次のように説く。

ādityānām ahaṃ viṣṇur, jyotiṣāṃ ravir aṃśumān, marīcir marutām asmi, nakṣatrāṇām ahaṃ śaśī.

わたしはもろもろのアーディティヤ（神群、七神）の中のヴィシュヌであり、もろもろの光の中の輝く太陽である。風神たちの中のマリーチであり、もろもろの星辰の中の月である。

(30) 〔行乞者の〕教団—saṅgho. Skt. saṃgha の音写としては一般に僧伽（略称、僧）が用いられる。この詩句は、僧伽すなわち仏教教団を月と太陽とに並列して「最上のもの」として讃えている。岩波本（三五三頁、註五六九）ではこの詩句について次のように説く。「これはヒンドゥー教のほうで説いていたことが、たまたま仏典にすがたを現わしているだけで、その逆ではあり得ない。そのわけは、後代の仏典（『提婆菩薩破外道小乗涅槃論』）によると、右の所説はマータラ（Māṭhara）という外道の論師の所説となっているが、マータラは『バガヴァッド・ギーター』などを含む『マハーバーラタ』の編者ヴィヤーサ（Vyāsa）の別名であるからである」。確かに『マハーバーラタ』は仏教以前のある時代に起こったバラタ族の戦争物語をもととするが、現行のテキストはヴィヤーサの編集で、紀元前二〇〇年より紀元二〇〇年までの四世紀の長期間に亘って編集成立したとみられている。したがって、ここで仏教僧伽の存在を月と太陽とに併称する場合の「月と太陽とが云々」という文言が最初はヒンドゥー教で説かれていたとは断言できない。また、仏教、ヒンドゥー教の貸借関係はさておいても、このような比喩的表現は古代インドで一般に説かれていたかもしれないからである。

散文 (31) 生は尽きた云々—khīṇā jāti, vusitaṃ brahmacariyaṃ, kataṃ karaṇīyaṃ, nāparaṃ itthattāyā' ti. これは釈尊が成道直後もしくは涅槃の直前に、その地で説いた文言として知られるが、初期仏典には、しばしば認められる。

五七一 (32) G. 571, 572 は、G. 545, 546 と同じ文言。*Therag.* 839, 840 も同じ。

(33) 〔自ら輪廻の激流を〕渡り—tiṇṇo tāres' imaṃ pajaṃ. 激流を渡り、そして他の人びとも渡して彼の岸に到達するというのは、大乗仏教の基本的立場をここにすでに看取することができよう。

五七二 (34) 〔生存の〕依りどころ—upadhi.「依りどころ」の意であるが、とくに生存の依りどころを意味する。**三三**(21) 参照。

五七三 (35) もろもろのナーガ（＝修行者たち）は—nāgā.「諸々の竜（行者）をして師を拝ませましょう」（岩波本、一二八頁、**五七三**）、「竜象たちに」（渡辺本、一七五頁）、また「竜（＝行者）たちよ。師（＝仏）を礼拝したまえ」（村上・及川本㈢、二九五頁）とあるように、nāgā（竜たちよ）と nāga の複数・呼格に読む。このように呼格であるとすれば二人称であるが、もしそうだとすれば、vandantu（礼拝したまえ）というのが命令法・三人称・複数であるのと合わないから、この動詞は命令法・二人称・複数の vandatha の語形をとらなければならない。要するに nāgā は複数の主格、呼格の両方の語形であるから、この場合は主格であって「彼等（＝ナーガである修行者たち）は教師を礼拝するがよい」と読まなくてはならない。ナーガについては *Pj.* は註解してないが、修行者たちを、このように呼ぶのは注意すべきであろう。釈尊の尊称としてのナーガについては、一（6）、五三（13）参照。

八、矢の経

（1） 矢の経—*Salla-sutta.* 初期仏教では矢は毒矢であって、煩悩を喩える。G. 593 に、「〔貪りなどの煩悩の毒〕矢を引き抜いて云々」とあるのによって経題をつけたもの。釈尊はしばしば煩悩の毒矢を抜いて治療する者ということから、矢医——毒矢を抜いて手当てをする医師——に喩えられる。

五七六（2） 常に落ちる恐れがある—niccaṃ papatanā bhayaṃ. 原本 pāto を異本によって niccaṃ（常に）と読む。岩波本（三五四頁、註五七六）のこの箇所の註は多くの問題がある。次のように解説してある。

つねに死の怖れがある——tesaṃ *pāto papatato bhayaṃ* hoti——patanato bhayaṃ hoti ti attho (*Pj.* p. 459). しかしこの第五七六詩の第二 pāda の恐らく最古の読み方は pāto papatanā bhayaṃ であろう、とリューダースは主張した。同様の文句は、

niccaṃ papatanā bhayaṃ（*Jātaka*, No. 13, G. 5).

nānyatra patanād bhayaṃ (*Rāmāyaṇa* II, 105, 17; B. II, 114, 4).

に見られる (Lüders: *Philologica Indica,* S. 38–39)。

確かに現存パーリ本の文句は、パーリ語としてもプラークリット語としても異様であるから、リューダースの推定が当っているであろう。

だが、「つねに死の怖れがある」という訳文は原本 niccaṃ maraṇato bhayaṃ のそれであって右の *Pj.* の原文とは無関係である。*Pj.* の註解は本文の papatato が patanato と読めるというだけであって、papatato を patanato と換言したにすぎない。ブッダゴーサのみたテキストは pāto とあったのであろうが、これは異本によって niccaṃ に訂正すべきであって PTS. の本文も同様である。このことはリューダースが指摘した *Jātaka* の類句に照らして明らかであり、pāto では意味不明である。したがって、リューダースが、「第二 pāda の恐らく最古の読み方は pāto papatanā bhayaṃ であろう」と主張したのは誤りである。原文に papatanā とあるにもかかわらず、このように推定したのは *Pj.* の引用した本文の papatato を批判したのだろうか。ともかく、これをもって最古の読み方であろうと推定した理由がよく分からない。しかも、岩波本で「確かに現存パーリ本の文句は、パーリ語としてもプラークリット語としても異様であるから、リューダースの推定が当っているであろう」とリューダースの指摘する恐らく最古の読み方だとする pāto papatanā bhayaṃ の語形に賛意を表している。だが、この文言の中の pāto を niccaṃ と読まなければ文意が通じないことは、すでに指摘したとおりである。原文の papatanā は中性であって papatana（落下）の単数・従格だから papatanā bhayaṃ を直訳すると、「落下による恐れ」「落下することによって〔生ずる〕恐れ」である。また *Pj.* が引用する本文の papatato は男性の papata（落下、落下するところ）の従格であるから、papatanā と同じである。papatato を *Pj.* は patanato と換言しているが、patanato は中性の patana（落下）の従格であるから、意味をとる上では papatanā, papatato, patanato のいずれであっても不都合でない。右の解説で「現存パーリ本の文句」とあるのは、たぶん papatato の語形をさしているのであろうが、それを「パーリ語としてもプラークリット語としても異様であるから」というが、異様という趣旨がよく分からない。再説するが、リューダースが「恐らく最古の読み方」として papatanā と読んだ理由は不明である。*Pj.* が引用した *Sn.* 原文と対比した結果だろうか。ここの文言で最も問題になるのは pāto を niccaṃ と訂正せずに、そのまま pāto と読んだことにある。岩波本（一一九頁、五七六）には「熟した果実は早く落ちる」とある。また前掲、村上・及川本㈢（三二二頁）にも「熟した実には早く落ちる怖れがあるように」とある。これらの訳の「早く」はおそらく pāto の訳語と思われるが、この語は普通「早朝に」という副詞であって「早く」という意味ではない。訳者が pāto をなぜ niccaṃ と読み改めるかというもう一つの理由は、この詩句の前文に「あたかも熟したもろもろの果実は常に落ちる恐れがあるように」とあり、後文がそれを受けて「生まれた人たちには常に死による恐れがある」と対句になっているからなのである。

五七六（3） 生まれた人たちには―jātānaṃ maccānaṃ. 人を意味する maccu（Skt. mṛtyu）の原意は「死ぬべきもの」である。

五九〇（4） 阿羅漢〔の教え〕を―arahato. 岩波本（三五五頁、註五九〇）には、「この場合には、ブッダのことをいう。或いは諸宗教を通じての聖者と解してもよい」とあるが、釈尊が三人称で阿羅漢と呼ばれる例は全くない。また諸宗教を通じての聖者ということであれば、ジャイナ教のヴァルダマーナでも六師外道の誰でもよいことになって拡大解釈になるから、ここは仏教における不特定の阿羅漢すなわち修行を成就した者とみるべきであろう。

五九三（5） 〔貪りなどの煩悩の毒〕矢を引き抜いて―abbūḷhasallo. 毒矢の喩えは G. 331, 767, 五一（14）、八六（6）、五六〇（19）など参照。*SN.* I. p. 40, 192,『善星経』参照。*Pj.* では〔貪りなどの〕自分の矢を（sallam attano）とある。*Nd*¹. p. 59 に七種の矢を挙げる。⑴貪りの矢（rāga-salla）、⑵怒りの矢（dosa-s）、⑶無知の矢（moha-s）、⑷慢心の矢（māna-s）、⑸誤った見解の矢（diṭṭhi-s）、⑹憂いの矢（soka-s）、⑺疑惑の矢（kathaṃkathā-s）。

（6） 〔渇望や誤った見解に〕依存せず―asito. *Pj.* は渇望や誤った見解（taṇhādiṭṭhi）に依止しないこと（anissito）と解する。

九、ヴァーセッタの経

（1） ヴァーセッタの経―*Vāseṭṭha-sutta.* ヴァーセッタとバーラドヴァージャという二人の青年が血統について議論したが、結着がつかず、釈尊を訪ねる。釈尊は人間平等と人間存在のあるべきすがたについて説く。彼等は在家信者となることを申し出て釈尊に帰依することを誓う。

散文（2） イッチャーナンカラ〔村〕―Icchānaṅkala. 異本（B^{aim}）と *Pj.* は Icchānaṃgala とし、*DN.* I. p. 87（*Ambaṭṭha-sutta*）は Icchānaṅkala であるが、ここの異本（B^{a}）の読みは Icchānaṃgala であることが指摘され、コーサラのバラモン村であるという（村上・及川本㈢、三七〇頁参照）。漢訳ではたとえば『長阿含経』の「阿摩昼経」（大正、一・八二頁上）には「伊車能伽羅」と音写語がある。ただし、この音写語の伽は ga, ka に共通するので、これだけではIcchānaikala, Icchānaṃgalaのいずれとも判じ難い。

五九四（3）三つのヴェーダ聖典―tevijjā. 当時はまだ『アタルヴァ・ヴェーダ』はヴェーダ聖典に数えられていないので、このようにいう。G. 594, 595, 656参照。

五九八（4）欠けることのない月（＝満月）―candaṃ . . . khayātītaṃ. 「欠けることのない」の原語は、khayātītaである。文字どおりには滅尽（khaya）が過ぎ去った（atīta）という意。滅尽を欠減と解すると、下弦の月が欠け終わって新月となるとみるか、あるいは上弦の月となって、欠けるところなくすっかり満月となるとみるかで、新月とするか満月とするかは諸学者によって見方を異にするところである。インドでは古来、満月を礼拝する慣わしがあるので、ここは満月の意に解しておく。

五九九（5）この世の人びとに眼となって出現したゴータマに―Cakkhuṃ loke samuppannaṃ . . . Gotamaṃ. *Pj.* によると、この世の人びとに眼となって出現したとは、根源的な無知（＝無明）の暗黒の中にいるこの世の人びとの暗黒を破り、この世の人びとの現世の生存などの意味するものを見抜くことによって人びとの眼となって出現した、と。

（6）生まれによってバラモンとなるのですか―jātiyā brāhmaṇo hoti . . . G. 136参照。

六〇七（7）人びとの場合―manussesu. 人（manussa）はいうまでもなく生けるもの（jāti）の中に含まれるが、他の生けるものと区別していったまでであることはコンテキストからみて明らかだから、人は人間をさす。人びとは他の生けるものに対しての特定的な呼称として古代インドでは極めて普通に用いている語である。

六一二（8）牛を守って暮らす者―gorakkhaṃ upajīvati. gorakkhaの邦語訳は牧畜、牧牛である。岩波本（一三六頁、六一二）は「牧牛によって生活する人」、村上・及川本(三)（三四九頁）は「牧畜によって生活するもの」とある。これらの訳語によれば、牧牛者である。しかし、ここは「農民であってバラモンではない」ことを主張しているのだから耕作農民であるべきである。*Pj.* は、次のように註解する。

Tattha *gorakkhan* ti khettarakkhaṃ, kasikamman ti vuttaṃ hoti, paṭhavī hi go ti vuccati, tappabhedo ca khettaṃ (*Pj.* II. p. 466).

その場合、牛を守ること（gorakkha）とは、田地を世話すること（khettarakkha農業）、犁による耕作業（kasikamma）といわれる。なぜかといえば、土地（paṭhavī）は牛（go）といわれるからである。そして、田地（khetta）はその（土地＝牛）類である。

これによって犂で耕作するのに不可欠な牛の世話をして生活すること、すなわち犂による農耕である。したがって、この場合、gorakkha に牧畜、牧牛という訳語をそのままあてるのは適切でない。

六三〇（9） この詩句以下、二八の詩句は *Dhp.* G. 396〜423 に同じ。修行を成就した者をバラモンと呼ぶのは仏教とジャイナ教に共通している。バラモンの原語 brāhmaṇa はアルダマーガディー語では baṃbhaṇa. *Utt.* 15. 10. 19〜29. 33. 34 など。ヴァルダマーナもバラモンと呼ばれる（māhaṇa＝brāhmaṇa）。*Sūy.* 1. 2. 1.

（10） 所有するものがなく—akiñcana. いわゆる無所有はジャイナ教の五大誓（仏教の五戒に相当するもの）の第五にも挙げられる。なお、G. 176, 455, 490, 501, 645, 1059, 1091, 1094 参照。

六三一（11） 革紐—nandhi. 怒り（kodha, Skt. krodha）に喩える。心を結びつけるものの意。

（12） 革帯—varatta. 渇望（taṇhā, Skt. tṛṣṇā）に喩える。心を縛るものの意。

（13） 綱—sandāna. *Pj.* には六十二見（六十二種の誤った見解）の綱とある。綱は手綱とともに潜在的な煩悩（anusaya）に喩える。

（14） 手綱—sahanukkama. *Pj.* には六十二見すなわち六十二種の誤った見解の綱のことだとある。

（15） 閂—paligha. 無明（avijjā）すなわち根源的な無知に喩える。心の障害の意。

（16） 目覚めた者—buddha. ここで釈尊が「目覚めた者」というのは、本詩からすれば、結局、無明がない者のことである。*Pj.* には四諦の理を覚ることによって目覚めた者となり得ると説いているが、ここには四諦の理を覚った者としての釈尊は説かれていないから、後代の教学的な理解とみるのがよいであろう。

六三二（17） 原文の Akkosaṃ vadhabandhañ ca aduṭṭho yo titikkhati, khantībalaṃ balānīkaṃ tam ahaṃ brūmi brāhmaṇaṃ は *Dhp.* G. 399 と同じ文言である。なお、akkosaṃ vadhabandhañ ca（打ちのめしたり、拘束するのを）の語形について、リューダースはこれは古代東部インド語の対格・複数とみる（Lüders: *Beobachtungen.* § 215, S. 150）が、次の詩句と合わせてみると、そうではなく、パーリ語の対格・単数でなくてはいけない。

六二四（18）原文の Akkodhanaṃ vatavantaṃ sīlavantam anussadaṃ dantam antimasārīraṃ tam ahaṃ brūmi brāhmaṇaṃ は *Dhp.* G. 400 と同じ文言。

（19）禁戒を守り—vatavant. *Pj.* は煩悩を除く簡潔な生活（dhutavata）の規定を守ることである、とする。vatavantaṃ を異本で dhūtavantaṃ とするものもある。

（20）戒めを保ち—sīlavant. *Pj.* は戒めについて四つの清浄戒（catupārisuddhi-sīla）だとする。それはいわゆる四遍浄戒で、⑴別解脱律儀戒（pāṭimokkha-saṃvara-sīla）、⑵根律儀戒（indriya-saṃvara-sīla）、⑶活命清浄戒（ājīva-pārisuddhi-sīla）、⑷資具依止戒（paccaya-sannissita-sīla）の四種である。だが、これは後代の解し方かもしれない。

（21）最後の身を保つ者—antimasarīra. 再生しない者で、この世の生涯が最後である身体。四七八（24）参照。

六二五（22）原文の Vāri pokkharapatte va, āragge-r-iva sāsapo yo na lippati kāmesu . . . は、*Dhp.* G. 401 と同じ文言。*Isi.* 34. 6 参照。

六二八（23）原文の Asaṃsaṭṭhaṃ gahaṭṭhehi anāgārehi cūbhayaṃ anokasārim appicchaṃ . . . は、*Dhp.* G. 404 と同じ文言。

（24）在家者と出家者との両方に親しく近づくことなく—asaṃsaṭṭham gahaṭṭhehi anāgārehi cūbhayaṃ. saṃsaṭṭha（親しく近づくこと）は Skt. saṃsṛṣṭa. たとえば、親密な関係（saṃsṛṣṭa-bhāva）を意味する。岩波本（一三八頁、六二八）には「在家者・出家者のいずれとも交わらず」とある。同じく（二六〇頁、註六二八）「「出家者とさえ交わらない」というのであるから、サンガによる共同生活以前の段階である」とある。だが、この「ヴァーセッタの経」は釈尊がコーサラのイッチャーナンカラ村に住していたときの法話であるから、むろん成道後であり、すでにサンガ（仏教教団）は存在しているから、右の文言でサンガによる共同生活以前の段階とみるのはいかがなものであろうか。またサンガ成立以前の段階における出家者とは何のことだろうか。このような二重のミスは、asaṃsaṭṭha を「交わらず」と訳して、交際しない、すなわち絶交と解したことによるもののごとくである。*Utt.* 25. 29 参照。

六二九 （25） 原文の Nidhāya daṇḍaṃ bhūtesu tasesu thāvaresu ca yo na hanti na ghāteti . . . は、*Dhp*. G. 405 と同じ文言。G. 146, *Utt*. 5. 8（= 19. 89), 15. 23, *Āyā*. 1. 8. 3. 1〜2. *MBh*. 3. 185. 28 参照。

六三〇 （26） 原文の Aviruddhaṃ viruddhesu attadaṇḍesu nibbutaṃ sādānesu anādānaṃ tam ahaṃ brūmi brāhmaṇaṃ は、*Dhp*. G. 406 にも同文がある。

六三一 （27） 原文の Yassa rāgo ca doso ca māno makkho ca pāpito sāsapo-r-iva āraggā, . . . は、*Dhp*. G. 407 と同文。

六三二 （28） 原文の Akakkasaṃ viññapaniṃ giraṃ saccaṃ udīraye, yāya nābhisaje kañci, . . . は、*Dhp*. G. 408 と同文、*Dhp*. G. 409 とも同文。

六三三 （29） 美しいものや美しくないもの—subhāsubha. subha は美しいと清らかなとの二義がある形容詞で、それを名詞に用いたものであるが、この場合は美しいもの（subha）と美しくないもの（asubha）と解したい。その理由は *Pj*. に衣服（sāṭaka）、装身具（ābharaṇa）など、また宝珠（maṇi）、真珠（mutta）などの例を挙げるからで、それらの浄・不浄ではなく、美・醜をいっていると思われるからである。

六三四 （30） 原文の Āsā yassa na vijjanti asmiṃ loke paramhi ca, nirāsayaṃ visaṃyuttaṃ . . . は、*Dhp*. G. 410 と同文。*Utt*. 1. 5, *Sūy*. 1. 7. 4 参照。

（31） 求めることなく—nirāsaya. āsaya（依止）の否定形が nirāsaya. āsaya は Skt. āśraya, B Skt. āśaya で、漢訳は意向、意志など。*Pj*. は渇望なきこと（nittaṇhā）とする。

六三五 （32） 原文の Yassālayā na vijjanti, aññāya akathaṃkathī, amatogadham anuppattaṃ . . . は、*Dhp*. G. 411 と同文。

（33） 不死に深く入ること—amatogadha. amata（不死）は Skt. amṛta で真諦三蔵（四九九—五六九）は甘露と訳す。これは『リグ・ヴェーダ』で、それを飲めば不死が得られると歌われるソーマ（soma）の酒を予想しての訳語である。初期仏教では不死は一般に涅槃の替え言葉である。『著作集』第一巻、三三八頁参照。

六三六 （34） 原文の Yo 'dha puññañ ca pāpañ ca ubho saṅgam upaccagā, asokaṃ virajaṃ suddhaṃ . . . は、*Dhp*. G. 412 と同文。

六三七（35）原文の Candaṃ va vimalaṃ suddhaṃ vippasannaṃ anāvilaṃ nandībhavaparikkhīṇaṃ . . . は、*Dhp.* G. 637 と同文。

六三八（36）原文の Yo imaṃ palipathaṃ duggaṃ saṃsāraṃ moham accagā tiṇṇo pāragato jhāyī anejo akathaṃkathī anupādāya nibbuto, . . . は、*Dhp.* G. 414 と同文。泥道—palipatha. *Pj.* は貪欲（rāga）の意であるとする。険路—dugga. *Pj.* は煩悩（kilesa）であるとする。渡って彼の岸に至り—tiṇṇo pāragato.

六三九（37）原文の Yo 'dha kāme pahatvāna anāgāro paribbaje, kāmabhavaparikkhīṇaṃ . . . は、*Dhp.* G. 415 と同文。

六四〇（38）原文の Yo 'dha taṇhaṃ pahatvāna anāgāro paribbaje, taṇhābhavaparikkhīṇaṃ . . . は、*Dhp.* G. 416 と同文。

六四一（39）原文の Hitvā mānusakaṃ yogaṃ dibbaṃ yogam upaccagā, sabbayogavisaṃyuttaṃ . . . は、*Dhp.* G. 417 と同文。人間の絆を（mānusakaṃ yogaṃ）とあるのを *Pj.* は人間の寿命と五欲楽（mānusakaṃ āyu c'eva pañcakāmaguṇe ca）であるという。また天の絆を（dibbaṃ yogaṃ）というのは、同じく寿命と五欲楽だと説く。五欲楽については、一七一（11）参照。

六四二（40）原文の Hitvā ratiñ ca aratiñ ca sītibhūtaṃ nirūpadhiṃ sabbalokābhibhuṃ vīraṃ . . . は、*Dhp.* G. 418 と同文。

（41）勇者—vīra. 仏教、ジャイナ教とも理想の修行者を称讃していう語。四四（8）参照。

六四三（42）原文の Cutiṃ yo vedi sattānaṃ upapattiñ ca sabbaso, asattaṃ sugataṃ buddhaṃ . . . は、*Dhp.* G. 419 と同文。

六四四（43）原文の Yassa gatiṃ na jānanti devā gandhabbamānusā, khīṇāsavam arahantaṃ . . . は、*Dhp.* G. 420 と同文。

六四五（44）原文の Yassa pure ca pacchā ca majjhe ca n'atthi kiñcanaṃ, akiñcanam anādānaṃ . . . は、*Dhp.* G. 421 と同文。*Pj.* によると前は過去、後は未来、中間は現在で、それぞれの集まり（khandha 五蘊）すなわち心身、個体存在をさす。無所有は akiñcana. *Utt.* 15. 28.

六四六（45）原文の Usabhaṃ pavaraṃ vīraṃ mahesiṃ vijitāvinaṃ anejaṃ nahātakaṃ buddhaṃ . . . は、*Dhp.* G. 422 と同文。沐浴する者は nahātaka. Skt. snātaka, アルダマーガディー語は siṇāyaga で仏弟子に対する呼称。

六五〇（46）原文の Na jaccā brāhmaṇo hoti, na jaccā hoti abrāhmaṇo, kammanā brāhmaṇo hoti, kammanā hoti abrāhmaṇo は、G. 136, 142 と同文。G. 650〜652 はジャイナ教でも同文が説かれる。*Utt.* 25. 33.

六五一（47）原文は Kassako kammanā hoti, sippiko hoti kammanā, vāṇijo kammanā hoti, pessiko hoti kammanā. 趣旨は G. 136 に同じ。

六五二（48）原文は coro pi kammanā hoti, yodhājīvo pi kammanā, yājako kammanā hoti rājā pi hoti kammanā. 趣旨は G. 136 に同じ。

六五三（49）縁起を見る者たち—paṭiccasamuppādadasā. なお、paṭiccasamuppāda（縁起）の語およびこの表現は *Sn.* では、ここに認められるだけである。

六五四（50）*Kathāvatthu*（PTS.）p. 546 に引用する。

六五五（51）苦行により—tapena. 苦行（tapo）によってとは、*Pj.* に「感官を守ることによって」（indriyasaṃvarena）ということだとする。したがって、同じく苦行であっても、ジャイナ教のような断食修行に基づくものとは異なる。tapo は他に七七（6）参照。

六五六（52）三つの覚りの智をそなえて静まり—tihi vijjāhi sampanno santo. 覚りの智（tevijjā, tivijjā）について *Pj.* の註解はない。邦訳を若干左に掲げると、

岩波本には「三つのヴェーダ（明知）を具え、心安らかに」（一四一頁、六五六）とあり、この註には「仏教以前には三ヴェーダのことを意味していた云々」（三六五頁、註六五六）とあり、三つのヴェーダ聖典すなわち『リグ・ヴェーダ』（*RV.*）、『サーマ・ヴェーダ』（SV.）、『ヤジュル・ヴェーダ』（YV.）を予想している。『アタルヴァ・ヴェーダ』を加えて四つのヴェーダとした時期はまだ明確でない。

他に「三種のヴェーダ神典を身につけ、静寂となって」（渡辺本）、「三種の知が完璧に備わり、心安らかで」（榎本本）、「三つの明智（vijjā）をそなえ、寂静にして」（村上・及川本）とあって、村上・及川本㈢（三九七頁）に

は「三つの明智（三明）は宿命通、天眼通、漏尽通の三つをいう。しかし、一般に、バラモンの習学するものとしては三つのヴェーダと解される」とある。だが、訳文は右のように「三つの明智」とあるので、仏教的な転釈の意味になっている。この箇所は *Pj.* の註解がないので、どのように解釈するかは微妙である。

ヴァーセッタの経は、ヴァーセッタとバーラドヴァージャが何をもってバラモンというかという問題、すなわちバラモンのバラモンたる条件を議論し、ヴァーセッタ青年が釈尊に、この問題を尋ねる。

まず、ヴァーセッタは開口一番「わたくしたち二人は三つのヴェーダ聖典（tevijjā）の学者だ」（G. 594）といい、「三つのヴェーダ聖典に説かれたことは、どんなことでもそれについてわたくしたちはすべて理解しています云々」（G. 595）という。G. 620〜655までは仏教的な徳目もしくは教理を釈尊が説いて——もちろん、それは普遍性のものではあるが——それらをもってバラモンの条件としている。

さて、G. 656のtevijjāであるが、すでにヴァーセッタたちは三つのヴェーダ聖典をすべて理解している——G. 595に対する *Pj.* では奥義を極めた（niṭṭhaṃgata）——というのであるから、G. 656で釈尊が重ねて「三つの聖典をそなえて静まり云々」と説くのは不自然のように思われる。三つの覚りの智をそなえて、とすべき。ことに「再生を滅し尽した者」といっているから、ここのtevijjāは仏教的に転釈した三明すなわち覚りの智である宿命智・死生智・漏尽智（自他の過去世におけるあらゆるすがたかたちを明らかに知る智・未来の生きとし生けるものの死生のありさまを明らかに知る智・仏教の真実——四諦の道理を明らかに知って煩悩を断つ智）と解するのがよいと思われる。

（53）　もろもろの識者にとって、梵天であり帝釈天であると—Brahmā Sakko vijānatan ti.　梵天（Brahman）、帝釈天（Sakka）すなわち雷霆神であるインドラ（Indra）は最高神であり、また仏教に取り入れられて護法神の双璧でもある。ここは修行を成就した者を讃えて、それは識者たちにとっては梵天、帝釈天（にも等しいもの）であるといっている。

なお、vijānatam は vijānāti の現在分詞の複数・属格で「もろもろの識者にとっては」の意であるから、Brahmā と Sakka との両方にかけなくてはならない。

散文（54） 優婆塞（＝在家信者）—upāsaka. Skt. 同じ。G. 376, 384 参照。

一〇、コーカーリヤの経

（1） コーカーリヤの経—*Kokāliya-sutta.* コーカーリヤとは初期仏典に多くはコーカーリカ（Kokālika）の名前で出ている人物である。コーカーリヤが釈尊に仏弟子サーリプッタとモッガラーナは悪欲に支配されていると告げる。釈尊は彼をたしなめる。コーカーリヤは吹出物ができてそれが原因で死に、地獄に堕ちる。地獄のすさまじい描写がある。この地獄の描写と酷似しているのは「天使経」（大正、一・五〇三頁上—五〇六頁上）、*MN.* Ⅲ. pp. 178〜187や漢訳の「痴慧地経」（大正、一・七五九頁上—七六三頁上）や『仏説泥犁経』（大正、一・九〇七頁上—九一〇頁下）である。以上は散文の部分である。後半は釈尊がむやみに人を非難してはいけないと戒告する。

散文（2） 紅蓮地獄—Padumaniraya. 後の教学では八寒地獄（Arbuda, Nirarbuta, Aṭaṭa, Hahava, Huhuva, Utpala, Paduma, Mahāpaduma）の中の一つに数える。

六五八（3） G. 658, 659 参照。*SN.* I. p. 149, *AN.* Ⅱ. p. 3 などにもみえる。

（4） カリ（＝最悪の不利な賽）—kali. ヴェーダ時代の賭博は明らかでないが、賽は用いていないようである。ヴィビータカ（vibhītaka 学名 Terminalia Belerica）という木に生る実を使用する。この実を多数ばら撒いて、手でつかみ取りする。その場合、取った数、またはその場に残った数を四で割る。割り切れる場合はクリタ（kṛta）といって最勝の目、四で割った余りが一の場合をカリといい、最悪とする。釈尊の時代にも恐らくこのような賭博が行なわれていたものと思われる。

それで、カリという語は一般に不運を意味する。『ジャータカ物語』（*J.*）には銀盤上に骰子《さいころ》を投げる話が出てくる。賽のやり方にはマーリカ（mālika）、サーヴァタ（sāvata）、バフラ（bahula）、バドラ（bhadra）の四種類があったといわれるが、実際のやり方は分からない（拙著『暮らしのなかの仏教箴言集』一六九—一七〇頁参照）。初期仏教にみえるカリについては *Dhp.* G. 252, *J.* I. p. 380, *DN.* Ⅱ. p. 349, *SN.* I. p. 149＝*AN.* Ⅱ. p. 3＝V. p. 171, 174＝*Sn.* G. 659＝*Nettipakaraṇa.* p. 132. なお *Dhp.* G. 202, *AN.* V. p. 324, *MN.* Ⅲ. p. 170 参照。

なお、前記『ジャータカ物語』にみえるダイスに関連するが、インダス文明のモヘンジョ・ダロ遺跡から立方六面体のダイス（かなり大型のものもある。各面に一つずつ●点がついて増数され、六点まであるので計二十一点ある）が数多く出土しているので、当時、すでに非アリアン民族の間でダイスの遊びがあったことが分かる。因みにわが国の骰子は、恐らく中国経由でインダス文明時代起源のものが伝わったものであろう。

いずれにしても釈尊の時代にも賭博が盛んに行なわれていたらしいことは、初期仏典にカリの隠喩や賭博を浪費の戒めとして、釈尊が飲酒などとともに取りあげている記述が数多くみられることからも分かる。

六五九（5）誰でも賽の目で―yo akkhesu. *Pj.* は「このカリとはこの損失のことである。（すなわち）賽の目で（akkhesu）とは賭博の賽の目においてということであり云々」（*Ayaṃ kali* ti ayaṃ aparādho; *akkhesū* ti jūtakīḷana akkhesu）とある。リューダースによるとakkhesuは古代東部インド語では複数・所有格であって、於格ではないことになる（Heinrich Lüders: *Beobachtungen*〈略称 *BSB.*〉§221, S. 153）。しかし、*Pj.* の註解をまつまでもなく、パーリ語の複数・於格で十分に意味が通じる。

（6）〔彼の岸に〕善く行ける者たちを―sugatesu. *Pj.* には善逝とは仏、縁覚、声聞のことをいうとある。が、これは後代の教学的説明で、むしろここでは不用である。

岩波本（一四六頁、六五九）はsugataを「立派な聖者」と訳し、同じく註解（三六八頁、註六五九）に「sugataとは、もとは中性名詞で〝善い行い〟〝善いこと〟という意味であったらしい。古いガーターでは賭博に関して述べられていることが若干あるから、〝ばくちに運の良かったこと〟をも意味していたのかもしれない。邦語の「うまく行った」と同じ表現である。ただしそれが仏典で用いられる場合には、「よく行なった人」の意に解せられたのであろう」と註解する。sugata は漢訳の善逝のとおりであって「よく行ける」（su-√gam の過去分詞、sugata）という形容詞に基づいて「よく行ける者」という名詞に用い、初期仏教では釈尊をはじめとする修行を成就した者の呼称もしくは尊称である。原意は「〔彼の岸に〕よく到達した者」であって、「よく行なった人」ではない。

訳者はsugataがパーリ語とSkt.とともに中性名詞として用いる例を知らない。男性名詞だけである。またsugataと賭博とは何の関係もない。この詩句は善逝に対し憎悪を抱く者を賭博のカリに喩えて戒めているだけのことである。なお、sugata と対応するアルダマーガディー語の sugaya はヴァルダマーナもしくは仏教と同じように、修行の完成者、宗教者の理想像をいう。

六六〇（7）原文は Sataṃ sahassānaṃ nirabbudānaṃ chattiṃsa ca pañca ca abbudāni, yam ariyagarahī nirayam upeti vācaṃ manañ ca paṇidhāya pāpakaṃ. *SN.* I. p. 149 に類似の文言がある。

（8）聖人を非難する者—yam ariyagarahī. その〔ような年数の間、堕罪する〕地獄に行く—yam ariyagarahī nirayam upeti（ariyagarahī は異本 B^a には ariyaṃ garahi とあるが、意味をとる上では可）。

岩波本（三六九頁、註六六〇）には「なお yaṃ（訳者註、正しくは yam）は古代東部インド語で複数 yān を意味する。原意では、地獄はただ一つのものと考えていたらしい（古い詩句では天 sagga も地獄 naraka も単数で示されている）」とある。関係代名詞 yam を受ける指示代名詞 tam を補えば yam ariyagarahī（-garahin の男性・単数・主格でこの一文の主語）taṃ nirayam upeti となり、yam . . . tam . . . nirayam はいずれも男性・単数・対格である。しかるに、「yam は古代東部インド語で複数 yān を意味する」とすれば、右のパーリ文は yān ariyagarahī tān niraye upeti となるべきで、yān だけが複数だとすれば、性・数・格が合わないことになる。右の岩波本における指摘は前文からみて、Lüders: *BSB.* § 219, S. 151 に基づいたもののようであるが、リューダースが yaṃ について「複数 yān を意味する」というのを岩波本でそのまま紹介したのであろう。

六六四（9）生きものを殺す者よ—bhūnahu. 生きものを殺す者を意味する bhūnaha の男性・単数・呼格が bhūnahu である。岩波本（三六九頁、註六六四）に「語源は不明である（*PTS. Dict.*）」とあるが、bhūta（生きもの）に語根名詞の -ha < √han, √ghan（殺す）を合成した語である。

六七一（10）そこで罪過を犯した者は煮られる—tatthakiṃpaccati kibbisakārī. Pāli. のテキスト（一二九頁註）には C^b kipacati, B^{ai} kilissati; *Pj.* tattha kin ti tattha とある。kipacati は語義不詳。kilissati は「汚される」であるから、これでも意味は通じる。ところで、*Pj.* に tattha kin ti tattha とあるのは、tattha kin（=kiṃ）は tattha（そこで）ということであるとする。この場合の kin（=kiṃ）は kiñca（なおまた）の意で、疑問代名詞として読まないことが分かる。ただし、村上・及川本㈢（四一七頁）では「そこで罪人は苦しめ（煮）られるのか」と疑問形になっている。G. 672 も同じである。

六七四 （11） 鋭い刃、剃刀の刃—tiṇhadhāraṃ khuradhāraṃ. dhārā には刃と流水の二義があるので、「渡るのがむずかしい」（duggaṃ）に掛ける。

（12） ヴェータラニー〔河〕—Vetaraṇi, Skt. Vaitaraṇī. 大地と地下の中間を流れる河で、悪臭に満ちている。死者はその河を渡って死者の国ヤマ（Yama 閻魔）にいく。このような古代インド神話が初期仏教に取り入れられたものか。後の仏教における三途川の源泉と思われる。岩波本（三六九頁、註六七四）に「しかし漢訳仏典ではこの名を伝えなかったようである」というが、伝えている。『長阿含経』（大正、一・一二二頁下）灰河地獄。『大楼炭経』（大正、一・二八四頁下）撓撈河。『起世経』（大正、一・三二三頁上）灰河などである。

六七七 （13） ナフタ—nahuta, B Skt. nayuta. 漢訳、那由多。一万の数単位名。

六七八 （14） だからして、清らかで—tasmā suci . . . 清らかで穏和で善良で徳ある者たちとは具体的には前述のようにサーリプッタとモッガラーナであり、彼等を非難して紅蓮地獄に堕在したのは行乞者コーカーリヤであるから、これを実例にして、世尊は一般論として徳ある者に対しては言葉と意とを慎しむように、と戒めたのである。

一一、ナーラカの経

（1） ナーラカの経—*Nālaka-sutta.* この序文の詩句では、釈尊降誕のとき、アシタ（Asita）仙がその将来を占い、無比の宗教者となって法輪、すなわち教法の輪を転ずるであろうと予言する。この仏伝の一場面が、いかに古い伝承であるかが知られる箇所である。後の伝承では、理想の帝王である転輪聖王となるか、あるいは法輪を転じて世界を統一するか、いずれかであろうが、恐らく後者の道をすすむだろうと占相する。この経の後半は *Mtu.* III. pp. 386～389 にみえる。*Pj.* によると、アシタ仙の甥がナーラカという苦行者（tāpasa）である。釈尊が成道して七日目にナーラカが聖者の行ない（moneyya-paṭipadā）について尋ねた。これに対して釈尊が説いたのを基にして、釈尊入滅後にマハーカッサパ（Mahākassapa 大迦葉）がアーナンダ（Ānanda 阿難）に同じく聖者の行ないのことを質問したのにアーナンダが答えたのが詩句のかたちでまとめられている。すでにみたように聖者をさす

mona, muni（牟尼）は非アリアン系の宗教者に対する呼称であるから、ここでは非バラモン教の宗教者の宗教的行為とはいかなるものかが説かれる。

六七九（2）アシタ仙―Asito isi. アシタ（Asita）は釈尊生誕のときの占相師。G. 686, 698, 699 参照。

（3）三十〔三天〕の衆―tidasagaṇa. *Pj.* には三十三〔天〕（Tāvatiṃsa 漢訳、忉利天、三十三天）とある。「三十」は概数と思われる。三十三の神群はすでに『リグ・ヴェーダ』（*RV*. 1. 45. 2 など）にみえる。

六八一（4）阿修羅―asura. 漢訳の略称、修羅。アスラ（asura）の起源は古代ペルシャの『ゼンド・アヴェスター』（*Zend-Avestā*）にみえるアフラ・マズダー（Ahura Mazdā）に認められる。ヒンドゥー教神話では神がみと戦って敗れた。この物語はヴェーダ聖典をはじめ初期仏教、大叙事詩その他に数多く伝えられる。が、それは非アリアン民族とヴェーダ・アリアン民族との民族闘争の史実が反映していると思われる。詳細は拙著『インド古典論　上』一二七―一三一頁参照。ヴェーダ聖典にみえるアスラについては、W. E. Hale: *ÁSURA-in Early Vedic Religion.* Delhi 1986 参照。

六八二（5）迷盧山―Meru. Sumeru（漢訳、須弥山、妙高山）に同じ。仏教神話の世界観で、世界の中心にそびえる山。ヒマラヤをモデルにしたもののようである。山頂にはインドラ神の宮殿があって、多くの神がみが住する。

六八三（6）菩薩―Bodhisatta. *Sn.* では、この一箇所だけに、この語が用いられる。

（7）ルンビニー地方に―janapade Lumbineyye. 地母神ルンミンデーイ（Lummindei）に由来する地名である。

六八四（8）聖仙〔堕処〕という森で―Isivhaye vane, Skt. ṛsipatana. 漢訳、仙人堕処。聖仙の場所（Isipatana）という意味。仙人堕処の由来については玄奘の『大唐西域記』にみえる。

（9）〔教法の〕輪を転ずるでしょう―vattessati cakkaṃ. 輪はチャッカ（cakka, Skt. cakra）で、もと古代インドの武器でブーメランの一種。敵陣に回転させて投げつける。それを仏教的に転釈して法すなわち教法を転ずること、換言すれば教えを広めることを意味する。

（10）あたかも百獣の王である力のあるライオンが吼えるように―nadaṃ va siho balavā migādhibhū. 釈尊（仏）の説法を師子吼《ししく》といい、わが国では雄弁を師子吼というのも、このような表現に由来する。

六八五 （11） スッドーダナ—Suddhodana. 漢訳、浄飯王。釈尊の父。この場合の王というのは、実際には族長のことである。

六八七 （12） 星辰の牛の王（＝月）—tārāsabha. 牡牛（āsabha）は牛の群の中の王者なので牛王と呼ばれるから、数多い星辰の牡牛というのは、*Pj.* によると月を意味する。

六八八 （13） 傘蓋—chatta. *Pj.* によると、天の白傘蓋（dibbasetacchatta）である。傘蓋は日除け蓋であるが、白い蓋は、本来、国王などの貴顕の象徴である。

六八九 （14） 結髪行者—jaṭī（←jaṭin）. 頭髪を頂きに束ね螺形の髻《まげ》（jaṭā）にする者。jaṭā の漢訳は螺髻、螺髪。

（15） カンハシリ—Kaṇhasiri. 聖仙アシタの別名。asita は黒色のという形容詞に基づき、皮膚の黒い者が原意。カンハシリは Skt. Kṛṣṇaśrī で黒い吉祥なるものを意味する。なお、*J.* I. pp. 54～55 ではカーラデーヴァラ（kāladevala）の名で登場する。カーラ（kāla）も黒色の意。デーヴァラは語義不詳。もとは神像に奉仕し守護する者か。いずれにしても、カンハシリというアシタの別名は、ここに見出されるだけである。

六九〇 （16） 心に清らかな信仰をもって—pasannacitto, Skt. prasannacitta.

六九三 （17） 最上の清らかなものを見—paramavisuddhadassī. *Pj.* によるとそれは涅槃（nibbāna）を見る者のことである。完全に清浄で、最高の清浄（aggavisuddha）だから、と説く。

（18） 清らかな行ない—brahmacariya, Skt. brahmacarya. 漢訳、梵行。バラモンの宗教的な学習もしくは四つの生活期（学生期・家庭期・林住期・遊行期）の中の学生期、とりわけ自制、禁欲、浄行をいうのを仏教的に転釈したもの。*Pj.* は教え（sāsana）のことであるという。

そのお方の清らかな行ないは教え、すなわち教法（dhamma）として広まるであろうという予言である。そのように解すれば、前文の「教法の輪を転ずるでしょう」という表現が生きてくる。再説すれば、教法の輪を転ずることによって清らかな行ないは教えとして広まるという意。

六九五 （19） 梵行者（＝アシタ仙）—brahmacārī. バラモンの修行を意味する brahmacariya は前述〈三（18）ほか〉のように仏教的に転釈して清らかな行ないという意味だが、この場合はバラモン教の修行をする者だから、梵行者の訳語を用いた。

六九七（20）そのような—tādinā. この形容詞は最高の清浄を見る彼（＝アシタ仙）によって（paramavisuddhadassinā）にかかる語である。tādinā は tādin の変化形で、-dassin の男性・単数・具格と性・数・格を合わせてある。したがって直訳すれば、「そのような者によって（すなわち）最高の清浄を見る彼（＝アシタ仙）によって」となる。*Pj.* にも「そのような者によってとはそのように確定（定立）された者によってということである」（*tādinā ti* tassaṇṭhitena）とあるとおりである。岩波本（一五二頁、六九七）には「その聖者に教えられて」とあり、同じく（三七二頁、註六九七）に「聖者——原語 tādin. このように解し得る理由については、拙著『ヴェーダーンタ哲学の発展』五〇〇—五〇一頁参照。原始ジャイナ教では tāin という」とある。tādin には、「そのような」という形容詞と「救護者」という名詞との二義がある。名詞の場合は Skt. trāyin, B Skt. tāyin に相当する。岩波本では「救護者」の意味にとって聖者と訳している。だが、これは paramavisuddhadassinā と二重になり、また *Pj.* の註解に照らしてみても、誤りである。

（21）最高の清浄—paramavisuddha. *Pj.* によると、最高の清浄とは涅槃（nibbāna）のことである。六九三（17）参照。

六九九（1）奥義を極めた—pāragū. pāragū の本義は「彼の岸に達した」ことを意味する。一六七（9）参照。

七〇五（2）自分に引きくらべて、〔生けるものを〕殺してはならないし、殺させてもならぬ—attānaṃ upamaṃ katvā na haneyya na ghātaye. 同一の文言が *Dhp.* G. 129 にあり、同じくジャイナ教も「殺してはならぬ、殺させてはならぬ」（na hantā na vi ghāyae. *Āyā.* 1. 5. 5. 4）という。この不殺生の戒めが仏教、ジャイナ教に共通して説かれるのは、両教の源泉を同一の種族宗教に求めるべき一つの証拠であろう。

七〇六（3）この〔渇望の〕地獄を〔実践によって〕渡るがよい—tareyya narakam imaṃ. 地獄（naraka）を渡るという表現は、地獄を激流に喩え、彼の岸に到達すべきことを前提とする。

七〇七（4）心の安らぎに達した者—nibbuto. 伝統的な表現では涅槃を得た者、意訳すれば絶対の心の安らぎを得た者の意。

七一一（5）〔また、食物を乞うことを〕意図した言葉を口にしてはならない—na vācaṃ payutaṃ bhaṇe. G. 711 は最後の詩句からみて、托鉢の際に、乞食を意図した言葉を口にしてはならないと戒めているだけのことである。

七一四（6）高低さまざまな実践の道—uccāvacā hi paṭipadā. *Pj.* には「速疾に証知する安楽な実践道は高く、緩慢に証知する苦難の実践道は低いということである」（sukhā paṭipadā hi khippābhiññā uccā, dukkhā paṭipadā dandhābhiññā avacā）とある。

（7）彼の岸に重ねて行くことはなく云々—na pāraṃ diguṇaṃ . . .　*Pj.* は高低（すなわち優劣）いずれの実践道にせよ、一つの道によって二度、涅槃におもむくことはない、と解する。また、「これ（＝道）は一度であると考えられない」というのは同じく *Pj.* によると、この彼の岸（pāra）はたった一度で到達できるのではない。なぜかというと一つの道によってあらゆる煩悩を断ち切ること、すなわち阿羅漢になることはないから、と解する。

七一五（8）〔煩悩の〕流れを断ち切り—chinnasotassa.　煩悩を激流（ogha）に喩え、それを越えて彼の岸に到達するのが実践道の目ざすところであるから、このように「流れを断ち切り」という表現をとるのである。

七一六（9）聖者の行為（＝牟尼行）—moneyya.　*DN.* Ⅲ. p. 220, *AN.* Ⅰ. p. 273, *Nd*¹ 57 参照。

七一七（10）生臭さがなく—nirāmagandho.　*Sn.* に固有の用語である。

（11）清らかな行ないが彼の岸に至る道である—brahmacariyaparāyano.　parāyana は彼の岸に至る道（到彼岸道）で、類語に parāgāmi magga（彼岸に至らしめる道）がある。

七一八（12）沙門の観想とを学ぶがよい—sikkhetha samaṇopāsanassa ca.　upāsana は坐ること、奉仕することを意味するが、*Pj.* によると、「また、ここで一人で坐ることによって身体の遠離が、沙門〔として〕の観想によって心の遠離が説かれていると知るべきである」（ettha ca ekāsanena kāyaviveko samaṇūpāsanena cittaviveko vutto hotī ti veditabbo）とあるので、「観想すること」の意に解する。

なお、これについては村上・及川本㈢（四九七—四九八頁）参照。観想の対象は三十八あるというのが *Pj.* の註解であるが、これは後代の解釈であるかもしれない。

（13）もしも一人でいて心楽しむならば—eko ce abhiramissati.　岩波本（三七四頁、註七一八）に「独り居てこそ——版本には eko ce とあるも、異本に eko ve とあるのに従った」とある。が、eko ce —— ce は仮定の接続詞——であって、ve（強意）に改める必要はない。だから、右の訳文は「もしも一人でいて心楽しむならば」とあるべきである。そして、*Pj.* に「もしも一人でいて〔彼は〕心楽しむならば」というのは次の G. 719 の「そのとき、彼は十方に輝き出すだろう」というのに繋がると註解するとおりである。

七一九（14） わたしの弟子—māmako. *Pj.* に「わたしの弟子というのは、このように〔修行に努めて〕いるから、わたしの弟子である」（*māmako* ti, evaṃ hi sante mama sāvako hotī ti）とある。

七二〇（15） 溝や渓谷における—sobbhesu padaresu ca. 河川の流れの喩えは *Dhp.* G. 340 にもみえる。

一二、二種の観察の経

（1） 二種の観察の経—*Dvayatānupassanā-sutta.* anupassanā の漢訳、随観。釈尊の教法の中核をなすものの一つに縁起観がある。後代の教学では宗教的、哲学的に縁起の世界観は徹底的に究明され、深遠な教理体系ができあがる。しかし、最初期の縁起観は釈尊によってどのように説かれたかを、これによってうかがうことができよう。

散文（2） 生存の残余（＝有余依）—upādisesa, Skt. sopādhiśeṣa.

七二四（3） G. 724〜727 は *SN.* V. p. 433, *It.* p. 106 や『雑阿含経』（大正、二・一〇六頁上）参照。

七二五（4） 心の解脱—cetovimutti. いわゆる心解脱で、心が煩悩の繋縛から離脱すること。類語の cetovimokkha は *SN.* I. p. 183 参照。

（5） 智慧の解脱—paññāvimutti, Skt. prajñāvimukti. いわゆる慧解脱で、智慧のはたらきによる解脱。類語の paññavimutta は G. 847 参照。

七二八（6） 〔渇望という生存の〕依りどころ—upadhi. B Skt. 同形。

七二九（7） 生死輪廻—jātimaraṇasaṃsāra.

（8） 行く方（＝趣）—gati, Skt. 同形。漢訳は趣のほかに、所趣、所帰趣など。

散文（9） 潜在的な心身の形成力（＝行）—saṃkhārā. この語は必ず複数形をとる。Skt. saṃskārāḥ（漢訳、諸行）。

七三三（10） 勝れた智ある賢者たち—vedaguno . . . paṇḍitā. ヴェーダ聖典に精通する者（vedagū）を仏教的に転釈したもの。

七三九（11）このように〔それらの感受のはたらきを知って〕そこで貪りを離れる—evaṃ tattha virajati. tattha は「そこで」という副詞である。岩波本（三七五頁、註七三九）のように「それらの本性を識知する（tattha vijānāti）」と読むむきもあるが、vijānāti は Pj. の註解における補足で、本文の語ではない。virajati（貪りを離れる）とそのまま読んだ方がコンテキストからみて意味がよく通るであろう。

七四七（12）食—āhāra. 食の縁起とウパニシャッド哲学との関係について詳しくは、『著作集』第一巻所収の「仏教と種族的思惟」（一七〇—二三六頁）参照。

七四九（13）無病（＝涅槃）—ārogya. Pj. によると、涅槃（nibbāna）を意味する。

（14）〔四種の生活用具に〕—Pj. による補訳。Pj. には衣・食・住・医薬の四種を挙げる。

（15）〔どのようにも〕いい表わすことができない—saṃkhaṃ na upeti. Pj. によると、そのような人は神（deva）だとか人間（manussa）だとかと言葉でその人をいい表わせない、名づけることができない、という意。

散文（16）動揺（＝動転）—iñjita.「動揺の縁（＝条件）として」とは、Pj. によると「渇望（taṇhā）、自我意識（mama）、誤った見解（diṭṭhi）、業（kamma）、煩悩（kilesa）によって」と解する。

七五四（17）G. 754, 755 は *It.* 73. 62 にもみえる。

（18）物質〔世界〕—rūpa.

（19）精神〔世界〕—āruppa.

（20）止滅（＝涅槃）—nirodha. Pj. によると涅槃（nibbāna）をさす。

七五六（21）自我（＝我）でないもの—anattan. Pj. によると名色（nāmarūpa）すなわち個体存在のことである。既述のようにnāmarūpa はウパニシャッド哲学で現象世界を意味するのを仏教的に転釈したものである。

（22）個体存在—nāmarūpa. 三五五（12）ほか参照。

七五九（23）以下 G. 765 までは同文が SN. IV. p. 127 f. にみえる。また『雑阿含経』（大正、二・八八頁下）参照。

（24）色云々—rūpā . . . いわゆる六境すなわち六つの認識対象で、このうち第六の法（dhamma）は思考の対象になるもの。

七五九 （25） 法—dhamma. 漢訳で色・声・香・味・触・法を六境すなわち六つの認識対象とするので、漢訳語を用いたが、この場合の法は思考の対象を意味する。

七六一 （26） 個体（＝有身）の破壊—sakkāyass' uparodhanaṃ.

四　八つの〔詩句よりなる〕章

（1） 八つの〔詩句よりなる〕章—*Aṭṭhaka-vagga*. 漢訳『義足経』がこれに相当する。サンスクリット語文の断片が東トルキスタンのカダリック（Khadalik）で発見され、発表されている。『義足経』のサンスクリット語名は *Artha-kavargīyaṃ-sūtram* である。aṭṭha を attha（＝Skt. artha　漢訳は義、利益）として、また pada（句のほかに足の意味がある）を足と解して、「義足」と訳したもののようである。

一、欲望の経

（2） 欲望の経—*Kāma-sutta*. G. 766〜771 までは『義足経』のうちの「桀貪王経」（大正、四・一七四頁中—一七五頁下）に相当する。

七七一 （3） それら〔の欲望〕を捨てて激流を渡るがよい—te pahāya tare ogham. ここは前の詩句からの続きで欲望を激流に喩える。が、激流はほかにも老死あるいは輪廻などにも喩えられる。

（4） 彼の岸に至った者—pāragū. 一六七（9）参照。

二、洞窟に関する八つ〔よりなる詩句〕の経

（1） 洞窟に関する八つ〔よりなる詩句〕の経—*Guhaṭṭhaka-sutta*. *Pj.* によると、ウデーナ王のところへやって来たピンドーラ・バーラドヴァージャは王たちの帰依を受けた。彼は釈尊にそのことの由を伝えた。それを聞いて釈尊が離欲についてバーラドヴァージャに説いて聞かせたのが本経である。

七七二（2）　G. 772〜779までは『義足経』の中の「優填王経」（大正、四・一七五頁下—一七六頁中）。

（3）　洞窟（＝身体）—guhā. 身体を洞窟に喩え、アートマン（＝絶対なる実体的自我）は洞窟すなわち身体に閉じ込められているというのは、ウパニシャッドの哲学などで説かれる。*Kāṭh Up.* Ⅱ. 20, Ⅲ. 1, 12, Ⅵ. 6〜7, *Āpas Dh.* 22. 4〜5などだが、仏教は無我の立場からアートマンの存在を排除するから、仏教的に転釈して身体に対する執着について説かれる。

七七三（4）　今後（＝未来）や以前（＝過去）〔の欲望〕を期待しながら—pacchā pure vā pi apekhamānā. *Pj.* によると、「未来の、または過去のもろもろの欲望を期待しながら」（anāgate atīte vā kāme apekkhamānā）の意。

（5）　これら〔現在のもろもろの欲望〕、あるいは前〔掲の過去、未来〕のもろもろの欲望を熱望するために—ime va kāme purime va jappaṃ. *Pj.* によると「あるいはこれら現在のもろもろの欲望や、または前〔説〕の過去と未来との二つ〔の欲望〕を強い渇望によって望んでいる」（ime vā paccuppanne kāme purime vā duve pi atītānāgate balavataṇhāya patthayamānā）の意。

七七五（6）　まさにここにおいて人は学ぶべきである—hi sikkhetha idh' eva jantu.「まさにここにおいて」（idh' eva jantu）というのは、*Pj.* はまさにこの教えについて（imasmiṃ yeva sāsane）と解して、目覚めた者の教えにおいて人は戒・定・慧の三学を学習すべきである、と説く。

七七六（7）　両端—ubhosu antesu. *Nd*^{1} p. 56によると、「さまざまな対立する二つの想念〔の対象〕」と解する。

七七九（8）　想念—saññā, Skt. saṃjñā. *Pj.* によると、個体存在（＝名色　nāmarūpa）の意。

（9）　激流を渡るがよい—vitareyya oghaṃ.

三、悪意に関する八つ〔よりなる詩句〕の経

（1）　悪意に関する八つ〔よりなる詩句〕の経—*Duṭṭhaṭṭhaka-sutta.*『義足経』の中の「須陀利経」（大正、四・一七六頁中—一七七頁下）。

七八〇（2）　悪意をもってものをいう者たち—duṭṭhamanā. 悪意の原語duṭṭhaはSkt. duṣṭaに相当し、怒りの意。しかし、

Pj. は貪欲などの障り、頑迷（khila）であると解する。そして、このような者は他教徒たち（titthiya）だとする。

七六三（3）もろもろの戒めや禁戒—sīlavatāni.

（4）聖なる教説—ariyadhamma. ここでは単に神聖なるものの意。

七六四（5）もろもろの教説（＝誤った見解）が—dhammā.

七六五（6）もろもろの教説の中で固執した—dhammesu . . . samuggahītaṃ. *Pj.* もろもろの見解は六十二見——初期仏教時代のさまざまな哲学説など——をいう。

（7）〔そうした誤った〕見解をもつこと—diṭṭhi（←ditthin). 誤った宗教的哲学的な見解をもつこと。

四、清浄に関する八つ〔よりなる詩句〕の経

（1）清浄に関する八つ〔よりなる詩句〕の経—*Suddhaṭṭhaka-sutta.*『義足経』の中の「摩竭梵志経」（大正、四・一七七頁下—一七八頁上）が、これに相当する。ウパニシャッド哲学で説く実体的自我であるアートマンに対する見解や学問、あるいは戒めや禁戒によって、さらにはアートマンを想念することによって清浄は得られない、と説く。いかなるものにも執われず、これが最高であると執われないことこそ清浄である、という。仏教における清浄の観念の転釈である。

七六九（2）見たこと（＝見解）によって—diṭṭhena. diṭṭhena は dassati の過去分詞の具格である。

（3）〔清浄を得ることについて〕そのように語っている者をまさに誤った見解をもつ人という—diṭṭhī hi naṃ pāva tathā vadānaṃ. *Pj.* は実際には、そのようなことでは清浄は得られないから、「まさに見ること（＝見解）とは、彼がそのように語っている者であることをいう」と解するが、この註解は隔靴掻痒の感をまぬがれない。

七九〇（4）バラモン—brāhmaṇa. 祭司階級の者としてのバラモンではなく、いわゆる理想の宗教者一般をさす語として、しばしば用いられる用例の一つ。

七九二（5）もろもろの禁戒—vatāni. vata（禁戒）の複数。*Pj.* は象などに対する禁戒であるとする。初期仏教の時代には、その他に犬や牛などに対する禁戒がある。これは種族社会において行なわれていたトーテミズム（totemism）の

宗教で、その種族のトーテムである動物の仕草をする宗教的な儀礼である。『著作集』第一巻、九一―九五頁参照。

七九三（6）見られたり、聞かれたり、思われたりしたこと―diṭṭhaṃ va sutaṃ mutaṃ vā. 古期ウパニシャッドにも類似の表現がある。ただし相互の貸借関係は速断できない。著者は未見だが、ボレー（Bollée）は、この表現は *Āyā.* 1. 4. 2. 3 (Hermann Jacobi: *The Âyâraṃga Sutta of the Çvetâmbala Jains.* PTS, London 1882. S. 19) と対応すると指摘するとのことである。*Bṛhad Up.* 2. 4. 5, 4. 5. 6 などではアートマンを対象とする。ところが、釈尊は diṭṭha, suta, muta の対象となるもの、あるいはそのようなものに関わる見解、知識、学問をすべて退けるのだから、その意趣とするところはウパニシャッドの哲学に限っていえば、アートマンの存在を否定排除する仏教の立場が示唆されていることは確かである。このことは釈尊の基本的な立場をうかがう場合に非常に重要な意味をもつ。G. 790, 797, 798, 802, 812, 813, 887, 901, 914, 1086, 1122 参照。

（7）執われがない―visenibhūto. *Pj.* は煩悩の悪魔の軍勢に打ち勝っている、と解する。

五、最上に関する八つ〔よりなる詩句〕の経

（1）最上に関する八つ〔よりなる詩句〕の経―*Paramaṭṭhaka-sutta.*『義足経』の「鏡面王経」（大正、四・一七八頁上―一七八頁下）に相当する。同じくウパニシャッド哲学で説く絶対者としてのアートマンその他が最上ではないことが含意される。

七九六（2）もろもろの論争―vivādāni, vivāda は Skt. も同形。男性・複数・主格である。なお、vivāda はパーリ語の語形であって、アルダマーガディー語では vivāya である。*Utt.* 17. 12, *Sūy.* 1. 9. 17, *Paṇh.* 2. 2 など。

八〇一（3）両極端に対して―ubhayante. 接触と接触の原因、過去と未来など、さまざまな相対的なもの。

八〇三（4）もろもろの教法―dhammā. *Pj.* は六十二見すなわち初期仏教の時代に行なわれていた六十二種の誤った見解であるとする。この解し方は妥当である。岩波本（三八四頁、註八〇三）に指摘するように paṭicchitāse（承認される）は『リグ・ヴェーダ』（*RV.*）の語法の名残りであるのではなくパーリ語の paṭicchati（承認する）の過去分詞である paṭicchita の男性・複数・主格で、dhammā（もろもろの教法＝法）に性・数・格を合わせてある。

八〇三（5）彼の岸に達して戻らない――pāraṃgato na pacceti. *Pj.* は彼の岸（pāra）を涅槃の彼岸（nibbāna-pāra）と解する。なお、pāraṃgata（彼岸に達する）は異本では pāragata（彼岸に達する）とあるが、両語とも語義は同じ。

六、老いの経

（1）老いの経――*Jarā-sutta.*『義足経』の中の「老少倶死経」（大正、四・一七八頁下―一七九頁上）がこれに相当する。体系化された教学では四苦（生・老・病・死）の中に老を挙げる。また十二因縁の第十二支に老死（jarāmaraṇa）があるように、老は必ず死と結びつけて説かれる。本経がそれである。G. 575, *MN.* I. p. 49, *DN.* II. p. 31 以下参照。

八〇五（2）自分のものと思って執われたもの（＝我所執）――mamāyita. 私的所有の観念。二九（8）参照。*Nd*[2] p. 499, *Sūy.* 1. 2. 2. 9 参照。

八〇六（3）このようにまた賢者は知って――evam pi viditvā paṇḍito. paṇḍito（賢者）は paṇḍita の男性・単数・主格で、副詞（賢明に）ではない（岩波本、一八一頁）。

（4）自分のものとして――māmako. *Pj.* は māmako について、「自分のものとするものとしてとは、わが在家信者あるいは比丘と呼ばれる者、あるいは目覚めた者たちの対象を我がものとしていることである」（*Māmako* ti mama upāsako bhikkhu vā ti saṃkhaṃ gato, buddhādīni vā vatthūni mamāyamāno）と解する。自分のものという所有観念の対象は実は何であってもよいわけであるが、解し方の一つとして挙げる。前述のように出家者または在家者のいずれでもよいというのは人に限定した場合であって、一般的には私有観念の対象であれば何でもよいわけであるから、「自分のもの」とすべきである。

八〇九（5）安穏――khema. *Pj.* は涅槃（nibbāna）のことであるとする。G. 424, 425, 454, 896, 953, 1098 参照。

八一〇（6）遠く離れた座所――vivittamānasa. いわゆる空閑処（viveka, arañña）で人里離れた場所であるから、岩波本（三八五頁、註八一〇）のように必ずしも森に住むことではない。*Sūy.* 1. 2. 2. 17 参照。

八一三（7）また、水滴が蓮の葉に〔付かないように〕――padume vāri yathā na lippati. lippati は limpati の受動動詞で、

√lip（汚す、染める）が語根。だが、それはAにBが汚される、AにBが付着する意味がある。この詩句では後者をとるべきである。「譬えば（蓮の）葉の上の水が汚されないように」（岩波本、一八二頁）と解する場合もあるが、そうではなくて蓮の葉に水滴が付着しないのであって、汚されないのは水ではなく蓮の葉なのである。

七、ティッサ・メッテッヤの経

（1）ティッサ・メッテッヤの経―*Tissametteyya-sutta.*『義足経』の中の「弥勒難経」（大正、四・一七九頁上―下）が相当する。Skt. 断片も発見されている（*JRAS*. 1916, pp. 711〜712）。ティッサ・メッテッヤ（Tissa Metteyya）は、*Pj.* によればティッサは名前（nāma）、メッテッヤは氏姓（gotta）だともいう。漢訳ではティッサは采象子舎利弗、メッテッヤは弥勒である。采象子舎利弗はパーリ語名チッタハッティサーリプッタ（Citta-hatthi-sāriputta）に擬する説がある。還俗した彼の話は *J.* I. pp. 311〜312 および『増壱阿含経』（大正、二・七九六頁上―下）にみえるが、いずれも弥勒は登場しない。ティッサの別名がチッタハッティサーリプッタかどうかは確かめられない。

八一六（2）かつては一人で暮らしていたのに―eko pubbe caritvāna. *Pj.* によると、「あるいは出家の身分であるといわれ、あるいは衆の年長者として、以前に一人で住んでいながら」（pabbajjāsaṃkhātena vā gaṇavassaggaṭṭhena vā pubbe eko viharitvā）ということである。

八一九（3）大きな洞窟（＝拘束）―mahāgedho. gedha（洞窟）には貪欲と洞窟との二義がある。Skt. とアルダマーガディー語は同じく geha であるが、両語は住居、家屋の意味があるだけである。*Pj.* によると mahāgedha は mahā-bandhana（大いなる束縛）のことである。洞窟は人を閉じ込めて自由を奪うと解すれば、束縛の意味を含めて文字どおりに洞窟と訳しておきたい。岩波本（一八三頁、八一九）は「大きな難所」とする。また前掲村上・及川本㈢（六五一頁）は「大難」とする。が、いずれもなじみ難い。なお、*Pj.* は「妄虚の言葉（＝妄語）に沈む」というのを受けて、「彼が妄虚の言葉に深く入り込むのが mahāgedha である」と説くのをみても、ブッダゴーサも gedha を洞窟の意に解していたようである。

八二一（4）この世で、前後にかけて—pubbāpare idha. 邦訳はそれぞれ異なっている。*Pj.* はG.817の「かつての彼の名声や称賛も失われてしまう」という文言をはじめ、その前後の文章をさして、「前後にかけて」といい、idhaを「ここに」と読み、そのような教えにおいて、このわざわいを知って、と解する。また、もう一つの読み方は前には沙門であることから後に（情交によって）還俗の状態となるわざわいを聖者は知って、という（取意）。

八二二（5）遠離—viveka. Skt. も同じ。漢訳は空閑処。人里離れて独居すること。アルダマーガディー語も同語同義。

八、パスーラの経

八二四（1）パスーラの経—*Pasūra-sutta.*『義足経』の中の「勇辞梵志経第八」（大正、四・一七九頁下—一八〇頁上）がこれに相当する。パスーラ（pasūra）と勇辞とが対応する。pasūraのSkt. は恐らくpraśūraであると推定される（あるいはpadaśūraか）。śūraは勇ましい、英雄的な、という形容詞だからである。しかし、パスーラ（勇辞）は本経のこの箇所以外には初期仏典に見当たらない。釈尊がパスーラに清浄もしくは最高なものとは何かということを説く。

八二四（2）それぞれの真実〔だと思われるもの〕に—paccekasaccesu. *Pj.* によると、「世間は恒常である」ということなど（sassato loko 'ti ādisu）が銘々の真実である。

八三三（3）〔論敵の〕軍勢を粉砕していき—visenikatvā. *Pj.* は「煩悩の軍勢を粉砕して云々」（kilesasenaṃ vināsetvā …）と解するが、ここは対立する相手と理解するのが、コンテキストに添うと思われる。

八三四（4）〔同じ一つの〕軛をつけて—yugaṃ. *Pj.* は山犬などがライオンなどと同じ軛をつけて歩めないように、あるいは同じ軛をつけることさえできない、と解する。

九、マーガンディヤの経

八三五（1）マーガンディヤの経—*Māgandiya-sutta.* *Pj.* によると、釈尊がサーヴァッティー（舎衛城）に住していたとき、クル国（Kuru）のカンマーサダンマ（Kammāsadhamma）という町に住むバラモンのマーガンディヤが、この町に托鉢に入った釈尊に、自分の娘を妻としてさしあげたいと申し出た。そのとき、釈尊は彼に言うのでなく、別の人に語りかけるように説いたのが、本経であるという。本経との類話が『ディヴィヤーヴァダーナ』（*Divyāvadāna.* 36, pp. 315～320, 528 ff.）にあり、またサンスクリット語の『アルタカヴァルギーヤ・スートラ』（*Arthakavargīya-sūtra*）にもあることが、夙にヘルンレ（A. F. R. Hoernle）によって指摘された研究がある。*JRAS.* 1916, pp. 723～731 参照。

八三七（2）内なる静まり―ajjhattasanti. *Sn.* に固有の用語である。

八三八（3）決定的に―vinicchayā. この語は副詞である。なお、これについては「定説」と名詞に解するむきもある（岩波本〈一八六頁、八三八、とくに三八八頁、註八三八〉は誤り）が、名詞ではなくて vinicchaya（決定）の男性・単数・従格の vinicchayā（決定することから、決定して）である。*Pj.* は「決定して」（vinicchinitvā）と連続体に読むが、意味は同じである。

八四三（4）〔これら〕三つのものに対して―tīsu vidhāsu. コンテキストからすれば、自分が相手に対して同等である、勝れている、劣っているという思いで、このような三種類の思いによって論争が起こると解すべきである。

八四五（5）ナーガ（＝聖者）―nāga.『義足経』（大正、四・一八〇頁中）は「尊」と訳し、同じくこの G. 845 にみえる muni（聖者）も訳語は「尊」である。nāga に竜と象の二義があることは前述のとおりであるが、宗教的な聖者に対する尊称は竜――この場合、インド特有の毒蛇コブラ（indian cobra）――である。一（6）参照。

八四六（6）覚りの智に達した者―vedagū. 文字どおりの語義は「ヴェーダ聖典に精通した者」であるが、この語義を含意しながらも仏教的に転釈し「覚りの智すなわち聖智に通じた者」を意味する。三一（3）参照。*Pj.* も「（預流・一来・不還・阿羅漢の）四つの道の聖智に精通したわたくしのような者」（catumaggavedagū mādiso）と解する。

（7）行為によっても―kammanā. *Pj.* によると福徳をもたらす、すなわち世俗的な善行を行なうなどの行為によって（puññābhisaṃkhārādikammanā）と解するから、特定の、たとえば祭祀や儀礼などの宗教的行為に限定することはないと思われる。

（8）聞いたこと（＝学識）―suta. *Pj.* によると「（アートマンは）清浄であることなどを聞くという学識によって

も」(sutasuddhiādinā sutena) と解する。

一〇、死ぬ前に、の経

(1) 死ぬ前に、の経―*Purābheda-sutta.* 『義足経』の中の「子父共会経」(大正、四・一八六頁下―一八八頁上)がこれに相当する。*Therag.* 181, 182 などによると、この経はムリガシラス (Mṛgaśiras) なる遍歴行者が仏陀に問うた (G. 848) ときの教え (G. 849〜861) を伝えるものである、という。

〈八四九 (2) 彼には思い煩うものがない―tassa n'atthi purekkhataṃ. *Pj.* によると現在・過去についても思い煩うものがないから、未来時についても思い煩うべきものがない、と解する。

〈八五三 (3) 類似の詩句に G. 918, 954 がある。

〈八五九 (4) 普通の人たち―puthujjanā. puthujjana は Skt. や B Skt. では pṛthagjana で、異なって (さまざまのかたちをとって) 生まれるものという解し方で異生の訳語があり、また凡夫と訳す語である。ここでは沙門・バラモンたちと対比されるので、教学上の凡夫・異生ではなく、一般の人びと、普通の者たちとみることにする。

〈八六〇 (5) 劫 (=輪廻の無限に長い時間) におもむかない―kappaṃ n'eti. kappa (=Skt. kalpa) に劫と分別の二義があることは五二一 (12)、五三五 (25) 参照。なお、*Pj.* によると、渇望 (taṇhā 渇愛) と誤った見解 (diṭṭhi 邪見) との二つの分別と解するが、これはよくない。

〈八六一 (6) もろもろの教説におもむかない―dhammesu ca na gacchati. 他の教えにおもむかないと解される。

一一、口論と論争の経

(1) 口論と論争の経―*Kalahavivāda-sutta.* 『義足経』の中の「異学角飛経」(大正、四・一八〇頁下―一八一頁下)がこれに相当する。釈尊が賢者は無益な口論や論争をしないことを説く。

〈八六四 (2) もろもろの願望と〔その〕成就―āsā ca niṭṭhā. niṭṭhā は目的の意であるが、*Pj.* によると samiddhi (成就) の意に解する。また、次の G. 865 に、それらは「意欲に基づく」とあるから、「願望と〔その〕成就」とするのが妥当であると思われる。

〈八六六〉（3）沙門によって—samaṇena. *Pj.* に buddhasamaṇena（仏陀なる沙門によって）とある。仏陀を釈尊という個人に限定すれば、一人の沙門として釈尊をさすことになるが、バラモンに対する沙門という通念からすれば、修行者のうちで修行を成就した者、すなわち目覚めた沙門と解することもできる。この場合は、おそらく前者の意味であろう。G. 868 にも「沙門によって」とあり、*Pj.* は同じく「仏陀なる沙門によって」と解する。

〈八六七〉（4）もろもろのもの（＝色）に云々—rūpesu. この箇所のコンテキスト、とくに G. 870 を参照すると、消滅と生起とは、快・不快のことであり、これは感官と対象とが接触するかしないかで決定される。だから、ここはもろもろのものすなわち対象について、それが快か不快かをみて、すなわち感官と対象との接触の結果、快いものか不快なものかを決定する意。つまり感官による接触の有無が対象の存在の有無、したがって快・不快を決定することが問題になっている。

〈八六八〉（5）智慧の道によって—ñāṇapathāya. *Pj.* は智をみる智（ñāṇadassanañāṇa）を修めるために三学（戒・定・慧）を学ぶべきであるといい、とくに智慧の道についての註解はない。

〈八七一〉（6）もろもろの固執—pariggahā. pariggaha（固執）の男性・複数・主格のかたち。男性の場合、パーリ語では pariggahā（まれには pariggahāse）の語形をとるのが普通であるが、この場合、中性・複数・主格と同じ語形であるのは、アルダマーガディー語に共通する。とくに *Sn.* では他にも、これと同じ例がいくつか認められる。

〈八七三〉（7）名称（＝名）とものの存在（＝色）—nāmañ ca rūpañ ca. ウパニシャッド的な語であることが夙に指摘されているが、nāmarūpa という合成語の場合は個体存在を意味する。三五五（12）参照。

〈八七四〉（8）ここに説く想念（saññā）に対して意識作用（＝意識）は G. 1037 参照。

〈八七五〉（9）「夜叉の最上の清浄」—aggaṃ . . . yakkhassa suddhiṃ. yakkha（＝Skt. yakṣa）は漢訳で夜叉、薬叉などの訳語がある。恐らく古代インドにおける不滅なるヤクシャ神の信仰を背景としたものか、そうした信仰の残滓であろう。岩波本（一九二頁、〈八七五〉に「霊《たましい》」とあり、村上・及川本㈢（七三三頁）に「魂」とあるが、ともあれ *Pj.* によると、これを説くのはある常住論（sassata-vāda）の沙門・バラモンたちや賢者をもって任ずる者たちである。

しかし、ある断滅論者（uccheda-vādin）たちは断滅論（uccheda-vāda）を説くとあるので、ことさらに霊、魂というように抽象的に解さなくても、夜叉でよいと思われる。また、霊、魂と解すれば、それが「最上の清浄」と結びつく必然性が認め難い。しかし献供の対象となる夜叉の神格には清浄性が明確に認められる。これについての詳細な論考は『著作集』第二巻所収「ヤクシャ考―初期仏教を中心として」（三九五―四一五頁、とくに四〇三―四〇四頁）参照。「最上の清浄」については四七八（26）参照。

八七六（10）ある賢者たち―eke...paṇḍitāse. Pj. によると、ある常住論者（sassata-vādin）である沙門・バラモンたちにして賢者を自負する者たち。

（11）また彼等のうちのある者たち―tesaṃ pun'eke. 同じくPj. に彼等のある断滅論者（uccheda-vādin）たちであるという。しかし、これらは後代の見方であるから、その当否は問わない。いずれにしても世界は常住不滅であり、人間は死後、身体は消滅しても自我（アートマン）は永続するとみるのが常住論者であり、身体も自我もともに消滅するとみるのが断滅論者である。漢訳仏教では、それぞれ常見、断見という。

八七七（12）かの思慮深い聖者―muni...so vimaṃsī. 聖者は当時の宗教者に対する一般的な呼称もしくは尊称で、仏教とジャイナ教とに共通する。ここでは釈尊が化仏に質問させて、自ら説いているのであるから、「かの思慮深い聖者」あるいは「賢者」は不特定の個人の修行者――誰であってもよいが、ある者――をさすとみるべきである。ブッダゴーサが註釈でbuddhamuni（仏陀なる聖者）という場合は、固有名詞としてのブッダすなわち釈尊をさしているのではない。

一二、小篇・〔弁論の〕排置の経

（1）小篇・〔弁論の〕排置の経―*Cūḷaviyūha-sutta.*『義足経』の中の「猛観梵志経」（大正、四・一八一頁下―一八二頁下）が、これに相当する。釈尊が神がみに教えを説くために化仏に質問させて、これに自ら答える様式をとる。いわば自問自答のかたちで示される。

八八九（2）彼は〔定義を〕超えた見解に達し―atīsaraṃdiṭṭhiyā so samatto.〔定義を〕超えてとは、定義を逸脱し定義に違反した、の意。
（3）意で〔自分を〕灌頂している（＝王位に即いている）—manasābhisitto. abhisitta は灌頂した者で、文字どおりには頭頂に〔四大海の〕水を灌ぐこと。即位の儀式で王位に即くことを表わす。要するに王の即位のように賢者として自認し、慢心しているという意。

一三、大篇・〔弁論の〕排置の経

（1）大篇・〔弁論の〕排置の経—*Mahāviyūha-sutta.*『義足経』の「法観梵志経」（大正、四・一八二頁下—一八三頁中）がこれに相当する。世俗的ないかなる弁論によっても清浄は得られない、と釈尊は説く。とくに最後の G. 914 はアートマンの実在に執われてはならないことが含意される。

八九八（2）自制—saññama. G. 326, 655 参照。

（3）禁戒—vata. トーテミズムの一種。七九二（5）参照。

八九九（4）行ない（＝羯磨）—kamma. *Pj.* は戒め（＝戒律）や禁戒などによる行為または福徳をもたらす行ないと解する。

（5）望み求める—jappati patthayati. jappati は Skt. jalpati で √jalp（求める）が語根である。岩波本（一九七頁、八九九）は「となえて」とあり、同じく（三九七頁、註八九九）「となえて——jappati（＝vippalapati. *Pj.* p. 558）」とあるが、jappati は japati（√jap 発言する、読誦する）と混同しやすいから要注意。なお、*Pj.* の vippalapati（泣きごとをいう）は jappati の換え言葉ではなく、補足的な説明である。

九〇〇（6）この呵責すべき、呵責すべからざる行ないをも—kammañ ca sāvajjanavajjam etaṃ. *Pj.* によると呵責すべき行為はあらゆる不善（sabbākusala）〔の行為〕、呵責すべからざる行為は世俗的な善（lokiyakusala）と解する。ここでいう kamma（＝Skt. karma）は宗教的行事ではない。岩波本（三九七頁、註九〇〇）は誤解。

（7）静まりを取得することなくして—santim anuggahāya. 普通、santi（静まり）は心の安らぎ、涅槃を意味するが、*Pj.* によると、ここでは誤った見解に執われずして（diṭṭhim agahetvā）と解する。

九〇一（8）彼等はいう—anutthuṇanti. 文字どおりには、彼等は嘆く、または泣くであるが、*Pj.* に vadanti（彼等はいう）

kathenti（彼等は語る）と語を変えているので、これにしたがう。

九〇四（9）暫定的な説（＝誤った見解）—sammuti. いわゆる通説で、*Pj.* は diṭṭhi（誤った見解）であると解する。

九〇八（10）わたしは知る。わたしは見る—jānāmi passāmi.

九〇九（11）個体存在（＝名色）—nāmarūpa. ウパニシャッド的な概念。三五五（12）参照。

九一一（12）もろもろの暫定的な説（＝誤った見解）を知って—ñatvā . . . sammutiyo. 暫定的なすなわち通俗の説（sammuti）については九〇四（9）参照。

九一四（13）自由になった者—vippamutto. 原本は vippayutto（相応しない者）で意味が通じないから、異本の vippamutto（自由になった者）を採る。

（14）思いはかることもなく—na kappiyo. kappiya は kappa-iya で kappa には分別と劫（無限に長い時間）との二義があり、kappiya は輪廻の、劫の、という意味がある。しかし *Pj.* によって解すると、kappa は渇望（taṇhā）と誤った見解（diṭṭhi）とによるものであるから、「思いはかり」すなわち分別の意味がある。ファウスベールが、'not belonging to time' と訳しているように、na kappiyo は劫の中にいない、すなわち輪廻することがないと読むことも可能である。

（15）〔これから得ようとする〕静まりもなく—nūparato. *Pj.* によると、善凡夫（puthujjanakalyāṇaka＝善き普通の者）・有学（sekha）の者たちのように止息すなわち静まりをそなえた者（uparatisaṅgī）でもない意。uparata は愛好する、快楽に耽ける、という意味にも解される。

（16）求められるべき〔渇望〕もない—na patthiyo. *Pj.* は渇望がないことだとする。

一四、トゥヴァタカ（迅速）の経

（1）トゥヴァタカ（迅速）の経—*Tuvaṭaka-sutta.*『義足経』の中の「兜勒梵志経」（大正、四・一八三頁中—一八四頁下）がこれに相当する。兜勒がトゥヴァタカ（tuvaṭaka）に対応すると思われる。もしそうだとすれば、本経における釈尊への質問者はトゥヴァタカという人物ということになろう。

九一五（2）太陽神の親族（＝日種）―Ādiccabandhu. 釈迦族の自称。五四（18）参照。

（3）偉大な聖仙―mahesi. ジャイナ教のヴァルダマーナも釈尊と同様に偉大な聖仙といわれる。種族社会に共通の宗教者に対する尊称である。

九一六（4）「わたくしは思考している」という―'mantā asmī' ti. *Pj.* によると、mantā . . . sabbaṃ uparundhe とみて、*sabbaṃ mantāya uparundhe*（智慧によってすべてを滅するがよい）と解する。すなわち、mantā（智慧）を女性・単数・具格にとって mantāya（智慧によって）と註解する。この場合、原文の'mantā asmī' ti を mantā 'asmī' ti と読んでいる。しかし、もう一つの読み方として mantā を mantar（賢者）の男性・単数・主格とみて「賢者は……すべて滅するがよい」と読むこともできよう。この場合も原文は右のように mantā を引用句からはずす。なお、『義足経』（大正、四・一八四頁中）には「如㆓所法㆒為㆓已知㆒」とあって参考にできない。村上・及川本㊂（七八七頁）は「〔私は〕ある」という〔思いを〕全て、智慧によって壊《やぶ》るがよい」とある。mantā を manteti の連続体（gerund）だとみれば、「思考して、わたくしはある」と訳すことができるので、訳者もこれによる。

（5）妄想と呼ばれるものの根本を―mūlaṃ papañcasaṃkhāyā. 妄想の原語 papañca の Skt. prapañca は後代の教学では「戯論」と漢訳され、無用の議論を意味するが、初期仏教では虚妄分別、妄想の意。*Pj.* によると、妄想（papañca）と呼ばれるものの根本とは無明（avijjā）などのもろもろの煩悩のことであるとする。もう一つの解釈は「わたくしはある」と転起する自我意識（pavatta-māna）である。papañca は G. 530, 874, 916 参照。

九一七（6）内にも、あるいはまた外にも、どのような事柄を証知しようとも―yaṃ kiñci dhammam abhijaññā ajjhattaṃ atha vā pi bahiddhā. *Pj.* によると、「内にどのような事柄をも知るがよい」とは「どのような高貴な家柄であることなどを自分の徳として証知しようとも」ということである。また「あるいは外にも」とは「あるいは〔自分の〕師（ācariya 阿闍梨）や親教師（upajjhāya 和尚）の徳を証知しようとも」の意に解する。

九一九（7）得られたものはない―n'atthi attaṃ. attaṃ は PTS. 本では attā. その脚註によると、ファウスベールは attaṃ と読み、G. 787 参照とある。これについて *Pj.* は触れていない。この詩句の後半は、次のとおりである。

ajjhattam upasantassa

n'atthi attā, kuto nirattaṃ vā.

類句の G. 787 は attaṃ nirattaṃ na hi tassa atthi とあり、upasantassa に相当する語が tassa とあるだけである。岩波本（四〇〇頁、註九一九）には「取り上げられるものは存在しない――n'atthi attā. atta は第七八七詩では中性で使われているから、ここでは中性複数形（『リグ・ヴェーダ』と共通の古形）と解してよいであろう。a-tthi は単数形であるが、中性複数形が主語であるときには単数形も許される」とある。しかし、ファウスベールが G. 787 参照と指摘するとおりに、ここは attā を attaṃ と読み改めるべきである。問題は attaṃ の語形をどのように解するかということであろう。attaṃ（得られたもの）は atthi と同じく単数形である。もし語基 atta が男性とすれば、attā はその複数・主格であるが、それが中性とすれば、attaṃ の語形をとる場合は単数・主格であって、もしも中性・複数・主格であれば attā ではなく、パーリ語の場合は attāni でなければならない。一歩ゆずってあえて中性・複数（attā）だというのであれば、-a 語基の中性ではなくて、-an 語基の中性でなければならない。atta（語基）は本来形容詞であるから、attā を attaṃ と読むとすれば、中性 attaṃ の変化に準じたもので、すなわち、それを単数・主格とみれば atthi という動詞と一致する。したがって、ファウスベールの指摘を採りたい。渡辺照宏先生は G. 858 の参照も指摘される。その原文は、attaṃ vā pi nirattaṃ vā na tasmiṃ upalabbhati である。これによってみても、attā は attaṃ に訂すべきである。

九二二（8）戒本（＝波羅提木叉）―pātimokkha. 三四〇（4）参照。

（9）瞑想（＝三昧）―samādhi. 三三〇（8）参照。

九二三（10）我がもの―mama. Skt. 同じ。漢訳、我所。私的所有の観念。mamakāra（漢訳、我執）と同義語。

九二五（11）不行儀を慎むがよい―virame kukkuccaṃ. kukkucca（または kukkuca）は B Skt. kaukṛtya で漢訳は悪作《おさ》。kukkuccaṃ は中性 kukkucca の単数・目的格であるが、リューダースは古代東部インド語の単数・従格（不行儀より）の語形だとする（*BSB.* §192, S. 140）が、virame（vi-√ram, viramati の願望法）を「離れよ」と解すれば「不行儀より離れよ」となり、リューダースの説が適合する。しかし、この語は「慎め」「中止せよ」の意もあるから、これを採れば、パーリ語の語法によればよいので、あえてアルダマーガディー語の単数・従格と見なすことはないであろう。

九二七（12）呪法—āthabbaṇa, Skt. ātharvaṇa. *Pj.* に「『アタルヴァ・ヴェーダ』の呪句を用いること」（*Āthabbaṇan* ti āthabbaṇikamantappayogaṃ）とある。

九三四（13）このように世尊は説かれた—ti Bhagavā ti. *Pj.* によると、釈尊が化仏に行乞者が阿羅漢になるための修行（paṭi-patti）について質問させ、その答えを釈尊が神がみに説いたものである。

なお、前文で「かの釈尊の教えにおいて」とあるのは釈尊が第三者の立場で自称としていったものである。このような例は G. 933「ゴータマの教えにおいて怠ることがあってはならない」、G. 934「かの世尊の教えにおいて」などがある。

一五、武器を手にすることの経

（1）武器を手にすることの経—*Attadaṇḍa-sutta.*『義足経』の中の「維楼勒王経」（大正、四・一八八頁上—一八九頁下）がこれに相当する。冒頭の G. 935 に「自分の武器によって恐れが生じ、争う人びとを見るがよい」とあるのによってこの経題がある。実際には煩悩の毒矢を引き抜くことその他が説かれる。

九三五（2）武器—daṇḍa. daṇḍa は棒あるいは杖であるが、武器としての棒すなわち軍棒を意味する。また広く暴力の意味も込められている語。

九三九（3）〔欲望などの激流に〕沈まない—na sīdati. 原文の nisīdati（彼は坐る）を異本および *Pj.* によって na sīdati と読む。

九四一（4）邪悪な貪り—lobhapāpaṃ. lobhapāpaṃ は貪りと邪悪とも読める。が vevicchaṃ（物惜しみ）と対語であるから、邪悪な貪り、すなわち悪欲の意に解しておきたい。*Pj.* には説明がない。

九四五（5）大激流—mahogha. 彼の岸に渡る河の流れ。G. 4, *Dhp.* G. 47, 287.

（6）奔流—ājava. 激流（ogha）に同じ。*Pj.* に「急流という意味で奔流ともいう」（ājavanaṭṭhena "*ājavan*" ti ca）とあるのによる。

九四五（7）熱望―jappanaṃ. jappanā（熱望）はjappāと類似。*Pj.*は「『これはわたくしのもの、これもわたくしのもの』という熱望の原因だから、熱望という」（'idaṃ mayhaṃ, idaṃ mayhan'ti jappakāraṇato "*jappanan*" ti ca）と。

（8）対象（＝所縁）をとらえるもの（＝渇望）―ārammaṇa. Skt.の対応語ālambanaは中性で把持すなわち、とらえるもの、またはとらえることを意味する。ところでまた、ālambanaをみると、把持の意のほかに漢訳の所縁、境、境界などの訳語が示すように一般的には認識の対象である。この箇所の邦語訳の多くは対象、対象物などである。*Pj.*は逃れることができない（dummuñcana）という意味で、とらえるもの（ārammaṇa）だと解する。これは恐らく対象から逃れることができないものということで、逆に対象をとらえるもの、すなわち渇望の意だと理解しておきたい。なお、これについての考証は村上・及川本㈢（八二八―八二九頁）参照。

九四六（9）陸地に立つ―thale tiṭṭhati. 大激流を逃れて陸地（＝丘陵地）に立つというのは、*Pj.*によると、欲望を大激流に喩え、その大激流から逃れる陸地は涅槃に喩えられる。

九五〇（10）我がもの―mamāyita. Skt.同形。漢訳は我所（＝私的所有の観念）。アルダマーガディー語はmamāiyaで語義は全同。たとえば*Āyā.* 1. 2. 6. 2, 2. 2. 6. 2.

九五三（11）潜在的な形成力―saṃkhiti. *Pj.*によると、次のように註解する。「その場合、潜在的な形成力というのは、福徳をなすことなどにおいて、誰でも潜在的な形成力がある者のことである。なぜなら、彼が（福徳をなすことで、潜在的な形成力が）形成され、または彼が（それを）形成するから、だからして形成力といわれるのである」（Tattha _nisaṃkhiti_* ti puññābhisaṃkhārādisu yo koci saṃkhāro, so hi, yasmā nisaṃkhariyati nisaṃkharoti va, tasmā nisaṃkhiti ti vuccati; *B[a] nisaṃkhati）。

九五四（12）対人関係についての聖者の同類の心構えはG. 860参照。

（13）取ることも捨てることもない―nâdeti na nirassati. *Pj.*によると色など、すなわち色・受・想・行・識の五蘊の中のどの構成要素（dhamma）も取らず捨てない（na gaṇhati na nissajjati）ことであるが、これは後代の教学的解釈であって、取捨の対象はいかなるものであってもよく、特定することはないと思われる。

一六、サーリプッタの経

（1）サーリプッタの経—*Sāriputta-sutta. Pj.* によると「テーラパンハ・スッタ」（*Therapañha-sutta* 長老質問経）ともいう。『義足経』の中の「蓮花色比丘尼経」（大正、四・一八四頁下—一八六頁下）が、これに相当する。また、*Pj.* によると、釈尊は神変を現じて昇天してから、地上に降りてサーリプッタの徳を人びとに説き示されたのが本経である、という。

九五五（2）兜率天—Tusita, Skt. Tuṣita. 天上の世界。釈尊がそこから下降して、この世界に姿を示現したという。これは仏滅後五十六億七千万年経って弥勒菩薩（Maitreya-bodhisattva）が天上の兜率浄土から下生して一切衆生を救済するという仏教におけるメシア信仰のプロトタイプだということができよう。

九五六（3）眼をそなえたお方—cakkhumā. 釈尊の尊称。仏教に固有の語。

九五七（4）このような—tādiṃ. 語基 tādin（このような）という形容詞の男性・単数・目的格（業格）。岩波本（四〇六頁、註九五七）では「このような範たる人—tādi. Bhagavā muttāvī ti tādi (*MahN.* p. 461). 西洋の翻訳者たちは、これを指示代名詞のように考えて訳していない。しかしこれは一種の術語である」とある。これについて *Pj.* は註解がない。tādin は Skt. tādṛś で語義はパーリ語と同じ形容詞。これに相当する B Skt. の語形は tāyin である。ところがこの tāyin は Skt. trāyin（語根√tṝ 渡す、救う）の俗語化した語で救済者を意味し、ジャイナ教ではヴァルダマーナ、仏教では釈尊に対する尊称である。ここでは、「このような」という語は当然のことながら次の実名詞である「仏陀であるあなた」を形容するのでなければならない。したがって西洋の翻訳者たちが指示代名詞であるとみているのが正しい。tādin＝tāyin と解したところで、この語義は救済者である。

　なお、tādin については雲井昭善『パーリ語仏教辞典』の当該項目（三八四頁）に次のようにあるのが、参考になるであろう。

　tādin (*adj.*)〔*cp. Vedic.* tādṛś, *Skt. B. Sk.* tāyin〕（中略）①かくの如き、そのような。②特に、Bhagavant, Arahant, Buddha と関わる。*cf.* Dhp. vv. 95, 96. 漢訳『法句経』（大正、4, p. 546 b）の真人、Tathāgata.
エジャートンも tāyin に救済者の意味を認めながらも、初めはパーリ語 tādi（n）が俗語化したもので、この場合 tādi (n)＝Skt. tādṛś（そのような）であること、またそれは仏陀（Buddha or tathāgata）に適用される形容詞すなわち「そのような仏陀」ということである、としている。そして、類語に tādṛśaka がある（Franklin Edgerton: *Buddhist Hybrid Sanskrit Grammar and Dictionary*. Vol. II: Dictionary. New Haven 1953, pp. 251〜252)。なお、Skt. tāyin または trātṛ（保護者、救済者）に相当するアルダマーガディー語は tāi（*Sūy.* 1. 2. 2, 1. 2. 17, 2. 6. 24, *Utt.* 11. 31, *Das.* 3. 15, 5. 29, 6. 21, 6. 36）である。

九六〇 （5） 不死の境地（＝涅槃）におもむく者には—gacchato amataṃ disaṃ. 岩波本（二〇六頁、九六〇）、同本（四〇七頁、註九六〇）に「未到の地に（agataṃ disaṃ）云々」とあるが、PTS. 本の原文は agataṃ でなく amataṃ とあり、異本の読み方も指摘してない。

九六一 （6） もろもろの戒めや禁戒—sīlabbatāni（＝sīlavatāni). ここでは後の仏教教学で説く戒（sīla）や宗教的誓い（vrata）ではなく、初期仏教の頃はふるまい（sīla）、生活様式（vata）を意味する語であったと考えられる。いうまでもなく、ここでは、たとえば bata（＝vata）は宗教的儀式や苦行——トーテミズムなど——ではない。

九六二 （7） かの専一にして賢明で正しい想念をもつ者—ekodi nipako sato. *Pj.* によると、「第八詩句で専一にして賢明でとは、一点に心を専念し（＝一境心）賢明でということである」（Aṭṭhamagāthāya *ekodi nipako* ti ekaggacitto paṇḍito）とあり、sato（正しい想念ある者）の語は註解していない。が、これによると、「専一にして賢明で」は正しい想念ある者を形容する。*Pj.* の paṇḍita は、この場合「賢明で（ある）」という形容詞に読み、sato を「気を落ちつけている」と読み、賢者の形容句とするという見方があるが、本書の他の多くの例にあるように sato は必ず「正しい想念ある者」と名詞に読まなくてはならない。

（8） あたかも鍛冶工が云々—kammāro . . . iva . . . この比喩は *Dhp.* G. 239 にもみえる。

九六四 （9） 虻、蚊—ḍaṃsādhipāta. ḍaṃsa は虻、adhipāta は蚊。*Pj.* によると「虻と蚊というのは、褐色の蚊（＝虻）とその他の蚊との、ということである。その他の蚊はそれからそれと飛びまわって咬むから飛びまわるものども（adhipātā）すなわち蚊といわれる」（*ḍaṃsādhipātānan* ti piṅgalamakkhikānañ ca sesamakkhikānañ ca, sesamakkhikā hi tato tato adhipatitvā khādanti, tasmā adhipātā ti vuccanti)。

九六五（10）他の教説を奉ずる者たち―paradhammikā. 類語に titthiya, tithya または bāhiraka などがある。ただし、tithya（＝titthya）に相当する Skt. tīrthya は祭場などの聖地もしくは沐浴場をさす tīrtha に関係し、聖地で修行する者、沐浴する者で、仏教徒以外の人びとを意味する語である。本書には G. 891, 892 に tithya（他教徒）の語が用いられている。

（11）もろもろの他の危難―aparāni . . . parissayāni. parissaya は男性または中性の名詞であるが、ここでは中性・複数・目的格（業格）の語形である。だから男性であれば、複数・目的格は parissaye の語形をとる。「危難に」の原語 parissayāni は古アルダマーガディー語形であると推定するむきもあるが、これは男性とみた場合のことであって、中性とすれば、あえて古アルダマーガディー語形だとみる必要はない。そして、ここでは中性名詞でよい。

九六七（12）「〔それは〕黒魔の輩である」として―'kaṇhassa pakkho' ti. 黒魔（kaṇha）は釈尊の降魔の場面でも登場するが、煩悩を象徴する。『著作集』第一巻、三三七、三三九頁参照。

九六八（13）怒りや高慢―kodhātimāna. kodha（怒り）と atimāna（高慢）との合成語。シューブリングはアルダマーガディー語の kohāimāṇa を指摘するが、この語はパーリ語 kodhātimāna に対応する。シューブリングによると、「この語をジャイナ教の註釈者は krodhādimāna と解するが、それは誤りである（Schubring: *Āyāraṅga*, Glossar, S. 75)」という。しかし krodhādimāna は何らかの理由で、たとえば誤写で krodhātimāna が krodhādimāna となったものとも考えられる。もう一つは krodhādimāna（怒りなどと慢心）というように並列複合語に読めばよい。誤りというのは、この語を「怒りなどの慢心」と読んだがためではなかろうか。あながち註釈者の誤りだとは速断できない。

九七〇（14）住む家なくしてまだ学ぶべきものがある修行者（＝有学の者）―aniketasārī. aniketasārī (-sārin) は住む家がない者。*Pj.* は aniketacārī (-cārin) と読み、家なくして修行する者とは障碍なくして修行する者（apalibodha-cārin）、渇望なくして修行する者（nittaṇha-cārin）のことであると註解する。PTS. 本の読みにしたがうことにした。有学（sekha, Skt. śikṣa, B Skt. śaikṣa）はまだ学ぶことがある者で、聖者の位である阿羅漢果を得ていないので学ぶべき余地がある修行中の者をいう。

九七一（15）　彼はそれら〔衣食など〕に対して〔心得として、さまざまなことが〕守られ—so tesu gutto. 原文は sotesu とあり、脚註に Cf. 250 a とあり、ファウスベール本に so tesu, *Pj.* so (bhikkhu) tesu (paccayesu) とあるとおりに sotesu を so tesu と訂正して読む。この箇所について岩波本（二〇八頁、九七一）には「かれは衣食に関しては恣《ほしい》ままならず」とあり、同じく（四〇八頁、註九七一）「衣食に関しては恣ままならず——原文 so tesu とあるが、漢訳を参照すると sotesu と読まれていた（Bapat: *The Arthapada-sūtra.* p. 14）」とある。だが、この sotesu は sota（=Skt. srotas 流れ）の単数・於格であるから、「流れにおいて」の意。「恣ままならず」と訳した理由が不明であり、また gutto（守られ）が訳されていない。あるいは「流れにおいて守られ」とみて、それを「恣ままならず」と意訳したものか。漢訳『義足経』（大正、四・一八六頁下）の当該箇所は「聞㆓関閉県国行　麁悪声㆒応㆑莫㆑願」である。ただし、関は宋・元・明の三本の開をとり開閉と読みたい。そして（生活資具の）開閉すなわち節度が守られてと解する。また、願は顧に訂正して「顧みることなかるべし」（応㆑莫㆑顧）と読むべきであろう。したがって「漢訳を参照すると sotesu と読まれていた」というバパット説も首肯しがたい。なお右の〔　〕は *Pj.* による補訳。再説すると、岩波本に「かれは衣食に関しては恣《ほしい》ままならず、慎《つつ》しんで村を歩み」とあるのは、衣食について思うようにならず、事欠くことがあるので、行乞のために村に出かける、という意味に解されるので、パーリ文の原意とは異なってしまう。

九七三（16）　同じく修行する者（=梵行者）たちに—sabrahmacārisu. 同じく修行する者たちとは、*Pj.* によると、教師（upajjhāya 漢訳、和尚）などである。しかし、本来、sabrahmacārin（同梵行者）は、バラモン教でヴェーダ聖典を学ぶ同輩の学徒のことで、それを仏教で転釈したのであるから、同学の者の意でよいであろう。

九七四（17）　五つの塵—pañca rajāni. ここには色・声・味・香・触が説かれるが、これに法を加えたのが六塵もしくは六境である。

九七五（18）　暗黒を—tamaṃ. tamas（暗黒）は初期仏教では一般には無明（avijjā）を意味する。しかし *Pj.* はあらゆる愚痴（=無知）など（mohādi）の暗黒と註解する。

五　彼の岸への道の章

（1）彼の岸への道の章—*Pārāyana-vagga.*「彼の岸への道」の原語はpārāyana（pāra＋āyana〔ā-√i-ana〕）で彼岸（pāra）に至らしめる、または彼岸に行くことで、彼岸への道と解すれば彼岸道であり、彼岸に行くことと解すれば到彼岸となるから、後者の場合はpāramitā（到彼岸）と同義の語である。なおpārāyanaの語義については、三七七（4）、一一三〇（9）、G. 1131参照。pārāyanaの類語parāyanaはG. 377にみえる。

漢訳は法句とともに波羅延（大正、二・四八〇頁下）、波羅縁（大正、二・四三九頁下）、波羅延那（大正、二・三六二頁下）、律部でも波羅延（大正、二三・一八一頁中）、波羅延（大正、二二・四四七頁下）など、いずれも音写語である。パーリ文献では他にも*AN.* I. pp. 133〜134, II. p. 455, III. p. 399, 401, *SN.* II. p. 47, pp. 49〜50などに用例がある。pārāyanaはSkt. pārāyaṇaと対応することが多くの辞典に記されている。しかし、pārāyaṇaはバラモン教ではpāraをヴェーダ聖典の究極、極意の意味に解し、āyaṇaは到達すること、すなわちヴェーダを極めること、ヴェーダの学習の成就であり、さらにヴェーダ聖典の文言を集成したもの、聖典のすべてをも意味する。これを仏教的に転釈したのが「彼岸道」である。このような転釈の契機には種族社会における彼岸（pāra）の教えが先行したことが考えられる。要約すれば、バラモン教でヴェーダ聖典に精通して（vedagū）、その奥義を極めること（pārāyaṇa）に対して、仏教は覚りの智に通じて（vedagū）、彼の岸に到達すること（pārāyana）すなわち涅槃を得ることが説かれたのである。

一、序の詩句

（2）序の詩句—Vatthu-gāthā. 彼の岸への道（＝彼岸道）は、仏教における実践の究極の理想について釈尊が明快に説き示した序詩である。バラモン教でヴェーダ聖典の学習、読誦を意味するパーラーヤナ（pārāyaṇa）を彼の岸への道（pārāyana）という意味に全く仏教的に異なる転釈をしている点が、とくに注目されるべきであろう。

九七六（3） ヴェーダ聖典の極意に精通した一人のバラモン—brāhmaṇo mantapāragū. ヴェーダ聖典の原語は manta（＝Skt. mantra）で、ヴェーダの呪句、神々への讃歌のことである。問題は pāragū（＝pāra-gū）の語で、この場合は前述の Skt. pārāyaṇa の pāra と同じく極意を意味していることである。彼岸に行くことの章の冒頭が brāhmaṇo mantapāragū の文言で始まっている含意を考えてみなければならない。ヴェーダ聖典に精通した（pāragū）一人のバラモンが釈尊に帰依して彼の岸に達した者（pāragū）となったという仏教的な転釈が見事に展開されているからである。

（4） 南道—Dakkhiṇāpatha. ヴィンディヤ山脈より以南のデカン高原地方（Deccan）を漠然とさす語。

（5） 無所有—ākiñcañña. 初期仏教における肝要な宗教的実践的徳目であるが、ジャイナ教でも五大誓の第五に数えられ、とくに重視されている。アルダマーガディー語では ākiṃcaṇa. G. 1070〜1072, 1115 参照。

九七七（6） アッサカとアラカとの間の地域—Assakassa visaye Aḷakassa samāsane. 現在のアンドラ州（Andhra Pradesh）における地域とみられる。*Pj.* によるとアンドラ国の一部で、ゴーダーヴァリー河流域一帯を占め、首都はポータナ（Potana）またはポータリ（Potali）。アッサカは Skt. Aśvaka で十六大国の一つに数えられる。拙著『インド学密教学論考』三九—四〇頁参照。

（7） ゴーダーヴァリー河—Godhāvarī. *J.* V. p. 132, 136 参照。Lüders: *Kleine Schriften.* S. 501 f. および『著作集』第一巻、三三五頁参照。

九八〇（8） この者（＝バーヴァリン）に——naṃ. この者すなわちバーヴァリン（Bhāvarin）の語については多くの問題がある。本詩句を含めて、格変化別に列挙すると、次のとおりである。

① G. 981. Tam enaṃ Bāvarī* disvā . . . （*B^{ai} -i).

② G. 984. Bāvarī* dukkhito ahū . . . （*B^{ai} -i).

③ G. 994. udaggo Bāvarī* ahū . . . （*B^{ai} -i).

④ G. 995. So Bāvarī attamano udaggo . . .

⑤ G. 1019. So ca gottena Bāvarī* . . . （*C^{b}Fsb -ī).

⑥ G. 1025. Bāvarī* paripucchati . . . （*$C^{b}B^{ai}$ -i）.
⑦ G. 1028. Bāvarī* brāhmaṇo . . . （*B^{ai} -i）.
⑧ G. 1029. Bāvarī* . . . brāhmaṇo . . . （*$C^{b}B^{ai}$ -i）.
⑨ G. 986. Bāvarim upasaṃkamma . . .
⑩ G. 1010. Bāvarim abhivādetvā . . .
⑪ G. 1006. Bāvarissa vaco . . .
⑫ G. 1021. Lakkhaṇānaṃ pavicayaṃ Bāvarissa . . .
⑬ G. 1030. Bāvarissa ca tuyhaṃ vā.

作業仮説として -i 語基の男性 Bāvari と -in 語基の男性 Bāvarin との二つの語形が考えられる。前者の単数・主格は Bāvari である。後者の単数・主格は Bāvarī, Bāvari の二つの語形をとって、いずれでも可であるから、①②③⑥⑦は原本どおり Bāvarī または異本の Bāvari であっても、いずれも語基は Bāvarin である。ただし、語基が Bāvari であれば Bāvarī の語形はとり得ない。⑤の Bāvari は逆に異本では -ī であるが、いずれも Bāvarin の単数・主格であるから問題ない。④の Bāvari は異本がないので、原本どおりだとすれば語基は Bāvarin でなければならない。また⑦の G. 1028 について *Pj.* に「そして、平伏してバーヴァリンは云々というこの詩句を説いた」(patitvā ca "Bāvarī" ti imaṃ gātham āha) とあるのを指摘したい。少なくともブッダゴーサの用いた写本からすると、①②⑥⑦⑧は、本来原本のとおり Bāvarī であって異本の Bāvari の語形ではなかったのではなかろうか。

⑨⑩の Bāvarim は Bāvari, Bāvarin 両方ともの単数・目的格（業格）であるから、この場合は語基が Bāvari か Bāvarin かは判定できない。同様に⑫⑬の Bāvarissa も単数・属格の格変化で両語に共通するので、語基は Bāvari, Bāvarin のいずれとも特定できない。

この作業仮設からすれば、要するに Bāvarĩ（Bāvari or Bāvarī）は Bāvarin 語基だということになる。

なお、村上・及川本㈣（五九頁）に「このバラモンの名は、*AA.* I. p. 334[5] では Bāvarī（or Bāvari, Pāvariko）……また *ThA.* I. p. 78[9] では *Sn.* と同じく Bāvarī（or Bāvari）……という形である」とする。これによっても

Bāvarī̆ の語基は Bāvarin であるが、Bāvarī であれば語基は Bāvarī ではあり得ない。

以上によって本偈の Bāvarī は語基 Bāvarin のとおりに「バーヴァリン」と表記した。

岩波本（四一一―四一二頁、註六(1)）には従来の諸説を紹介しながら次のように解説する。「バーヴァリ――Bāvarī.（1）多くの学者は、他の諸語は語基の形で挙げながら、この語だけは Bāvarī として挙げている。しかし男性名詞が ī で終るのは奇異である。（2）そこで若干の写本および註釈（*Pj.* p. 580）では、Bāvarī という単語の形を挙げているが、主格で Bāvarī として挙げられている理由が不明である。辞典や語彙による限り、ヴェーダ文献のうちには Bavara, Bāvari, Bāvarin などという語は出てこない。（3）Hare という学者は語基は °in で終り、その語は Bāvara＋in より成ると解し、主格で Bāvarī となったと説明している。これは文法的には無難な解釈であるが、Bāvara という普通名詞は用いられていないから、何故それに °in を付したのか、その経緯が判然としない。〔結論〕そこで、一応の解決としては、ブッダゴーサに従ってその個人名を Bāvarī とし、最後の語尾が長音であるのは、韻律の関係であると解することにする。ブッダゴーサによると（*Pj.* p. 580）、かれはパセーナディ王の帝師（purohita）の子であったという」。

右のうち（1）は語基を Bāvarin とみて、この語の男性・単数・主格の語形を示したものとすれば、この場合、男性が ī で終わることが了解できるであろう。（2）は前述のように語基 Bāvarin の男性・単数・主格は Bāvarī, Bāvarī の二つの語形をとり、そのいずれでもよい。（3）Hare が Bāvarin を語基として、その主格で Bāvarī となったのは著者の見方と同じで賛意を表したい。Bāvara という普通名詞は用いられない――ヴェーダ文献のうちには Bavara, Bāvari, Bāvarin などという語は出てこない――。したがってそれに °in を付した経緯が判然としない、とあるが、これは Skt. dvāra（門）の俗語（Pkt.）である bāvara に °in を付したもので Skt. では dvārin（門衛、神祀の門番）と解すればよい。そしてバーヴァリンがバラモンであることも首肯される。〔結論〕で前後の語尾が長音であるのは韻律の関係であるというのには反対である。

村上・及川本㈣（五八―五九頁）にも、次のようにいくつかの疑問を提示し、結局、語基を Bāvarī とみて、その主格は Bāvarī であるとする。「主格 Bāvarī に対して語基 Bāvarin が予想される（Hare の英訳、また中村元訳旧版）が、はたしてそうであるのか、確定しがたい。*Pj.* は主格において Bāvari（p. 580[9.12]）を用い、斜格においても Bāvari から変化形を導いているようである（Bāvarissa, Gen.）。したがって、中村元博士（改訳新版）や渡辺博士のように Bāvari というのは正しい。一方 *Sn.* 本文に出る Bāvarī をそのまま用いる学者もある（Fausböll, Neuman)」。

しかし、これでは Bāvarī の語形をとることの説明にならない。他の問題は前述の著者の見解ですべて解決される。*Pj.* p. 580 には主格 Bāvari の語形が三回認められるが、これは Bāvarin が語基である場合も同じく主格 Bāvari であり、その属格は Bāvarissa であるのも変りない。前述のように他にも Bāvarī の語形をとっているので、この場合も語基が Bāvarin であって何ら支障がない。

類例として Ajita-Kesakambalin がある。漢訳の音写語に阿夷耑其耶今離、阿夷哆鶏舎剣婆利などがあり、いずれも -in の鼻音 n を表記しないのが漢訳音写語の場合の通例である。雲井昭善『パーリ語仏教辞典』（二三―二四頁）に例文とその訳がある。「*Ajito* ti nāmaṃ, appicchatāya kesakambalaṃ dhāresi, tena *kesakambalī* ti vuccati; so pi sabbaññutaṃ paccaññāsi.（Pj. II. p. 423）アジタとは名である。少欲なので毛髪の布を〔身に〕着けた。それ故、ケーサカムバリンと言われる。彼も又、〔自分が〕一切知者であることを公言した」。このように訳文で「ケーサカムバリン」と表記してあるのは、Kesakambalī の語基が Kesakambalin とみたからであって正当である。原文のとおりに「ケーサカムバリー」と表記すれば ī 語基の男性・単数・主格になり、理に合わない。

もう一つの例について、G. 1007 におけるバーヴァリンの十六人の弟子のうちのジャトゥカンニン（Jatukaṇṇin）を挙げる。原本は他の人名とともに男性・単数・主格の Jatukaṇṇī の語形をとっている。が、岩波本（二一四頁、1007・四二二頁、註1007）および村上・及川本㈣（二一四頁）には、いずれも語基 Jatukaṇṇin を「ジャトゥカンニン」と表記している。したがって Bāvarin の場合も「バーヴァリン」と表記するのは当然であって、主格の Bāvarī をそのまま「バーヴァリー」と表記することはないであろう。もしそうでなければ、当然「ジャトゥカンニー」もしくは「ジャトゥカンニ」と表記すべきであろう。『著作集』第一巻、二二五頁参照。

九九一（9）　カピラヴァットゥの都から―purā Kapilavatthumhā.

九九一（10）甘蔗王の末裔—apacco Okkākarājassa. 『著作集』第一巻、四六、八五、一〇九、一一六、一二四頁参照。

（11）釈迦族の出身—Sakyaputto. 『著作集』第一巻、一三三、一五七、四一四頁参照。

（12）光明をもたらすお方—pabhaṃkaro. G. 1136, *SN.* I. p. 51, 210. *AN.* II. p. 51, *It.* p. 80.

九九二（13）等覚者—sambuddho. 『著作集』第一巻、二七〇頁。

九九三（14）かの目覚めた者である世尊—Buddho so Bhagavā.

九九六（15）勝利者—Jino. 六四（5）参照。

（16）牛王〔のような人〕—narāsabho. 人牛王。人の中の牛王。最も勝れた人。

九九七（17）呪句（＝ヴェーダ聖典）の奥義を極めた—mantapāraga. 類語に mantapāragū がある。Skt. mantra. 神々への讃歌。呪句なので、密教のマントラ（mantra）の漢訳語、真言という訳語を用いるのはよくない。

一〇〇〇（18）呪句（＝ヴェーダ聖典）—manta. 二四九（7）参照。

（19）偉大な人物の三十二の〔身体的〕特徴—mahāpurisalakkhaṇā dvattiṃsā. Skt. dvātriṃśan-mahāpuruṣalakṣaṇāni. 漢訳、三十二大人相、三十二相。

一〇〇二（20）〔彼は〕暴力によらず—adaṇḍena.

一〇〇三（21）阿羅漢—arahā (←arahant), Skt. arhant.

（22）無上なる者—anuttara, Skt. 同形。アルダマーガディー語では aṇuttara がそれに相当する。

一〇〇四（23）生まれ、氏姓、および身体的な特徴……を……問うがよい—jātiṃ gottañ ca lakkhaṇaṃ . . . pucchatha. *Pj.* によれば、「生まれてどれ程たったか」（"kīvaciraṃ jāto" ti）と問う意だとする。岩波本（四一二頁、註一〇〇四）に「生れ——jāti. 普通は、生れの良い悪い、を意味する語であるが、註（*Pj.* p. 584）は、「生まれてから何年になるか？」「年齢」の意に解している。'kīvaciraṃ jāto' ti.」とあるが、「生まれてから何年たったか」という問いは、生まれだけでなく氏姓や身体的な特徴（＝相）まで含めての問いなのである。

一〇一〇（24）また彼に右回りの礼をとって—katvā ca naṃ padakkhiṇaṃ. 右遶（padakkhiṇā, Skt. pradakṣiṇā）は礼拝の対象となるもの（人あるいは仏塔など）に対して右回りに回る礼法。右肩を向けるようにして三回右回りするので、わが国では右遶三匝または三匝行道などという。なお古代インドでは軍隊が凱旋したとき城郭を右回りに三回行進する慣わしであった。

一〇二（25）アラカ〔国〕のパティッターナに―Aḷakassa Patiṭṭhānaṃ. パティッターナ以下十六の地方名を挙げる。十六という数はバーヴァリンの弟子の十六人の学生の数と同じであるから、数合わせをしたのかどうか分からないが、「月の十六分の一」という言葉があるように、太陰暦で月の満ち欠け――新月より満月、満月より新月まで――を十六に分割するのに由来する。これはヴェーダ時代以来行なわれて、十六は満数を表わす。『著作集』第一巻、三五頁参照。

一〇三（26）パーヴァー―Pāvā. マッラ族（Malla）の土地。釈尊が晩年八十歳にして、クシナーラー（Kusinārā）で入滅したとき荼毘に付したのは、クシナーラーのマッラ族である。

（27）ボーガナガラ―Bhoganagara. ヴェーサーリーとクシナーラーとの中間にあり、釈尊が晩年、クシナーラーに行く途中、このボーガの町に立ち寄っている。

（28）ヴェーサーリー―Vesālī, Skt. Vaiśālī. 漢訳、毘舎離城。釈尊当時はリッチャヴィ族（Licchavi）の本拠地。リッチャヴィ族はヴァッジー族（Vajji）と種族連合する。

（29）パーサーナカ廟に―Pāsāṇakañ cetiyañ ca. 廟（cetiya）は種族社会における祖霊を祀る聖地である。釈尊が入滅して舎利八分して各地に仏塔が建立されたのは、この様式を踏襲したものである。

一〇六（30）〔わが師バーヴァリンの〕生〔年〕について語ってください―ādissa jammanaṃ brūhi. 一〇〇四（23）参照。

（31）もろもろの呪句（＝ヴェーダ聖典）について奥義に精通していることを語ってください―mantesu pāramiṃ brūhi. pāramiṃ は女性 pāramī（←parama 最高）の単数・目的格（業格）である。pāramī は parama（最高）-√i（行く）に基づき「最高なるもの」を得ることを意味し、ここでは「奥義に精通していること」である。

このようなバラモン教の pāramī を仏教で転釈して pāramitā（彼の岸に到達したこと、あるいは彼の岸に到達する状態。漢訳、到彼岸。漢訳音写語、波羅蜜多）の語が用いられるようになったと推定される。すなわち、バラモン教で「最高なるもの」とはヴェーダ聖典の奥義に精通することに対して、初期仏教では彼の岸に到達することが説かれたのである。*Pj.* は最高なるものすなわち奥義に精通すること（pāramī＝parama＋√i ）とは究極に至ること（niṭṭhāgamana）であると解する。

一〇二九（32） 三つのヴェーダの奥義を極めている―tiṇṇaṃ vedāna pāragū. 三つのヴェーダは『リグ・ヴェーダ』（*RV.*）、『サーマ・ヴェーダ』（*SV.*）、『ヤジュル・ヴェーダ』（*YV.*）である。当時はまだ第四のヴェーダである『アタルヴァ・ヴェーダ』（*AV.*）は数えられていないと思われる。vedāna は vedānaṃ と同じで男性名詞 veda の複数・属格である。

一〇三三（33） 彼は舌で顔を覆う―mukhaṃ jivhāya chādeti. 仏の三十二相――三十二の身体的特徴の一つの広長舌相である。本来、これはバラモン教起源のものであることが分かる。

（34） 眉間の真ん中に白い毛の渦（＝白毫）がある―uṇṇ' assa bhamukantare. 同じく三十二相の中の一つの白毫相に数えられる。

（35） 陰部は皮膜の覆いで隠されたもの（＝陰馬蔵《おんまぞう》）である―kosohitaṃ vatthaguyham. 同じく三十二相の中の一つの陰馬相に数えられる。

一〇三四（36） スジャーの夫である帝釈天―Indo . . . Sujampati. Sujāṃpati の綴りもある。帝釈天は梵天（ブラフマン）とともに初期仏教時代における護法神の双璧である。ヴェーダ神話では雷霆神のインドラ（Indra）。

一〇三六（37） 根源的な無知―avijjā. ここに無明と明（vijjā）とが対比されているのは注意すべきであろう。これは古期ウパニシャッドに起源する。『著作集』第一巻、一六六、二二七、二二八、三三四、三三六、四七八頁参照。

（38） 頭が落ちることとは覚りの智のことである―vijjā muddhādhipātinī. この表現の悪の報いとして頭がくだけ落ちるという考え方は『ブリハドアーラニヤカ・ウパニシャッド』（*Bṛhad Up.*）や『チャーンドーギヤ・ウパニシャッド』（*Chānd Up.*）などの古期ウパニシャッドに説かれているのを仏教的に転釈したものである。

atsy annaṃ paśyasi priyam. atty annaṃ paśyati priyaṃ bhavaty asya brahmavarcasaṃ kule ya etam evam ātmānaṃ vaiśvānaram upāste, mūrdhā tv eṣa ātmana iti hovāca mūrdhā te vyapatiṣyad yan māṃ nāgamiṣya iti（*Chānd Up.* 5. 12. 2）.

そなたは食物を食べ、愛好するものをみる。このようにこのアートマンを普遍的なものであるとして拝する者は食物を食べ愛好するものをみ、彼の氏族で聖智において卓越したものとなる。だが、これはアートマンの頭であると確かにいう。そなたは、もしもわたし（＝哲人ウッダーラカ）〔のところ〕に来ないだろうならば、そなたの頭は落ちるであろう。

atha hainaṃ gārgī vācaknavī papraccha. yājñavalkyeti hovāca yad idaṃ sarvam apsvotaṃ ca protaṃ ceti kasmin nu khalv āpa otāś ca protāś ceti . . . sa hovāca gārgi mā 'tiprākṣīr mā te mūrdhā vyapaptat. anatipraśnyāṃ vai devatām atipṛcchasi gārgi mā 'tiprākṣīr iti (*Bṛhad Up.* 3. 6. 1).

その時、まさにヴァチャクヌ（Vacaknu）系の女性学匠ガールギーは〔哲人ヤージュニャヴァルキヤに〕次のように質問した。「ヤージュニャヴァルキヤよ」と言った。「この一切は水で織られたり〔水で〕縫われたものである。では実に水は何において織られたり縫われたものですか。」……彼は言った。「ガールギーよ。過度に質問してはいけない。そなたの頭を落させてはならない。ガールギーよ。そなたは実に過度に質問してはならない神性のものを過度に質問する。限度を越えて質問すべきでない」。

なお、*Dhp.* G. 72（拙著『暮らしのなかの仏教箴言集』二六一頁）参照。

（39）信仰（＝信）—saddhā, Skt. śraddhā. アルダマーガディー語もパーリ語に同語同義。

（40）正しい想念—sati, Skt. smṛti. 漢訳、憶念。七七（10）参照。

（41）瞑想（＝三昧）—samādhi, Skt. 同形。漢訳、三昧（三昧地）三摩地など。専念、宗教的な瞑想。三〇（8）など参照。

（42）意欲—chanda, Skt. 同形。漢訳、意楽、欲楽など。

（43）精進—viriya, Skt. vīrya. G. 68 参照。

一〇七（44）大いなる覚りの智をもって—vedena mahatā. veda（勝れた智）とは本来、バラモン教の聖典『ヴェーダ』のことであるが、それを仏教的に転釈したものである。

一〇三（45）如来—Tathāgata. 初期仏教では、如来という大乗仏教を含意する「如来」の訳語が適切でないことは、前に述べたとおりである。三六（20）参照。

二、アジタ学生の問い

（1） アジタ学生の問い―*Ajitamāṇavapucchā. Pj.* には「アジタの経」（*Ajita-sutta*）とある。ここにみられる八つの詩句は『瑜伽師地論』（大正、三〇・三八六頁中以下）に引用される。

一〇三四（2） 〔もろもろの煩悩の〕流れ―sotā. sota（流れ）の男性・複数・主格。煩悩を激流（ogha）に喩えるのと同じである。*Dhp.* G. 340 参照。「流れを遮るものは何ですか」（kahaṃ soyo pahijjai）*Isi.* 29. 1.

一〇三五（3） これら〔の流れ〕は、智慧によって閉ざされる―paññāy' ete pithiyyare. 同類の表現がジャイナ教にもある。*Isi.* 29, vv. 1–2.

paññāya.（智慧によって）は女性 paññā（智慧）の単数・具格。Skt. prajñā. 漢訳、般若。後の大乗仏教における厖大な般若経典はこの語について説かれたものである。

一〇三六（4） 尊師よ―mārisa. mārisa（呼格）は尊敬すべき人、尊い者に対する呼び掛けの言葉。

（5） 名称と形態（＝個体存在）―nāmarūpa, Skt. 同形。漢訳、名色。仏教では名色は十二因縁の第四支で知られるが、ここは名称と形態を分ける古期ウパニシャッドの概念がそのまま仏教に伝えられている。

tad dhedaṃ tarhy avyākṛtam āsīt tan *nāmarūpābhyām* eva vyākriyatāsau nāmāyam idaṃ rūpa iti tad idam apy etarhi *nāmarūpābhyām* eva vyākriyate 'sau nāmāyam idaṃ rūpa iti sa eṣa iha praviṣṭaḥ (*Bṛhad Up*. 1. 4. 7).

まさに、太古、宇宙は未開展だった。それは名称と形態のみによって開展した。「これは名称、これは形態だ」という（ように）。だから、今もこの宇宙は名称と形態によって開展される。「これは名称、これは形態だ」と、そのものはここに入った。

他にも類似がいくつかある。すなわち、

yaḥ sarvajñaḥ sarvavid yasya jñānam ayaṃ tapaḥ. tasmād etad brahma *nāmarūpam* annaṃ ca jāyate

(*Muṇḍ Up.* 1. 1. 9).

yathā nadyaḥ syandamānāḥ samudre 'staṃ gacchanti *nāmarūpaṃ* vihāya, tathā vidvān *nāmarūpād* vimuktaḥ parāt paraṃ puruṣam upaiti divyam (*Muṇḍ Up.* 3. 2. 8).

一〇三七(6) どこで名称と形態とが余すことなく滅するのか〔と〕—yattha nāmañ ca rūpañ ca asesam uparujjhati. ここに識が滅することによって名色が滅するというのは、十二支縁起における第三支の縁起が滅することによって第四支の名色が滅するという逆観が認められる。

一〇三八(7) 教法を究明した者たち—saṃkhātadhammāse. *Pj.* によると阿羅漢たちをいう。

(8) 修行者(=有学の者)たち—sekhā. *Pj.* によると阿羅漢以外の戒律などを学んでいる聖者(ariya-puggala)。

(9) 数多くの者たち—puthū. *Pj.* によると衆生の人びと(satta-janā)。

三、ティッサ・メッテッヤ学生の問い

(1) ティッサ・メッテッヤ学生の問い—*Tissametteyyamāṇavapucchā*. *Pj.* には「ティッサ・メッテッヤの経」(*Tissametteyya-sutta*) として引用する。ティッサは名、メッテッヤは氏族名。本経はラージャガハのパーサーナカ(Pāsāṇaka)宗廟で、彼が釈尊に問うたのに対して釈尊が答えたものである。

一〇四〇(2) 誰が〔過去と未来のものごとの〕両端を知り、よく考えて、真ん中〔である現在のものごと〕にも汚されないのですか—ko ubh'anta-m-abhiññāya majjhe mantā na lippati. ubh'anta-m- については Trenckner: *Pāli Misc.* 82 *note* 参照。ファウスベールは ubhantam (ubha+anta) と読むので ubhayanta (両端) を一語として、その男性・単数・目的格とみる。リューダース説は「ここで ubh' antam とあるのは、古代東部インド語における複数対格 (ac. pl.) である (Lüders: *BSB.* §202, S. 145)」というが、パーリ語の語形のままで読むべきである。両端(ubhanta) を知り……真ん中 (majjha) にも汚されないという文言について *Pj.* は註解してない。これについて「ジャイナ教でも同様にいう、……このような見解は中道思想を内含するとも考えられるが、しかしジャイナ教では「中道」の観念を発達させせなかった」とみるむきがある(岩波本、四一八頁、註一〇四〇)。しかし、本詩句のこの

箇所のmajjhaを「中道」だと解するならば、中道に汚されないことが問われていることになる。だが、ここはいわゆる「不苦不楽の中道」（『初転法輪経』）とは関係がない。したがって、仏教がここで中道を説いているかのような含意で、ジャイナ教にまで言及するのは不適切である。

次に「考慮して」（mantā）についてであるが、岩波本（二一八頁、一〇四〇）には「聡明な人」とあり、同じく（四一八頁、註一〇四〇）にも「聡明な人――mantā na lippati（＝paññāya na lippati. *Pj.* p. 588）．註釈の文から見ると、ブッダゴーサはmantā（＝Skrt. matvā）と解したのであろう」とある。この一文は「誰が」という疑問代名詞が主語であるから、mantā-mantar（Skt. mantṛ 賢明な者）の男性・単数・主格をここに再出するのは不都合である。そして、「考慮して」の訳語は、mantāを動詞mantetiの受動形とみる。*Pj.* は「考慮して……汚されないとは智慧のために汚されない」（*mantā na lippati* ti paññāya na lippati）と解する。なお、本詩句の岩波本の訳は「よく考えて……聡明な人は……」とあるが、mantāの一語を連続体にとって「よく考えて」として、次に名詞にとって「聡明な人」と訳しているのはいかがなものだろうか。

一〇四〇（3）偉大な人物―mahāpuriso, Skt. mahāpuruṣa. 漢訳、大丈夫。

（4）誰がこの世で愛着を超えましたか―ko idha sibbanim accagā. 愛着の原語sibbaniについて*Pj.* の解説はない。岩波本（二一八頁、一〇四〇）には「縫う女」とあり、同じく（四一八頁、註一〇四〇）「縫う女――sibbani. 'seam-stress', 'desire' (Fausböll); 'Wants' (Chalmers)」とある。「縫う女」の訳語はおそらくファウスベールの英訳によったものと思われるが、これはあまりにも唐突であって意味がとれない。G. 1042も同様。

一〇四一（5）清らかな宗教的行為を保ち―brahmacariyavā（←-vant）. 漢訳、梵行。バラモン教では独身を守る者を意味する。

四、プンナカ学生の問い

（1）プンナカ学生の問い―*Puṇṇakamāṇavapucchā*. ラージャガハのパーサーナカ宗廟でプンナカが釈尊に会い、問答のすえ出家して仏弟子となった。*Pj.* II. p. 589.

一〇四三（2）根本―mūla. *Pj.* によると不善根で、よい報いをもたらす善い行ないである善根の反対語。

（3）　聖仙たち—isayo. isi（聖仙）の複数・主格。*Pj.* には「聖仙たちというのは結髪行者たち（jaṭilā）のことである」とある。

一〇四七（4）　生や老を渡らなかったならば—nātariṃsu . . . jātiñ ca jarañ ca. 生死を激流（ogha）に喩えるのを前提として「渡らなかった」という。G. 1081 参照。

一〇四八（5）　煙がなく—vidhūmo. *Pj.* は身体の悪行などを煙に喩えている。比喩契機は不明。三毒煩悩を火に喩えるのに関連あるか。*Nd*² p. 576 では悪行や怒りをいう、と。怒りを煙に喩えるのは古代インドでは常套的である。G. 460 参照。

五、メッタグー学生の問い

（1）　メッタグー学生の問い—*Mettagūmāṇavapucchā*. 行乞者メッタグーと釈尊との問答である。

一〇四九（2）　勝れた智者—vedagū. vedagū は本来、ヴェーダ聖典に精通したバラモンのことであるが、ここでは釈尊に対してメッタグーが称賛していうので、仏教的に転釈してある。

一〇五一（3）　無知の者—avidvā（←avidvant）. 一九九（3）参照。

一〇五二（4）　〔煩悩の〕激流—ogha. 四（14）参照。

一〇五三（5）　現在、伝承されているものではない〔わたしが直接体験した〕教法を—diṭṭhe dhamme anitihaṃ. 同じ表現は G. 1066 にもある。

（6）　世の中に対する執着を渡るがよい—tare loke visattikaṃ. visattika（執着）は taṇhā（渇望　漢訳、渇愛）の類語。

一〇五五（7）　上方に下方に、横に、また、真ん中に—uddhaṃ adho tiriyaṃ cāpi majjhe. *Pj.* には、ここで上方とは未来の時が説かれる。下方にとは過去の時、そしてまた横に、〔すなわち〕真ん中にとは現在の時〔が説かれるの〕である、とある。同じ表現は G. 1068 にもみえる。なお、この場合、横に（tiriyaṃ）と真ん中に（majjhe）とは同格に読むべきであろう。

（8）　喜び—nandi. *Pj.* は taṇhā（渇望）と解する。

一〇五五（9） 意識作用（＝識）—viññāṇa, Skt. vijñāna. G. 734, 735, 1037 など参照。

一〇五七（10） 偉大な聖仙の……よく説かれました—etābhinandāmi vaco mahesino . . . anūpadhikaṃ. この文言は G. 1083 にも説かれる。*Pj.* によると、anūpadhika（依るところなきこと）は涅槃を意味する。

一〇五八（11） ナーガ—nāga. 世尊すなわち釈尊に対する尊称。この呼称には多くの問題が含まれている。仏教に非アリアン系の文化が色濃く投映している例証の一つ。五二二（13）参照。

一〇五九（12） ヴェーダ聖典に精通したバラモン—brāhmaṇaṃ vedaguṃ.

（13） 無所有—akiñcana. 類語に ākiñcañña がある。

（14） 欲望の生存—kāmabhava. *Pj.* の読み方は「もろもろの欲望ともろもろの生存に執われず」（kāmesu ca bhavesu ca asattatā）とあるが、漢訳は欲有で欲望に執われた生存の意。ファウスベールの英訳も同じく"not cleaving to the world of lust"とある。

（15） この〔苦の〕激流を渡った—ogham imam atāri. 欲望に執われた生存を激流に喩えたもの。

（16） そして、彼の岸に渡って—tiṇṇo ca pāraṃ.

一〇六〇（17） 覚りの智に達した—vidvā（←vidvant). 字義どおりにはヴェーダ聖典をもつ者で、ヴェーダの精通者の意。

（18） 彼は生や老を渡ったのである—atāri so jātijaraṃ.

六、ドータカ学生の問い

（1） ドータカ学生の問い—*Dhotakamāṇavapucchā*. 尊者ドータカと釈尊との問答である。

一〇六一（2） 心の安らぎ—nibbāna. 後代の仏教教学で説くような難解なものではなく、日常生活における実践的な意味での「心の安らぎ」を意味する。

一〇六二（3） 自分の心の安らぎを学ぶがよい—sikkhe nibbānam attano.

一〇六三（4） バラモン—brāhmaṇa. ドータカが釈尊をバラモンと呼ぶのに注意すべきである。ここでは理想の宗教者をバラモンといっているのであって、単なる司祭者としてのバラモンとは異なる。

（5）釈迦族のお方よ―Sakka. Sakka は釈尊の出身種族の名であるが、この種族の出身者という意味で、釈尊をさす。Săkiya, Săkya などの類語がある。三四五（5）参照。

一〇六四（6）わたしは行動しない（＝学び、励まない）であろう―nāhaṃ gamissāmi. gamissāmi は異本では na . . . sahissāmi（わたしは努めないであろう）とある。*Pj.* は na gamissāmi を na sikkhāmi（わたしは学ばないであろう）、na vāyamissāmi（わたしは努力しないであろう）と解する。

（7）あなたはこの激流を渡るがよい―tuvaṃ ogham imaṃ taresi.

一〇六五（8）梵天〔のようなお方〕よ―brahma（brahman の呼格）. 原本 brahme を異本 brahma とする。*Pj.* のこの引用は brahme. 註解では brahma. 釈尊の尊称として「梵天よ」というのは極めて稀で、珍しい例である。

一〇六六（9）静まり―santi, Skt. śānti. 漢訳、寂静。

（10）世の中において執着を渡るがよい―tare loke visattikaṃ. この場合、執着（visattikā）を激流に喩えて、「渡るがよい」といったもの。G. 333 参照。

一〇六七（11）偉大な聖仙よ―mahesi. 八三（17）参照。

七、ウパシーヴァ学生の問い

（1）ウパシーヴァ学生の問い―*Upasīvamāṇavapucchā.* 尊者ウパシーヴァと釈尊との問答である。

一〇六九（2）大きな激流を〔何かに〕依らずに、渡ることはできません―mahantam ogham . . . anissito no visahāmi tāritum. 依存することなくして（anissito）とは、*Pj.* によると人（puggala）あるいは教法（dhamma）に取りつくことなくして（anallīno）と解する。大きな激流を渡るためには人あるいは教法によらなければならないというのが、コンテキストの意趣である。

（3）普き眼をもつお方よ―samantacakkhu. 釈尊に対する尊称。三四五（6）参照。

（4）依りどころ―ārammaṇa, Skt. ālambana. G. 474 など参照。

一〇七〇（5）無所有―ākiñcañña. 九七六（5）参照。

一〇七二（6）　最高の有想解脱において―saññāvimokhe parame. *Pj.* によると、「七つの有想解脱における最上の無所有処（ākiñcaññāyatana）においてということ」であるという。七つの有想解脱は四禅定（初禅・第二禅・第三禅・第四禅）・空無辺処定・識無辺処定・無所有処定である。無所有は所有の観念の否定であるから、有想解脱は所有の想念からの解脱を意味する。村上・及川本㈣（一一二頁）に「中村博士は「想いからの解脱」と訳し、「無所有処には想念はないはずである」と註記にも述べられている。はたしてそうだろうか。何もない、という意識のみがあるのではなかろうか。なお「想念による解脱」と解することもできよう」とある。

岩波本（四二三頁、註一〇七二）には「この原語を「想念のみ存する解脱」と訳すことも、語学的には可能である。Fausböll は「想念による解脱」（being delivered in the highest deliverance by knowledge）と解する。この解釈は、説一切有部や大乗仏教一般の教義学とは明らかに相違している（これらの学派の教義によると、梵天の世界は色界に属し、識無辺処や無所有処は無色界に属する）。この相違の示すことは、ブッダゴーサも説一切有部も、最初期の仏教の思想をそのままには伝えていない、ということである。ともかく無所有処には想念はないはずである。だからいずれにもせよ、「想いからの解脱」と解する方が適当であろう。'who from Perceptions wins entire Deliverance'（Chalmers）」とあり、外国の諸学者の訳を紹介しながら縷々説かれている。が、再説すれば、「想念のみ存する解脱」「想念による解脱」でもなく、また、単に「想いからの解脱」でも不適切である。仏教のいわゆる我所（mama）の否定と同類で、私的所有の観念からの解脱すなわち所有の想念の否定であって、端的にいえば無想（asañña）の解脱にほかならないからである。

一〇七三（7）　清涼となるでしょうか―sītisiyā. *Pj.* によると、「彼の人はまさにその場合、無所有処において、さまざまな苦から解脱して清涼の状態が得られるであろうか。涅槃（＝心の安らぎ）が得られて常住となって（そこに）住するであろうかという意趣である」（so puggalo tatth' evākiñcaññāyatane nānādukkhehi vimutto sītibhāvaṃ patto bhaveyya）と解する。

一〇七四（8）　名称の集まり（＝個体存在）―nāmakāya. *Pj.* は名身と色身（rūpakāya）すなわち心と身体とからの離脱とする。ウパニシャッド的な表現の nāmarūpa（名称と形態）の類語だとすれば、個体存在と解してよいであろう。

（9）〔その者として〕呼ばれない—na upeti saṃkhaṃ. *Pj.* によると、涅槃すなわち心の安らぎの中に消えてゆき、「彼は戦士階級だ」「彼はバラモン階級だ」などと言い表わすことができない。

一〇五五（10）無病（＝変化しないもの）—aroga. *Pj.* は変化する性質でないもの（avipariṇāmadhamma）と解する。

一〇五六（11）言語の道—vādapatha. 言語の道を根絶するというのは、後の大乗仏教の中観派などで「言語道断」「言断」（漢訳）などと表現される、それである。

八、ナンダ学生の問い

（1）ナンダ学生の問い—*Nandamāṇavapucchā.* 尊者ナンダと釈尊との問答である。漢訳はない。

一〇七七（2）もろもろの聖者—munayo. *Pj.* によるとアージーヴィカ（Ājīvika　漢訳、邪命外道。後にジャイナ教に併合される）やジャイナ教ニガンタ派（Nigaṇṭha）などである。

（3）智慧をそなえた者—ñāṇūpapanna. *Nd*^{2} p. 266（＝ñāṇupeta）参照。

（4）〔修行者の〕生活法をそなえた者—jīvitenūpapanna.

一〇七八（5）見たり、聞いたり、知ること（＝見解、学問、知識）によって—diṭṭhiyā . . . sutiyā . . . ñāṇena. 見ること（diṭṭhi）は見解（とくに誤った見解をいう）。聞くこと（suti）はSkt. śruti で天啓聖典であるヴェーダのことであるが、ここでは単に聞くこと。知ること（ñāṇa）は一般的な知見。見たり、聞いたり、知る対象は具体的にはウパニシャッドのアートマンの存在が予想される。

一〇七九（6）見られたり、聞かれたりしたことによっても—diṭṭhena sutenāpi. 見られたこと（diṭṭha）は（誤った哲学的）所見、聞かれたこと（suta）はヴェーダ聖典などによる認識。なお、この文言は次の G. 1080, 1081 の詩句にも繰り返される。

（7）そういったことを行なって—yathā carantā. PTS. 本は yathā について脚注に C^{k} の yāthā について疑問符をつけながら yatā の読みをあげて G. 971 の yatacāri という類似の表現を参考に指摘する。G. 971 の脚註には *Pj.* の yatacāri と yatucāri とを参考に示してある。もしも、yatā によるならば「自制して行ないながら」となる。

Pj. は、「そこでそのように行ないながらとは、そこで自ら正しい見解によって守られて住しながらということである」(*tattha yathā carantā* ti tattha sakāya diṭṭhiyā guttā viharantā.) として、本文どおり yathā と読む。今はこれにしたがう。

一〇七九(8) 生や老を渡った—atāru jātiñ ea jarañ ca. G. 1047 参照。

九、ヘーマカ学生の問い

(1) ヘーマカ学生の問い—*Hemakamāṇavapucchā.* 尊者ヘーマカと釈尊との問答である。漢訳はない。

一〇八六(2) 見られたり、聞かれたり、思われたり、知られたもろもろの愛好すべきものに対して—diṭṭhasutamutaviññātesu piyarūpesu. この表現は古期ウパニシャッドの『ブリハドアーラニヤカ・ウパニシャッド』や『チャーンドーギヤ・ウパニシャッド』などの文言に類似している。次の(3)参照。

(3) 不死なる心の安らぎへの道—nibbānapadam accutaṃ. G. 1086 に「見られたり、聞かれたり、思われたり、知られた(diṭṭha, suta, manta, viññāta)もろもろの愛好すべきものに対して、欲と貪りとを除き去ることが不死なる心の安らぎへの道(nibbānapadam accutaṃ)である」とある。accuta だけでも仏教では涅槃(=心の安らぎ)を意味する。

これは古期ウパニシャッドに見る者(draṣṭṛ)、聞く者(śrotṛ)、思う者(mantṛ)知る者(vijñātṛ)を説く箇所と関連させて、比較対照することによって、釈尊の教法の真意をうかがってみなければならない。

その原文と和訳は左のとおりである。

Yo retasi tiṣṭhan retaso 'ntaro yaṃ reto na veda yasya retaḥ śarīraṃ yo reto 'ntaro yamayaty eṣa ta ātmāntaryāmy amṛto 'dṛṣṭo draṣṭā 'śrutaḥ śrotā 'manto mantā 'vijñāto vijñātā nānyo 'to 'sti dṛṣṭā nānyo 'to 'sti 'srotā nānyo 'to 'sti mantā nānyo 'to 'sti vijñātaiṣa ta ātmāntaryāmy amṛto 'to 'nyad ārtaṃ tato hoddālaka āruṇir upararāma (*Bṛhad Up.* 3. 7. 23).

レータス(=種子、ザーメン)の中に存しているもので、レータス以外のもの、レータスがそれを知らないもの、レータスがその身体であり、それは内なるレータスを制御せしめるものは、アートマン（ātman）、内なる制御者（antaryāmin）、不死なるもの（amṛta）である。〔それは〕見られないもので〔はあるが〕見る者、聞かれないもので〔はあるが〕聞く者、思われないもので〔はあるが〕思う者、知られないもので〔はあるが〕知る者である。それより他のものは見る者ではなく、それより他のものは聞く者ではなく、それより他のものは思う者ではなく、それより他のものは知る者ではない。それこそはアートマであり、内なる制御者であり、不死なるもの（amṛta）である。これより他のものは悩まされ苦しまされるものである。そこで、まさにアルナの子、ウッダーラカは沈黙した。

＊ラーマーヌジャ（Rāmānuja）の『プラカーシカー』（*Prakāśikā*）にはレータス（retas）の説明がない。それによると、ウパニシャッドでは対象化し得ない純粋主観を説く。それはアートマン、内制者、不死なるものである。また他にも類似の文言があるが、たとえば *Bṛhad Up.* 3. 8. 11では不滅なるもの（akṣara）、*Bṛhad Up.* 3. 4. 1〜2では一切に内在するアートマン（ātmā sarvāntaraḥ）という。この他に *Chānd Up.* 8. 9. 1 参照。

いずれにしても仏教ではアートマンのような純粋主観は説かず、非対象化が不死への道であるという。すなわちアートマンすらも対象化されたもの、つまり実体的自我の存在である。端的にいえば、アートマンの存在を前提とした我執を退けるために渇望をまず捨てる釈尊の立場では、それがまず不死なるものであり、安らぎへの道（＝涅槃道）である。ウパニシャッドでアートマンを超え不死なるものと説くのとは対照的である。

G. 1122で十六人の学生の中の一人であるピンギヤは、この世で「四方、四隅、上方と下方、これら十方の世において、あなたにとって、見られないもの、聞かれないもの、思われないもの、または知られないものは、何ひとつありません。（中略）生や老をこの世の中で捨て去る教法を説いてください」と、釈尊に請う。G. 1123がそれに対する釈尊の答えである。「そなたは怠りなく再生することがないように、渇望を捨てるがよい」と。いうまでもなく、渇望はわれわれにとって思われたり知られたりする、認識の対象である。だから、ここにも暗黙のうちにウパニシャッドのアートマンの存在が疎外されている。

参考までに、見られるもの、聞かれるもの、思われるもの、知られるものの中のいくつか、もしくは四つ挙げるものなどを示すと、次のとおりである。
G. 793, 797, 798. suta, muta.／G. 802, 812, 813, 887, 1082, 1083. diṭṭha, suta, muta（ジャイナ教聖典も全同。*Āyā*. 1. 4. 2. 3. tasmā hi diṭṭhaṃ va sutaṃ mutaṃ vā 参照）／G. 790. diṭṭha, suta muta, paññā.／G. 1086. diṭṭha, suta, muta, viññāta.

四つ挙げる場合は『ブリハドアーラニヤカ・ウパニシャッド』にもあり、それによると「〔他から〕見られないが〔自らは〕見るもの、聞かれないが〔自らは〕聞くもの、思われないが〔自らは〕思うもの、知られないが〔自らは〕知るもの」それは不滅なるもの（akṣara）すなわちアートマンであるとするのは、すでにみたとおりである。要するに、仏教はあらゆるものの対象化を否定する。換言すればアートマンとて、その例外ではない。アートマンは自己を実体化したもの、いわば概念的な対象存在にほかならないから、純粋主観としてのアートマンという非対象化されたものは認められない。

以上、類似の表現のようではあるが、アートマンの哲学を説くウパニシャッドと無我を標榜する仏教との基本的な相違がある。同じようなケースはほかにもいくつかある。『著作集』第一巻、一七〇―一九五頁「縁起説とウパニシャッドの食物哲学」、一九五―二二三頁「古期ウパニシャッドにおける食物哲学」、二二三―二三六頁「アーハーラ（ĀHĀRA）とアンナ（ANNA）」、二三七―二五四頁「明行具足」など参照。

一〇八七（4）　世の中において執着〔の激流〕を渡った者たち―tiṇṇā loke visattikaṃ (-m).

一〇、トーデッヤ学生の問い

（1）　トーデッヤ学生の問い―*Todeyyamāṇavapucchā*.　尊者トーデッヤと釈尊との対話である。漢訳に相当するものがない。

一〇八八（2）　もろもろの疑惑〔の激流〕を渡った者―kathaṃkathā ca yo tiṇṇo.

一〇八九（3）　それとも〔なお〕智慧を得る〔ことを望む〕者なのですか―uda paññākappī.　岩波本は「あるいは智慧を得ようとはからいをする人なのでしょうか？」（二三〇頁、一〇八九）、渡辺本は「それともなお英知を得なければならないでしょうか」（二七四頁）、荒牧本「それともさとりの智慧によって概念構想しているのであるか」（三六一頁）、村上・及川本㈣「或いは智慧によって計らうのですか」（一一四頁）。

ちなみに、*Pj.* は「そこで、あるいは *paññākappī* とは、あるいは瞑想の智慧など（samāpattiñāṇādinā）の智慧（ñāṇa）によって、あるいは taṇhākappaṃ あるいは diṭṭhikappaṃ することである」と解する。これによると、智慧によって渇望（taṇhā）を妄想分別したり、誤った見解（diṭṭhi）を妄想分別することであるが、それはあり得ないことである。荒牧本と村上・及川本は、*Pj.* にしたがって訳出してある。問題は paññākappī の理解の仕方にある。kappī は kappin の男性・単数・主格。文字どおりには無限に長い時間（kappa）を得ることで、得る、到達すること。また、さらに得る者、到達する者をも意味する。次の G.1091 の釈尊の答えをみると、その者はすでに智慧を有するのであるから、さらに智慧を得るということはない、とみなければならない。もしも、このように解するとすれば、岩波本、渡辺本のとおりになる。ブッダゴーサは kappin を妄想分別する〔者〕と解しているが、これは kappa に劫（Skt. kalpa）と妄想分別（B Skt. kalpa）の二義があるからであろう。が、その理解は牽強付会の感をいなめないと思われる。

一〇九一（4）　欲望の生存に―kāmabhave. kāmabhava は Skt. と同形。漢訳、欲有。*Pj.* は「欲望と生存と」（kāme ca bhave ca）と註解するが、欲望に執われた生存とみるのがよいかと思われるので、「欲望の生存」とする。なお、これについては G. 176, 1059, *DN.* Ⅲ. p. 216, *AN.* Ⅳ. p. 402, *Vin.* Ⅰ. p. 36 参照。

一一、カッパ学生の問い

（1）　カッパ学生の問い―*Kappamāṇavapucchā.*『賢愚経』（大正、四・四三三頁中）に十六人の学生に言及するので、その中に含まれる。尊者カッパと釈尊との一問一答である。

一〇九二（2）　〔輪廻の〕流れの真っ只中に立って、恐るべき激流が生じたとき―majjhe sarasmiṃ tiṭṭhataṃ . . . oghe jāte mahabbhaye.

（3）　依りどころ（＝島または中州）―dīpa. dīpa には島（中州）と灯の二義がある。前者の場合は Skt. dvīpa. 後者の意味では両語とも同形。なお、老と死とは激流に喩えられる。G. 1045～1048, 1093 参照。またジャイナ教にも全く同じ喩えがある。jarāmaraṇavegeṇaṃ . . dhammo dīvo(*Utt.* 23. 68). アルダマーガディー語は dīva.

一二、ジャトゥカンニン学生の問い

（1）ジャトゥカンニン学生の問い―*Jatukaṇṇimāṇavapucchā*. *Ap.* pp. 357～361 にもみえる。が、ここでの名はジャトゥカンニカ（Jatukaṇṇika）である。尊者ジャトカンニンと釈尊との問答である。

一〇九六（2）勇者―vīra. 釈尊の尊称であるが、同じ種族宗教のジャイナ教のヴァルダマーナもまた、勇者または偉大なる勇者（mahāvīra）と呼び、後者はヴァルダマーナの通称でもある。これは釈尊を偉大な沙門（mahāsamaṇa）と讃えるのと酷似する。

（3）静まりの境地―santipada, Skt. śāntipatha. *AN.* II. p. 18 参照。

（4）生得の眼あるお方よ―sahājanetta. Nd^{2} p. 669 には sahajānetta と綴る。

一〇九八（5）安穏―khema, Skt. kṣema.

一〇九九（6）静まった者―upasanto（←upasanta).

一一〇〇（7）死魔の勢力―maccuvasa. 死（maccu）はしばしば悪魔（māra）に喩えられるので、それを受けて「死の勢力」という表現をとったもの。

一三、バドラーヴダ学生の問い

（1）バドラーヴダ学生の問い―*Bhadrāvudhamāṇavapucchā*. 尊者バドラーヴダと釈尊との問答。相当する漢訳はない。

一一〇一（2）家宅を捨て―okaṃjahaṃ. 執着を捨てることを意味する。当然のことながら住居（＝家宅）を捨てることは出家をも含意する。

（3）激流を渡って―oghatiṇṇa.

（4）劫（＝輪廻の迷いの長い時間）を捨てた—kappaṃjaha. kappa（Skt. kalpa）には無限に近い長時間（＝劫）と妄想分別との二義がある。*Pj.* は kappa を渇望や誤った見解（taṇhā, diṭṭhi）という妄想分別（＝思いはからい）と解する。このコンテキストは「激流を渡り、解脱し」に引き続くのだから、解脱して輪廻から離れたと解すべきであろう。なお kappa を輪廻転生する長い時間、輪廻の意味に用いているのは G. 521, 535, 860 があり、G. 517, 911 にみえる kappa は妄想分別すなわち妄想の思いはからいの意味である。G. 373 は両義をかねる。

（5）ナーガ—nāga. ナーガは前述のように釈尊に対する尊称。*Pj.* は次のように註解する。「ナーガ〔の声〕を聞いて〔人びとは〕ここから立ち去るでしょうとは、世尊よ、ナーガであるあなたの言葉を聞いてここパーサーナカ宗廟から多くの人たちは立ち去るでしょうという意趣である」（*sutvāna nāgassa apanamissanti ito* ti, nāgassa tava Bhagavā vacanaṃ sutvā ito Pāsāṇakacetiyato bahū janā pakkamissantī ti adhippāyo）。これによってみても、「ナーガ」は釈尊の尊称でなければならない。

二〇三（6）取得するものへの渇望—ādānataṇhā. *Pj.* によると存在一般など（＝色のほかに受・想・行・識すなわち五蘊）の取得で、換言すれば渇望〔の対象となるもの〕を取得することである。

（7）悪魔—Māra. この場合は、煩悩を象徴する。

一四、ウダヤ学生の問い

（1）ウダヤ学生の問い—*Udayamāṇavapucchā.* G. 1106, 1107 は *AN.* I. p. 134. 『雑阿含経』（大正、二・二五六頁上）に、また G. 1108, 1109 は *SN.* I. p. 39, 『雑阿含経』（大正、二・二六四頁中）、『別訳雑阿含経』（大正、二・四五九頁中）にみえる。なお、村上・及川本㈣（一四一—一四二頁）に G. 1106, 1107 相当のサンスクリット語断片が L. Sander und E. Waldschmidt: *Sanskrithandschriften aus den Turfanfunden.* Teil 5. Stuttgart 1985, pp. 245～246 Kat-Nr. 1375 a V 1－2 に発表されているとのことであるが、訳者は未見である。

二〇五（2）あなたは根源的な無知（＝無明）を破る、完全な智による解脱を説いてください—aññāvimokhaṃ pabrūhi avijjāya pabhedanaṃ. 完全智（aññā）は根源的な無知（＝無明）を破るものである。換言すれば「根源的な無知

（＝無明）を破る」というのは「完全智」の形容句でなければならない。

一五、ポーサーラ学生の問い

（1）ポーサーラ学生の問い―*Posālamāṇavapucchā.* 尊者ポーサーラと釈尊との問答。相当する漢訳はない。

一一一三（2）ものという想念がすでに存しないお方（の）―vibhūtarūpasaññissa. この文言の理解の仕方については *Pj.* によると、ものという想念を超越した〔お方〕という意。想念の原語 vibhūta には非存在の、虚偽の、明瞭なという三つの意味がある。この中の非存在が、この詩句には適応する。漢訳は三種あるが、たとえば『阿毘曇毘婆沙論』（大正、二八・一一頁下）に「除㆓去色想㆒」とあるのが参考になるであろう。

一一一四（3）すべて認識する如来―abhijānaṃ Tathāgato. abhijāna は Skt. abhijñāna. 神通、神力、通の訳語があるように超越的な認識。ここに「如来」の語があるのに注意すべきである。

（4）それを依りどころ（＝究極）とする―tapparāyana (tad-parāyana). 依りどころを意味する parāyana（parā-i-ana）の語は、本来、彼の岸（para＝pāra）に至らしめること（āyana）を意味する。なお、parāyana はヴェーダ聖典の読誦、学習を意味する parāyaṇa としばしば混同して、同一の語と見なされるが、区別すべきである。「それを依りどころとする」とは、*Pj.* は「それより成れる」「それと同一である」（tanmaya）と解する。「それ」とは前文からみると、解脱であるが、*Pj.* によると、解脱とは無所有の境地を信解することである、とする。

一一一五（5）無所有〔の境地〕が可能であるのを知り―ākiñcaññasambhavaṃ ñatvā.〔 〕は *Pj.* によって補う。

一六、モーガラージャン学生の問い

（1）モーガラージャン学生の問い―*Mogharājamāṇavapucchā.* mogharājan が語基であるが、合成語の場合 -jan の鼻音がドロップする。また G. 1116 で mogharājā とあるのは男性・単数・主格であるから、この場合は語基に戻して「モーガラージャン」と表記すべきである。彼については、*AN.* I. pp. 331〜337, *Ap.* I. p. 87, 486, *Mil.* p. 412. 漢訳は『阿羅漢具徳経』（大正、二・八三一頁上―八三四頁中）ほか参照。

二二六(2)　神仙―devisi. *Pj.* は「清らかな神となった聖仙のこと」(visuddhidevabhūto isi) と註解する。

二二七(3)　この世の人びと、他の世の人びと、神を含む梵天の世界―ayaṃ loko, paro loko, Brahmaloko sadevako. *Pj.* によると、他の世とはこの世の人びと以外。神を含む梵天の世界（Brahmaloko sadevako）は *Pj.* では単に「神を含む世界」と解する。もう一つは神を含む〔世界〕と梵天の世界とに分け、神を含む世界というのは梵天以外の神がみの世界だとする。この詩句についての解釈は諸学者によって異なる。岩波本（二三五―二三六頁、二二七）には「この世の人々も、かの世の人々も、神々と、梵天の世界の者どもも、誉れあるあなたゴータマ（ブッダ）の見解を知ってはいません」とあり、同じく（四二八―四二九頁、註二二七）には「知ってはいません――底本 nābhijānāmi. 今は異本及び *CuN.*（＝Nd^2 訳者註）にしたがって n'ābhijānāti と読む。しかし、nābhijānāmi と読むと、訳はかなり異って、次のようになる。「この世と、かの世と、神々と梵天の世界――〔これらについての〕誉れあるあなた（ゴータマ）の見解を、わたくしは知っていません」」と。

まず、「異本及び *CuN.* にしたがって n'ābhijānāti と読む」とあるように、本文の訳はこれによったもののようである。しかし n'ābhijānāti は「彼は知らない」であって、三人称・単数である。ところが「この世の人々も、かの世の人びとも、神がみや梵天の世界の者どもも」とあるように、この場合の主語は三人称・複数であるから動詞も三人称・複数の nābhijānanti（彼等は知らない）という語形をとらなければ、主語と述語の人称・数が合わない。結局、底本のとおり nābhijānāmi でよい。ちなみに、渡辺照宏先生の訳文を掲げておきたい。

「この世、のちの世、梵天や神々の世界について、名声高いゴータマさまのご意見を私は存じません」（『渡辺照宏著作集』第五巻、二八〇頁）。

二二八(4)　死王は見ない―maccurājā na passati. 死王（maccurājan）は悪魔（Māra）で、いずれも死ぬ、死すという動詞 √mṛ に基づく語。死王が見ることによって人間の死があるというのは、古い呪的世界の観念である。邦語で「死に取りつかれる」などという、それである。

二二九(5)　世の中を空なるものとして観察するがよい―suññato lokam avekkhassu. suñña（＝Skt, śūnya）はアルダマーガディー語では suṇṇa. これは大乗仏教において空の哲学として中観派で究明するようになる。この文言は他の文献（*Ap.* p. 488, *Peṭakopadesa*, p. 45, *Kathāvatthu*, p. 64, *Nettipakaraṇa*, p. 7, *Nd*[2]. p. 257, *Vism.* p. 656）にも見出される。なお suññā については、SN. Ⅲ. p. 167, Ⅳ. p. 54, 296 等参照。

一一一九（6）自我の邪見―attānudiṭṭhi. AN. Ⅲ. p. 447, *SN.* Ⅲ. p. 185, Ⅳ. p. 148, *Mil.* p. 146 参照。

（7）死〔の激流〕を渡る者となるであろう―maccutaro siyā. 初期仏教の常套句で、死を激流（ogha）に喩えるので「渡る者」という。前出のいくつかの指摘のとおりに理解していただきたい。

一七、ピンギヤ学生の問い

（1）ピンギヤ学生の問い―*Piṅgiyamāṇavapucchā.*『賢愚経』（大正、四・四三三頁下）には、十六人の学生中ただ一人、彼はバーヴァリンのもとへ帰って釈尊のことについて伝える、とある。G. 1120〜1123 には尊者ピンギヤと釈尊との問答がある。

一一二一（2）もろもろの色かたちあるものに―rūpesu. rūpa（＝Skt. rūpa）. アルダマーガディー語も同形。仏教では色《しき》と漢訳されるが、ここでは存在一般で、邦語の「もの」が概念的に最も近い。これを「物質的な形態」と訳すと、原意からそれてしまうであろう。同じく色と訳す rūpa には眼で見る対象で、「色かたち」の意味もある。

一八、十六人の学生の問いの結び

（1）十六人の学生の問いの結び―パーリ語による見出しはない。訳者が便宜上付したもの。バラモン・バーヴァリンの従者である十六人のバラモンたちの中で、とくにピンギヤが代表格で、彼と釈尊との会話で結ばれる。

散文（2）パーサーナカ廟に―Pāsāṇake cetiye. *Pj.* によると、パーサーナカ廟はマガダ国の首都ラージャガハ（王舎城）にあるという。

（3）老死〔を超えたところ〕の彼の岸（＝究極）に―jarāmaraṇassa pāraṃ. 老死を激流に喩え、その激流を渡った彼の岸の意。

（4）「彼の岸への道」―pāraṅgamanīya. この語は pārāyana（彼岸道）と同じである。G. 1130, 1131.

一一二六(5) 行ないのそなわった聖仙なる目覚めたお方に—Buddhaṃ . . . sampannacaraṇam isiṃ. 釈尊も聖仙の一人であり、数ある仏陀の中の一人という含意。

一一二八(6) 眼をそなえ、太陽神の親族（＝日種）である目覚めたお方に—cakkhumatā Buddhen' Ādiccabandhunā. G. 54, 915 参照。

一一二九(7) 此の岸から彼の岸に行くであろう—gacche pāram apārato. 一（9）参照。

一一三〇(8) 彼の岸に行くための道—maggo . . . pāraṅgamanāya (pāraṅgamanīya?). *SN*. V. p. 24, 81.

(9) 彼の岸への道—Pārāyana. 彼岸道は、この章の名称である。四〇三頁（1）参照。

一一三一(10) 〔煩悩の〕林がない—nibbano. 煩悩はしばしば林（vana）に喩えられる。*Pj.* は林がないとは煩悩の林がないことと解する。たとえば *Dhp.* G. 283. なお nibbano（←nibbana）は nibbāna（涅槃）と音通。

(11) 師主—nātho. 異本 B[ai] では nāgo とあるから、これによると釈尊の尊称としてのナーガになる。ファウスベールは nāga を 'lord' と、チャルマーズは 'Lord' と、ノイマンは 'der Meister' と訳すので、外国諸学者は nāga ではなく、nātha とあるテキストによったようである。

一一三三(12) 真実と称されるお方—saccavhayo. *Pj.* は目覚めた者（Buddha）という真実なるもののみの呼びかけと解する。

一一三七(13) 渇望を滅し尽し、安らかなものです—taṇhakkhayam anītikaṃ. *Pj.* は安らかな（anītika）とは煩悩過患（kilesaīti）がないことであるとする。ītika, īti は（過患、災難）の否定態で安らかで患いなきことが anītika の意で、ītǐ（＝Skt. iti 過患、災難）に基づき、字義どおりには無災、息災を意味する。

岩波本（四三〇頁、註一一三七）には「煩悩なき——註釈にしたがって解した（*anītikan* ti kilesaītivirahitam. *Pj.*）。しかし Hare は an＋ītī＋ka と解する。しからば「しからず、しからず」と説いたウパニシャッドの哲人ヤージニャヴァルキヤの思想を受けていることになる」とある。この Hare の語分解は右に掲げた著者の理解と同じであり、その意味するところも同様である。なお、anītika の語形はあるが、anītīka はない。ītǐ の最尾音は ǐ であるのに要注意。

ヤージニャヴァルキヤがアートマンの存在を表現する「しからず、しからず」は neti neti（＝na-iti, na-iti）であって、この場合の iti は「……と」を意味する副詞だから ītǐ とは異なる語である。したがって、右のようにこの詩句がヤージニャヴァルキヤの思想を受けているということにはならない。よしんば受けたにせよ、この詩句の anītikam を「しからず、しからず」と訳したのではコンテキストの意味をなさない。

一一四〇(14)　バラモンよ—brāhmaṇa. brāhmaṇa の単数・呼格。原文のブラーフマナ（brāhmaṇa）は男性に用いるときは司祭者バラモンをさす。が、中性では梵天であること（梵天のような存在）、梵天位を意味する。

一一四六(15)　信仰を起こした—muttasaddho. mutta（＝Skt. mukta）は √muc（放つ、解放する）に基づく過去受動分詞で、「解き放たれた」の意。saddha（←saddhā＝Skt. śraddhā）は信ある者、信者、信仰者。muttasaddha は通常「信解者」と訳すように、文字どおりには、信が解き放たれた者、すなわち信を起こした者の意である。類語に saddhādhimutta（信勝解者）がある。大乗仏教でも adhimukti（信、信解、勝解）を説く。たとえば、『法華経』信解品にあるように、教法を信じて了解するのが信解である。また密教で信解（adhimukti）は菩提心を起こすことが前提となり、悟りを得るまでの間を信解地という（『大日経』住心品）が、adhimukti は B Skt. の adhi-√muc（心を解く、証す、入る）という動詞に基づき、この語自体が śraddhā（信、信仰）を含意しているとみるべきであろう。したがって「信解」の本義は「信仰に向けて自分の心を解く」ことでなければならない。

Pj. は「ヴァッカリ長老が信仰に心を向けた者となって、また信仰を保つことによって阿羅漢果を得たように」（*yathā Vakkali*tthero *saddhādhimutto* ahosi saddhādhurena ca arahattaṃ pāpuṇi . . . ）と解する。すなわち「信仰に心を向けた」とする。adhimutta は心を向けた、志向した、の意。ここでは *Pj.* の理解による。

(16)　信仰を起こすがよい—pamuñcassu saddhaṃ. saddhā（信）については前項に述べたとおりである。なお *MN.* I. p. 169 にも同じ語句がある。Apārutā tesam amatassa dvārā〔Brahme〕ye sotavanto, pamuñcantu saddhaṃ; vihiṃsasaññī paguṇaṃ na bhāsiṃ dhammaṃ paṇītaṃ manujesu Brahme tī.「彼等（＝人びと）に甘露（＝不死）の門は開かれた。誰でも耳ある者たちは信仰を起こすがよい。梵天よ。〔人びとの〕想念にさしさわりがあることを熟知して微妙な教法を人びとに説かないのである」。漢訳では『中阿含経』の「羅摩経」（大正、一・七七七頁中）の次の詩句がやや、右の一文に近いかと思われる。

「我至㆓波羅㮈㆒撃㆓妙甘露鼓㆒転㆓無上法輪㆒世所㆑未㆓曾転㆒」
pamuñcantu saddhaṃ に相当する訳語は見当たらない。「信を起こすがよい」を南伝では「己が信執を捨てて、浄き耳を持て」と訳す。pamuñcassu は pa-√muc (1)発する、起こす、(2)放つ、投ずる）の命令法、二人称、単数である。ここで問題になるのは、pa-√muc の二義性で、前者(1)をとれば信を起こすがよい、となり、『大乗起信論』などの書名にみられるように、いわゆる「起信」――この論書のサンスクリット原典が未回収なので、推定にすぎないことをお断わりしておく――である。(2)によれば *Pj.* が mutta を adhimutta の意味に解しているのにしたがって、心を向けた、志向した、の意になる。すなわち信仰に対して心を放つ、あるいはそれに心を投ずる意になる。いずれにしてもいわゆる発心には相違ない。もっとも水野弘元の『パーリ語辞典』（春秋社刊）一七二頁には「saddhaṁ pamuñcati（邪）信を捨てる」という、まぎらわしい例文を掲げてある。

この箇所は岩波本（二四一頁、**二四六**）には「ヴァッカリやバドラーヴダやアーラヴィ・ゴータマが信仰を捨て去ったように、そのように汝もまた信仰を捨て去れ。そなたは死の領域の彼岸に至るであろう。ピンギヤよ」とある。また、同じく（四三〇頁、註**二四六**）次のように解説する。

信仰を捨て去れ――原文には muttasaddho, pamuñcassu saddham とあり、註釈は信仰によって解脱すると解する（saddhādhimutto ahosi 'saddhādhurena ca arahattaṃ pāpuni,……tato saddhāya adhimuccanto 'sabbe saṃkhārā aniccā' ti ādinā nayena vipassanaṃ ārabhitvā)。しかし直訳すれば「信仰を解き放つ」であって、多くの訳者のように「信仰によって解脱する」と解することは、語法上困難である。

「信仰を捨て去れ」という表現は、パーリ仏典のうちにしばしば散見する。釈尊がさとりを開いたあとで梵天が説法を勧めるが、そのときに釈尊が梵天に向って説いた詩のうちに「不死の門は開かれた」といって、「信仰を捨てよ」（pamuñcantu saddham）という（*Vinaya*, Mahāvagga, I, 5, 12. vol. I, p. 7)。この同じ文句は、成道後の経過を述べるところに出てくる（*DN.* XIV, 3, 7. vol. II, p. 39; *MN.* No. 26, vol. I, p. 169)。恐らくヴェーダの宗教や民間の諸宗教の教条（ドグマ）に対する信仰を捨てよ、という意味なのであろう。最初期の仏教は〈信仰〉（saddhā）なるものを説かなかった。何となれば、信ずべき教義もなかったし、信ずべき相手の人格もなかったからである。『スッタニパータ』の中でも、遅い層になって、仏の説いた理法に対する「信仰」を説くようになった。

ちなみに、saddhā という語は、インド一般に、教義を信奉するという意味で、多く用いられる。

右の解説の中で「信仰によって解脱する」というのは、恐らく漢訳語の「信解」に基づく解釈であろうかと思われる。ここでは釈尊の成道直後における梵天勧請の一齣において釈尊が説いた言葉 pamuñcantu saddham を例文に出している。これを「信仰を捨てよ」と訳し、「恐らくヴェーダの宗教や民間の諸宗教の教条（ドグマ）に対する信仰を捨てよ、という意味なのであろう」と説明するがいかがなものだろうか。

前述のように、pa-√muc という動詞形は「心を向ける」「志向する」意である。もちろん √muc には解き放つ、捨てるという意味も確かにある。しかし muttasiddha, adhimuttacitta などの語に照らしてみても、ここの pa-√muc を「捨てる」という意味にとったのでは不都合である。なお、これについては村上・及川本㈣（一七五—一八九頁）には mutta-saddhā と muñcassu Saddaṃ（原始仏教における信の原型）、梵天勧請と信、結び—原始仏教における信の原型、の三項目にわたって詳細に論述している。また、同書一八一頁に、『ブッダのことば—スッタニパータ』の解説を取りあげて、次のように問題提起している。「中村博士は、その改訂訳（一九八四年）において「信仰を捨て去った」「信仰を捨て去れ」と訳している。「信仰を」と解したのは原文（第三句）の目的格をよく訳しているが、「捨て去れ」という解釈はどうであろうか。同博士は、「恐らくヴェーダの宗教や民間の諸宗教の教条（ドグマ）に対する信仰を捨てよ、という意味なのであろう。最初期の仏教は〈信仰〉（saddhā）なるものを説かなかった」とも註記している。しかし、どうであろうか。いまの前後の文脈は、仏への信を表明しているところであって、他の邪信等には全くふれていない。例に引かれたヴァッカリが外道の信仰を捨てた、という話も知られていない。先に見たように、ヴァッカリはただ仏を憶念することによって、阿羅漢の境地を得たという。以下の *Pj.* の文脈も、信を発《おこ》すべきことを述べるが、信を捨て去ることには言及していない。しかし同博士は、同様の例として梵天勧請の段にも、「『信仰を捨てよ』（pamuñcantu saddhaṃ）という（*Vin.* I. p.7.）」と指摘しておられる。本当にそういう意味であろうか。影響するところの多い博士の説は吟味してみるに値いする」。

一二四七(17)　わたくしは……信仰いたします―pasīdāmi.　類語の名詞に pasāda（＝Skt. prasāda）がある。本来は（水などが）清澄であること、透明に輝くことであるが、Skt. に対応する漢訳に浄信があるように、浄らかな信仰、信の意。字義どおりには「浄信します」とすべきである。

一二四八(18)　〔あなたは〕至上天（＝神）においてよく知り―adhideve abhiññāya.　難解な表現である。adhideve をどのように解するかに問題がある。adhideva が男性名詞 -a 語基だとすると、単数・於格か複数・対格か、二つの語形しかない。岩波本は「神々に関してもよく熟知して」、渡辺本は「神々についても……」である。村上・及川本はこれらと異なって「〔仏は〕神を越えた諸の事を証《さと》って」とある。そして、*Pj.* の訳は「《神を越えた諸の事を（adhideve）証って》とは、神を越えさせる（adhideva-kāra）諸の法を知って。《彼此の（parovara）》とは劣ったもの・勝れたもの、自分と他人が神を越えたものであることにする（adhidevatta-kare）全ての法の類（dhammojāta）を〔仏は〕知った、と言われているのである。」と。adhideva は Skt. も同形で、すぐれた神、最高神である。パーリ語ではそれと類語の atideva（すぐれた神）があり、devātideva（神がみの中の最もすぐれた神）、atidevadeva（最もすぐれた神としての神、神がみの中の神）の語がある。これによってみると、村上・及川本㈣（一九〇頁）に「*Nd*^{2} や *Pj.* の理解では「神を越えたもの」の意である。その神（天）とは、世俗神（王侯）、生起神（四天王天等の神）、清浄天（如来の弟子の阿羅漢や辟支仏）だというのが、*Nd*^{2}（『南伝』四四、三七八頁）の理解である」と。この解釈にしたがうと、神を越えたものというのは世俗神（王侯）など、あらゆる神がみを越えたもの、すなわち神がみの中の最もすぐれた神、つまり至上天ということになろう。

訳者は Skt. の語義をも参考にして、adhideva を至上天――神がみを越えた神――の意に採り、adhideve をその男性・単数・於格とみて「至上天においてよく知り」と解しておく。すなわち至上天があらゆるものごとをよく知るように知り、あるいは、あらゆるものごとをよく知る至上天と同じように、あるいはそれ以上にそうしたものごとをよく知り、という含意である。なお村上・及川本㈣（一六八頁）の「〔仏は〕神を越えた諸の事を証《さと》って」は *Pj.* にしたがった訳文であるが、これは神が知り得ないことをも証って、という意味で「神を越えた云々」と表現したのであろうか。

二四九(19) 〔信仰を〕志向した心（＝信解心）―adhimuttacitta. adhimutta（＝Skt. adhimukta）の語義については前述のとおりである。いずれにしてもこの語が√muc（〔心を〕解き放つ、〔心を〕発《おこ》す）という動詞語根に基づいているというのが基本であることが理解されなければならない。

解説

一　『スッタニパータ』の成立

『ブッダの教え』と題する本書は、『スッタニパータ』（*Suttanipāta*）の邦訳である。これは初期仏教の最古層に属する文献である。

原典はパーリ語で書かれている。パーリ語は釈尊当時のマガダ地方語をもとにしてインド各地の言語の影響を受けながら成立した仏教の聖典用語であり、今日ではスリランカをはじめとして東南アジアの仏教圏諸国に伝えられている。いわゆる『南伝大蔵経』（経・律・論の三蔵　Ti-piṭaka）は、パーリ語による仏教文献である。『スッタニパータ』の「スッタ」（sutta）はサンスクリット語ではスートラ（sūtra）で、本義は糸、とくに織機の経糸を意味する。糸で花びらを連ねて花鬘（mālā　頸飾り）を作るように、個々の文言もしくはそれらの文言の集成を「スートラ」（経）という。「ニパータ」（nipāta）は集成だから、『スッタニパータ』は文字どおりに「経典の集成」のことである。

本書はガーターー（gāthā 訳語は偈、頌など。音写語は伽陀など。詩句）という短詩形の文言を計一一四九種――同一詩句が二つあるので、実数は一一四八――集成してある。そして、若干散文を交える。その内容については目次を見ていただきたい。英語、ドイツ語などの近代ヨーロッパ語や邦語に翻訳されたものがいくつかあり、また原典の出版もPTS. 本をはじめとする数種がある（参考文献表、参照）。

スリランカおよび東南アジアの仏教諸国で伝える上座部系分別説部の『南伝大蔵経』五部《パンチャニカーヤ》（Pañca-nikāya）の第五部経典群である小部《クッダカニカーヤ》（Khuddaka-nikāya）に収める経典の第五が『スッタニパータ』で、この中のいくつかは日常、読誦しているものがある。

このようにして、仏教では本来、『スッタニパータ』は単独の経典として取り扱われてきたのではない。言語学的にみると、若干のヴェーダ・サンスクリット語を交え、またジャイナ教の聖典用語であるアルダマーガディー語との共通語も見出すことができる。

そして、内容的には釈尊の直説もしくは直説に近似すると思われる教説や思想が多分に含まれているというのが、従来の学界の一応の定説になっている。

『スッタニパータ』は経典の集成であるから、さまざまな教説が含まれるとともに、伝承の時代だから、これらを取りまとめて口誦する作業が仏弟子たちによって行なわれたことは事実であったに相違ない。

また、成文化の過程で、たとえば上座部の中の説出世部が伝えた仏伝の一つとして知られる『マハーヴァストゥ』（*Mahāvastu*）――サンスクリット語に仏教混淆サンスクリット語を交える――にもその一部が認められる。

また、比較的古い時代の伝承で漢訳された『義足経』（「本縁部」所収、呉支謙訳。西暦二二三―二五三年頃）にも、一定のまとまった『スッタニパータ』の文言が伝えられる。そのほか三蔵の中には経部のみならず、律部や論部にも、断片的ではあるが、多数引用されているのはもとより、同じくパーリ語文献における引用あるいは類似の文言が見出されるのも、本書の成立が古いことを物語っているといえよう。

ジャイナ教の実質上の開祖ヴァルダマーナ（Vardhamāna）は、初期仏教においても、「ニガンタ・ナータプッタ」（Nigaṇtha-Nātaputta　漢訳、尼犍陀若提子）の名前で伝えられる。ニガンタ（Nigaṇtha）はサンスクリット語のニルグランタ（Nirgrantha）で、ジャイナ教の一派の名称である。また、ナータプッタ（Nātaputta）はナータ族の出身者のことであって実名ではない。パーリ語のナータ（Nāta）はアルダマーガディー語ではナーヤ（Nāya）で、種族名である。ナーヤ族の伝統的な宗教であるニガンタ派のジャイナ教と釈迦族の伝統的な宗教である釈尊の仏教とは多くの共通項をもっている。たとえば本書『スッタニパータ』や『ダンマパダ』（『法句経』）など、釈尊の直説と考えられるような古層の文言は、古期アルダマーガディー語で書かれたジャイナ教の聖典とパラレルな、または類似の文言が少なからず見出される。このことは両教の基盤が種族社会における非バラモン教的な伝統的な種族宗教であったことを物語っているといえよう。

また、古期ウパニシャッドとの思想的な共通性や、あるいはウパニシャッドの用語の仏教的な転用、転釈が多く認められるのも本書の特色の一つである。さらにバラモン教に特有な宗教用語を仏教的に転釈したものも少なくない。もちろん、仏教独自の用語や表現法もある。が、それらは釈尊の創見もあろうが、ジャイナ教との共通語を数多く見出すことができるのは、仏教とジャイナ教とが同じ種族的宗教の土壌をもつことを仮説することができよう。だがまた、やや後代のドグマチックな教義も若干混入しているので、本書のすべてがアショーカ王以前、すなわち紀元前三世紀半ばを遡り得るとは限らないといわなければならない。このような書誌学的研究は、今後に俟つべきものが少なくない。

あらましをいうならば、散文で書かれた部分、いわゆる長行釈にはやや後代の教学的な内容のものが目につく。たとえば、如来の十号や地獄についての詳細な描写などは釈尊の直説というよりも後の発達した教学が混在したたとみるべきであろう。しかしまた、ガンジス河の氾濫を激流（ogha）と呼んで、煩悩や渇望、老死、輪廻などの喩えとしたり、依止するものとして中州、島（dīpa）の喩えもある。あるいは彼の岸（彼岸）を心の安らぎの境地（涅槃）の喩えとする比喩契機は確実に釈尊在世の当時に求められるであろう。後に天竜八部衆の中に数えられるナーガやヤッカ（夜叉）は非ヴェーダ・アリアン系のナーガ族やあるいはヤッカ族の種族宗教における信仰対象の残映を色濃くとどめているといわなければならない。

もちろん、本書はその名の示すとおりに「経典の集成」であるから、さまざまな教説の要素が含まれるとともに、これらを取りまとめて口誦しやすいように弟子たちによって次第にアレンジされたことは事実であったに相違ない。が、教理的にはまだ体系的組織的なものは認められない。仏弟子や在家信者にその折々に釈尊が説いた教え、あるいは釈尊とのダイアローグを伝承したり、あるいはそれらを敷衍したものであろう。

ともあれ、本書には仏教の原初形態、釈尊の生々しい人間像が素朴にしてリアルな筆致で語り伝えられている。たとえば、本書の冒頭に放牧者ダニヤと釈尊とのダイアローグがある。

牛を放牧して暮らしているダニヤは申しあげた。

「わたくしはご飯を炊き、乳を搾りました。マヒー河の岸辺に〔家族と〕いっしょに住んでいます。〔雨期に備えて〕小さな家〔の屋根〕は葺かれ、〔炉には〕火が燃えています。神よ、ときに、もしお望みとあれば、雨を降らせたまえ」（G. 18）。

世尊は、説かれた。

「わたしは怒りもしなければ、〔心が〕頑なでもない。マヒー河の岸べに一夜宿る。小さな家〔の屋根〕は覆いがとられ、火は消された。神よ、ときに、もしお望みとあれば、雨を降らせたまえ」（G. 19）。

マヒー河の辺《ほとり》で放牧をして暮らしているダニヤと釈尊との出会いを記録した一節である。ここにはまだ煩瑣な哲学的教義で構築された仏教はなく、ただ釈尊の偉大なカリスマ的人格の強烈な光の輝きだけが軌跡をつくりあげている。そして、このことは『スッタニパータ』（以下 *Sn.* と略す）全編にわたって感知することができる。種族宗教的な色彩をとどめていて、しかも釈尊の独自の人格的雰囲気が色濃く漂っている。

以下、*Sn.* を中心にして初期仏教の原初のかたちをうかがってみることにしたい。

本経の第四章と第五章とはそれぞれに漢訳仏典において独立した経典として伝えられ、また中央アジアで発見されたサンスクリット語断片もこの部分に相当することは、学界において夙に指摘されているとおりである。第一章、第二章、第三章は独自の経典として、それぞれに、あるいはまとめて翻訳されることがなく、サンスクリット語などの断片も発見されていない。したがって、*Sn.* それ自体が第四章と第五章とをもって最古層に属するとみることができよう。

Sn. の中でもとくに最古層に属するのは第四章、八つの〔詩句よりなる〕章であるので、これを概説してみることにしたい（一、欲望の経より一六、サーリプッタの経まで）。

一、欲望の経――欲望を避け欲望を捨てて激流を渡り、彼の岸に至った者となれ、と釈尊は説く。

二、洞窟に関する八つ〔よりなる詩句〕の経――欲望の抑止、激流を渡れということを説く。

三、悪意に関する八つ〔よりなる詩句〕の経――誤った見解（謬見）を洗い清めなければならないと説く。

四、清浄に関する八つ〔よりなる詩句〕の経――煩悩がないのを無病といい、とくにそれを「清浄」(suddhi, saṃsuddhi) であるとするのは、初期仏教に特有なものである。そして、これは祭式哲学の「ブラーフマナ」(Brāhmaṇa) で、祭祀と布施によって清浄が得られるとするのに対して批判の意を込めて仏教的に語義を転釈した用語であることが知られる。

五、最上に関する八つ〔よりなる詩句〕の経――最上 (parama) もまた初期仏教における特有の語である。誤った見解、学問、知識あるいは戒めや禁戒に固執するバラモン批判が、この語に込められている。

六、老いの経――生老病死の四苦のうちに老苦を数える。また、十二因縁の第十二支は老死である。しかし、G. 804に老死を説くだけである。本経では、実際に自分のものとして自我に対する執われ (=我執) を離れ、煩悩を洗い清めた者には、見解、学問、知識によって清浄が望まれることはない、と再説する。

七、ティッサ・メッテッヤの経――情交に耽ってはならない、聖者の目的とするところは欲望を抑止して激流を渡ることだと、釈尊はティッサ・メッテッヤに説く。

八、パスーラの経――人びとは自分の教説に固執して自説のみによって清浄があるという。釈尊は相互に論争を交わしながら甲論乙駁している愚かさを諭す。

九、マーガンディヤの経――論争するのは誤った見解に走るからである。無益な論争から離れよ、と釈尊は説く。

一〇、死ぬ前に、の経――静まった者とはどのような人をいうのかが説かれる。無所有にして世の中のすべてを超越していなければならない、と。無所有を強調する点はジャイナ教と共通する。

一一、口論と論争の経――聖者は瞑想によってもろもろの固執を知って解脱し、闘争や論争におもむかない、と説く。

一二、小篇・〔弁論の〕排置の経――固執する自説があって議論が起こる。議論において他者を愚者、自分を練達の者といい、他者の教説を不浄ときめつけて、自分で判断して思いはかり、論争におもむく。自分のあらゆる判断を捨ててこそ争いごとは起こらないと、釈尊は説く。

一三、大篇・〔弁論の〕排置の経――誤った見解に固執して論争が起こる。その場合、常に非難と称賛はつきものである。智者は、そうした世俗的見解に近づかない。また、正しくない戒めや禁戒を身につけ守って、それらによって清浄が得られると思っている。そうしたものを捨てよ、と釈尊は説く。

世の中の論者たちは自説に固執しているが、いずれも誤った見解すなわち謬見を真実だと信じていい争っている。だが、聖者は形而上学的な問題に関する見解、学問、知識のいかなるものにも執われず、すべてを超越している。この場合の聖者は真実の意味でのバラモンであり、仏教でいう宗教者の理想像ともいうべきものである。

一四、トゥヴァタカ（迅速）の経――ある質問者が釈尊に、渇望、煩悩から離れて静まりの境地を得るという行乞者のあり方を尋ねる。これに対して釈尊は慢心してはならず、内なる心の静まりを得よ、貪りなどを増大させてはならない、と説く。

質問者はまた釈尊に修行道、戒（＝波羅提木叉）、瞑想について説くことを乞う。行乞者は日常の暮らしの中であらゆるものを抑止しなくてはならず、瞑想につとめること、あらゆる呪術、医療に携わってはならないこと、世俗のことに関わらず、あらゆることに対して自制せよ、このようにして寂滅があるのを「静まっていること」と知れ、というのが釈尊の教えである。

本節は行乞者が阿羅漢になるための修行について釈尊が化仏に質問させ、その答えを釈尊自身が神がみに説くという構成になっている。したがってG. 933の「ゴータマの教え」とかG. 934の「世尊の教え」といっている場合のゴータマあるいは世尊は、釈尊の自称である点に注意しなければならない。

一五、武器を手にすることの経――最初に非暴力主義を釈尊が説くので、この経題がある。欲望などを激流、渇望を貪り求めることを大激流、熱望を奔流に喩える。聖者、智者あるいはバラモンといわれる者は静まりを得たものであり、「流れを断ち切って束縛がなく、憂えず、悩むことがない」(G. 948)。そして、静まっていて、すべてから超越している。

一六、サーリプッタの経――仏弟子サーリプッタが問いかけ、それに対して釈尊が答えるというかたちをとる。サーリプッタはまず行乞者のあり方、心がまえともいうべきものを尋ねる。釈尊はそれについて諄々と説き示す(G. 964〜975)。そして、「もっぱら暗黒を打ち破るがよい」と説く。

次に、第五章の彼の岸に行くこと(＝到彼岸)すなわち彼の岸への道の章について概説することにしたい。

最初の序の詩句(G. 976〜1031)と最後の十六人の学生の問いの結び(G. 1124〜1149)とは後に補足した部分である。学生のアジタ、ティッサ・メッテッヤ、プンナカ、メッタグー、ドータカ、ウパシーヴァ、ナンダ、ヘーマカ、トーデッヤ、カッパ、ジャトゥカンニン、バドラーヴダ、ウダヤ、ポーサーラ、モーガラージャン、ピンギヤのそれぞれが釈尊に質問する。

そこで、各人の問いに対して、「彼の岸への道」が説かれる。欲望を抑止し、貪り、執着、生存の渇望を離れて静まり、無所有で、あらゆるものが根絶されたとき、あらゆる言語の道も根絶される。無執着、無所有が心の安らぎを得る依りどころであって、それが心の安らぎを得たこと、老死を滅し尽すことである。見解、学問、知識、禁戒によって清浄は得られないから、これらはすべて捨てなければならない。渇望をよく知り、もろもろの煩悩の汚れなき者たちこそ、激流を渡った人びとである。根源的な無知（＝無明）を破り、世の中を空なるものとして観察せよ、再生することがないように渇望を捨てよ、と。

二　釈尊、宗教者などに対する呼称

如来の十号

初期仏教において釈尊に対する呼称、尊称は実にさまざまである。すでに *Sn.* には、そのほとんどが認められている。まず、如来の十号は *Sn.* の韻文（詩句）ではなく、散文中に二か所ある（PTS. *Sn.* p. 103, 116. 本書一四二、一五六頁）。

So Bhagavā arahaṃ sammāsambuddho vijjācaraṇasampanno sugato lokavidu anuttaro purisadamma-sārathi satthā devamussānaṃ buddho bhagavā.

かの世尊は、阿羅漢、正等覚者、覚りの智と行ないとをそなえた者（＝明行具足）、善く〔彼の岸に〕行ける者（＝善逝）、世の中の人びとを知る者（＝世間解）、無上なる者、人を調え御する者（＝人調御者）、神と人間との教師、目覚めた者、世尊である。

これは十種の徳号といわれるものであり、次頁にまとめて表記した。

⑽を仏と世尊に分けると十一徳となり、世尊は左の十徳をそなえた者という。その場合、⑺の無上士と⑻の調御

		Pāli.	Skt.	漢訳音写語
(1)	如来（如去とも）	tathāgata	tathāgata	多陀阿伽陀 （tathā＋āgata）
(2)	応供	arahant	arhat	阿羅訶、阿羅漢
(3)	正遍知 （正等覚者）	sammāsambuddha	samyaksaṃbuddha	三藐三仏陀
(4)	明行足 （明行具足）	vijjācaraṇa-sampanna	vidyācaraṇa-saṃpanna	鞞多庶羅那三般那
(5)	善逝	sugata	sugata	修伽陀
(6)	世間解	lokavidū	lokavid	路伽憊
(7)	無上士	anuttara	anuttara	阿耨多羅
(8)	調御丈夫	purisadammasārathi	puruṣadamyasārathi	富楼沙曇藐娑羅提
(9)	天人師	satthā devamanussā- nam	śāstā devamanuṣyānām	舎多提婆魔㝹沙喃
(10)	A仏 B世尊	buddha bhagavant	buddha bhagavat	仏陀路伽那他(buddha-lokanātha) 薄伽梵

丈夫とをあわせて十とする数え方もある。なお、大乗仏教の時代になると、仏と如来との同義性は明確に意識されるようになり、密教の時代に法身としての仏、如来が確立される。

右のうちのいくつかはジャイナ教と共通する名称であって、仏教独自のものではない。これは仏教とジャイナ教とがある共通の宗教的土壌をもつこと、すなわち種族宗教から派生したことに起因するものとみなければならない。

また、この十号で lokavidū, purisadammasārathi の二語は *Sn.* の韻文の文言には見当たらない。この散文の部分は恐らく時代が下った頃の増補であるという可能性がある。

以下、十号のそれぞれを取りあげてみたい。

(1) 如来（tathāgata）

如来という漢訳は慣用語として普通に用いているが、実はその語義にあたってみると、甚だ不可思議な言葉だといわなければならない。五世紀のパーリ聖典註釈者のブッダゴーサは tathāgata（Skt. tathāgata 同形）の語義を *Pj.* で次のように説明している。

そこで、だから仏は、世間の人びとの利益のために〔もろもろの目覚めた者＝諸仏が〕努めて来られたことから必ず来られるように、そのようにやって来られた（tathā āgata）〔ので如来（tathāgata）といわれる〕。これら〔のもろもろの目覚めた者＝諸仏〕が必ず行かれる（去る）ように、そのように行かれた（去ったtathā gata）から〔如去（tathā-gata）といわれる〕。これら〔のもろもろの目覚めた者〕が悟るべきこと（ājānitabba）をそのとおりに（tathā）悟り、知らねばならぬことをそのとおりに（tathā）知り、またまさにそのとおりに（tath 'eva）あることを彼は語る（gadana）から、如来（tathāgata）といわれる（*Pj.* I. pp. 195～196）。

これによると、tathāgata の語義を二とおりに解釈している。

①tathā＋āgata　〈そのように〉〈来たれる者〉
②tathā＋gata　〈そのように〉〈行ける者〉
ブッダゴーサはこれに対して、いくつかの教学的解釈を与えている。もしも「そのように」というのを諸仏が来たように、あるいは諸仏が行ったようにと解すると、過去七仏信仰などが背景にあると想像することもできようが、ともあれ仏すなわち目覚めた者は釈尊だけに限らずに複数的な存在であるということである。漢訳語では①は如来、②は如去である。しかし、如来が一般的な用語として今日に至るまで用いられている。そして、そのことは大乗仏教の発達と深く関わっているといわなければならない。

語学的にみると、問題はまず〔何であれ〕そのように（yathā. . .tathā）行った〔者〕（gata）と解する場合と、〔何であれ〕そのように（yathā. . .tathā）来た〔者〕（āgata）と解する場合の意味内容の差異についてである。yathā. . .tathā　は相関語の副詞（tathā は yathā を前提する）であるから、そのように（tathā）とは何のように「そのように」というのだろうか。また、行ったというのは「どこからどこへ行ったのか」、そして、来たという場合には「どこからどこへ来たのか」ということがまず問われなければならない。
G. 1〜17によると、行乞者（bhikkhu）が劣った此の岸を捨て彼の岸（彼岸）に行くことが繰り返される。tathāgata がそのように行ける者と解する根拠は行乞者として此の岸から彼の岸に行った者という点にある。彼の岸に渡った者が tathāgata であり、目覚めた者（仏）であることは *Sn.* にしばしば説かれているとおりである。
次に「そのように」という語をどのような意味に解すればよいだろうか。
Sn. には彼の岸に渡るための必要条件ともいうべきものが縷々説かれている（本書四一―四三頁）。もしそうだとすれば、そのように修行した結果、彼の岸に渡った者ということになるであろう。*Sn.* をはじめとする初期仏教の

文献によれば、tathāgata は釈尊だけでなく、仏教における宗教者の理想像として前述のように複数的な存在である。あるいは過去七仏信仰が語るように、過去における多くの tathāgata の存在が考えられる。すでに多くの tathāgata といわれる者が彼の岸に渡ったように、そのように激流を渡った者という理解の仕方が一つである。この場合は tathā-gata で、漢訳語の如去が、これである。過去においても彼の岸に渡って目覚めた者たち、すなわち仏となった者たちがいたように、そのように釈尊もまた現世に出現したという過去仏信仰をも背景にしてみると、tathā-gata という語分解になるであろう。要するに、この場合の tathāgata は釈尊一人に限られることになろう。

アルダマーガディー語は tahāgaya で再生しない者の意。*Sūy.* 1. 13. 2, 1. 15. 20, *Bhag.* 17. 2, *Āyā.* 1. 3. 3. 11.

大乗仏教における仏は救済の仏でなければならない。覚りの真如の世界からもう一度世間に戻って、一切衆生を救済する。いわゆる往相に対する還相である。さきのブッダゴーサの tathāgata に対する二とおりの語分解、あるいは漢訳仏教の如来・如去の語義の背景には大乗仏教の往還二相の教理の確立を窺知することができよう。いわゆる「娑婆往来八千度」といわれるのが、それである。

如来としての釈尊についてみると、すでに彼の岸に渡ったはずの釈尊は現世において、すなわち此の岸で一切衆生に教法を説き彼の岸に渡ることを誘っている。ここにはすでに還相的思想の萌芽を認めることができよう。あるいはまた、仏伝における梵天勧請の場面を想起してみるのもよいであろう。三十五歳でブッダガヤーの菩提樹下で成道した釈尊はそのまま入滅を決意する。この場合の tathāgata としての釈尊は如去でなければならない。ところが、そのとき梵天サハンパティが現われて入滅を思いとどまらせて転法輪を勧請する。結局、釈尊はそれにしたがって現世にとどまることになる。これも見方によっては往相・還相のプロトタイプである。

要するに大乗仏教の往還二相はすでに初期仏教において、それが認められよう。とくに初期の *Sn.* にそれを読み取ることができるということである。ただし、*Sn.* でしばしば説かれているように彼の岸に渡った者という意味で tathāgata を解するならば、「そのように〔彼の岸に〕渡った者」という意味で、「そのように行ける者」と解すべきである。これはジャイナ教で釈尊を Sugaya（善く行ける者）と呼ぶのと深く関係している。sugata は *Sn.* によると激流を渡って此の岸から彼の岸に到達した者の謂《いい》だからである。いずれにしても、*Sn.* の訳文で如来の語を訳者が用いたのは、従来の慣用にしたがったまでであって、実質的には如来の語は適切でないことを諒とされたい。(1)

なお、これに関して『般若心経』の結びの真言（mantra）について一言しておきたい。

gate gate pāragate pārasaṃgate bodhi svāhā.

掲諦掲諦　波羅掲諦　波羅僧掲諦　菩提娑婆賀（玄奘訳）

訳し方はさまざまに解されているが、著者は次のように翻訳したい。

行き行きて、彼の岸に行き、彼の岸にともに到達した。〔かくして〕覚りは成就した。

Sn. に基づく伝統的な理解にしたがう限り、これは tathāgata（そのように行ける者）を称賛した真言なのである。

「神と人とによって供養された如来」（G. 236〜238）。「この世において、どのようなもろもろの繫縛も、愚かさの道も、無知の類も、疑惑の住まいも、如来に会うと、それらはなくなります。なぜならば、そのお方は、人びとの最高の眼（cakkhuṃ. . .paramaṃ）だからです」（G. 347）。「残りなく生死を捨てたお方、〔悪を〕取り除いたお方によくお願いして、教法をお説きいただきましょう。普通の者たちは、望むことをなし遂げることがありませんが、如来たちは考慮しなければならないことをなし遂げられるお方だからです」（G. 351）。釈尊がスンダリカ・バーラドヴァージャ・バラモンに説く詩句の中で如来の語が繰り返される（G. 467〜478参照）。

この場合は釈尊が第三者の立場で、仏教における宗教者の理想像とでもいうべき存在を如来といっている。「〔煩悩の火が〕全く静まって涼やかであることが、あたかも湖水のような如来」（G. 467）。「この世でも、かの世でも汚染されない如来」（G. 468）。「憂いの垢を除き去ったバラモンであるかの如来」（G. 469）という。「バラモンの如来」という表現は注目してよいであろう。

「この世においても、かの世においても執着することのない〔そのような〕如来」（G. 470）。「最後の身（＝最後身）を保つ如来」（G. 471）というのは、この世が最後の生であって、死後に輪廻転生することがない者を如来という。同じく、「あらゆるものにおいて解脱した者である、かの如来」（G. 472）。「田地と屋敷とにともなう苦（＝不如意）を知り尽した〔そのような〕如来」（G. 473）。「他者が教えるような〔誤った〕見解を超えてどんなもろもろの対象をも全くもたない〔そのような〕如来」（G. 474）。「執着を滅し尽して解脱し、静まった〔そのような〕如来」（G. 475）。「汚れなくして透明である〔そのような〕如来」（G. 476）。「彼は決して動揺することなく、〔心が〕頑なでなく、疑惑がない。〔そのような〕如来」（G. 477）。「最後の身を保ち、吉祥なる無上の全き覚り（＝等覚）が得られる。この限りにおいて夜叉の清らかさがある。〔このような〕如来」（G. 478）。

大乗仏教の時代になると、仏と如来との同義性は明確に意識されるようになる。そして密教の時代には法身としての仏・如来が確立される。前述のように如来に対して如去という漢訳語もある。これは単なる訳語上の相違というよりも、教義的に極めて重要な理解の仕方の相違に基づくという問題を含む。

中国、わが国における仏教では如去という訳語は如来の背後に影をひそめてしまった。私たちは全く無意識に如来という語を使っている。そして、それは仏と同義語だということも暗黙のうちに了解している。しかし、よく考えてみると、如来という語には分かったような分からないような名状しがたい不思議な語感をともなう。

歴史的にみると、すでに述べたようにブッダゴーサの解釈は教理的背景のもとに行なわれたものであって、広くチベット、中国にも伝えられた。大乗仏教、ことに浄土教で典型的にみられるが、如来は覚りの世界（＝浄土）から迷いの現世（＝穢土）に来たもので、これは衆生済度を唯一の目的とするためである。いわゆる還相である。一方また、迷いの現世から覚りの世界に入った者であって、いわゆる往相である。往相は自利、還相は利他を示す。

しかし、大乗仏教における利他の優位性からすれば如去より如来を重視するのは当然であろう。古典的な表現を借りるならば、如去は自利的な小乗であり、如来は利他的な大乗である。大乗仏教の盛行とともに、また大乗仏教が伝播したチベット、中国やわが国などで如来の語が定着したのは、教理的にみても必然性があるといわなければならない。

(2)阿羅漢（arahant, Skt. arhat）

遍歴行者サビヤは釈尊に対して「あなたは阿羅漢、正等覚者であり云々」（G. 539）と称賛する。また釈尊は第三者の立場で「阿羅漢〔の教え〕を聞いて云々」（G. 590）と説く。釈尊は「煩悩の汚れが尽きた阿羅漢をわたしはバラモンという」（G. 644）とも説く。もちろん、この場合のバラモンは司祭階級のバラモン――司祭者――ではなく、仏教の立場からみた真実の宗教者の謂である。「〔煩悩の〕覆いを開いて、等覚者、阿羅漢、無上なる者となる」（G. 1003）。arahant はアルダマーガディー語もほぼ同形で、arahạmta 供養を受けるにふさわしい者、尊敬されるべき宗教者であるから、仏教の場合と語義も同一である。たとえば、用例として *Bhag.* 3.2, 7.9, 12.2, 15.1, 20.8, *Āyā.* 1. 4, 1. 126, *Das.* 6. 4, *Vav.* 1. 37, *Ṇāyā.* 1. 8 など。

右のように、初期仏教では阿羅漢は宗教者の理想像であって、沙門たるとバラモンたるとを問わない。そして、また仏教徒たちからすれば、釈尊に対する尊称でもある。一般に用いられる帰敬頌にも、

Namo tassa bhagavato arahato sammāsambuddhassa.

かの如来・阿羅漢・正等覚者に帰依したてまつる。

とあるとおりである。

(3)等覚者（sambuddha, Skt. saṃbuddha）

如来十号の一つの正等覚者は *Sn.* には用例が少なく、その代わりに等覚者（sambuddha）がある。ヘーマヴァタ夜叉は釈尊を等覚者という（G. 178, 180 参照）。アーラヴァカ夜叉も同じく等覚者と呼ぶ（G. 192 参照）。悪魔ナムチは、七年間修行した釈尊をさして等覚者という（G. 446）。遍歴行者サビヤも同じ（G. 541 参照）。

セーラ・バラモンは「あなたは等覚者であると、自称されています」（G. 555）と釈尊に対していうように、釈尊は自らを等覚者であると名乗る（G. 560 参照）。ヴァーセッタとバーラドヴァージャとの二人の青年は釈尊にい

う。「等覚者として高名な尊師にお尋ねするためにやって来ました」（G. 597）。

神性のものがバーヴァリン・バラモンに釈尊のことを「彼はまさに等覚者で云々」（G. 992）と告げる。「等覚者という言葉を聞いて、バーヴァリンは歓喜した」（G. 994）。そして、バーヴァリンは神性のものに「等覚者、二足（＝人間）の最上なるお方に、わたくしたちは帰依したいのです」（G. 995）という。また、バーヴァリンは弟子のバラモン学生たちに、釈尊について「（釈尊は）等覚者であるという聞こえが高い」（G. 998）という。さらにバーヴァリンは十六人のバラモン学生たちに、釈尊は出家すれば「等覚者、阿羅漢、無上なる者となる」（G. 1003）と予言的な文言を伝える。「アジタは、あたかも光を放った太陽のような、あたかもすっかり丸くなった十五〔夜〕の月のような等覚者を見た」（G. 1016）とあるが、ここでも等覚者は釈尊をさす。「等覚者が認めてくださったので、アジタは坐って合掌し云々」（G. 1031）。ピンギヤは釈尊を「煩悩の汚れがない等覚者」（G. 1145）といい、同じく「〔あなたは煩悩の〕覆いを開いた等覚者」（G. 1147）であるという。

このように、等覚者すなわち完全に目覚めた者、全き覚りを得た者という語は、目覚めた者と異なって、釈尊一人だけに対する尊称なのである。

saṃbuddha に対応するアルダマーガディー語は同形の saṃbuddha である。語義も同じであるが、当然のことながらジャイナ教のヴァルダマーナに対する尊称である。*Uvā.* 1201, *Utt.* 1.4. 6, *Bhag.* 1.9, 2.1, 7.10, 18.10, *Nāyā.* 5, *Das.* 2.11, *Kappa.* 2.15 参照。

なお、等覚者の類語に正等覚者（sammāsambuddha 漢訳、正遍知とも）がある。この語は使用頻度が極めて少ない。遍歴行者サビヤが釈尊に「あなたは阿羅漢・正等覚者であり云々」（G. 539）と称える。セーラの弟子がセーラ・バラモンにいう。「尊師（セーラ）が、もしこのような正等覚者の教えを喜ばれるならば、わたくしたちもまた、勝れた智慧ある人のもとで出家いたしましょう」（G. 565）と。ここにいう正等覚者は勝れた智慧ある人と同様に釈尊のことをいう。

sammāsambuddha に対応するアルダマーガディー語はなく、これは仏教に固有の言葉であろう。

(4)明行具足（vijjācaraṇa-sampanna, Skt. vidyācaraṇa-saṃpanna）

ヘーマヴァタ夜叉は釈尊について覚りの智をそなえたもの（vijjāya sampanna）かどうか、また、清らかな行ない（saṃsuddhacāraṇa）があるかどうか、などをサーターギラ夜叉に尋ねる（G. 162 参照）。これに対して、彼はしかりと答える（G. 163）。釈尊は大富豪のバラモンたちに往昔のバラモンたちは覚りの智と行ないとを求めた（vijjācaraṇapariyiṭṭhiṃ acaruṃ）と説く（G. 289 参照）。釈尊はサビヤに「行ないをそなえる者（＝徳行ある者）（caraṇavant）」（G. 536）のことを説く。

これらの用例によると、勝れた智をそなえた者、行ないをそなえるという語はあるが、明行具足[2]すなわち覚りの智と行ないとをそなえた者という如来に対する尊称は G. 163 A に一回あるだけである。したがって韻文中には vijjācaraṇa-sampanna の語は見当たらない。ジャイナ教でヴァルダマーナ（Vardhamāna）を vijjācāraṇasaṃpaṇṇa と呼ぶのは、仏教で釈尊に対する尊称であるのと全く同じである。なお、ジャイナ教では空中を飛行する聖者（仏教の飛行仙）を vijjācāraṇa という（*Bhag*. 20. 9, *Prav*. 6. 9.）。

(5)善逝（sugata, Skt. 同形）

善く行ける者の意で、漢訳で善逝というのは的確な直訳である。近年の邦訳では「幸せな人（ブッダ）」（岩波本)、「めでたい如来」(荒牧本)、「しかとさとった人」(本庄本) などがあるが、いずれも語義を逸脱している。

まず、*Pj.* の解釈をみると、次のとおりに解する。

sobhanagamanattā sundaraṭṭhānaṃ gatattā suṭṭhu gatattā sammāgadattā ca *sugato*. (*Pj.* II. p. 442, cf. *Pj.* I. p. 183)。

清らかに行き、すばらしい場所に行ったので、よく行ったので、そして正しく語るから、善く行ける者 (=善逝) である。

ここで「行く」というのは、どこへ行くのかが不明である。したがって、どこが「すばらしい場所」なのかも分からない。だが、「すばらしい場所」というのは彼の岸以外にはあり得ないから、すばらしい場所である「彼の岸に善く行ける者」が含意されていて、そのことはすでに暗黙のうちに了解されているとみなくてはならない。実際の用例に則してみることにしたい。

まず最初にG. 1~17の詩句ごとに繰り返される「……かの行乞者は、劣った此の岸を捨てる」の文言に注意したい。「捨てる」とは、ここでは彼の岸に渡ることを意味する。これが釈尊の直説だとすれば、ここにいう行乞者は仏教における宗教者の理想像であって、釈尊は第三者の立場にたって「……かの行乞者」といっていることになる。なお、ほとんどの邦訳が「……修行者は、この世とかの世とをともに捨て去る」としている。これが誤訳であることは本書、註解一(9) 参照。

「わたくしたちは〔彼の岸に〕善く行ける者 (=善逝) のもとで清らかな行ないをいたします。生死〔を超えたところ〕の彼の岸に到達し、苦を滅するものとなりましょう」（G. 32）。

ここでは「善く行ける者」（sugata）を「彼の岸に到達し」（pāragā. Bª は pāragū と読むも、いずれでも可）に掛けている。当然のことながら行く先は彼の岸でなくてはならない。また、「〔彼の岸に〕善く行ける者によって説き示された教法」（G. 391）ともいう。アルダマーガディー語では釈尊を Sugaya と呼ぶ。*Prav.* 739 など。

そして、釈尊は次のように説く。

「生きとし生けるものの死去と再生とを普く知り、執着することなく、〔彼の岸に〕善く行ける者、目覚めた者をわたしはバラモンという」（G. 643）。「もしも〔彼の岸に〕善く行ける者たちを心憎むならば、これこそ最大のカリである」（G. 659 およびその註解参照）。

ここでは善く行ける者を複数形で表わしている。これは目覚めた者という語の場合と同じである。いずれにしても、彼の岸は生死を超えた場所であり、生ける者の死去と再生とを普く知り、執着なき者が行くところである。ただし、善く行ける者が如来の十号に数えられているにもかかわらず、韻文（詩句）の中では釈尊が理想の宗教者として語っているだけであって、釈尊に対する尊称として用いるのが一例もないのは注目してよいことであろう。

⑹世間解（lokavidū, Skt. lokavid）

これも *Sn.* の散文の中の如来の十号の一つとして列挙するのみであって、韻文には存在しない。初期仏教では *DN.* Ⅲ. p. 76, *SN.* Ⅰ. p. 62, Ⅴ. p. 196, 343, *AN.* Ⅱ. p. 48 などに認められる。仏教特有の語であってジャイナ教では用いない。

(7)無上士（anuttara, Skt. anuttara）

anuttara はアルダマーガディー語で、最上のもの、最高なるもの、を意味する点では仏教の場合と同じだが、宗教者に対する呼称かどうかは明らかでない。用例についてみると、「また聖人に教えられた教法を喜ぶ者たちは、言葉によって、意《こころ》によって、行ないによって無上な者たちである」（G. 330）。釈尊に対して尊者ヴァンギーサは「あなたは無上のお方です」（G. 345）と。聖仙カンハシリ（＝アシタ）は「この〔童子〕は無上なお方です」（G. 690）と誕生した釈尊に対していう。

バーヴァリン・バラモンが十六人の弟子たちに、釈尊について「もしもまた、彼が俗家から家なき者として出家するならば、〔煩悩の〕覆いを開いて、等覚者、阿羅漢、無上なる者となる」（G. 1003）と予言する。

このように anuttara を釈尊の尊称として用いることは四例だけある。

(8)調御丈夫（purisadammasārathi, Skt. puruṣadamyasārathi）

これは *Sn.* の韻文中には存しない。この語は馬を調練する者（assadammasārathi）に因んだものである。漢訳では丈夫調御者とも。仏教特有の用語であってジャイナ教にはない。初期仏教では *AN.* I. p. 168, 207, II. p. 56, 112, 147, *It.* 79 などにみえる。

(9)天人師（satthā devamanussānaṃ, Skt. śāstā devamanuṣyāṇām）

この呼称は *Sn.* などのパーリ語文献には見当たらない。

⑽Ａ　目覚めた者（＝仏・仏陀、buddha, Skt. 同形）

①釈尊をさす場合

鍛冶工のチュンダは釈尊を目覚めた者という（G. 83 参照）。サーターギラ夜叉はゴータマに対して目覚めた者という（G. 157, 161 参照）。サーターギラ、ヘーマヴァタの二人の夜叉はゴータマをさして、そのように呼ぶ（G. 167 参照）。

釈尊を予想する場合もある（G. 202, 252, 276 参照）。目覚めた者の弟子（＝ニグローダカッパ）（G. 357 参照）とあるが、この場合、目覚めた者とは釈尊のことである。ダンミカは釈尊に対して、「人びとはあなたを最勝の目覚めたお方と呼ぶ」（G. 377）という。ダンミカ信者が世尊に「最勝の目覚めたお方よ」（G. 383）と呼びかける。長老ヴァンギーサが釈尊を目覚めたお方と呼ぶ（G. 454 参照）。

スンダリカ・バーラドヴァージャ・バラモンが釈尊に対して「目覚めた者である尊師は」（G. 486）という。サビヤが釈尊に対して「目覚めた者」とはどういう人をいうかと尋ねる（G. 513 参照）。釈尊が答えて言う。「もろもろのすべての〔虚妄の〕思いはからいと、輪廻と、死・生の二つとを考察し、塵を離れて汚れなく、清らかで、生を滅し尽すことを得た者」（G. 517）のことだと。

サビヤが釈尊を目覚めたお方という（G. 545 参照）。同じくセーラもいう（G. 571 参照）。釈尊はセーラに自分は目覚めた者であると自称する（G. 558 参照）。アシタ仙がナーラカに釈尊のことを目覚めた者という（G. 696 参照）。かの目覚めた者である世尊（G. 993, 999, 1005 参照）。目覚めたお方（G. 1126〜1129, 1133 参照）。

②目覚めた者一般

釈尊が第三者の立場で目覚めた者は云々という場合がある（G. 134 参照）。同じく「〔これらは〕苦の終滅に達した目覚めた者によって説かれたものである」(G. 401) と。

第三者の立場で釈尊をいう場合。たとえば「悪魔は目覚めた者の近くに立ったのであった」(G. 429)。釈尊はヴァーセッタに「目覚めた者をわたしはバラモンという」(G. 622, 643, 646) と説く。

鍛冶工のチュンダが釈尊に「目覚めた人たちは誰を道による勝利者というのですか云々」(G. 85) と尋ねる。これに対して釈尊は第三者の立場で次のように説く。「誰であれ、疑惑を超え、矢(=煩悩)を離れ、心の安らぎ(=涅槃)を大いに喜び、貪ることなく、神を含む世界の人びとの指導者たる者」(G. 86) であると。

③複数の目覚めた者(=諸仏)

「詩句を唱えて〔得たものを〕目覚めた者たち(=諸仏)は遠ざける」(G. 81) と釈尊は耕作者バーラドヴァージャ・バラモンに諭す。鍛冶工チュンダは釈尊に目覚めた者たちのことを尋ねる (G. 85 参照)。釈尊はダンミカに「もろもろの目覚めた者は云々」と第三者の立場で語る (G. 386 参照)。サビヤが釈尊に「もろもろの目覚めた者」について尋ねる (G. 523 参照)。

右のように、目覚めた者(=仏陀、仏)は仏弟子や在家信者たちが釈尊に対する尊称として用いる。また釈尊が第三者の立場で目覚めた者について説く場合がある。さらに「もろもろの目覚めた者」と釈尊自身が言うように目覚めた者は複数の存在が予想される。そして、仏教における目覚めた者という存在は宗教者の理想像ともいうべきものであって、それを釈尊が〔真実の〕バラモンだとヴァーセッタに説くのは注目すべきであろう。

ジャイナ教でもヴァルダマーナを目覚めた者といい、それは仏教と共通語でジャイナ教における宗教者の理想像を意味する。バラモン教には認められない目覚めた者という語は本来、種族社会における諸宗教の用語であったとみなければならない。

目覚めた者と関連したsambuddha（等覚者）、sammāsambuddha（正等覚者）については本書、四五一～四五三頁参照。

目覚めた者は不特定多数の存在であり、かついかなる者も目覚めた者となり得ることを釈尊は示唆している。このことは非常に重要な意味をもつといわなければならない。釈尊はいわゆる賢劫仏（＝現在仏）であるが、過去にも数多くの目覚めた者が存在したという考え方は過去七仏信仰を形成した。大乗仏教になって初めて三世十方の諸仏という仏陀観が確立されたというのが、今日では定説として承認されている。だが、実はそうではなく、すでに釈尊の教説の中に複数の仏陀の存在が認められる。のみならず、目覚めた者となる可能性態もしくは目覚めた者となった実例が数多く説かれている。このことは後代における密教の悉皆成仏が、それにほかならない。つまり、最初期の仏教には大乗仏教や密教が展開する可能性と現実性がすでに含まれている。

なお、ジャイナ教もアルダマーガディー語で同形のbuddhaが普通名詞として用いられている。同じく宗教者の理想像であるが、アルダマーガディー語のsugaya（Pāli., Skt. sugata）とともに釈迦牟尼（Śākyamuni）をさす場合もある。*Sūy.* 2. 6. 28参照。また、釈尊の弟子をsugayasissa（善逝の徒）という。*prav.* 739.

⑽B　世尊（bhagavant, Skt. bhagavat）

漢訳の一般的な用語は世尊、音写語は薄伽梵など。アルダマーガディー語はbhagavaṃta. *Āyā.* 1. 1. 1, *Bhag.* 1.1～4, 2.1, 3.2, 15.1, 18.5. ヴェーダ聖典、初期仏典、ジャイナ教聖典、叙事詩などでは弟子が師に対する呼びかけ、後のヒンドゥー教では神の称号として用いられる。密教では大日如来を薄伽梵という。

釈尊の尊称としては、G. 19, 21, 23, 25, 27, 29, 31, 34, 92, 508などに用例がある。

ゴータマ（Gotama）の呼称

以上述べた如来の十号のほかに釈尊をゴータマという場合がある。漢訳では瞿曇という音写語を用いるのが普通である。近年、ゴータマ・ブッダという呼称が用いられたりしている。

釈尊は釈迦族（Sākya）という種族の出身だが、この種族を構成している一氏族がゴータマで、釈尊をゴータマともいう。祇園精舎で、ある神性をもつ者がゴータマに尋ねる（G. 91）という「滅亡の経」がある。詩句の中でゴータマという呼称はさほど多くはない（G. 1135, 1136, 1138, 1140, 1143 参照）。ゴータマの教え（G. 1084, 1135, 1143 参照）。ゴータマは広大な賢者である（G. 1136 参照）。広大な智者であるゴータマ（G. 1138 参照）。広大な智慧あるゴータマ（G. 1136, 1138, 1140 参照）。成道後、鹿野園における五人の修行者に対して初対面のとき、彼等が「ゴータマよ」と呼びかけたのに対して、今後、「ゴータマ」とわたしを呼ばないようにとたしなめる。すでに覚りを得て仏陀（=目覚めた者）となり、俗界を離れたからである。念のためにゴータマ・ブッダという呼称は一例もない。

右のほかに *Sn.* には宗教者に対する特殊な呼称が用いられている。それらは仏教に固有なものというよりもジャイナ教とも共通なものが少なくない。これもまた同じ種族宗教的土壌において成立した宗教であるからであろう。

宗教者に対するさまざまな呼称

(1)眼ある者（cakkhumant）

眼ある者も如来、仏（=目覚めた者）などと同様に、釈尊に限らない。放牧者ダニヤは釈尊に対し、「眼あるお方よ」（G. 31）と呼びかける。ヘーマヴァタ夜叉はサーターギラ夜叉に、釈尊はもろもろの事柄について、〔見通す〕眼をもっているか、と聞く。その答え。「目覚めた者はもろもろの事柄について〔見通す〕眼をもっている」（G. 161）と。眼をもつ人というのは釈尊のことである（G. 405 参照）。遍歴行者サビヤは釈尊に「眼をもつお方よ」と呼びかける（G. 541 参照）。セーラは釈尊について、眼ある人であると弟子にいう（G. 562 参照）と。セーラは釈尊に対して、「眼をもつお方よ」（G. 570）と呼びかける。ヴァーセッタ青年もしかり（G. 596 参照）。釈尊がナーラカ仙に言う。「眼ある者は、普通の者が執着するような欲と貪りとを捨てて、ふるまうがよい。〔激流を渡って彼の岸に行くように〕この〔渇望の〕地獄を〔実践によって〕渡るがよい」（G. 706）と。尊者サーリプッタは釈尊に「眼をそなえたお方」（G. 956）という。あるバラモンがバーヴァリンに釈尊は「眼をそなえている」（G. 992）という。同じく、「眼をそなえたお方は云々」（G. 993）という。バーヴァリンが釈尊に「眼をそなえたお方よ」（G. 1028）と呼びかける。尊者モーガラージャンもしかり（G. 1116 参照）。

⑵聖者（muni, 漢訳の音写語、牟尼）

G.225 にサキヤムニ（Skt. Śākyamuni 釈迦牟尼）の呼称が一回あるが、ムニ（muni）またはモーナ（mona）、すなわち聖者の呼称は多数用いられている。放牧者ダニヤは釈尊に「偉大な聖者（mahāmuni）よ」（G. 31）と呼びかける。鍛冶工チュンダは釈尊のことを「聖者」（G. 83）という。釈尊は「〔欲望に〕動かされない聖者」（G. 87）である。ヘーマヴァタ夜叉は釈尊に「聖者の心云々」（G. 163 A, B）という。同じくサーターギラ夜叉も「聖者の心云々」（G. 164）という「聖者ゴータマ」（G. 165）とヘーマヴァタ夜叉はいう。「聖者の経」（*Muni-sutta*）には、いかなる者が聖者であるか（G. 207）という。聖者を称える（G. 221）。

「過去のカッサパ仏を聖者」(G. 251参照)という。釈尊をある者は「全き心の安らぎを得て自立した聖者」(G. 359)であるという。聖者とは釈尊のことである(G. 414参照)。

スンダリカ・バーラドヴァージャ・バラモンに対して釈尊が第三者の立場で「たとえ低い氏族から〔生まれて〕も聖者として堅固な人であり、内心の恥じらいによる慎みがあって、高貴な者となる」(G. 462)と説く。マーガ青年が釈尊に対して「聖者」(G. 508)という。サビヤが釈尊に「どうして聖者といわれるのですか」(G. 523)と尋ねる。その答えとして、「内にも外にも、あらゆる世界において、もろもろの不善の者ともろもろの善人との道理を知っていて、神がみと人びととによって尊敬される者は、執着の網を超えて、聖者である」(G. 527)と。サビヤが釈尊に対して「聖者」(G. 540, 541)という。同じくサビヤは釈尊に「あなたは悪魔に打ち克った聖者です」(G. 545)と称賛する。尊者セーラも同じ(G. 571参照)。ナーラカは釈尊のもとに「行って、聖仙の牛王(=目覚めた者)にお目にかかって、清らかな信仰を起こし、最も勝れた聖者の境地を〔この〕勝れた聖者に尋ねた」(G. 698)。ナーラカ仙は釈尊に対して「聖者よ、お尋ねします、聖者の最上の道を説いてください」(G. 700)と。「女性たちは聖者を誘惑する」(G. 703)。

釈尊が第三者の立場で聖者なる者の心得について説く(G. 708, 711参照)。釈尊がナーラカに聖者について語る。「そして、知っていて自分を制し、知っていて多くを語らない者、それが聖者として聖者にふさわしい。その人は聖者として、聖者にふさわしいところに到達したのである」(G. 723)と。釈尊は「聖者はもろもろの執着に汚されることなく云々」(G. 779)と説く。「また〔他から聞いたことを〕全く真実だと思ってものをいう〔者たちもいる〕」。だが、論争が起こっても聖者は近づくことがない。それ故に、聖者はどのようなことにもこだわりがない」(G. 780)。

釈尊は説く。「聖者たちは所有を捨て、安穏を見る者として、行なったのであった」（G. 809）と。同じく「聖者は、あらゆるものに依存せず云々」（G. 811）と。「そのように聖者は、この見られたこと（＝見解）や聞かれたこと（＝学問）、あるいは思われたこと（＝知識）に染まることがない」（G. 812）と。「聖者は、この世で、前後にかけてこのわざわいを知って、確固として独り行なうべきである云々」（G. 821）。「聖者がもろもろの欲望を望むことなく、〔欲望を〕捨て行ない、〔欲望の〕激流を渡ったとき、もろもろの欲望にとらえられた人びとは羨む」（G. 823）と。マーガンディヤは釈尊に「聖者よ」と呼びかける（G. 838）。釈尊が第三者の立場で聖者とはいかなる者をいうのかと説く（G. 844, 845, 850, 860, 877, 912, 914, 941, 946 参照）。

メッタグー学生が釈尊に「聖者よ」（G. 1052）と呼びかける。ウパシーヴァ学生に釈尊が聖者とは、と説く（G. 1074 参照）。ウパシーヴァが「聖者よ」（G. 1075）と釈尊に呼びかける。同じくナンダ学生が釈尊に呼びかける（G. 1081 参照）。

尊者ナンダが釈尊に尋ねる。「世の中にはもろもろの聖者がいる、と人びとはいいます。それはどうしてですか。彼等は確かに智慧をそなえた者を聖者というのですか。そうでなければ、実に〔修行者の〕生活法をそなえた者を〔聖者というのですか〕」（G. 1077）。これに対する釈尊の答え。「ナンダよ。練達の者たちは、見たり、聞いたり、知ること（＝見解、学問、知識）によって、そこで、〔彼は〕聖者であるとはいわない。〔悪魔の〕軍勢を引き離して、もろもろの悩乱なく、欲がなくてふるまう者たち、彼等を聖者であると、わたしは言う」（G. 1078）と。

トーデッヤ学生が釈尊に聖者について尋ねる（G. 1090 参照）。これに対して釈尊は答える。「聖者は、またこのように無所有にして欲望の生存に執われない〔彼のような〕者であると知るがよい」（G. 1091）と。

釈尊を「聖者」（G. 1127）という。ピンギヤが釈尊に対して「このわたくしは聖者のお言葉を聞いて云々」（G.

1147）という。

このように聖者は多数いる複数的な存在であり、かつ仏弟子たちは釈尊の尊称としている。また、聖者は多数存在するので、釈尊は第三者の立場で聖者とはいかなる人をいうかについて仏弟子たちに縷々説き示している。

(3)賢者（dhira）

もろもろの賢者というとき、それは聖者と同義である（G. 211～219）。賢者（G. 317）、賢者たち（G. 581）、「教法に安立し、素直で柔軟であるのを楽しみ、執着に打ち克ち、あらゆる苦を捨てた賢者」（G. 250）という。釈尊が賢者は世の中に正しく遍歴するであろう、という（G. 371 参照）。ヴァンギーサは釈尊に「賢者よ」（G. 349）と呼びかける。ダンミカも同様である（G. 380 参照）。

サビヤが釈尊にいかなる者が賢者といわれるのかと尋ねるのに対して、「この世において、あらゆる邪悪なものから離れ、地獄の苦を超えて〔いる者〕は精進する者といわれる。彼は精進する者であり、精勤する者である。そのような人が、その故に、賢者といわれる」（G. 531）と。dhira はアルダマーガディー語も同形。

(4)教師（satthar）

放牧者のダニヤが世尊に対して「教師となってください」（G. 31）と呼びかける。サーターギラ夜叉が同じく「教師ゴータマ」という。（G. 153 参照）。「無上の教師」（G. 179）。尊者ヴァンギーサは釈尊に対して「教師」といい（G. 345）、サビヤも同じく「教師」と呼ぶ（G. 545, 547 参照）。サビヤは釈尊を「目覚めた方、教師、悪魔に打ち克った聖者」であると称える（G. 545 参照）。セーラは釈尊を「教師」といい（G. 571, 573 参照）、尊者サーリプッタも同じ（G. 955 参照）。ピンギヤも同じ（G. 1148 参照）。

いずれもすべて釈尊に帰依した者たちが口にする尊称であることが分かる。satthar はアルダマーガディー語では satthara に相当し、ジャイナ教では普通、ジナ（Jina）すなわちマハーヴィーラに対する尊称である。

(5)聖人（ariya）

聖人は、とくに釈尊に対する尊称としては用いられない。が、一般に仏教における宗教的な理想像をいう。「賢者、聖人、知見をそなえた者」（G. 115）、「聖人に教えられた教法」（G. 330）、聖人（G. 533, 535, 660, 765 参照）、聖人たち（G. 758, 761, 762, 765, 822 参照）。アルダマーガディー語は āriya で全知者の意。*Āyā*. 1. 2. 2. 16 など。

(6)偉大な人物（mahāpurisa）

セーラ・バラモンは釈尊に対して「お体に偉大な人物の特徴としてそなわっている」（G. 549）という。バーヴァリンはバラモンたちに「偉大な人物の三十二の〔身体的〕特徴がある」（G. 1000）と、釈尊が偉大な人物であることを暗示する。三十二の身体的特徴は本来、バラモンの偉大な人物に認められるものだとされるが、仏教では後には仏の三十二相（八十種好）が説かれるようになる。ティッサ・メッテッヤは、釈尊に偉大な人物とはどういうものかと尋ねる（G. 1040 参照）。釈尊の答え。「もろもろの欲望に対しては清らかな宗教的行為を保ち、渇望を離れて、常に正しい想念があり、よく思慮して心の安らぎに達した行乞者には動揺がない」（G. 1041）と。

(7)偉大な勇者（mahāvīra）

偉大な勇者すなわちマハーヴィーラはジャイナ教では開祖ヴァルダマーナの別称である。ところで仏教でもこの語が用いられる。遍歴行者サビヤが釈尊を称賛している。「かのナーガ（＝竜）の中のナーガ、偉大な勇者であるあなたが説かれたことによって云々」（G. 543）。セーラは釈尊のことを弟子たちにいった。「彼は〔煩悩の毒〕矢を抜き取る治療者、偉大な勇者である」（G. 562）と。

(8)勇者（vira）

また、ジャイナ教と同じく初期仏教では勇者（vira）の語もある。「たとえば落葉したコーヴィラーラ樹のように、勇者は在家のもろもろの飾りを捨て去り云々」（G. 44）。セーラが世尊に申しあげた。「これら三百人の行乞者たちは、合掌して立っているのです。勇者よ。両足をさし出してください」（G. 573）。「あらゆる世界に打ち克った勇者をわたしはバラモンという」（G. 642）と、世尊はヴァーセッタ青年に説く。同じく「牛王（＝牛の王）、最上者、勇者、偉大な聖仙……目覚めた者をわたしはバラモンという」（G. 646）。

このように勇者は真実の宗教者を称賛する語であり、釈尊に対する尊称として用いられる。

(9)ジナ（jina）

勝利者。勝つ、勝利する√jiという動詞に基づく。仏教でもまた修行の成就者、理想の宗教者像をいうのもジャイナ教と酷似している。

「道による勝利者」（G. 84）。「清らかな勝利者」（G. 372）。「エーラーヴァナという名の象の王は、〔あなたが〕「勝利者」だと聞いて、あなたのもとにやって来たのです云々」（G. 379）というのはダンミカという信者が釈尊に向かっていった詩句の一節である。

　サビヤは釈尊に申しあげた。「もろもろの目覚めた者は、誰を田地の勝利者というのですか云々」(G. 523)。これに対する世尊の答え。「サビヤよ。神の、人間の、梵天の田地というすべての田地を考察して、あらゆる田地の根本の束縛から解き放たれた者、このような人が、それ故に、田地の勝利者といわれる」(G. 524)。「かのナーラカは、福徳を積んで、勝利者(=仏陀)〔が世に出現するの〕を待ち望みながら、もろもろの感官を守って〔行乞者の教団とは〕別に住んだ」(G. 697)。「勝利者が勝れた〔教法の〕輪を転じたという声を聞き云々」(G. 698)。ここにいう勝利者とは釈尊の尊称である。「それは、もろもろの勝利者しか知らないことだからです」(G. 989)。

(10)夜叉(yakkha)

　サーターギラ夜叉とヘーマヴァタ夜叉が登場し、釈尊について問答して、二人の夜叉は釈尊に尋ねる。(G. 153〜180)。その他「これら一千の夜叉たち」(G. 179)、「夜叉よ。聞くがよい」(G. 273)、「消沈したかの夜叉」(G. 449)、「この限りにおいて夜叉の清らかさがある」(G. 478)、「夜叉の最上の清浄」(G. 875, 876)の用例がある。また特異な用例があるので、左に漢訳と対照して掲げることにする。

Mohantarā yassa na santi keci, sabbesu dhammesu ca ñāṇadassī, sarīrañ ca antimaṃ dhāreti, patto ca sambodhi anuttaraṃ sivaṃ—ettāvatā yakkhassa suddhi—tathāgato arahati pūraḷāsaṃ. (G. 478)

〔訳文は本書一二三頁〕

Pj. によると、この yakkha は人（purisa）で、清らかさ（suddhi）とは清浄性（vodānatā）のことである。が、この yakkha の語義は留保の必要がある。『尊婆須蜜菩薩所集論』（大正、二八・七九八頁上）に、

痴無レ得二其便一　一切法照明　由レ身而扶持　逮覚二最上等一　此最浄鬼語

とある。また、

Yan tam apucchimha, akittayī no, aññaṃ taṃ pucchāma, tad iṃgha brūhi : ettāvat' aggaṃ no vadanti h'eke yakkhassa suddhiṃ idha paṇḍitāse.（G. 875）

これに対応するのは、次の『義足経』（大正、四・一八一頁下）の一詩句である。この訳文には yakkha の語が明確に出ていない。が、「夜叉の最上の清浄」は「尊徳」にあたるか。

我所レ問悉已解　今更問願復説　行レ湮悉成二具足一　設無レ不レ勝二尊徳一

Ettāvat' aggam pi vadanti h'eke yakkhassa suddhiṃ idha paṇḍitāse, tesaṃ pun' eke samayaṃ vadanti anupādisese kusalā vadānā.（G. 876）

これに対応する『義足経』（大正、四・一八一頁下）には次のように怪神がyakkhaに対応する。

是極正有二何邪一　向二径*神一得二果慧一　尊行二定樹林間一　無二有余一最善説

（＊径とあるが、怪の写誤か）

なお、これらのyakkhaの特異例の詳細な考察は、『著作集』第一巻、三九五―四一五頁所収「ヤクシャ考」参照。

⑾牛王（usabha）

牛王は牡牛であるが、特に牛の群の中のリーダー格であるから、漢訳では牛王と訳す（G. 26, 27, 646, 684, 996）。釈尊の異称として用いる場合もある。

⑿菩薩（bodhisatta）

釈尊を菩薩――本生菩薩の意――と呼ぶのはG. 683においてのみである。

三　『スッタニパータ』に現われた神がみ

後代の仏教では仏法を守護する神を護法神という。あらゆる護法神をも網羅したのが密教の曼荼羅である。ところで初期仏教の時代にすでに護法神が登場する。その双璧は梵天（ブラフマン）と帝釈天（インドラ）である。当時、バラモン教で最も信仰されていた最高神であったからだろうか。なに故に種族たちが神がみの中でとくにこの二神を選んだのかはさだかではない。

次に *Sn.* に現われるこれらの神がみを取りあげてみることにしたい。

⑴梵天（Brahman）

Brahman はウパニシャッド哲学では中性名詞で最高原理を表わす。初期仏教では男性名詞であって人格神であるから、漢訳経典では梵天と訳している。過去世の目覚めた者カッサパはバラモン出身であったから、ティッサ・バラモンという人物がカッサパに対して「梵天（＝ブラフマン）の親族であるそなた」（G. 241）という。当時、バラモンたちは梵天の親族であることを自認していたからである。

祭式哲学を説く聖典「ブラーフマナ」（Brāhmaṇa）の時代にブラフマンは最高神として登場するが、初期仏教ではそれを継承しているとみてよいであろう。

「バラモンたちは梵天を宝庫として守っていた」（G. 285）。「彼等のうちで〔梵天と同じように〕最高にして、断固として努力するバラモンこそはまた云々」（G. 293）。「戦士族も梵天の親族も」（G. 315）。スンダリカ・バーラドヴァージャ・バラモンが釈尊にいう。「そして、〔今〕そのような覚りに達したお方にお目にかかったのですから、わたくしの供物が真実の供物になるようにしてください。〔このことは〕梵天が証人です。世尊よ」（G. 479）。マーガ青年が釈尊に申しあげた。「まさしく世尊よ。今日、梵天をわたくしは見ることができたのです。なぜならば、あなたはわたくしたちにとって本当に梵天に等しいお方だからです」（G. 508）。このように釈尊は梵天に等しい者だという。釈尊がサビヤに答えて言う。「輪廻を超えて彼は自立し、〔渇望や誤った見解に〕依存しない者、このような人が梵天（＝最勝な者すなわちバラモン）といわれる」（G. 519）。このようにバラモンを梵天に匹敵する者ともいう。

また、「梵天の田地」（G. 524）、「梵天の蔵」（G. 525）、という表現がある。

釈尊がヴァーセッタに言う。「三つの覚りの智（tevijja）をそなえて静まり、再生を滅し尽した者は、もろもろの識者にとって、梵天であり帝釈天であると、このように、ヴァーセッタよ、知るがよい」（G. 656）。「梵天〔のように最勝者であるバラモン〕よ」（G. 982）。「そもそも、神か梵天あるいはスジャーの夫である帝釈天のうちの、誰が意《こころ》の中でそれらの質問をしたのか」（G. 1024）。ドータカ尊者が釈尊に対して「梵天〔のようなお方〕よ」（G. 1065）と呼びかける。「梵天〔に等しい最勝者であるバラモン〕よ」（G. 1133）と。

以上によって、梵天は、釈尊もしくは最勝者としてのバラモンがそれに喩えられている。その比喩契機は最高にして最勝であることである。

⑵帝釈天（Inda）

『リグ・ヴェーダ』（*RV.*）では雷霆神を意味するインドラ（Indra＝Inda）は、漢訳語では帝釈天の語でわれわれに親しまれている。前項でみたように、帝釈天は梵天とともに言及される場合が少なくない。

人は他の者から教法を習って知ったならば、その人を尊敬すること、神がみが帝釈天を敬うようにしなければならない（G. 316 参照）。帝釈天は神がみの中の神といわれる。

釈尊が生誕したとき、三十三天（＝三十三の神がみ）と帝釈天とが讃嘆しているのを、聖仙アシタは見た（G. 679 参照）。神、梵天、スジャーの夫（sujampati）である帝釈天（Inda, Skt. Indra）に言及する（G. 1024 参照）。

このように*Sn.*においては帝釈天は直接比喩に用いられることはない。

バラモン教の供犠で、牛に刃が落ちたとき、神がみ、祖霊（pitara）、帝釈天、阿修羅（asura）、羅刹（rakkhasa）たちは「不法なことだ」（adhammo）と叫んだ（G. 310 参照）。

梵天、帝釈天以外にヴェーダの神名が言及されることはない。祖霊は種族たちの信仰対象である。また阿修羅はヴェーダの神がみに敵対するものであって羅刹とともに非ヴェーダ・アリアン起源の神格である。

(3)一般的な神（deva）

ヴェーダ・アリアン民族が神を表わす一般的な呼称はデーヴァ（deva）である。*Sn.*にはデーヴァ、すなわち神がみもまた、しばしば登場する。たとえば、G. 18〜30, 139, 310, 333, 346, 384, 404, 521, 527, 543, 679, 680, 1047, 1063, 1081, 1148 参照。古代ペルシャではデーヴァに相当するダエーヴァ（daēva）は悪魔である。

(4)神性のもの（神に準ずるもの、または神がみ devatā）

初期仏教では神と神性のものは、明瞭に区別して用いられる。神性のものは本来、種族たちと血縁関係にあったことは明らかである。本文五七頁一四行目、八五頁五行目 G. 986, 990, 995 参照。神がみの用例は G. 316, 1043〜1045 参照。いずれにしても devatā は女性名詞である。

(5)阿修羅（asura）

ヴェーダの神がみと阿修羅との戦いは非アリアン民族との対立抗争を神話のかたちで語り伝えたものである。G.

310, 681.『ゼンド・アヴェスタ』(Zend-Avesta) では阿修羅は光の神アフラ・マズダー (Ahura Mazdā) であり、『リグ・ヴェーダ』(*RV.*) では神がみに敵対する者である。拙著『インド古典論　上』筑摩書房、一一三—一一三頁所収「アスラからビルシャナ仏へ」、W. E. Hale: *Āsura-in Early Vedic Religion.* Delhi 1986 参照。

(6)三十三天 (tusita)

仏教神話に登場する三十三天に言及する。G. 679 に三十三天が、また G. 955 に兜率天が説かれる。なお、三十三天はヴェーダ神話の影響である。天・空・地の神をあわせて三十三の神がみがあるという (*RV.* 1. 45. 2, *AV.* 12. 3. 16)。

四　特色ある仏教用語

次に、*Sn.* にみられる特色ある仏教用語を取りあげてみることにしたい。

(1)激流 (ogha) の比喩

まず、激流の比喩契機と使用契機とをうかがって釈尊仏教の特異性をみることにしたい。

サーターギラ夜叉とヘーマヴァタ夜叉とが釈尊に尋ねる。「この世で誰がまさに激流を渡るのですか。この世で誰が大海を渡るのですか。底知れず支えのない深い〔海〕で、誰が沈まないのですか」(G. 173) と。これに対する釈尊の答え。「あらゆる時に戒めを身にそなえ、智慧があり、よく心を安定し、内に思念し、正しい想念がある者は、渡りがたい激流を渡る」(G. 174)。また、「欲望の想いを離れ、あらゆる束縛を超え、〔渇望という〕歓楽と生存とを滅し尽した者、彼は深い〔海〕に沈むことがない」(G. 175)と。「激流を渡り、煩悩の汚れなき、かの等覚者(=よく目覚めた者)をわれわれは見たてまつった」(G. 178)。

アーラヴァカ夜叉が釈尊に尋ねる。「人はどのようにして激流を渡るのですか。どのようにして海を渡るのですか云々」(G. 183)と。これに対する釈尊の答え。「人は信仰によって激流を渡り、怠りなきことによって海を〔渡る〕」(G. 184)と。

「〔筏で〕激流に打ち克って〔河を〕渡りきり、彼の岸(=理想)に到達した」(G. 21)。「激流を〔超え〕海を超えるような者」(G. 219)。「彼等は渡りがたく、かつて渡ったことのないこの激流を渡り、再び生まれかわることがない」(G. 273)。「心を落ち着けて激流を渡り……最後の身を保つ如来」(G. 471参照)。「実にもろもろの渇望に陥らず、激流を渡って、我がものという執われがなくて歩む者たちがいる」(G. 495)。「あなたは……激流の闇を渡られたのです」(G. 538)。「それら〔の欲望〕を捨てて激流を渡るがよい」(G. 771)。「想念を普く知って、激流を渡るがよい」(G. 779)。「聖者が……〔欲望を〕捨てて行ない、〔欲望の〕激流を渡ったとき、もろもろの欲望にとらえられた人びとは羨む」(G. 823)。「賢者たちはどのようにして〔煩悩の〕激流、生や老、および憂いや嘆きを渡るのですか」(G. 1052)。「確かにその者はこの〔苦の〕激流を渡った」(G. 1059)。「だが、最も勝れた教法を明らかに知って、その〔教法の〕とおりに、あなたはこの激流を渡るがよい」(G. 1064)。

「釈迦族のお方よ。わたくし一人では大きな激流を〔何かに〕依らずに、渡ることはできません」(G. 1069)。釈尊は言う。「ウパシーヴァよ。無所有を観じながら、正しい想念があり、〔いかなるものも〕存在しない、という〔思い〕に依って激流を渡るがよい」(G. 1070)。

「聖者よ。もしも、あなたが〔彼等は生や老の〕激流を渡った者ではないと仰せられるならば、神や人間の世の中において、誰が生や老を渡ったのですか」(G. 1081)。この問いに対する釈尊の答え、「もろもろの煩悩の汚れなき彼等こそ「激流を渡った人びとである」とわたしは言う」(G. 1082)。尊者ナンダは釈尊に申しあげた。「煩悩の汚れのない彼等を、わたくしもまた「激流を渡った者たち」といいます」(G. 1083)。

尊者カッパは釈尊に申しあげた。「〔輪廻の〕流れの真っ只中に立って、恐るべき激流が生じたとき、そういうことが二度とないように、老や死に打ち克った者たちの拠りどころ(＝島または中州)をお示しください」(G. 1092)。これに対する釈尊の答え。「カッパよ。〔輪廻の〕流れの真っ只中に立って、恐るべき激流が生じたとき、老や死に打ち克った者たちの拠りどころをわたしはそなたに説く」(G. 1093)。

尊者ジャトゥカンニン学生が釈尊にいった。「……激流を超えた無欲なお方にお尋ねするために参りました」(G. 1096)。「激流を渡って、解脱し……」(G. 1101)。

このように激流は、苦、煩悩、生と老、老と死などさまざまなものに喩えられる。あるいは「輪廻の流れの真っ只中に立って」という表現から、輪廻にも喩えられる。

釈尊が成道した直後、あるいは入滅の直前に宣言した「生は尽きた。清らかな宗教的行為は完成した。なすべきことはなされた。今後、このような〔輪廻という〕状態は〔再び繰り返すことが〕ない」という文言には、「善く行ける者(＝善逝)」、「そのように行った者(＝如来)」の意味するところが、輪廻の激流を渡ったことを背景とすることによって理解することができよう。

なお、筏と到彼岸の喩えを、世尊は〔ダニヤに〕説かれた。「〔もはや、わたしは〕筏を必要としない」(G. 21)と。

⑵彼の岸（pāra）の比喩

Pāli, Skt. ともに pāra は、此の岸（此岸、apāra）に対する彼の岸（彼岸）である。中インド平原を貫流するガンジス河の流域が歴史的地理的な背景になっている。

ただし、たとえば pāragū, pāragata などという「彼の岸に到達した（者）」を意味する語が、「ヴェーダ聖典の奥義に精通した（者）――バラモン――」の意でもあることからすれば、バラモン教の用語の仏教的転釈であるかもしれない。いずれにしても彼岸思想はジャイナ教にも共通するので（類語は pāragamaṇa, pāraga）、釈尊当時の種族宗教に起源する可能性がある。われわれにとって彼岸といえば、春分の日と秋分の日の春秋二季の彼岸であって、先祖供養、亡き人を偲ぶ日である。

インドでは基本的にはガンジス河本流の北岸（左岸）が此岸であるのに対して、同じく南岸（右岸）は彼岸であった。そして彼岸に到達するのは宗教的理想を実現することを意味する。こうした観念もまた仏教、ジャイナ教に共通して認められる。それは釈尊にしてもヴァルダマーナにしても、いずれもガンジス河本流の北岸地方の出身であり、南岸に渡って修行した結果、覚りを得て目覚めた者（＝仏）となったことと深く関わっているとみてよいであろう。この河の流れは激流（漢訳、暴流《ぼる》）、大激流と呼ばれ、生死、老死、輪廻、欲望などに喩えられる。*Sn.* ではこの河の流れを渡りきって彼の岸に到達するのは生死などを超えて心の安らぎ（＝涅槃）を得ることにほかならない。だから後の教学では彼岸は覚りの境地、さらには仏界を意味するようになる。大乗仏教の『般若経典』では般若波羅蜜多（prajñāpāramitā）は覚りの智慧の完成であるが、波羅蜜多（pārami-tā）は到彼岸と漢訳されるように、文字どおり彼岸に到達することであるから、般若思想の起源は *Sn.* に求めることができよう。

般若波羅蜜多は、何ものによっても代置することのできない絶対的な優位性が付与される。いかなるものでも般若波羅蜜多を超えることができない。それは覚りの智慧の絶対化であり、神秘化ですらあるといってよい。もちろん *Sn.* における到彼岸（pāragū, pāragata, pāraga, pāraṃga）というのは覚りの境地ではあるが、雨期などに氾濫するガンジス河を命懸けで渡るという現実世界における感覚的な生々しさが残っている。この彼岸の語を一つ取りあげてみても、日本仏教に至るまでの二千数百年の歴史の根源には *Sn.* が存在することを思わずにはいられない。

漢訳語の彼岸（彼の岸）の原語 pāra は「……を超えて……の方にもたらす」「渡る」を意味する動詞√pṛ に基づく造語で形容詞では向うへ渡る、渡河するという意。男性名詞、中性名詞では彼岸、極限、究極、目的地を意味する。pāra を前接辞とする語もまた pāra の語義をそのまま伝える。たとえば、pāraga は彼の岸に行く、彼の岸に渡る、目的地に達する、完成したの意。漢訳では到彼岸、趣彼岸、到彼者、得度など。彼の岸に到達し（pāraga）という表現で、たとえば、「生死〔を超えたところ〕の彼の岸に到達し」（G. 32）などもある。

バラモン教では、ヴェーダ聖典を学習し尽した、ヴェーダ聖典に精通した、深く学ぶことができる、という形容詞。G. 21, 32, 210, 359, 638, 803. *SN.* IV. p. 71（jātimaraṇassa pāraga）. アルダマーガディー語では pāraya である。

pāragata（彼の岸に到達した）は pāra-√gam の過去分詞で、彼の岸に到達した意。漢訳語は到彼岸。ヴェーダ・サンスクリット語（V Skt.）には、この語形がない。*SN.* I. p. 34, II. p. 277, IV. p. 157, *AN.* IV. p. 411, *Dhp.* G. 414（tiṇṇo pāragato jhāyī）, *Therag.* 1, 209, *Vv.* 53（cp. *VvA.* 231）.

pāraga の類語である pāragū に相応する語形はサンスクリット語にはない。彼の岸に到達した、というこの語は *SN.* I. p. 195 = *Nd.*^{2} p. 136（dukkhassa pāragū）, *SN.* IV. p. 210（bhavassa pāragū）, *AN.* II. p. 9, III. p. 223, *It.* 33（jarāya pāragū）, *Dhp.* G. 348（bhavassa pāragū）に用例がある。

pāratthika は彼岸を求める意で、*DN.* Ⅰ. p. 244 に用例がある。

pāragata と同義の pāragāmin は *SN.* Ⅰ. p. 123, *AN.* Ⅴ. p. 232, 253, *Dhp A.* Ⅱ. p. 160.

pāragata と同義の pāraṃgata（cp. pāragata）は G. 803, *MN.* Ⅰ. p. 135, Ⅱ. p. 277, Nd^1. p .114, Nd^2. p .435, *Pug.* p .72, *Vism.* p .234. ジャイナ教の聖典用語であるアルダマーガディー語の pāragamaṇa に相当する pāraṃgamana（彼の岸に到達する）は G. 1130, *SN.* Ⅴ. p. 24, 81, *AN.* Ⅴ. p. 4, 313 にそれぞれ用例がある。

G. 1105 に「あらゆる教法の奥義に精通したお方に」（pāraguṃ sabbadhammānaṃ）とある。これは前述の pāraga にヴェーダ聖典に精通したという語義があるように pāragū もまた同義に用いている例である。

彼の岸を求めるという語義では pāratthika と類語の pāragavesin は *Dhp.* G. 355（hananti bhogā dummedhaṃ no ce pāragavesino）, *Dhp A.* Ⅳ. p. 80. に用例がある。

仏教混淆サンスクリット語 pāramitā の類語の pāramī については、「もろもろの呪句（＝ヴェーダ聖典）について奥義に精通していることを語ってください」（mantesu pāramiṃ brūhi）（G. 1018）、バーヴァリンは「自分の教説についての奥義に精通したものである」（sadhamme pāramiṃ gato）（G. 1020）とある。これらの文言は本書、五　彼の岸への道の章（漢訳、音写語は波羅延）に認められるということは注意してよいであろう。Pāli. pārāyana に対する Skt. pārāyaṇa はヴェーダ聖典を学習し、その奥義に達することを意味する。

pāragū, pāramī がヴェーダ聖典の奥義に精通すること、あるいはヴェーダ聖典の奥義に精通するバラモンを意味するように、本来、バラモン教の用語であるものを、pāra にもう一つの「彼の岸」の語義があるところから、それを仏教的に転釈したとみるのが、著者の見解である。

このようにみると、五　彼の岸の道の章という章名をよく理解することができるであろう。すなわち、バラモン・バーヴァリンとその弟子たち十六人の学生に対して、ヴェーダ聖典を学習し、その奥義に精通するというのは、実は彼の岸への道ということであると、釈尊は説き示す。そして最後に学生ピンギヤに、「信仰を起こすがよい。そなたは死魔の領域の彼方に行くであろう」という。死を超えた彼の岸は文字どおり不死（amata）の境地であり、心の安らぎにほかならない涅槃の世界なのである。不死の境地（amatapada）は *Dhp.* G. 21. 参照。

次に *Sn.* について、以上の語の実際の用例にあたってみることにしたい。

a彼の岸に到達した（pāragata）――漢訳、到彼岸――という表現

世尊は説かれた。「組んだ筏は巧みにつくられたものだから、激流に打ち克って〔河を〕渡りきり、彼の岸（＝理想）に到達した。〔もはや、わたしは〕筏を必要としない。神よ、ときに、もしお望みとあれば、雨を降らせたまえ」（G. 21）。「あらゆる〔執着の〕住居を知って、それらのいずれをも望むことがない者、貪りを離れ欲求がないかの聖者こそは〔ことさらに、求めようとして〕あくせくすることがない。なぜならば彼は彼の岸にすでに到達した者であるからである」（G. 210）。「広大な智慧をもち、〔激流を〕渡って彼の岸に至り、全き心の安らぎを得て自立した聖者にわたくしはお尋ねいたします云々」（G. 359）。「〔激流を〕渡って彼の岸に至り、瞑想して動揺することなく……心の安らぎに達した者をわたしはバラモンという」（G. 638）。「バラモンは、戒めや禁戒によって導かれるものでない。そのような者は、彼の岸に達して戻らない」（G. 803）。

b彼の岸に到達する（pāragū）という表現

〔サーターギラ夜叉とヘーマヴァタ夜叉はいう〕「語る者、説く者、あらゆるものごとの彼の岸（＝理想）に到達

し、怨みと恐れとを超えた目覚めた者であるゴータマにわれわれは尋ねます」(G. 167)。「ヴェーダ聖典の呪句に精通した者(=バラモン)」(G. 251)。遍歴行者サビヤは詩句をもって釈尊を称賛した。「あなたは苦の終わりに至り、彼の岸に至ったお方です」(G. 539)。ナーラカ仙は釈尊に言った。「ゴータマよ。だから、そのことを、あらゆる教法の奥義を極めたお方に、わたくしはお尋ねします」(G. 699)。「それら〔の欲望〕を捨てて激流を渡るがよい。船の水を汲み出して彼の岸に至った者〔となるがよい〕」(G. 771)。「彼(=バーヴァリン)は年齢は百二十歳であり、……彼の身体には三つの特徴があり、三つのヴェーダの奥義を極めている」(G. 1019)。ウダヤ学生が釈尊に言った。「あらゆる教法の奥義に精通したお方」(G. 1105)。尊者ポーサーラもまた釈尊に同じようにいった。「あらゆる教法の奥義に精通したお方」(G. 1112)。

c彼の岸への道(pārāyana, B Skt. pārāyaṇa)という表現

「最上の道を修めながら、此の岸から彼の岸に行くであろう。それは彼の岸に行くための道である。それ故に、彼の岸への道という」(G. 1130)。尊者ピンギヤがいった。「彼の岸への道をわたくしは復唱しましょう」(G. 1131)。類語に parāyana, parāyaṇa がある。アルダマーガディー語は pārāyaṇa であるが、仏教と同義である。バラモン教では pārāyaṇa もヴェーダ聖典の学習のことであるが、釈尊はこの語を仏教的に転釈している。

(3)奥義に精通する(pāramī)という表現

「もろもろの呪句(=ヴェーダ聖典)について奥義に精通していることを語ってください」(G. 1018)。「自分の教説についての奥義に精通したものである」(G. 1020)。

pāramī に基づく用語の pāramitā は大乗仏教の『般若経典』ではパーラミター（pāramitā）、すなわち波羅蜜、到彼岸、菩薩行のことである。この観点からすれば pāramitā はバラモン教の pāramī の転釈である。

(4)ウパニシャッドの用語の転釈

ウパニシャッド哲学の nāmarūpa の用語の借用について、完備した縁起説である十二因縁の第四支に名色（nāma-rūpa）がある。しかしこの語は *Sn.* にしばしば用いられている（G. 355, 530, 537, 756, 909, 950, 1036, 1100）。仏教でこの語を用いるときは個体存在を意味するが、nāma（名称）と rūpa（形態）とを分ける場合もあって、これはウパニシャッド的な用法とみるべきであろう。なお、ウパニシャッド哲学では nāmarūpa は個体存在もしくは広く現象世界を意味する。

tad dhedaṃ tarhy avyākṛtam āsīt tan nā-marūpābhyam eva vyākriyatāsau nāmāyam idaṃ rūpa iti tad idam apy etarhi nāmarūpābhyām eva vyākriyate, sau nāmāyam idaṃ rūpa iti sa eṣa iha praviṣṭaḥ ānakhāgrebhyo . . . (*Bṛhad Up.* 1.4.7).

そのとき、実にこのすべては未開展であった。それはただ名色（＝名称・形態）のみより開展した。「この名はこれである。色はそれである」と。これらはまた、その際、ただ名色のみより開展した。「この名はこれである。色はそれである」と。これらは爪の先端まで入った。

yaḥ sarvajñaḥ sarvavidyasya jñānam ayaṃ

tapaḥ, tasmād etad brahma nāma-rūpam annaṃ ca jāyate (*Muṇḍ Up.* 1. 1. 9).

一切智、一切明の中の智慧なるものは、この熱禱《タパス》である。それ（=熱禱）より、この梵（=宇宙の根本原理）、現象世界および食物が生ずる。

このようなウパニシャッド的な用法は初期仏教には全く認めることができない。

五 『スッタニパータ』に説く教えの用語

(1)ダンマ（dhamma）

いうまでもなく、バラモン教のブラフマン（brahman）は、中性名詞の場合は呪句、呪力から宇宙的な最高原理のことである。ところで、男性名詞では司祭者バラモン、とくにヴェーダの祭式を執行する祭官であり、また最高神（梵天の漢訳語がある）であって中性名詞の場合と異なって人格神を意味する。このブラフマンに相当するのは仏教ではダルマ（dharma――語幹は dharman）である。もちろん、バラモン教にも用語として dharman が存し神格化されたりしているが、やや例外的といってよい。しかし、この語は仏教ではとくにさまざまの意味が含まれている。仏教はかつては仏法（buddhadharma）と呼ばれるほどであったから、まず、この語を取りあげてみることにしたい。

dhamma, Skt. dharma の漢訳語は一般には法である。今日でも、この訳語が用いられているのが通例になっている。しかし、法という語は極めて多義にわたり、その意味の取捨、解釈にはさまざまな問題が含まれている。それは法の語義――この場合、原語はSkt. dharmaである――が仏教の教理の発達とともに変化し、概念内容も増幅してきたがためにほかならない。

しかしながら、現代における仏教の理解で、ダンマ、ダルマ＝法を絶対視し神秘化するのはdhammaを実体と見なすことになる。このようにダルマを実体的に認識するのは仏教の本義にもとることになるのではなかろうか。現在、一般に用いられている真理という訳語も、主体的実践的真実を内実とするものでないと単に客観的な理法と解される危惧がある。

*Sn.*には「dhammaを説く」、「dhammaを聞く」という表現が数多くあるように、それは第一に釈尊の教えである。そして、その教えは真実なものであるから、本書では教「法」の訳語を用いることにした。ちなみに教法はdharmaの『阿毘達磨倶舎論』における玄奘の訳語である。

「〔真実を〕多く聞いて教法を身につけ」(G. 58)。「もろもろのものに関しては常に教法にしたがって行ない」(G. 69)。「教法の主（dammassāmiṃ）」(G. 83)。「まさにこの世において教法を説いて解釈する者」(G. 87)。「よく説かれた教法の言葉である道に〔したがって〕」(G. 88)。「教法を願う者は繁栄し、教法を厭う者は滅亡する」(G. 92)。「すばらしい教法の特性を礼拝しながら」(G. 180)。〔世尊は説きたもう〕「もろもろの阿羅漢が、心の安らぎ（＝涅槃）を得る教法を信じ、〔教法を〕聞こうと願って、怠らず、明察すれば、智慧を得る」(G. 186)。「信仰があって、在家生活をする者に、真実、教法、堅固、施与（sacca, dhamma, dhiti, cāga）というこれら四つの特性があれば、その者こそ来世を憂えることがない」(G. 188))。「わたしは村から村へ、町から町へ巡り歩くでしょう。等覚者を、そしてすばらしい教法を礼拝しながら」(G. 192)。「教法に安立し、素直で柔軟であるのを楽しみ」(G. 250)。「教法の喜び（＝法悦）の味を味わっている者」(G. 257)。「愚かさの性《さが》で覆われた行乞者は、目覚めた者の説かれた教法を話したところで分からない」(G. 276)。「何からでも、もしも人が教法を明らかに知るならば」(G. 316)。

「また聖人に教えられた教法を喜ぶ者たち」(G. 330)。「教法をお説きいただきましょう」(G. 351)。「正しく教法を知り」(G. 365)。「ありのままに教法を知ったならば」(G. 368)。「あなたは覚ってから……すべて智慧と教法とを明らかにされます」(G. 378)。「毘沙門天王のクベーラも、あなたに教法を尋ねようと近づいて来ました」(G. 380)。「この教法こそは微妙であり、また心楽しいものです。これはあなたによって善く説かれたものです。世尊よ。皆は、そうしたものをこそ聞こうと願っています。あなたにお尋ねしますから、わたくしたちにお説きください。最勝の目覚めたお方よ」(G. 383)。「汚れのないお方によって覚られ、よく説かれた教法を聞くがよい。あたかも神がみがヴァーサヴァ（＝インドラ神）の〔教法を聞く〕ように」(G. 384)。「もし彼が〔教えを〕聞く者、あるいは他の者、または誰かある行乞者と語ることがあれば、その勝れた教法を説くがよい。仲たがいさせる言葉を口にせず、他の者を非難しないことである」(G. 389)。「〔彼の岸に〕善く行ける者によって説き示された教法を聞いてから云々」(G. 391)。〔世尊はお答えになった〕「では、バラモンよ。そなたは耳を傾けるがよい。わたしはそなたに教法を示すであろう」(G. 461)。「わたしは無上なる教法の王（＝法王）で、教法によって輪を転ずる」(G. 555, 693 参照)。「無上なる教法の輪」(G. 557)。「あらゆる教法の奥義」(G. 699)。「そして、そのとき、世尊は……行乞者たちに教法を示していらっしゃった」(G. 1015)。「最も勝れた教法」(G. 1064)。「教法を説いてください」(G. 1085)。「あらゆる教法の奥義に精通したお方に」(G. 1112)。

dhamma を教法の意味に用いる例としては、このほかに G. 87, 317, 318, 320, 323, 326, 327, 351, 361, 389, 461, 471, 534, 536, 586, 693〜696, 749, 763, 764, 803, 856, 1039, 1052〜1054, 1057, 1065, 1097, 1102, 1105, 1107, 1120, 1122,

1137, 1139, 1141 がある（ただし、散文中の用例を除く）。

以上、「dhamma を説く」、「dhamma を聞く」、「dhamma を示す」などの用例は数少なくない。これらの場合は単なる真理ではないことはいうまでもないであろう。しかし、道理もしくは教説の意味に用いられる場合もある。たとえば、「道理を語るがよい。道理でないことを〔語ってはなら〕ない」（G. 450）。「真実はまさに不死の言葉であり、これは恒常の道理である。善き者たちは、真実と利益と道理とに安立したものである」（G. 453）。そのほかに道理の用例は G. 312, 314, 504, 527, 1075 など。

教説の用例は、「他の教説」（G. 880）。「教説」は G. 782〜785, 787, 837, 861, 891〜893, 903〜907, 965, 1020. など。「正しいやり方」（G. 404）、「やり方」（G. 480）。「このような定め」（G. 575）。「バラモンたちは掟によって守られていて、不可侵であり云々」（G. 288）。「情交の慣習」（G. 704）。「善からざる者の習性を喜ぶ」（G. 94）。「仕方（＝方法）によって」（G. 239）の意味で使われている場合もある。

規則としての dhamma は「純然たる行乞者の規則」（G. 393）。「この〔飲酒してはならないという〕規則を喜んで〔他人に〕飲ませてはならない」（G. 398）。

教学上の用語である六つの認識対象（六境）の第六に挙げる法（dhamma）としては、「色・声・味・香・触、そして法のすべて」（G. 759）がある。また「これらのもの（＝色などの五つの対象）」（G. 975）。

こととしての dhamma は「……すること」（G. 81）、「二とおりのこと」（G. 886）、「このこと」（G. 1095）、「あらゆること」（G. 478）、「いうこと」（G. 973）。

ものとしての dhamma は「あらゆるもの」（G. 914, 1076）、「これらのもの（＝色・声・味・香・触。認識対象、五境）（G. 387）、「これらのもの（＝托鉢の食物と臥坐具と大衣の汚れ）」（G. 392）、「もろもろのもの」（G. 801）。

事柄としてのdhammaは「もろもろの事柄について」（G. 160, 161）、「あらゆる事柄」（G. 211）、「もろもろの事柄」（G. 866, 868）、「悲嘆する事柄」（G. 969）、「どのような事柄」（G. 917）。

(2)根源的な無知（＝無明　avijjā）

これは覚り（＝明　vjjā）の対語である。縁起の第一支に挙げられる。初期仏教では根源的な無知は暗黒に、覚りは光明に喩えられる。釈尊の成道を伝える簡潔な文言がある。「無明尽きて明生じ、闇尽きて光生ず」（『四分律』受戒犍度、拙著『釈尊――その行動と思想』評論社、一九八九年五月、一一一―一一二頁）。明と無明との矛盾関係についてはすでに古期ウパシャッドにさまざまな表現で説かれている。G. 199, 277, 729, 730, 1026 参照（『著作集』第一巻所収「第五章　初期仏教と密教の発祥」1　VIDYĀ、三三九―三四三頁参照）。

(3)渇望（＝渇愛　taṇhā, Skt. tṛṣṇā）

漢訳語では渇愛、または愛（この語は誤解されやすい）。tṛṣṇāは喉が渇く√tṛṣという動詞に基づき、喉の渇きの意。喉の渇いたとき水を求めるような激しくて抑えきることのできない欲求、欲望。「渇望を断ち切った」（G. 3）、「渇望を滅すること」（G. 70）、「渇望を離れた人」（G. 83）。人間存在の現存在をそのようにとらえるのであるが、そのもとには根源的な無知がはたらいている。G. 306, 339, 355, 495, 496, 640, 740, 741, 746, 776, 854, 856, 916, 1068, 1085, 1101, 1103, 1109, 1123, 1137, 1139, 1141 参照。

そこで次に*Sn.*では欲望の抑止が説かれる。

⑷欲望（kāma）の抑止

この場合の欲望は男女間の愛欲までも含まれるから、いわば生存欲ともいうべきものである。釈尊は人間の生存の根底に渇望、欲望のはたらきをみて、それをまず抑止することを初期仏教における実践の第一義としたといってよい。G. 50, 51, 60, 139, 160, 161, 166, 175, 176, 239, 243, 272, 284, 315, 337, 359, 361, 423, 424, 435, 436, 461, 464, 467, 497, 639, 766〜769, 771〜774, 823, 844, 857, 940, 945, 1039, 1041, 1046, 1070〜1072, 1088, 1089, 1096, 1097, 1106, 1131 参照。

⑸貪り、怒り、愚かさ（＝貪・瞋・痴　rāga, dosa, moha）

それらは普通、三毒煩悩と呼ばれる。煩悩の原語は kilesa, Skt. kleśa で、仏教に固有の語である。が、*Sn.* には G. 348 に一回用例がみられるだけである。それはサーンキヤ哲学をはじめ他のインド哲学学派にも影響を与えた仏教語である。G. 11〜13, 74 参照。

⑹五つの蓋い（＝五蓋　pañcanīvaraṇa, pañcāvaraṇa）

われわれの心の五つの煩悩。初期仏教の比較的早い時期に、釈尊によって説かれたことは注目してよい。G. 17, 66, 註解一七（29）参照。

⑺〔煩悩の〕矢（salla）

煩悩などは、しばしば毒矢に喩えられる。「矢に射られて苦しんでいる者たちに、どんな眠りがあるのか」（G.

331)。「怠りなきことによって、〔また〕覚りの智によって自分に〔刺さった煩悩の〕矢を引き抜け」(G. 334)。「〔煩悩の〕矢を抜いたならば、彼はこの世に正しく遍歴するであろう」(G. 367)。「自分の安楽を求めている者は、〔貪りなどの煩悩の〕自分の矢を引き抜くがよい」(G. 592)。「〔貪りなどの煩悩の毒〕矢を引き抜いて……心の安らぎに達した者となる」(G. 593)。「ここに見えにくい〔煩悩の毒〕矢が〔人びとの〕心臓に突き刺さっているのを見た」(G. 938)。「その〔煩悩の毒〕矢が刺さった者は、あらゆる方角にのたうち回る。まさにその矢を引き抜いてしまえば、〔あらゆる方角に〕走ることもなく、〔欲望などの激流に〕沈まない」(G. 939)。

毒矢の喩えについては『中阿含経典』所収の「箭喩経」がある。釈尊はしばしば矢の治療医に喩えられる。

矢を離れる（visalla）というのは、煩悩を離れる、煩悩がないことを意味する。「矢（＝煩悩）を離れたかの行乞者」(G. 17)。「これはわたしには腫物であり、……〔煩悩の〕矢であり、恐怖である」(G. 51)。「誰であれ、疑惑を超え、矢（＝煩悩）を離れ、心の安らぎ（＝涅槃）を大いに喜び」(G. 86)。

(8) 四苦

生・老・病・死の四苦が説かれるが、四苦として列挙せず、釈尊は個別的に説いているだけである。苦 G. 32, 老 G. 311, 老死 G. 575, 死 G. 318, 576, 生老 G. 725, 生死 G. 742 参照。

しかし八苦（生・老・病・死・愛別離苦・怨憎会苦・求不得苦・五陰盛苦）というまとまったタームは見出せない。

(9) 〔生存の〕依りどころ（upadhi, B Skt. upadhi）

初期仏教に固有の語である。生存の依りどころとは煩悩を意味する（G. 33, 364, 374, 546, 572, 728, 1050)。また、随伴する煩悩（＝随煩悩　upakkilesa）(G. 66)、潜在的な煩悩（＝随眠　anusaya, Skt. anuśaya）(G. 14）ということも説かれ、煩悩に関する教学的な説き方の萌芽がみられる。

⑽第八の生存（bhava-aṭṭhama)、六つの重罪（chābhiṭhāna)

これらは、それぞれ、第八の生存 G. 230, 六つの重罪 G. 231 および三〇（14)、三一（18）の註解を参照されたい。慈・悲・喜・捨の四無量心の原型も説かれる。「慈しみと捨て去ることと憐れみと解脱と喜びとを常に修めながら」(mettaṃ upekhaṃ karuṇaṃ vimuttiṃ āsevamāno muditañ ca kāle）(G. 73）とある。

⑾無所有（akiñcana, ākiñcañña)

無所有はジャイナ教でも説くが、釈尊もまた最も言葉を極めて無所有を説き勧める。所有とくに私的所有の観念はすべて我執のもとである。それは自己喪失にほかならないことを意味する。G. 176, 455, 490, 501, 620, 645, 1059, 1091, 1094 参照。

なお、これに関連して執着（ādāna）の否定は G. 364, 620, 794, 1104 に説いている。そして無執着（anādāna）についてはG. 645 参照。ādāna は取得するものをも意味する。G. 1103 参照。

次に、人間存在の実存の直視を教えている釈尊は、人間としての本来のあり方、いわば人間性を回復するための宗教的実践、宗教者の主要な修行について仏教の立場からさまざまな教えを説き示している。まずは瞑想である。

⑿瞑想（jhāna, Skt. dhyāna）

瞑想はG. 69, 156, 157, 212, 503, 709, 972, 1009参照。体系的な仏教教学によれば、戒・定・慧の三学を根本道法という。しかし、*Sn.* には主として定すなわち瞑想と慧すなわち覚りが説かれ、とくに出家修行者の戒すなわち生活法を詳細に伝えている。が、いわゆる三学という体系はまだみられない。

無間定（ānantarika-samādhi）（G. 226）、これは大乗仏教では唯識説で四定の一つに数えられる。主観と客観とが空無である（境識倶泯《くみん》）と観想する瞑想である。

⒀清浄（suddhi）

清浄の原語はsuddhiのほかにvisuddhi, Skt. śuddhi, viśuddhiなどであって一定しない。類語に清浄になった、清められた、浄化した、の意のsuddha, visuddha, Skt. śuddha, viśuddhaがある。仏教興起以前には「プラーフマナ」で、神がみへの献供によって人は清浄が得られるとされていた。仏教ではこれを転釈した。覚りは清浄であるというのは釈尊が説くところであるが、それは古代インドの種族宗教における通念であったと思われる。また、聖なるものは清浄であるという観念を*Sn.* にみることができる。仏教がわが国に持ち込んだこのような宗教的な観念は、現世が五濁悪世であるから、そこからいかにして脱却すべきかという課題を日本人に与えた。

民族信仰に固有のキヨメ――浄化――という考え方があった。しかし汚れた煩悩や罪障を滅すると説く仏教が、実はそうした固有の信仰を増幅してきたといってよいであろう。

次に*Sn.* における清浄の具体的な事例を挙げてみることにしたい。

a清浄（suddhi）について

「過去に対しても未来に対しても劫（＝輪廻転生の長い時間、妄想）を超えて、善く清らかな智慧をもち云々」（G. 373）。「この限りにおいて夜叉の清らかさがある」（G. 478）。「清らかな智慧があり」（G. 526）。「人はもしも見たこと（＝見解）によって清浄になれるとすれば、……〔煩悩という〕依りどころをもちながらにして、清らかになる」（G. 789）。「バラモンは、〔聖道より〕他のもの……に清浄があるとは説いていない」（G. 790）。「彼等は構想することなく……」「〔一定の見解について、これが〕究極の清浄である」と説くこともない」（G. 794）。「彼等は「ここにだけ清浄がある」といい、他のもろもろの教説に清浄があるといわない」（G. 824）。

「高ぶることは、彼の破滅のもと（＝地）である。……またこれを見て、論争してはならない。なぜならば、練達の者たちは、それをもって清浄であるとは決して説かないから」（G. 830）。

世尊は「見ること（＝見解）、聞くこと（＝学問）、知ること（＝知識）、もろもろの戒めや禁戒によっても清浄になると、わたしは言わない。……それによっても〔清浄になると、言わ〕ない」（G. 839）と説く。これに対して、マーガンディヤはもしもそうならば、「まさに愚かなことである、とわたくしは思います。ある者たちは、見ることによって清浄になると理解します」（G. 840）と。

「この世の中において、ある賢者たちは〔お説きくださった〕それだけによって「夜叉の最上の清浄」〔ということ〕をわたくしたちに説くのですか。それとも、彼等は、それとは別のことだと説くのですか」（G. 875）という質問に対して、釈尊は、「これらは〔自説に〕固執した者たちである云々」（G. 877）という。

「「これ以外の教説をいう者たちは、清浄に違反した不完全な者たちである」と。まさに、このように他教徒たちはそれぞれにいう」（G. 891）。「彼等は「ここだけに清浄がある」といい、他のもろもろの教説に清浄があるとはいわない。また、このように他教徒たちはそれぞれに執われ、そこで、自分のもろもろの道をきっぱりと説く」(G. 892)。戒めや禁戒をめぐって、清浄・不浄が論じられる(G. 898～901参照)。G. 908～910においても同様に繰り返される。そして、最後に、戒めや禁戒、見解、学問、知識を離れて、渇望をよく知り煩悩の汚れなき者たちこそ「激流を渡った人びと」であると、釈尊は説く(G. 1079～1083参照)。これはバラモン教批判を含む。

b 清らかな(visuddhi)について

「清らかな放棄(=捨)と静安(=止)とを得て」(G. 67)。「塵を離れて汚れなく、清らかで、生を滅し尽すことを得た者」(G. 517)。「このお方は最上の清らかなものを見、多くの人びとのためになり、〔人びとを〕憐れんで、教法の輪を転ずるでしょう。このお方の清らかな行ないは広まるでしょう」(G. 693)。

「そのように聖者は、この見られたこと(=見解)や聞かれたこと(=学問)、あるいは思われたこと(=知識)に染まることがない」(G. 812)。「それ故、〔煩悩を〕洗い清めた者は、この見られたこと(=見解)や聞かれたこと(=学問)、あるいは思われたこと(=知識)について考えないから、〔彼は〕他のものによって清浄〔になること〕を望まない。なぜならば、彼は〔欲に〕染まることもなく、〔すでに欲を離れているから〕欲を離れるということもないからである」(G. 813)。

「彼等は「ここにだけ清浄がある」といい、他のもろもろの教説に清浄があるといわない」(G. 824)。「この世において福徳と罪過とのいずれにも執着せず、憂いなく、塵がなく、清らかな者をわたしはバラモンという」(G. 636)。「あたかも曇りない月のように清らかに澄み渡っていて、濁りがなく、歓び(=渇望)や生存が尽き果てた者をわたしはバラモンという」(G. 637)。

「〔他人を〕憎まない者を憎み、清らかで汚れがない者を〔憎む〕ような愚者」（G. 662）がいる。が、「〔わたしは清浄であり、最高の無病なもの（＝無煩悩）を見る。見たことによって、人は清浄になる」〔と〕、こうしたことを認識しながら、最高なものを知り、清浄なものを見る者は、〔これが〕智慧であると了解する」（G. 788）。

c 清らかな（suddha）について

「汚れた者と汚れていない者、〔また〕清らかな者と清らかでない者」（G. 90）。「そなた方、清らかな者たちは、清らかな者たちと思いやりをもって共に住むようにするがよい」（G. 283）。「わたしは……心はもろもろの欲望を望むことがない。自己の清らかなさまを見るがよい」（G. 435）。「結縛と生とを滅し尽す極限を見て、貪りの道を余すことなく除き去り、清らかで、過失なく、汚れなくして透明である〔そのような〕如来」（G. 476）。

右にいくつかの用例をみたのであるが、清浄という概念はバラモン教のそれを転釈した初期仏教における特徴的なものであることを再説する。

清浄の観念は本来バラモン教の祭式に関連して説かれている。ウパニシャッドでも清浄が説かれ、仏教もしかりだが、両者は清浄の意味内容が異なる点に注意しなければならない。*Sn.* には「清浄（suddha）に関する八つ〔よりなる詩句〕の章」がある。これによって釈尊の清浄の観念を知ることができる。

たとえばまた、清らかな智慧というのは覚りである（G. 373, 526 など参照）。四種沙門に関して清らかなもの（suddha）と清らかでないもの（asuddha）の区別が説かれる（G. 83〜90）。G. 435 について岩波本（三三七頁、註四三五）では「見よ、心身の清らかなことを――原文には passa sattassa suddhataṃ とあるが、註には satta を attan と書きかえている。これはウパニシャッドの思想を受けている」と指摘し『チャーンドーギヤ・ウパニシャッド』の当該箇所を和訳引用している。そこで、この原文と再訳を次に示して検討を加えることにしたい。

> āhāraśuddhau sattvaśuddhiḥ sattvaśuddhau dhruvā smṛtiḥ smṛtillambhe sarvagranthīnāṃ vipramokṣaḥ (*Chānd Up.* 7. 26. 2.).
>
> 食物が清浄（śuddhi）であるとき、人（または自己 sattva）は清浄である。人が清浄であるときは憶念（smṛti）が安定したものである。〔安定した〕憶念を得れば、すべての繋結からの離脱がある。[3]

問題は（人または自己が）清浄になるのは何によるかということであるが、右の文言では食物が条件になっているが、G. 435ではもろもろの欲望を望まないことであるから、この場合、清浄の意味内容が異なる。とくにG. 790に清浄（suddhi）になるのは唯一、自我を捨てること（attañjaha）だと説いているのは注目すべきであろう。これは明らかにウパニシャッドのアートマンの哲学の否定を前提としている。

(14) 八輩四双（puggalā saṭṭha, cattāri. . .yugāni）

四双八輩または四双八人。四向四果と同じ。聖者の四つの修行段階（向）と到達する境地（果）である。①預流、②一来、③不還、④阿羅漢のそれぞれに向と果をたてる。すなわち預流向・預流果・一来向・一来果・不還向・不還果・阿羅漢向・阿羅漢果。最後の阿羅漢果は一切の見惑、修惑を断じて覚りの世界に入る境位。部派仏教で教理的に発展する。G. 227参照。

⒂暴力（daṇḍa）の否定

「あらゆる生けるものに暴力をふるわず、彼等のいかなるものをも損《そこ》なうことなく」（G. 35)。「武器をふるう〔という〕この不法は、往昔からあった。もろもろの罪なき者（＝牛）たちが殺される」（G. 312)。「すべての生きものに対して武器を手放し、生きものを殺してはならないし、〔他人に〕殺させてもならない。そして、他の者たちが〔生きものを〕殺害するのを容認してもならない」（G. 394)。「もろもろの生けるものに対する暴力を差し控え、殺さず殺させない者をわたしはバラモンという」（G. 629)。この場合、釈尊が、バラモンというのは祭司階級のそれではなく、理想の宗教者ともいうべきものである。

「もろもろの害意ある者たちの中にあって害意なく、武器を取った者たちの中にあって心の安らぎに達し、執着ある者たちの中にあって執着なき者をわたしはバラモンという」（G. 630)。「自分の武器によって恐れが生じ、争う人びとを見るがよい。わたしが驚き恐れたような〔そのとおりの〕恐怖をわたしは語るであろう」（G. 935)。

あらゆる暴力を否定排除する非暴力主義、不戦主義に徹した釈尊の立場を *Sn.* は最も鮮明に語り伝えている。大乗仏教では、これは慈悲の実践行として深められ、教理的にも組織化されて、詳細な考察が行なわれていることは周知のとおりである。

⒃帰依三宝（saraṇattaya, Skt. śaraṇatraya)

仏法僧の三宝に帰依すれば仏教徒としての資格が認められるということは、今日でも初期仏教の時代でも全く変わりがない。ただし帰依する仏は初期仏教では釈尊のみであることは、いうまでもない。G. 236〜238 参照。

⒄ウポーサタ（＝布薩会）（uposatha）

Skt. では upavasatha. プラークリット語の posadha に由来すると推定されている。バラモン教でヴェーダの祭典を行なうとき、ソーマ祭の準備をととのえる日のことであった。*MN.* I. p. 39 参照。ジャイナ教ではポーサハ（posaha）で非暴力のことをいう。*Āyā.* 2. 1. 2. 10, *Bhag.* 2. 5, 12. 1 参照。仏教では教団（僧伽）の定期的な集まりをいい、さらにその当日——聖日という——をもウポーサタと呼ぶ。このように諸宗教によって意味合いを異にするが、釈尊が恐らくバラモン教におけるそれを仏教に取り入れた、最初期の仏教行事である。G. 153, 401〜403 参照。

⒅覚りの智（＝明　vijjā）

根源的な無知（＝無明）の対語である。この語の Skt. vidyā とその語義は初期のウパニシャッド哲学のそれを借用したものである。訳者は、独自の立場から仏教を自覚宗教と称しているが、それは覚りの智の宗教だからである。G. 162〜164, 289, 334, 656, 730 参照（『著作集』第一巻所収「第五章　初期仏教と密教の発祥」1　VIDYĀ、三三四—三五一頁参照）。

⒆信仰（saddhā, Skt. śraddhā）

信仰は、もちろん、あらゆる宗教の核心をなすが、それぞれの宗教によって信仰内容や信仰をどのように考えたり解したりするかは、実は宗教の数だけ異なるのかもしれない。一方また、信仰とは宗教的な実践そのものにほかならないから、実は「語れないもの」だという考え方もある。釈尊仏教では、信仰を普通 saddhā という。Skt. の語義によれば「心が純粋に浄められた状態」ともいうべきであるから、「白浄《びゃくじょう》の信心《しんじん》」といったりする。ただしこれは、密教的な表現である。

今日、われわれは信仰というが、かつては信心という言い方が一般的であった。あるいはまた単に信ともいい、仰信《ぎょうしん》という漢訳語もある。初期仏教の saddhā を信仰と訳してしまってそれでよいかどうかは微妙なところである。が、ともかく本書では慣用の信仰の語を用いることにする。

世尊はお答えになった。「わたしにとっては信仰が種子であり、苦行が雨である」(G. 77)。「このように見ても彼（＝在家者）の信仰はなくなることがない」(G. 90)。「この世では信仰が人間の最も勝れた富である」(G. 182)。「人は信仰によって激流を渡り、怠りなきことによって海を〔渡る〕」(G. 184)。「彼等〔バラモンたち〕のために調理され、家の戸口に用意された食事は、信仰によって調理されたもので云々」(G. 286)。「信仰によって家より出て、苦を滅する者であってほしい」(G. 337)。釈尊がナムチ（＝悪魔）に説いた言葉。「わたしには信仰がある」(G. 432)。釈尊がバーヴァリンに説いた言葉。「覚りの智は信仰（＝信）と正しい想念と瞑想（＝三昧）と意欲と精進とに結びついたものである」(G. 1026)。

聖仙ピンギヤがバラモンにいった言葉。「わたくしの信仰と歓喜と意《こころ》と正しい想念とは、ゴータマの教えより離れることがありません」(G. 1143)。釈尊がピンギヤに説いた言葉。「ヴァッカリが〔目覚めた者に〕信仰を起こしたように、またバドラーヴダとアーラヴィ・ゴータマも〔同じく信仰を起こした〕ように、そなたもまた信仰を起こすがよい。ピンギヤよ。そなたは死魔の領域の彼方に行くであろう」(G. 1146)。ピンギヤの答え。「このわたくしは聖者のお言葉を聞いて、いっそう信仰いたします」(G. 1147)。次のピンギヤの告白も信仰を含意する。「ここには〔もはや〕わたくしの疑いはありません。このように〔信仰を〕志向した心（＝信解《しんげ》心）をもつわたくしをお認めください」(G. 1149)。

saddhā の訳語は慣用として漢訳の信仰(śraddhā)を用いたが、後代の教学で説くような絶対なるものに対する確固とした信心、すなわち仰信などとは非常にニュアンスを異にする点に注目すべきであろう。

右のいくつかの用例を通じて推測すると、saddhā は本来、信念もしくは確信に近い概念をもつ語だと思われる。したがってまた、「信仰を起こす」というのは、確信を寄せる、信じて頼るという程度の意に解されよう。

⒇輪廻(saṃsāra)

輪廻は Pāli, Skt. ともに saṃsāra であり、ジャイナ教にも共通する。*Sn.* には輪廻転生からの解脱が仏教的実践の究極目的として説かれている。

かつて和辻哲郎は『原始仏教の実践哲学』(岩波書店、「全集」に所収)で四諦、八正道、十二因縁を釈尊の根本的立場であるとして、それらには輪廻思想の入り込む余地がないといった。しかし、輪廻転生を抜きにした仏教はあり得ないことを *Sn.* は雄弁に物語っている。わが国の中世文学に色濃く投映しているのは輪廻転生の思想である。近年、輪廻転生はさまざまの意味で再び見直されている。たとえば、地球的規模での生命の連鎖、物質の循還、宇宙の再生などなど。しかし、その思想的な起源は *Sn.* にある。

次に、その用例をいくつか挙げてみよう。

「もろもろのすべての〔虚妄の〕思いはからいと、輪廻と、死・生との二つとを考察し、塵を離れて汚れなく、清らかで、生を滅し尽すことを得た者、彼を目覚めた者という」(G. 517)。「輪廻を超えて彼は自立し、……このような人が梵天〔=最勝な者すなわちバラモン〕といわれる」(G. 519)。「輪廻、愚かさを乗り超え……心の安らぎに達した者をわたしはバラモンという」(G. 638)。「この状態から他の状態へと繰り返し生死輪廻(jātimaraṇa-saṃsāra)におもむく者たち」(G. 729)。「渇望を伴侶とする者は、長い間、このような状態から他の状態への輪廻を繰り返し、輪廻を超えることがない(saṃsāraṃ nātivattati)」(G. 740)。「生存の渇望が断ち切られ、心が静まった行乞者の生の輪廻が超えられる(vitiṇṇo jātisaṃsāro)と、彼には再生がない」(G. 746)。「依存しない者は〔心が〕動揺することがないが、依存している者は執われていて、このような状態から他の状態への輪廻を超えない(saṃsāraṃ nātivattati)」(G. 752)。

「輪廻を超える」という表現は注目すべきである。「超える」という表現は、激流を渡って彼の岸に到達するという発想が背景にあって、輪廻を激流に喩えているのが理解されるからである。

また、真実のバラモンを宗教者の理想像として称賛しているように、目覚めた者(=仏)とバラモンの存在を同格にみているのも、釈尊の教説の特色である。

輪廻再生の思想はまだヴェーダ時代には認められない。近年、輪廻思想はインド・アリアン民族にあったのではなく、種族宗教の原始的なトーテミズムの影響で形成されたという説があることはすでに紹介した(序文参照)。ギリシャ哲学でもプラトンには若干輪廻説も認められるが、ギリシャでは思想として発展しなかった。エコロシステム(生態系)の豊かなモンスーン型のインドなればこそということが考えられる。

輪廻転生と関係して、次の最後身(antimasarīra, Skt. antimaśarīra, antimadeha)の語がある。

(21) 最後身(antimasarīra)

今生限りの身体をもつ者。今後再び輪廻しない意で、G. 624にこの語が見出される。後代の教学である部派仏教からして『法華経』方便品などまでは阿羅漢のことをいう。また G. 231 における有身見（sakkāya-diṭṭhi, Skt. satkāya-dṛṣṭi）は自我および私的所有の観念を離れない我執である。これは部派仏教の時代に教学的な発展を遂げる。いずれにせよ、'khīṇā jāti, vusitaṃ brahmacariyaṃ, kataṃ karaṇīyaṃ, nāparaṃ itthattāyā' ti.〔生は尽きた。清らかな宗教的行為は完成した。なすべきことはなされた。今後、このような〔輪廻という〕状態は〔再び繰り返すことが〕ない〕（PTS. *Sn.* p. 16, 86, 102. 本書一二五頁、一四一頁、一五一頁）という文言が *Sn.* にも繰り返される。これは成道直後と涅槃の寸前に釈尊が言い放った言葉として、よく知られている。

(22) 解脱した（vimutta）

「渇望を滅し尽して解脱した者」（G. 211）という。これは最初期の仏教で釈尊が解脱とは何かということを端的に語った重要な文言である。

ヴァンギーサの質問。「〔もしカッパーヤナが解脱したとすれば〕彼はどのようにして解脱したのでしょうか。わたくしたちはそれを聞きたいと思います」（G. 354）。釈尊の答え。「彼は……長い間潜在した黒魔の流れを〔断ち切った〕。〔そして〕完全に生死を渡った」（G. 355）。「執着を滅し尽して解脱し、静まった〔そのような〕如来」（G. 475）。「あらゆる結縛、束縛を断ち切り、〔心を〕制し、解脱して悩乱なく、欲なき者たちがいる」（G. 491, 492 参照）。「世の中においてどんな罪悪をもつくらず、あらゆる結縛、束縛をも捨て、どのようなことにも執われず、解脱している、そのような者は、その故にナーガといわれる」（G. 522）。

このほかに G. 534, 536, 755, 847, 975, 992, 1071〜1074, 1101, 1114 参照。

解脱（vimutti）は G. 54, 73, 725, 727 を、同じく解脱（vimokkha）は G. 1071, 1088, 1089, 1105 参照。

⒇心の安らぎに達した〔者〕（nibbuta）
心の安らぎに達した意の nibbuta に対応する Skt. nirvṛti, B Skt nibbūta は「涅槃を得たこと」を意味する。「〔貪りなどの煩悩の毒〕矢を引き抜いて〔渇望や誤った見解に〕依存せず、静まりを得て、あらゆる憂いを超えて、憂いなき者は、心の安らぎに達した者となる」（G. 593）。「武器を取った者たちの中にあって心の安らぎに達し」（G. 630）。「心の安らぎに達した者をわたしはバラモンという」（G. 638）。「彼はまさに欲のために飢えることなく、無欲となり、心の安らぎに達した者である」（G. 707）。世尊はティッサ・メッテッヤ学生の問いに答えられた。「もろもろの欲望に対しては清らかな宗教的行為を保ち、渇望を離れて、常に正しい想念があり、よく思慮して心の安らぎに達した行乞者には動揺がない」（G. 1041）。

⒇甘露（＝不死　amata, Skt. amṛta）
amata はアルダマーガディー語も同形であるが、ジャイナ教ではクシーローダディ（kṣīrodadhi）の海の水のことだと伝説される。Skt. amṛta は文字どおりに英語では immortal（不死）である。
『リグ・ヴェーダ』のソーマ（soma）讃歌の一節に次のようにある。

apāma somam amṛtāḥ abhūmāganma jyotir avidāma devān（*RV*. 8. 48. 3）.
われわれはソーマを飲んだ。われわれは不死（amṛta）となった。われわれは光に到達した。われわれは神を見たのであった云々。

ソーマはバラモンの飲む酒の一種であってソーマ祭がある。またソーマは不死の神であるという信条をバラモンたちはもつ。不死を意味するamṛtaを甘露と訳したのは西インドのバラモン出身の真諦（四九九―五六九）であるが、恐らく彼は右の讃歌を知っていたからであるにちがいない。

Sn. にも心の安らぎ（＝涅槃）の同義語に不死（＝甘露）がある。そのいくつかの用例をみることにしたい。

釈尊が耕作者バーラドヴァージャ・バラモンに説いた言葉。「このように、この〔わたしの〕耕作はなされた。それは甘露（＝不死）の果実が〔得られて〕ある。この耕作をして、あらゆる苦から開放される」（G. 80）。「この世において、貪りを離れ、智慧ある行乞者は、不死、静まり、不滅なる心の安らぎの境界に到達した」（G. 204）。「真実はまさに不死の言葉であり、これは恒常の道理である」（G. 453）。「執われがなく、覚りきって、疑い惑うことなく、不死に深く入ることができた者をわたしはバラモンという」（G. 635）。「不死の境地（＝涅槃）におもむく者には、この世においてどれ程の危難があるのでしょうか」（G. 960）。

(25)心の安らぎ（＝涅槃 nibbāna）

Pāli. では nibbāna, Skt. では nirvāṇa, アルダマーガディー語では nivvāṇa である。涅槃は音写語。一般的には覚りの意であるが、大乗仏教では教学的に解釈が深められ、涅槃論は教理体系として精緻を極める。大般涅槃、有余依涅槃、無余依涅槃、無住処涅槃など。涅槃は覚りであると同時に釈尊の入滅を意味する語として、われわれ日本人は理解している。事実、釈尊の入滅は涅槃に入ったのであり、完全な覚りの世界の実現でもあるから、般涅槃（parinirvāṇa 円寂）という漢訳語も用いられている。

しかし、初期仏教の当時、釈尊が仏弟子や在俗信者たちに説いた涅槃（nibbāna）とは日常生活における心の安らぎそのもののことであった。仏教の発達とともに涅槃論は著しく難解な哲学的な解釈が施されたり、極めて神秘的な宗教的意義が加えられていく。そうした涅槃の既成観念をもつわれわれにとって、ある意味で日常的で平明な「心の安らぎ」だけを説いた釈尊の教えに接するとき、その意外性にむしろ驚きをすら感じよう。

日本仏教では涅槃は通常、釈尊の入滅を意味する。涅槃会の行事で知られ、涅槃西風は季語である。ところで *Sn.* では nibbāna は一切の煩瑣な教学的理解を必要としない。煩悩、欲望などの消滅した境地であって、極めて日常的な、単純に「心の安らぎ」「心の静まり」を意味するだけなのである。

「誰であれ、疑惑を超え、矢（＝煩悩）を離れ、心の安らぎ（＝涅槃）を大いに喜び、貪ることなく、神を含む世界の人びとの指導者たる者を、道による勝利者であると目覚めた者たちは説く」（G. 86）。「もろもろの阿羅漢が、心の安らぎ（＝涅槃）を得る教法を信じ、〔教法を〕聞こうと願って云々」（G. 186）。「この世において、欲を離れ、智慧ある行乞者は、不死、静まり、不滅なる心の安らぎの境地に到達した」（G. 204）。「心の安らぎの境地を求める彼は、この世に正しく遍歴するであろう」（G. 365）。「何であれ目覚めたお方が説きたもう安穏の言葉は、それこそが言葉の中の最上のものである」（G. 454）。これは長老ヴァンギーサが釈尊を讃えた詩句の一節である。「心の安らぎ（＝涅槃）は虚妄なものではない。聖人たちは、そのことを真実であると知る者たちである」（G. 758）。「遠離をのみ学ぶべきである。……彼はまさに心の安らぎ（＝涅槃）に近いところにいる」（G. 822）。普くもろもろの欲望を洞察して、「意《こころ》の安らぎ（＝涅槃）をこころざす人は、高慢にとどまってはならない」（G. 942）。尊者ドータカは申しあげた。「世尊よ。……あなたの声を聞いて、自分の心の安らぎを学びたいのです」（G. 1061）。世尊は答えられた。「ドータカよ。……この者〔すなわち、このわたし〕からの声を聞いて、自分の心の安らぎを学ぶがよい」（G. 1062）。世尊はお答えになった。「ヘーマカよ。……欲と貪りとを除き去ることが不死なる心の安らぎへの道である」（G. 1086）。「このことを知って、正しい想念によって現に心の安らぎを得たその者たちは、常にまた静まっていて、世の中において執着〔の激流〕を渡った者たちである」（G. 1087）。尊者ウダヤは世尊に申しあげた。「何を捨てることによって、心の安らぎがあるにちがいないといわれるのですか」（G. 1108）。世尊はお答えになった。「渇望を捨て去ることによって、心の安らぎがあるといわれる」（G. 1109）。

以上、*Sn.* にみえる主要な教えの用語とその用例を取りあげてみた。それによって、最初期に説いた釈尊の仏教——もちろん、他の文献を参照したり、補足する必要はあるであろうが——はどのようなものであったかをほぼ知ることができるのではなかろうか。概略的にまとめてみよう。

まず釈尊はわれわれ人間存在の現実的なあり方、その実存をありのままに直視している。無明という根源的な無知が渇望、欲望などという人間的なあらゆる欲求をもたらす。それは生存の依りどころ（upadhi）とも呼ばれる。いわば無明はキリスト教の原罪（peccātum originale）に対応するといえばよいだろうか。要するに人間存在の根底には無明という永劫の闇があり、それはあたかも渇望や欲望が原罪のように存して、それらが生存の依りどころ、すなわちわれわれが生きている限りは現実生存をしてあらしめているというのである。

渇望は本来、暴力的なものであり、欲望は生の証しであるとともに限りなく肥大化していく。釈尊は恐らく、このような人間のもつ宇宙的な宿命ともいうべきものを見抜いていたのかもしれない。もちろん渇望や欲望なくしてはわれわれは生きていくことができないが、渇望を抑止し、欲望をコントロールしなければ人間存在は破滅に向かう。これはまさしくアンビヴァレンスな矛盾関係にあるといえよう。

Sn. を読むと、釈尊は決して安易な人生論を説いているのでもなければ、現代人が好んで口にするような空疎な

幸福論なるものも教えてはいないようである。欲望の肥大化を戒め、非暴力主義（慈悲の精神）の立場を鮮明ならしめている。自他平等の慈悲行の実践のためには無我すなわち自己解体をしなければならない。われわれ現代人にとってこれは最大の難問であろう。近世以来の個人主義、功利主義あるいはニヒリズム、もしくはヨーロッパ近代合理主義や今日の二元択一主義ともいうべきものとは相容れざるものがある。釈尊が説かれた「涅槃への道」に、自己消滅に至るまでの想像を絶するような厳しさとストイックな過酷さを感じるのは訳者だけであろうか。

ともあれ、最初期の仏教である *Sn.* によって限りなくあるいは少しでも釈尊の存在に近づき、それぞれの立場で本真の仏教ともいうべきものに触れていただくことができれば、という思いを抱いている。

註

（1） 本多恵「如来について」（『日本仏教学会年報』第五十号の特集「釈尊観」〈昭和六十年三月刊〉、八七―一〇〇頁所収）はブッダゴーサをはじめとして従来、内外の諸学者が如来の語義について論究した諸学説を紹介して、遂一検討を加えている。「そして如来の原義は恐らくthatā-gataであり、「過去仏と同じ道を歩んだ」という意味であったらしい。……また、ほぼ同時頃に「過去仏の如くさとりに到達した」という意味にも用いられたらしい。……他方、『大智度論』等でtathā-āgataと分解した解釈が行なわれたらしく、これが中国へ「如来」という訳語と共に伝えられたので、漢訳仏典では、定形的に「如来」と訳されるようになった。以後、中国・日本ではtathā-gataという原語をはなれて、「如来」という訳語のみによって解釈するようになった」。

これによるとtathā-gataと語分解する場合、過去仏信仰が背景になっているとみなければならない。

なお、tathā-gataの漢訳語「如去」が全く用いられなかったということはない。たとえば、密教の『秘蔵記』（『弘法大師全集』第二輯、二八頁）に「如去は謂く、凡位より修行して正覚を成ずるなり。如に重んじて往く故に、如去と曰ふ。如来は謂く成仏以後悲願力の故に化を垂るるなり。如に乗じて来る故に如来と曰ふ」（原漢文）とある。これは往還二相的な理解の仕方で、密教では如去の用例も多い（前掲全集索引参照）。

（2）明行具足についての詳細な考察は『著作集』第一巻、二三七—二五四頁を参照していただきたい。なお、その中で問題点だけを以下に示しておく。

ところで、ジャイナ教にも vijjācaraṇa の語が存し、アルダマーガディー語のそれは苦行に基づく呪術力によって天に到ることを得た聖者の称であり、vijjācaraṇaladdhi はそうした意味での昇天を得たことを意味する。このようにパーリ語、アルダマーガディー語では使用契機の相違が認められるにせよ、両語が同じ環暈に属するであろうことは否定しえない。すなわちそれは仏教、ジャイナ教が非バラモン教的な種族的起源を有する宗教であるというある種の共通性をもつがゆえであると考えられる。

さらに、じつに仏教がバラモン至上主義の批判の上に立ちながら、しかもバラモン的な明知と行とを超克したゆえんは、たとえば、『経集』に見える「行ないを具えた聖仙なる仏陀」（Buddhaṃ〔upāgañchuṃ〕sampannacaraṇaṃ isiṃ）という呼称によって知ることができるであろう。この場合の「行ない」は同じく『経集』の他の箇所にいう「清浄行」（saṃsuddhacāraṇa）の意味でなければならず、「生まれ」（jacca, jāti）とは何らの関係もないものである。したがって、そうした意味での行を具えた者、仏陀こそ、聖仙（isi＝ṛsi）すなわち真のヴェーダ聖典読誦者の名に値する人にほかならない。もちろん、バラモン即聖仙なのではなく、三つのヴェーダ聖典に代わるに宿命智などの三つの明知を具えた者をすなわち聖仙と称すべきである。

このように、ヴェーダを奉ずるバラモンの存在を意識する過程において vijjācaraṇasampanna などの語が形成され、それゆえにこそ、この語の意味内容が反バラモン体制的立場にたつ仏教に独自なものであるゆえんが首肯されるのである。

以上の論述の結果、明らかなように、通常、如来の十号の一つとされる vijjācaraṇasampanna の語は初期仏教においては単なる仏陀の徳号ではなく、ヴェーダ聖典の権威の批判と階級批判とを含むものであり、それらの批判を通じて普遍的な人間の行為の観念が確立されたのであった。そこに仏教の実践智がもつ社会的意義が認められる。もちろん、vijjācaraṇa は教学的には三学の実践体系を形成するものではあるが、しかし、それとてもその根底において特定のカーストの差別を超えて、すべての人びとに要請されるものであった歴史的因由を確認しなければならないであろう（『著作集』第一巻、二五一―二五三頁）。

（3）　この部分はコンテキストからみて後世の添加であろうと、ヨーロッパの東洋学者たちはみる。なお、ラーマーヌジャ（Rāmānuja）の註解『プラカーシカー』（Prakāśikā）によれば、食物とは「生気がつく食物」（sāttvikāhāra）だという。

satta（Skt. sattva）についての理解の仕方はさまざまである。passa sattassa suddhataṃ（G. 435）は岩波本「見よ、心身の清らかなことを」、渡辺本「見よ、これがひとの清らかさだ」、榎本本「わたくしの心の清らかさを見よ」とある。パーリ語の原意からすれば渡辺先生の訳を採りたい。ただし、訳者は *Pj.* と異本 Bⁱ によって satta を atta（自己）と読むことにした。

［追記］

Sn. は最古層の経典であり、最初期の仏教を伝えたものであることは内外の学者たちのみるところであり、したがって、このことは斯学界では世界的に承認されている。

ただし、序文でも触れたように、書誌学的、あるいは音韻学的、言語学的には未解決の多くの問題を残している。だが、これらはそれぞれの専門分野が関わることであろう。

その一部の『義足経』については古い時代に中国で漢訳されこともすでに述べた。が、この経典は少なくとも伝統的な日本仏教に取り残されたものである。それでは *Sn.* は広く日本仏教とどのように関わり、あるいはどのような影響を与えたかという質問を受けることがある。

まず第一にその後の仏教との関係であるが、訳者のみるところでは、アビダルマ仏教（部派仏教）、大乗仏教、さてはインド後期密教に至るまで、その思想的、教理的な萌芽や一定の教義的組織、そしてやや抽象的な言い方かもしれないが、釈尊の根本的な精神はさまざまのかたちで伝えられてきたといえよう。

日本仏教の場合、釈尊生誕の降誕会（灌仏会とも。花まつり）は四月八日、降魔成道会は十二月八日、涅槃会（常楽会）は二月十五日に各宗で行なわれているが、これらの多くはすべて *Sn.* に起源し、その後に教学的な発展を遂げたのである。また東南アジアの仏教圏をはじめ南方仏教の影響を受けた世界の各地では、右のような仏教徒にとって記憶されるべき諸行事はウェーサカ祭として執り行なわれている。これらの年中行事はわが国の季節の風物詩ですらある。「歳時記」ではすべて季語になっている。

それらの釈尊の生涯における主要な出来事の儀礼化は多くの仏典に伝えられるが、仏伝の一部としての最古の記述は何といっても *Sn.* であることが記憶されるべきであろう。

東南アジアの仏教国ではパーリ語の聖典を使用し、その中でも *Sn.* をとくに重視して *Dhp.* とともに僧俗を問わず、その一部を日常読誦している。

以上、思いつくがままに、*Sn.* と世界の現代仏教との関わりを記したまでである。

次に、釈尊仏教をめぐってわが国の斯学界におけるいくつかの問題性を指摘し所見を述べてみたい。

マックス・ミュラーは十九世紀における人類の人文科学史上の最大の発見はサンスクリット語であるといった。訳者は、南方仏教聖典のパーリ語の発見も、それと併称し得るものだと思っている。

パーリ語聖典の研究によってヨーロッパの近代的仏教研究は、飛躍的な発展を遂げるに至った。折しも近代ヨーロッパ合理主義の風潮の中で、キリスト教に比べて仏教の宗教としての特色がヨーロッパの東洋学者、仏教学者たちの目に映ったようである。聖母マリアの処女懐胎、イエス・キリストの復活……。奇蹟の宗教キリスト教と仏教とのあまりにも著しい相違。奇蹟を説くことなく極めて合理主義的、知性主義的な仏教に対して、キリスト教の宗教的土壌の中で育った欧米の学者たちが、驚異の眼を向けたのも無理からぬことであった。確かに、キリスト教は奇蹟、奇瑞が教義の本質的な部分に食い込んでいて、それなるが故に、イエス・キリストの霊威を除いて信仰を語ることはできない。

だから、ルナン著『イエス伝』は一切の奇蹟や伝説神話的要素を排除して、人間イエス・キリストを描いた伝記として知られ、今日なお読まれている古典である。

ヨーロッパ近代合理主義の風潮の中で、仏教にも、よしんば僅かでも神話的、伝説的もしくはフィクションと思われる要素があるにしても、内実的な意味を不問に付したまま、ただそれらを排除すれば、人間ゴータマの真実の姿が浮上するという、いわば消去法によって歴史的な実在の人物釈尊を描き出すことができるという見方がわが国では主流を占めるようになった。しかし、この消去法的研究法には多くの問題がある。ところで、これまで学界では、この方法論に対する批判や検討がほとんど全くなされていないのも不思議なことである。たとえば、*Sn.* においても釈尊と神性をもつもの、あるいはヤッカ（夜叉）との対話などがしきりに出てくる。それらを一概に荒唐無稽な創作にすぎないといって否定排除することはできないであろう。仏伝の場面でも降誕のときの奇瑞や降魔の神話が伝えられている。それは文学的な誇張というよりも、伝承者や経典編集者の信仰の告白であり、また文学的な表明としてそうした描写表現によってしか伝えることができなかったからではなかろうか。また古層の経典の韻文の部分は古く、散文は後の追加増補にすぎないとして韻文で伝えられた部分のみが釈尊仏教の真実、あるいは真実に近いという見方、あるいは学説がわが国では公認のかたちになったままである。

これも結論をいえば、韻文が古くて散文が新しいという判断の基準はどこにもない。散文の中にも古いヴェーダ・サンスクリット語を交えていれば、アルダマーガディー語と共通の語形や語尾変化をするパーリ語がいくらでも認められるからである。また、内容的にみても韻文より散文の部分に古い伝承が残されている場合もあるからである。

また釈尊の仏教、少なくともマウリヤ朝のアショーカ王時代までの仏教を、今日、わが国の学界では「原始仏教」と呼んでいる。もちろん primitive buddhism の訳語である。が、一般に用いるようになったのは和辻哲郎博士の『原始仏教の実践哲学』や木村泰賢博士の『原始仏教思想論』という書名のタイトルあたりからではないかと思われる。リズ・デヴィッツ博士に *Early Buddhism* の著書があるが、今日では内外の学者とも初期仏教という用語を用いるようになってきている。訳者もまた「初期仏教」の語を用いている。その主な理由は三つある（詳しくは『著作集』第一巻参照）。

(1) 英語の primitive（原始の）には、未発達の、初歩的なという語感が強い。しかし釈尊仏教にはインド仏教史において展開したアビダルマ仏教、大乗仏教のさまざまな流れ、さらには密教までも、ことごとく〈可能態〉として含まれている。このことは本書註解で一々指摘しておいたとおりである。釈尊仏教は決して未完成な仏教ではない。

(2) いわゆる「原始仏教」の教理なるものは四諦・八正道・十二因縁であり、在家信者の人びとには施・戒・生天論や『六方礼経』などが説かれたというように、あたかも教理体系が釈尊によって最初から組織されていたかのように説かれている。しかし、実際には初期仏教の様相は極めて多様であって、バラモン教、種族宗教とくにジャイナ教との交流、民間信仰等が混淆している。たとえばサーンチー大塔の彫刻やバールフットの欄楯にみられる複合文化はアリアン系、非アリアン系を問わない混成である。おそらく釈尊仏教はそのような性格をもっていたのであって、アビダルマ仏教に至るまでの教団仏教の形成過程において仏教の特殊性を明らかにするために独自のセオロジーを作りあげていったのである。

(3)　神話、伝承、伝説等をすべて排除否定して初期仏教はあり得るか。

今後は仏教の宗教性の特異点、釈尊のカリスマ性の特徴、宗教としての仏教の本質論に迫るために、これらの今まで排除否定して全く問題にされなかった部分を再点検し、幅広く問題内容に検討を加えることによって、仏教のセオロジーを豊かにふくらませていかなくてはならないであろう。

「原始仏教神話」という言葉がある。若い世代の人びとには耳新しいかもしれないが、宗教学者の故佐伯真光さんの造語である。要するに、初期仏教には神話的、伝説的、奇蹟的な要素は全くない、もしくはそれらの要素が認められるとしても、すべて後代に作為された虚構だから排除しなければ釈尊の実像に迫ることはできない、という。それを逆手にとって言えば原始仏教の神話化にほかならない、というのである。

既成の「原始仏教神話」をそのままに肯定するのではなく、初期仏教のもつ複合文化の多様性に新しい斧斤を揮うべきであろう。訳者の立場においては、今まで全く問題意識にすらのぼることがなかった種族社会の存在、仏教に見捨てられたアウト・カーストと仏教の問題を取りあげたり、アビダルマ部派仏教、さらには大乗から密教へと展開したインドの全仏教を直線的――いわばヨーロッパ的もしくは弁証法的――な史観でとらえるのでなくて、初期仏教における可能態として併存的史観で認識し直すときがすでに来ているのではないかというささやかな感想をもって擱筆する。

あとがき

昭和三十四年（一九五九）より三年間、高野山大学大学院のパーリ語演習で *Suttanipāta*（PTS.本）略称 *Sn.* を用いた。

前年の九月に中村元博士訳の『ブッダのことば―スッタニパータ』（岩波文庫）が出版された。また恩師渡辺照宏先生の翻訳は、昭和四十四年（一九六九）一月に河出書房新社の『世界の大思想Ⅱ―2仏典』に収録されている。これは昭和五十七年（一九八二）に『渡辺照宏著作集』第五巻、仏教聖典一、に再録された。

その後も、いくつかの邦訳や外国語訳が刊行されたが、村上真完博士・及川真介氏共訳の『仏のことば註㈠㈡㈢㈣―パラマッタ・ジョーティカー』全四巻は五世紀のブッダゴーサ（Buddhaghosa）が *Sn.* の本文に詳細な註釈を施したものの邦訳である。これは昭和六十年（一九八五）五月から平成一年（一九八九）十月までの四年有余をかけて春秋社から刊行された。一部の註解書には『ニッデーサ』（*Niddesa*）もあるが、まとまった註解書としては唯一のものであって、大部の翻訳に加えるにサンスクリット語、漢訳、その他の諸資料を博捜して参考のために一々掲載した労作である。その他の主な翻訳は本書の参考文献一覧に掲げてある。

また、近年、*Sn.*（岩波文庫本）を資料に用いた釈尊の仏教に関する数種の著作が出版されている。

『パラマッタ・ジョーティカー』（*Paramatthajotikā*）はインド大乗仏教の全盛期に著された著作なので大乗仏教の教理の影響を受けた解釈がまま、みられること、また釈尊の時代からすでに一千年近い歳月を経ているということなどからして、釈尊の教説をすべて正しく註解しているかどうかという問題がある。しかし、現存する唯一の註解書であるから、本書でも本文中の難解な文言については『パラマッタ・ジョーティカー』の解釈をそのまま用いて〔　〕で示してある。ただし、〔　〕内の補訳は訳者が独自に加えた場合もときとしてあることを諒とされたい。『パラマッタ・ジョーティカー』によった場合は、註解で一々断わったり、主要な箇所は註解書の原文とその和訳を掲げてある。

実際のところ *Sn.* の本文は難解な文言が少なからずある。近代ヨーロッパ語に翻訳されたもの、数少なくない邦訳をみても訳者によって理解の仕方がかなり異なっている。それはパーリ語の解釈の仕方にもよるが、釈尊の教説の内容をどのように理解するかということにもよるであろう。

ともあれ本書の翻訳は長い年月をかけたものであること、また「序文」で書いたように種族社会と国家との共存という当時のインドの歴史的現実の情況を見落としたり、あるいはそれらに全く無関心であることによって、その翻訳内容がすっかり異なるということは、本書を読まれたならば分かっていただけることと思われる。

詳細については『著作集』第一巻を参照していただけば幸甚である。

本書を上梓することができたのは、ひとえに恩師渡辺照宏先生から無量の学恩をいただいたが故にほかならぬ。謹んで先生のご霊前に報恩謝徳の微志を捧げる。

また、編集の任にあたられた岩田直子さんをはじめ、多年に亘り陰に陽に訳者にご協力くださった林美江、遠藤はつみ、東淳子、中山照玲、古越宏志、近藤観隆など多数各位の皆さん方に対して衷心より謝意を表する。

二〇〇二年九月吉祥日

訳者

宮坂宥勝（みやさか　ゆうしょう）

1921年長野県に生まれる。1948年東北大学文学部印度学科卒業。同大学大学院修了。高野山大学教授，サンパウロ大学客員教授，名古屋大学教授を経て，退官。文学博士。名古屋大学名誉教授。1999年真言宗智山派管長・総本山智積院化主に就任。

2011年１月逝去。89歳。

著書『仏教の起源』『インド学密教学論考』『インド古典論（上・下）』『宮坂宥勝著作集』全６巻，『密教思想の真理』『密教世界の構造』『密教の学び方』『仮名法語集』ほか多数。

ブッダの教え――スッタニパータ

二〇〇二年一〇月二一日　初版第一刷発行
二〇一三年　七　月三〇日　初版第四刷発行

訳　者　宮坂宥勝
発行者　西村明高
発行所　株式会社法藏館
京都市下京区正面通烏丸東入
郵便番号　六〇〇-八一五三
電話　〇七五-三四三-〇〇三〇（編集）
〇七五-三四三-五六五六（営業）

印刷・製本　亜細亜印刷株式会社

ISBN978-4-8318-7235-7 C1015

索　引

・分類はⅠ事項、Ⅱ人名とした。
・邦語の五十音順に配列し、詩句番号（G.）のあるものはその番号を、散文の箇所で詩句番号のないものは、頁数を記した。頁数に限り、数字の頭に p. と記した。
・重要な術語を主として採録し、頻出語句（人・言葉など）の採録は避けた。
・とくに必要と思われる語句に関しては単語で採らず、フレーズで採録した。
・原則として語尾変化形では採らず、語基に戻して採録した。
・合成語の中に出てくる場合も、必要と思われるものは採録した。ただし、冠詞がつけられたものは除いた。
　例：あらゆる世の中　sabbaloka
・原語が同一でも、違う訳語を用いた場合は、それぞれに採取し、独立した索引項目とした。
　例：供犧、供養、祭祀　yañña

Ⅰ 事　項

あ　行

アージーヴィカ教徒 Ājīvika　381
アーパナ Āpaṇa　p.142, p.145
アーマラカ（＝マンゴーの実）āmalaka　p.165
アーラヴァカの経 *Āḷavaka-sutta*　p.71
アーラヴァカ夜叉 Āḷavaka-yakkha　pp.71〜72
アーラヴィー Āḷavī　p.71, 191, p.100
愛着 sneha（＝sineha）　36, 66, 272, 943, 944
愛着を超えた sibbanim accagā　1040, 1042
明らかに知る力を得た眼をそなえる abhiññābalappatto cakkhumant　992
悪 pāpa　23, 216, 257, 662, 674, 790
悪意に関する八つ〔よりなる詩句〕の経 *Duṭṭhaṭṭhaka-sutta*　p.196
悪行 duccarita　665
悪事 pāpa　133, 399
悪者 pāpaka　664
悪魔 māra　33, p.72, 429〜431, 442, 545, p.142, 563, pp.189〜191, 1095, 1103
悪魔 māraka　p.88
悪魔に打ち克った mārābhibhū　571
悪魔の軍隊を征服した者 mārasenappamaddana　561
悪魔の束縛 mārasaṃyoga　733
悪魔の領域 māradheyya　764
足 pada　446, 768
悪しき pāpa　57, 140, 452
悪しき行ない pāpakamma　140, 407
悪しきところ duggati　141
アジタ学生の問い *Ajitamāṇavapucchā*　p.235
阿修羅 asura　310, 681
アタタ地獄 Aṭaṭaniraya　p.167
アッガーラヴァ廟 Aggāḷava cetiya

p.100
アッブダ地獄 Abbudaniraya　p.167, 660
あなたに帰依いたします namo te　540
あなたに帰依いたします taṃ namassāmi　1063
あの世 paraloka　579
アハハ地獄 Ahahaniraya　p.167
アババ地獄 Ababaniraya　p.167
普き眼あるお方よ Samantacakkhu　345, 346, 378, 1063, 1069, 1073, 1090, 1133
誤った見解 diṭṭhi　649, 786, 789, 841, 895, 910, 911
誤った見方 diṭṭhi　116
荒々しい言葉を口にするような者 mukharajātika　275
阿羅漢（＝聖者） arahant　p.41, p.55, 135, 186, p.125, 539, pp.141〜142, pp.145〜147, 590, p.156, 644, 1003
あらゆる生けるもの sabbabhūta　149
あらゆる教法 sabbadhamma　534, 699, 1039, 1105
あらゆるこの世 sabbaloka　486
あらゆる世界 sabbaloka　73, 348, 378, 515, 516, 521, 527, 642, 1009
あらゆるものごと sabbadhamma　167, 914, 992
あらゆる世の中 sabbaloka　25, 56, 150, 761, 1104
あらゆる世の中の人びと sabbaloka　761
アングッタラーパ Aṅguttarāpa　pp.141〜142, p.145
暗黒 andha　669
暗黒 tama　248, 278, 348, 763, 956, 975, 1133, 1136
安穏 khema　268, 424, 454, 809, 896, 953, 1098
安楽 sukha　256, 297, 298, 323, 439, 592, 658, 683
安楽 sukhin　145
安楽が〔ある〕 phāsu　963
怒り dosa　371, 493, p.131
怒り kodha　1, 96, 245, 362, 469, 537, 631, 866, 868, 928, 968
怒り padosa　328
怒りなく akopa　499
怒りを離れた vītadosa　12
生きとし生けるもの satta　643
生きもの bhūta　146, 394
生きもの pāṇa　157, 201, 242, 247, 600
生きものを殺す者 bhūnahu　664
威儀路 iriyāpatha　385
生ける者 pāṇin　307, 575, 587
生ける者 satta　248
生けるもの bhūta　35, 147, 154, 155, 222, 223, 236〜238, 607, 610, 629, 704, p.189
生けるもの pajā　p.72, p.88, p.142, 654, p.190, 776
意識作用（＝識） viññāṇa　734, 735, p.181, 1037, 1055, 1073
意識のはたらき viññāṇa　1110, 1111, 1114
依存しない者 anissita　752
依存することがない anissita　753, 856
偉大な人物 mahāpurisa　p.145, 1000, 1001, 1040, 1042
偉大な人物の観相論 mahāpurisalakkhaṇa　p.144
偉大な人物の特徴 mahāpurisalakkhaṇa　549
偉大な聖仙 mahā isi　1008

偉大な聖仙 mahesi　82, 176, 177, 208, 481, 646, 915, 1054, 1057, 1061, 1067, 1083, 1125
偉大な勇者 mahāvīra　543, 562
慈しみ mettā　73, 150, 967
慈しみの経 *Metta-sutta*　p.65
一千の眼(＝帝釈天) sahassanetta　346
イッチャーナンカラ〔村〕Icchānaṃkala　p.155
偽り māyā　245
偽る者 māyāvin　116
イティハーサ(＝古伝説) itihāsa　1020
犬殺し sopāka　137
戒め sīla　174, 292, 294, 324, 783, 848
「戒めとは何か」の経 *Kiṃsīla-sutta*　p.96
戒めや禁戒(＝誓い) sīlabbata(＝sīlavata)　212, 231, 782, 790, 797〜799, 803, 836, 839, 840, 887, 899, 900, 931, 961, 1079〜1083
戒めを保つ sīlavant　624
意欲 chanda　1026
飲酒祀り vācapeyya　303
ヴァーサヴァ(＝インドラ神) Vāsava　384
ヴァーセッタの経 *Vāseṭṭha-sutta*　p.155
ヴァナサというところ Vanasavhaya　1011
ヴァンギーサの経 *Vaṅgīsa-sutta*　p.100
ヴェーサーリー Vesālī　1013
ヴェーダ聖典(＝勝れた智)に精通した vedagū　322, 976, 1059
ヴェーダ聖典に精通した者(＝バラモン) sottiya(＝sotthiya)　533, 534
ヴェーダ聖典の韻律 chando　568
〔ヴェーダ聖典の〕呪句 manta　p.144
ヴェーダ聖典の呪句に精通した者 mantapāragū　251
ヴェーダ聖典の文言 manta　140
ヴェータラニー〔河〕Vetaraṇī　674
ヴェーディサ Vedisa　1011
動かされない aneja　87
牛の王(＝月) usabha　687
疑い kaṃkhā(＝kaṅkhā)　58, 514, 1149
ウダヤ学生の問い *Udayamāṇavapucchā*　p.251
内 ajjhatta　203, 521, 526, 527, 530, 532, 738, 916, 917, 919, 1111, 1113
内なる静まり ajjhattasanti　837, 838
内に思念する ajjhattacintin　174, 388
内〔の心〕ajjhatta　7
ウッジェーニー Ujjenī　1011
ウッパラカ地獄 Uppalakaniraya　p.167
ウパシーヴァ学生の問い *Upasīvamāṇavapucchā*　p.242
ウポーサタ(＝聖日) uposatha　153, 402, 403, p.177
ウポーサタ(＝布薩・斎戒) uposatha　401
馬祀り assamedha　303
生まれ jāti　104, 136, 139, 141, 142, 421, 462, 596, 599〜606, 610, 649, 650, 1004
憂い soka　67, 79, 449, 469, 584, 586, 591, 593, 809, 862, 863, 994, 1052, 1056
憂いの矢 sokasalla　985
エーラーヴァナ Erāvaṇa　379
縁起を見る者 paṭiccasamuppādadasa　653
閻浮樹の国土(＝全インド) Jambusaṇḍa　552
老い jaras(＝jarā)　311, 575, 581, 804, 1044
老いの経 *Jarā-sutta*　p.200
王 rāja(＝rājan)　46, 72, 411, 412, 419, 568, 619, 652, 836

奥義に精通した pāramī　1018, 1020
奥義に精通したお方 pāragū　1105, 1112
奥義を極めた pāragū　690, 699, 1019
王国 raṭṭha　444
牡牛 usabha　26, 27, 29, 416
王の中の王 rājābhirājan　553
大いなる幸せの経(大吉祥経)*Mahāmaṅgala-sutta*　p.85
大きな恐怖 mahabbhaya　1032, 1033
大きな供犠 mahāyañña　979
大きな章 *Mahā-vagga*　p.111
憶測 takka　1084
怠らない appamatta　70, p.55, 317, 445, 1121
怠り(＝放逸) pamāda　156, 157, 184, 218, 334, 942, 1033
怠る(過去分詞) pamatta　1121
行ない kamma　127, 136, 140, 142, 163A, 163B, 164, 215, 330, 365, 650〜652, 654, 900
行ない vutti　68
行ない(＝羯磨、業) kamma　653, 899
教え sāsana　228, 445, 482, 565, 570, 696, 815, 933, 934
教えたこと sāsana　698
教えを聞く者(＝弟子) sāvaka　444
汚染されない anūpalitta　468
恐れ bhaya　37, 49, 167, 207, 546, 576, 935
思い saṃkappa　280, 444, 818
想い saññā　175
思いはからい kappa　517, 860
思いはかり takka　209, 749
思いはかること kappiya　914
想いをこめる satimant　973
思われたこと(＝想念、知識) muta　790, 793, 797, 798, 802, 812, 813, 887, 901, 914, 1080, 1086
愚か bāla　879, 880, 887
愚かさ moha　478, 493, 638
愚かさの道 mohamagga　347
音韻分類 sākkharappabheda　p.144

か　行

戒本(＝波羅提木叉) pātimokkha (＝pāṭimokkha)　340, 921
快楽 sukha　59
カッパ学生の問い *Kappamāṇavapucchā* p.248
渇望 taṇhā　3, 70, 83, 211, 306, 339, 355, 436, 495, 496, 640, p.183, 740, 741, 776, 835, 849, 854, 856, 916, 1021, 1041, 1060, 1068, 1082, 1083, 1085, 1088, 1089, 1101, 1109, 1123, 1137, 1139, 1141
渇望することがない nippipāsa　56
渇望を滅し尽す taṇhakkhaya　1070
活用規則(儀軌) keṭubha　p.144
彼の岸に行くための道 pārāyana　1130
彼の岸に至ったお方 pāragū　539, 771
彼の岸に至った pāragata　359, 638
彼の岸に至ること parāyana(＝parāyaṇa)　377
彼の岸にすでに到達した者 pāragata 210
彼の岸(＝理想)に到達した pāragata 21, 803
彼の岸への道 pārāyana　717, p.255, 1131
彼の岸への道の章 *Pārāyana-vagga* p.228
彼の岸(＝理想)に到達し pāragū　167
彼の岸を渡った tiṇṇo ca pāraṃ　1059
カピラヴァットゥ Kapilavatthu　991,

1012
神 deva　18〜30, 86, p.72, p.88, 521, 527, 679, 680, pp.189〜191, 1024
神がみ devā　258, 310, 333, 346, 384, 404, 543, 644
神がみ devatā　316, 458, 1043〜1045
神がみ maru　688
神がみ sura　681
神と人間との教師 satthā devamanussānaṃ　p.142, p.145, p.156
神と人間との世界 devamanussaloka　1047, 1063
神と人 devamanussa　236〜238
神の devaka　p.54, p.72, p.88, 443, 756, 760, 956, 1117
神〔の〕dibba　361, 525
神の乗物 devayāna　139
神や人間の世の中 devamanussaloka　1081
神を含む世界 sadevakasmiṃ loka　544
神を含む世界の人びとの lokassa sadevakassa　377
身体 kāya　193, 194, 198, 203, 340, p.146, 548, 549
身体による悪しき行ない kāyena pāpakamma　407
身体を捨てる kāyapahāyin　1113
身体をもつ sasarīra　611
カラ夜叉 Khara-yakkha　p.87
カリ kali　658, 659, 664
感覚の領域(＝処) āyatana　373
甘蔗王の末裔 apacco Okkākarājassa　991
完全な智による解脱 aññāvimokha　1105, 1107
ガンダッバ(＝音楽神) Gandhabba　644
観念 saññā　886
帰依いたします namassanti　598
帰依する saraṇa　31, p.55, p.64, 179, 287, p.95, 344, p.125, 503, p.130, 544, p.140, 570, pp.163〜164, 995, 1142
聞かれたこと(＝学問) suta　790, 793, 797, 798, 802, 812, 813, 887, 901, 914, 1078, 1086
聞くこと(＝学問) suti　839, 840
偽善 makkha　631
偽善者 pāpamakkhin　116
ギッジャクータ(＝霊鷲山) Gijjhakūṭa　p.126
吉祥 siva　478
危難 parissaya　42, 45, 770, 921, 960, 965, 969
疑念 vicikicchā　510, 540
欺瞞 māyā　469, 494, 537, 786, 926, 941
欺瞞がない nikkuha　56
義務 dhamma　298
究極に達した antagū　458
究極の清浄 accantasuddhi　794
境界の終極(＝煩悩) sīmanta　484
行乞者(＝修行者) bhikkhu　1〜17, 87, 88, 202, 204, 221, 276, 278, 280, 343, 359〜362, 366〜368, 375, 384〜386, 388, 389, 392, 393, 411, 412, 416, p.117, 513, 514, pp.140〜141, p.143, p.145, 551, 573, pp.164〜167, 715, pp.178〜180, 735, pp.181〜182, 739, p.183, 741, pp.184〜185, 746, p.186, 751, p.187, 753, pp.188〜192, 783, 798, 915, 919, 920, 923, 925, 928〜930, 933, 958〜961, 964, 975, 1015, 1039, 1041, 1056, 1104
行乞者の教団 bhikkhusaṃgha　p.55, p.64, p.95, 403, p.125, p.130, p.140, p.150, p.163, p.177, 1015

行乞者よりなる教団 bhikkhusaṃgha pp.141〜143, p.145
教師 satthar 31, 153, 179, 343, 345, 545, 547, 556, 571, 573, p.156, p.177, pp.179〜191, 955, 1148
教説 dhamma 782, 783, 785, 787, 824, 837, 861, 878, 880, 891〜893, 903〜907, 947, 965, 1020
教説（＝誤った見解） dhamma 784
教団 saṃgha 227〜232, 235, 238, p.131, 569
教団をもつ saṃghin pp.131〜132
境地 pada 204, 232, 765
恐怖 bhīru 437
恐怖 bhaya 51, 753, 935, 936
教法 dhamma 58, 70, p.55, 83, 87, 88, 92, p.64, 182, 186, 188, 225, 233, 234, 237, 250, 257, 263, 265, 266, 276, 316〜318, p.95, 320, 323, 326, 327, 330, 344, 351, 361, 365, 368, 374, 378, 380, 383, 384, 389, 391, 461, 471, p.125, p.130, 536, p.140, p.142, 557, p.163, 694〜696, 722, p.177, 749, 763, 764, 792, 803, 856, 1015, 1052〜1054, 1057, 1064, 1065, 1085, 1097, 1102, 1107, 1112, 1120, 1122, p.255, 1137, 1139, 1141
教法（＝道理） dhamma p.117
教法にしたがって行なう anudhammacārin 69
教法について dhammin 325
教法の王 dhammarājan 554, 555
教法の道 dhammamagga 696
教法の輪（法輪） dhammacakka 556, 693
虚偽 māyā 89
御者 sārathi 83
虚無の見解 natthikadiṭṭhi 243
清らか suddha 476, 662
清らかさ suddhi 478
清らかで vīvadāta 881
清らかな saṃsuddha 372
清らかな suddha 90, 636, 637
清らかな visuddha 67, 517
清らかな行ない brahmacariya 32, 267, 274, 289, 292, 294, 326, 354, 396, 428, 463, 493, p.131, 566, 567, 655, 693, 696, 717
清らかな行ない saṃsuddhacāraṇa 162, 163
清らかな心 pasannacitta 316, 403
清らかな意 pasannamānasa 402
清らかなさま suddhatā 435
清らかな宗教生活を行なったbrahmacariyam acariṃsu 1128
清らかな宗教的行為 brahmacariya p.151
清らかな信仰 pasanna 698
清らかな智慧 suddhipaññā 373, 526
清らかな〔目覚めた〕者 dhona 834
清らかな者 suddha 283
清らかになる suddhin 789
清らかになる sujjhati 508
疑惑 kathaṃkathā 500, 866, 868, 1063
疑惑 saṃsaya 682
疑惑 vicikicchā 437
疑惑 vicikicchita 231
疑惑がある kaṃkhī（＝kaṃkhin） 510
疑惑が超えられない者avitiṇṇakaṃkhā 320
疑惑がない akaṃkhā（akaṅkhā） 477, 1059
疑惑がない akathaṃkathā 638
疑惑のある kathaṃkathā 1063
疑惑〔の激流〕を渡った者 kathaṃkathā

tiṇṇo　1088, 1089
疑惑の住まい vicikicchaṭhāna　347
疑惑を抱いた kaṃkhā(kaṅkhā)...āsi　541
疑惑を超えていない avitiṇṇakaṃkhā　249
疑惑を超えた tiṇṇakathaṃkathā　86, 367
疑惑を断ち切る chinnasaṃsaya　1112
疑惑を除いてください kaṃkhā（＝kaṅkhā）vinaya　1025
疑惑をはらせ vinayass...kaṃkhaṃ（＝kaṅkhaṃ）　559
疑惑をもつ vicikicchati　p.147
極めて清らかな visuddha　687
禁戒 vata　792, 898
禁戒を守る vatavant　624
句 pada　374
苦 dukkha　36, 61, 67, 80, 148, 170～172, 183, 184, 250, 252, 278, 283, 337, 454, 473, 531, 574, 626, 666, 678, p.177, 724, 726, p.178, 728, p.179, 731, p.180, 732, 734, 735, pp.181～182, 738, 739, p.183, 741, p.184, 742, 744, p.185, 745, 747, 748, p.186, 750, 751, p.191, 770, 774, 789, 873, 1033, 1049～1051, 1056～1059, 1133
供犠 yañña　249, 295, 308, 458, 461, 484, p.145, 568, 978, 1043～1047
供犠の道 yaññapatha　1045
苦行 tapa　77, 249, 292, 655, 901
苦行者 tapassin　284
クシナーラー Kusinārā　1012
愚者 bāla　199, 259, 318, 399, 578, p.163, 657, 662, 721, 728, 825, 882, 888, 890, 893, 1051
苦の終わりに至る〔者〕antagū...dukkhassa　539
苦の果報 dukkhavepakka　537
苦の終滅に達した dukkhantaguna　401
軛からの全き安穏の境地(＝涅槃) yogakkhemādhivāhana　79
軛(＝束縛)からの安穏 yogakkhema　425
クムダ地獄 Kumudaniraya　p.167
供物 bali　223
供物 huta　459, 479
供物をささげる yajati　463～466
供物をささげる者 yācayoga　487
供養する yajati　487～503, 505, 569
供養するがよい pūjetha　485
供養するがよい yajetha　463～466
紅蓮地獄 Padumaniraya　pp.166～167, 677
苦を滅する dukkhass' antakara　32, 337
繋縛 gantha　219, 347, 798, 847, 857, 912
繋縛 gathita　940
汚らわしい asuci　75
汚れ raja　275, 391, 392
汚れがない anaṅgaṇa　662
汚れがない vimala　519
汚れたところ rajassāyatana　406
汚れなく anaṅgaṇa　517
汚れなくして透明である vimalo akāca　476
激流 ogha　4, 21, 173, 174, 178, 183, 184, 219, 273, 471, 495, 538, 771, 779, 823, 1052, 1064, 1069, 1081～1083, 1092, 1093, 1096
激流の闇を渡った oghatamaga　538
激流を渡った oghatiṇṇa　823, 1101

激流を渡る oghatiṇṇa 1145
激流を渡るがよい tarassu oghaṃ 1070
激流を渡るがよい vitareyya oghaṃ 779, 495
解脱 mokkha 773
解脱 vimokha(＝vimokkha) 1088, 1089
解脱 vimutti 54, 73, 344, 745
解脱した vimutta 23, 354, 475, 491, 492, 536, 1073, 1101
解脱したお方 vimutta 211, 534, 847, 992, 1071, 1072, 1114
解脱した者 vippamutta 218, 472, 501
解脱する muccati 508
結縛 saṃyojana 62, 74, 175, 363, 375, 476, 491, 492, 522, 621, 736, 1109, 1115
結縛を離れた者 visaṃyutta 621
結縛を離れる visaṃyutta 634
結髪 jaṭā 249
結髪行者 jaṭila pp.142〜144, p.146, pp.150〜151
結髪行者 jaṭin 689
見解 diṭṭhi 55, 474, 781, 785, 787, 799, 800, 802, 832, 833, 836, 837, 846, 847, 851, 878, 880, 882, 886, 897, 913, 1117
献供 yāga 303
献供 yañña 482
言語の道 vādapatha 1076
賢者 dhīra 211〜219, 250, 317, 349, 371, 380, 531, 581, 591, 775, 778, 838, 877, 890, 913, 964, 1009, 1052
賢者 mantar 159, 455
賢者 paṇḍita 115, 254, 259, 335, 336, 523, 526, 578, 653, 719, 721, 743, 806, 820, 875, 876, 1007, 1125
幻術師 māyāvin 357
賢明な dhīra 45, 46, 165
賢明な者 nipaka 283
コーカーリヤの経 *Kokāliya-sutta* p.164
コーサラ国 Kosala 422, p.119, p.167, 976, 996
コーサンビー Kosambī 1012
ゴーダーヴァリー河 Godhāvārī 977
ゴータマの教え Gotamasāsana 1084, 1135, 1143
ゴーナッダ Gonaddha 1011
語彙〔論〕 nighaṇḍu p.144, 1020
劫 kappa 373, 521, 535, 860
行為 kamma 846
業(＝行ない) kamma 587
耕作者バーラドヴァージャの経 *Kasi-bhāradvāja-sutta* p.52
広大な賢者 bhūrimedhasa 1136, 1140
広大な智慧ある bhūripaññā 792, 1138, 1140
広大な智慧のあるお方 bhūripaññā 346, 376, 538, 1097, 1136, 1143
広大な智慧をもつお方 bhūrimedhasa 1131
広大な智者 bhūrimedhasa 1138
広大なる智慧をもつ pahūtapaññā 996
幸福な siva 115
高慢 atimāna 830, 862, 863, 968
光明をもたらすお方 pabhaṃkara 991
劫(＝輪廻の迷いの長い時間)を捨てた賢者 kappaṃjahaṃ...sumedha 1101
口論と論争の経 *Kalahavivāda-sutta* p.210
超えがたい執着を超えた〔人〕 accatari saṃgaṃ duraccayaṃ 948
牛王(＝牛の王) usabha 646, 684
牛王(＝牡牛の頭) usabha 26
牛王〔のような人〕 usabha 996

国王 rājan　299, 303, 308, 309, 415, 422, 423, 831
黒魔(＝カンハ) kaṇha　355, 439, 967
黒魔(＝皮膚の色の黒い種族)の生まれ kaṇhābhijātika　563
心 citta　23, 50, 68, 160, 161, 163 A, 163 B, 164, p. 72, 268, pp. 87～88, p. 90, 341, 390, 434, 435, 483, 506, 507, pp. 140～p. 142, p. 146, p. 156, p. 167, 717, p. 192, 975, 985
心 manas　659, 697
意 manas　63, 77, 149, 154, 155, 228, 252, 330, 365, 470, 512, 660, 689, 702, 766, 834, 967, 985, 1004, 1005, 1017, 1024, 1039, 1142, 1144
意 mano(manas)　171, 270, 271, 388, 424, 678, 680
心が静まった santa(sammati)　746
心静まり samāhita　212
心楽しむ〔であろう〕 abhiramissati　718
心執われず apaṭibaddhacitta　65
心に清らかな信仰 pasannacitta　690
〔心に〕濁りがない anāvila　483
〔心の〕訓練 tapo　267
心の解脱 cetovimutti　725, 727
心の静まり upasama　737
意の執着を除き去る nivesanam manaso ahāsi　470
心の安らぎ(＝寂滅) nibbuti　228, 917
心の安らぎに達した〔者〕 nibbuta　593, 630, 638, 707, 1041
心の安らぎ(＝涅槃) nibbāna　86, 186, 204, 267, 758, 822, 940, 942, 1061, 1062, 1094, 1108, 1109
心の安らぎ(＝涅槃) に達する nibbānapatti　454
心の安らぎの境地 nibbānapada　365
心の安らぎへの道 nibbānapada　1086
心の安らぎを得た abhinibbuta　1087
心の安らぎを得た彼等 abhinibbutā　1095
心の安らぎを得たのでしょうか nibbāyi　354
心の安らぎを得た者 abhinibbutatta　456
心は貪りを離れる virattacitta　235
固執 pariggaha　871, 872
個体存在 nāmarūpa　537, 756, 909, 950, 1100
言葉 pada　88, 252
言葉 vācā　125, 130, 214, 254, 261, 353, 426, 451～454, 660, 663, 678, 711, 850, 930, 932, 971, 973, 1005, 1061, 1083
言葉 vāda　819
言葉 vacī　472
言葉 vacana　202, 417, 699, 981, 984, 986, 997
言葉 vaco　54, 330, 356, 365, 890, 988, 994, 1006, 1057, 1110, 1147
言葉でいうとおりに yathāvādin　357
言葉による悪しき行ない vacīduccarita　407
言葉を慎む vacīgutta　78
この〔苦の〕激流を渡った ogham imaṃ atāri　1059
この世 idha　224, 243, 247, 318, 456, 470, 487～489, 496, 499, 531, 564, 574, 587, 589, 636, 639, 640, 676, 802, 1040, 1062
この世(＝世間) loka　9, 87, 114, 117, 131, 173, 185, 249, 359～375, 458, 501, 502, 560, 599, 633, 634, 728, 793, 937, 940, 947, 948, 950, 960, 974, 991, 993,

998, 1032, 1033, 1035, 1040, 1048, 1117
この世で idha loke　1043〜1045
この世とかの世とを imaṃ parañ ca lokaṃ　520
この世の中 loka　865, 866
この世の中において idha　875
この世の人 loka　298, 654, 1032
語法 padaka　p.144
虚妄 alika　450
虚妄 musā　p.189
虚妄性 mosadhamma　739, 757, 758
〔虚妄の〕思いはからい kappa　911
根 mūla　14
根源的な無知(＝無明) avijjā　199, 277, p.179, 729, 730, 1026, 1033, 1105, 1107
根本 mūla　916
根本の束縛 mūlabandhana　524, 525
根本(＝不善根)を見るお方 mūladassāvin　1043

さ 行

サーヴァッティー Sāvatthī(＝舎衛城) p.57, p.61, p.85, p.90, p.105, p.116, p.164, p.177, 996, 998, 1012
サーヴィッティー讃歌 Sāvittī　568
サーキヤ(＝釈迦族) Sākiya　423
サーケータ Sāketa　1012
サーターギラ夜叉 Sātāgira-yakkha　153, 155, 157, 159, 161, 163
サーリプッタの経 *Sāriputta-sutta*　p.224
財 dhana　185
在家者 gahaṭṭha　43, 90, 134, 487〜489, 628
在家者 gihin　220, 221, 404
在家信者 gahaṭṭha　398
在家信者 sāvaka　376, 393
在家生活をする者 gharamesin　188
在家の住居 gharāvāsa　406
最高の parama　68, 87, 138, 219, 347
最高の清浄を見る paramavisuddhi　697
最高の智慧 anomapaññā　343
最高の全き覚り(＝等覚) sambodhiyagga　693
最後の身(＝最後身)を保つ如来 antimadehadhārī, tathāgata　471
最後の身を保ち sarīrañ...antima　478
最後の身を保つ者 antimasārīra　624
財産 dhana　102, 104
祭祀 yañña　295, 506
最上に関する八つ〔よりなる詩句〕の経 *Paramaṭṭhaka-sutta*　p.199
最上の清らかなものを見る paramavisuddhi　693
最上の知見によって paramāya diṭṭhiyā　471
祭祀を行なう〔がよい〕 havyaṃ pavecche　490〜503
祭祀をする yajati　302, 307, 312, 506, 509
再生 punabbhava　162, 163, 502, 656, 730, 733, 743, 746, 754, 1121, 1123
再生 upapatti　643
再生する punabbhava　514
最低の人間 purisanta　664
犀の角の経 *Khaggavisāṇa-sutta*　p.47
祭餅 pūraḷāsa　459, 467〜479, 486
財物 bhoga　421, p.126
財物 dhana　60, 122, 187, 285, 302, 303, 305〜307, 987
サキヤムニ(＝釈迦族出身の聖者) Sakyamuni　225
殺害する hiṃsati　117, 309
サッカ(＝釈迦族出身者) Sakka(＝Sāk-

yan）　345
覚りに達した智者（＝ヴェーダ聖典の精通者）vedagū　472, 528
覚りに直結する瞑想 ānantarikasamādhi　226
覚りの智 vijjā　162, 163, 334, 1026
覚りの智と行ないとをそなえた者（＝明行具足）vijjācaraṇasampanna　p.142, p.145
覚りの智と行ないをそなえた vijjācaraṇasampanna　163A, 163B, 164
覚りの智と行ないとを求める vijjācaraṇapariyiṭṭhi　289
覚りの智に達した人びと vijjāgatā...ye sattā　730
覚りの智に達した者 vedagū　846, 1060
サハンパティ Sahaṃpati　p.166
サビヤの経 *Sabhiya-sutta*　p.131
さまざまな生存 bhavābhava　776, 786, 801, 877, 901, 1060, 1068
三句二十四音節（サーヴィッティー讃歌）catuvīsatakkhara（＝Sāvittī）　457
三十〔三天〕の衆 tidasagaṇa　679
三十二の偉大な人物の特徴 dvattiṃsa mahāpurisalakkhaṇā　pp.145～147
三十二の〔身体的〕特徴lakkhaṇā dvattimā　1000
死 maccu　579, 581, 776, 806, 1104
死 maraṇa　318, 426, 575, 576, 742
ジェータの森 Jetavana　p.57, p.61, p.85, p.90, p.105, p.116, p.164
死王 maccurāja　332, 1118, 1119
自我（＝我）でないものを自我と思いこみ anattani attamāna　756
自我の邪見 attānudiṭṭhi　1119
自我は実在するとみる見方（＝有身見）sakkāyadiṭṭhi　231
自我を捨てて attañjaha　790
死去 cuti　643
志向した心（＝信解心）adhimuttacitta　1149
地獄 nerayika　664
地獄 niraya　248, 277, 333, 531, 660, 661, 678, 706
仕事 kamma　253
自己の理想 attadattha　284
自己を依りどころとする dīpa　501
死・生 cutūpapātā　517
至上天（＝神）adhideva　1148
静まった santa（＝sammati）　460, 475, 783, 839, 861, 912, 946, 954
静まった者 upasanta　848, 857, 1099
静まった samitāvin　499
静まり samitāvin　520
静まり santa（sammati）　656, 721, 1048
静まり santi　204, 332, 584, 593, 784, 845, 900, 919, 933, 1066, 1067
静まり uparata　914
静まりの境地 santaṃ padaṃ　143
静まりの境地 santipada　208, 915, 1096
静まれる者 upasanta　342
氏姓 gotta　104, 315, 423, 455, 456, 1004, 1018, 1019
自制 dama　189
自制 saṃyama　326, 655
自制 saññama　898
四足 catuppada　603, 964
実践の道 paṭipadā　714
七宝をそなえた者 sattaratanasamannā　p.145
史伝 Itihāsa　p.144
死ぬ maraṇa　427
死ぬ前に、の経 *Purābheda-sutta*　p.208
思念 saṃkappa　154, 155, 1144

思念 vitakka　7
死の力 maccuno vasa　587
死の力 maccuvasa　578
自分で体験したもの sandiṭṭhika　1137, 1139, 1141
自分の見解 sandiṭṭhi　881, 892
自分の道 sakāyana　892, 983
自分のものと思って執われたもの（＝我所執）mamāyita　805, 809
自分のもろもろの道(＝行くところ)を称賛する sadhammapūjā　906
自分の利益だけしか知らない人びと attaṭṭhapaññā　75
自分を制し yatatta　723
死魔 maccu　357, 358, 755, 1100
死魔の領域の彼方 maccudheyyapāra　1146
止滅(＝涅槃) nirodha　754, 755
湿り気 sineha(＝sneha)　209
邪悪な貪り lobhapāpa　941
ジャイナ教徒 nigaṇṭha　381
釈迦族 Sākya　683
釈迦族 Sakka　1063, 1069
釈迦族出身 Sakyaputta　p.142, p.145, p.156
釈迦族の牛の王 Sakyapuṅgava　690
釈迦族のお方 Sakka　1090, 1113, 1116
釈迦族の氏族 Sakyakula　p.145
釈迦族の氏族〔であるゴータマ〕Sakyakula　p.142
釈迦族の出身 Sakyaputta　991, 996
釈迦族の人たち Sākiya　695
釈迦族の人たち Sakya　691, 692
釈迦族の人びと Sakyā　685, 686
沙門 samaṇa　p.52, 83, 84, 100, p.61, 129, 130, pp.71〜72, 266, pp.87〜88, 282, pp.131〜132, 515, 518, 520, 529, 538, pp.145〜147, 551, p.156, 714, 722, pp.189〜191, 828, 866, 868, 883, 884, 890, 932
沙門の観想 samaṇopāsana　718
沙門の教団 samaṇasaṃgha　550
沙門・バラモン samaṇa brāhmaṇa p.54, 189, 190, 441, pp.131〜133, p.142, 859, 1079〜1082
ジャトゥカンニン学生の問い *Jatukaṇṇimāṇavapucchā*　p.249
〔修行者の〕生活法をそなえた者 jīvitenūpapanna　1077
修行する者(＝梵行者) brahmacārin　973
執着 ādāna　364
執着 saṅga　386, 1068
執着 upādāna　168, 170, 390, 742
執着 visata(＝visatta)　715
執着 visattika　1085, 1104
執着がある者 upaya　787
執着がない者 anādāna　620
執着から解放された saṅgā pamutta　212
執着しない saṅgaṃ upaccagā　636
執着する satta　706
執着することがない anupādiyāna　470, 800
執着することなく asatta　490, 643
執着せず asajjamāna　466
執着せず na sajjati　536
執着なき者 anādāna　630
執着なき者 anupaya　786
執着なく anādāna　741, 751
執着なく anupāda　638, p.192
執着に打ち克つ saṅgātiga　250
執着に汚されない parigghesu...nopalitto　779

執着に運び去られない anūpanīto...nivesanesu　846
執着の網を超えて saṅgam jālam aticca　527
執着の繫縛 ādānagantha　794
執着〔の激流〕を渡った者たち tiṇṇā visattikaṃ　1087
執着の始源 ādi upādānassa　358
執着のもと saṅgamūla　532
執着を超えた者 atāri visattikaṃ　857
執着を超える saṅgātiga　621, 473
執着を超えるがよい taratha...visattikaṃ　333
執着を超えることがない na taranti saṅgaṃ　791
執着を捨てる saṅgam...visajja　1060
執着を残りなく遠く離れ、滅し尽す upādānānaṃ...asesavirāganirodha　p.184
執着を滅し尽す upādānakhaya　475, 743
執着をよく超える visattikaṃ samativattati　768
執着を渡った者たち tiṇṇā visattikaṃ　1087
執着を渡りましょう tare visattikaṃ　1067, 1085
執着を渡るがよい tare visattikaṃ　1053, 1066
執着を渡るでしょう tare...visattikaṃ　1054
衆徒の師 gaṇācariya　pp.131〜132
衆徒をもつ gaṇin　pp.131〜132
呪句 manta　249, 302, 306, 690, 1000, 1004, 1018
呪句(＝ヴェーダ聖典) manta　p.145
主宰者 issara　552
種族 jāti　423
出家者 anāgāra　628
出家の経 *Pabbajja-sutta*　p.111
取得するものへの渇望 ādānataṇhā　1103
呪法 Āthabbaṇa(＝Atharva-veda)　927
順世論 lokāyata　p.144
生 jāti　476, 647, 1120
情交 methuna　218, 293, 704, 814〜817, 820, 821, 835, 926
生死 jātimaraṇa　32, 351, 355, 467, 484, 500
聖者 muni　31, 83, 87, 163 A, 163 B, 164, 165, 207〜221, 251, 359, 414, 462, 484, 508, 523, 527, 540, 541, 545, 571, 698, 700, 701, 703, 708, 711, 716, 718, 723, 779, 780, 809, 811, 812, 821, 823, 838, 844, 845, 850, 860, 877, 912, 914, 941, 946, 954, 1052, 1058, 1074, 1075, 1077, 1078, 1081, 1085, 1090, 1091, 1127, 1147
聖者の経 *Muni-sutta*　p.76
聖者の最上の道 moneyyaṃ uttamaṃ padaṃ　700
清浄 saṃsuddhi　788
清浄 suddhi　789, 790, 824, 830, 839, 840, 875, 876, 891, 898〜901, 906, 908〜910, 1079〜1081
清浄 visuddhi　813, 824, 892
清浄な suddha　788
清浄に関する八つ〔よりなる詩句〕の経 *Suddhaṭṭhaka-sutta*　p.198
精進 viriya　68, 79, 184, 353, 432, 528, 531, 695, 966, 1026
正等覚者 sammāsambuddha　p.41, 539, p.142, pp.145〜147, 565, p.156

生得眼のあるお方 sahājanetta　1096
生と老 jātiñ ca jarā ca　1045, 1047
小篇・〔弁論の〕排置の経 *Cūḷaviyūha-sutta*　p.212
生滅の終極 jātikhayanta　209
生や老 jātijarā　725, 727, 1046, 1048, 1052, 1056, 1060, 1079～1082, 1097, 1122
勝利者（＝仏陀）jina　84, 372, 379, 697, 698, 989, 996
勝利の経 *Vijaya-sutta*　p.74
序の詩句 *Vatthu-gāthā*　p.228
庶民 vessāyana　455
庶民 vessika　314
所有するものがない akiñcana　176, 620
知られた viññātā　1086
自立した kevalin　82, 481, 519
自立する者 kevalin　490
知ること（＝知識）ñāṇa　839, 840, 1078
信仰がある saddha　188, 371, 853
信仰（＝信）saddhā　77, 90, 182, 184, 286, 337, 432, 719, 1026 ,1143
信仰を起こした muttasaddha　1146
真実 sacca　59, 78, 182, 187～189, 224, 225, 229, 232～235, 267, 450, 453, 463, 479, 542, 632, p.189, 756, 758, p.190, 780, 824, 832, 843, 882～886, 895, 903, 904, 941, 946, 1133
真実 taccha　327
神性のもの devatā　995
神仙 devisi　1116
スーチローマ夜叉 Sūciloma-yakkha　pp.87～88
スーチローマ〔夜叉〕の経 *Sūciloma-sutta*　p.87
随伴する煩悩（＝随煩悩）upakkilesa　66
推量 takka　1135
勝れた〔教法の〕輪 varacakka　698
勝れた智 veda　792
勝れた智ある賢者 vedagū...dhīro　890
勝れた智ある賢者 vedaguno...paṇḍita　733
勝れた智慧ある人 varapañña　564, 565
勝れた智がある vedantagū　463
勝れた智者（＝目覚めた者）vedagū　458, 459, 503, 529, 749, 1049
勝れて広大な智者 bhūrimedhasa　996
頭陀行法 dhutadhamma　385
捨て去ること upekhā　73
すばらしい教法の特性 dhammassa ca sudhammatā　180, 192
住む家もない aniketasārin　844
スンダリカー河 Sundarikā　p.119
スンダリカ・バーラドヴァージャの経 *Sundarikabhāradvāja-sutta*　p.119
セータヴィヤ Setavya　1012
セーラの経 *Sela-sutta*　p.141
静安 samatha　67
聖火 aggi　p.119
生活法 anujīvita　836
性交 methuna　609
静寂 santi　330
生死輪廻 jātimaraṇasaṃsāra　729
聖人 ariya　115, 330, 533, 535, 660, p.189, 758, p.190, 761, 762, p.191, 765, 822
精神〔世界〕arūpa　755
精神〔世界〕に住する āruppavāsim　754
聖仙 isi　284, 458, 684, 689, 691, 1025, 1043～1045
聖仙の牛王（＝目覚めた者）isinisabha　698
生存 bhava　5, 16, 69, 175, 176, 361,

367, 472, 514, 637, 639, 640, 736, 742, 773, 776, 777, 836, 839, 856, 898, 1046, 1055, 1133
生存の残余(＝有余依)がある upādisesa pp.177～191
生存の残余がない anupādisesa 876
生存の貪欲 rāga 764
生存のもと〔である渇望や煩悩などの〕残り saupādisesa 354
生存の欲望が断ち切られ ucchinnabhavataṇhā 746
生存の依りどころ upadhi p.178
生存の領域 bhavana 810
生存や生存でないもの(＝生と死) bhavābhava 496
聖なる教法 ariyadhamma 353
生の輪廻 jātisaṃsāra 746
世界 loka 169, 339, 443, 496, pp.189～191, 956, 1063
世界の人びと loka 86, 756, 760
世間 loka 768, 995
施主 dānapati p.126, 489
世尊 Bhagavant p.41, 19, 21, 23, 25, 27, 29, 31, 34, pp.52～55, 84, p.57, 91, 93, 95, 97, 99, 101, 103, 105, 107, 109, 111, 113, p.61, p.64, 169, pp.71～72, 251, p.85, p.87, p.90, p.95, 344, p.100, 355, 358, 360, 375, pp.105～106, 383, 430, 446, pp.116～120, 479, 482, pp.125～126, 488, 489, 504～506, 508, 509, pp.130～131, 511, p.133, 513, 514, p.134, 518, 519, p.135, 524, p.136, 528, 529, p.137, 533, 534, p.138, pp.140～143, pp.145～147, 554, 557, 566, 567, pp.150～151, 570, pp.155～156, 600, pp.163～167, 701, 716, p.177, pp.179～192, 815, 837, 839, 841, 849, 914, 916, 934, 954, 963, 993, 1015, 1025, 1033, 1035, 1041, 1043, 1044～1050, 1053, 1055, 1057, 1058, 1061, 1062, 1066, 1068, 1070, 1072, 1074, 1076, 1079～1082, 1089, 1093, 1097, 1098, 1103, 1106, 1110, 1121, 1123, p.255
施与 cāga 189
施与 dāna 263
善悪 puññapāpa 520
潜在的な(心身の)形成力(＝行、諸行) saṃkhāra 372, p.180, 731, 732, 751
潜在的な心身の形成力 saṃkhiti 953
潜在的な煩悩(＝随眠) anusaya 14, 342, 369
戦士族 khattiya 114, 138, 314, 315, 417, 418, 420, 455, 458, 553, 1043～1045
戦車の主 rathesabha 552
占相 lakkhaṇa 690
善と悪 puññapāpa 547
賤民の経 *Vasala-sutta* p.60
ソーガンディカ地獄 Sogandhikaniraya p.167
象 nāga 53, 166, 421
想念 saññā 535, 732, 779
想念を想う者 saññasaññin 874
想念を離れた者 saññāviratta 847
象の王 nāgarāja 379
束縛 bandhana 29, 44, 491, 522, 530, 532, 948, 957
束縛 vinibandha 16
束縛を離れた者 visaṃyutta 626
そなたは執着しない no gahessasi 1099
染められず anūpalitta(＝anupalitta) 211, 790
祖霊 pitar 310

た 行

タールッカ Tārukkha　594
大王 mahārājan　416
第七の聖仙 isisattama　356
帝釈天 Inda　310, 316, 656, 679, 1024
怠惰 pamāda　942
怠惰な者 pamatta　57
第八の生存〔を〕 bhavaṃ aṭṭhamaṃ　230
大篇・〔弁論の〕排置の経 *Mahāviyūha-sutta*　p.215
太陽 ādicca　569
太陽神 Ādicca　423
太陽神の親族（＝日種） Ādiccabandhu　54, 540, 915, 1128
宝の経 *Ratana-sutta*　p.79
他教徒 tithya（＝titthya）　pp.140〜141, 891, 892
他教徒 titthiya　381
托鉢に行くこと bhikkhācariya　700
巧みである者 kusala　372
他者に導かれることがない anaññaney-ya　364
正しい行ない samācāra　324
正しい想念 sati　77, 340, 434, 444, 1026, 1035, 1143
正しい想念〔ある〕 satimant　45, 70, 174, 212, 411, 446, 503, 515, 975, 1070
正しい想念〔ある者〕 sata　466, 753, 855, 916, 933, 962, 964, 1041, 1056, 1062, 1087, 1095, 1110, 1111
正しい想念が清らかであること satisaṃ-suddha　1107
正しい想念を保つ sati　1036
正しい想念をもつ〔者〕 sata　741, 751, 768, 771, 1104
正しい想念をもつ〔者〕 satimant　88, 974
正しい想念をもって行ないながら sata　1053, 1054, 1066, 1067
正しい智慧 sammappaññā　pp.189〜191
正しい遍歴の経 *Sammāparibbājaniya-sutta*　p.103
正しく真っすぐな智慧者 samujjupañña　352
ダニヤの経 *Dhaniya-sutta*　p.43
他人に導かれなければならないことはない anaññaneyya　55
他の人 anna　240
田畑 khetta　769
タンキタ石床 Ṭaṃkitamañca　p.87
ダンミカの経 *Dhammika-sutta*　p.105
小さな章 *Cūla-vagga*　p.79
智慧 ñāṇa　55, 372, 378, 788, 799, 800, 868, 911, 1077, 1113, 1115
智慧 paññā　77, 83, 90, 174, 177, 182, 184〜186, 329, 330, 352, 381, 391, 432, 434, 443, 468, 591, 627, 847, 880, 881, 890, 931, 969, 1035, 1036, 1090, 1091
智慧ある paññāṇavant　202, 204
智慧者 medhāvin　1008
智慧者 mutīmant（matimant）　61, 321, 385, 539, 881
智慧の解脱 paññavimutti　727
智慧の力がある paññābala　212
智慧を見る者 ñāṇadassin　478
知恩 kataññutā　265
智者 medhāvin　1125
智者 vidvan　792
チャンダーラ族出身 caṇḍālaputta（＝Mātaṅga）　137
チュンダの経 *Cunda-sutta*　p.56

超能力 iddhimant　179
塵 raja　139, 662, 974
塵がない viraja　636
塵汚れ raja　207, 334
塵汚れを離れる viraja　268
塵を離れた vigataraja　517
塵を離れる viraja　520, 1105
月 canda　569, 637
月(＝満月) canda　598
ティッサ・メッテッヤ学生の問い *Tissametteyyamāṇvapucchā*　p.236
ティッサ・メッテッヤの経 *Tissametteyya-sutta*　p.202
弟子 sāvaka　90, 134, 345, 357, 391, 393, 395, 556
弟子 sissa　997, 1004, 1006, 1028, 1029
田地 khetta　82, 473, 481, 858
田地の勝利者 khetajina　523
転輪聖王 cakkavattin　p.145, 552
ドータカ学生の問い *Dhotakamāṇavapucchā*　p.241
トーデッヤ学生の問い *Todeyyamāṇavapucchā*　p.247
トゥヴァタカ(迅速)の経 *Tuvaṭaka-sutta*　p.218
等覚者(＝よく目覚めた者) sambuddha　178, 180, 192, 446, 541, 555, 559, 560, 597, 992, 994, 995, 998, 1003, 1016, …31, 1145, 1147
…＝身体) guhā　772
…する八つ〔よりなる詩句〕の経
G…ka-sutta　p.195
動揺す… keṭubha　1020
638, 6…ない aneja　372, 477,
1112　…0, 952, 953, 1043, 1101,
道理 dham…
…3, 504, 527, 933,
963, 1075
道理でないこと adhamma　450
怒気 kopa　p.131
徳 guṇa　678
都市 nagara　414
兜率天 Tsusita　955
執われ ādāna　1104
執われ ālaya　535
執われ pariggaha　470
執われがない ālayā na vijjanti　635
執われがない anupādāna　546, 572, 717, 753
執われた心をもつ者 paṭibaddhacitta　37
貪欲 lobha　10
貪欲 rāga　1046
貪欲〔心〕 giddhimāna　328

な　行

ナーガ nāga　518, 522, 1058, 1101
ナーガ(＝修行者) nāga　573
ナーガ(＝聖者) nāga　845
ナーガ(＝竜) nāga　543
ナータ族の出身 Nātaputta　pp.131〜132
ナーラカの経 *Nālaka-sutta*　p.170
ナーラダ Nārada　543
生臭さ āmagandha　240〜248, 251, 252, 717
生臭さの経 *Āmagandha-sutta*　p.82
怠け者 pamatta　329, 430
ナムチ(＝魔) namuci　426, 439
名や姓 nāmagotta　648
習い sīla　381
ナンダ学生の問い *Nandamāṇavapucchā*　p.244
南道 Dakkhiṇāpatha　976

濁りがなく anāvila　515, 637
二種の観察の経 *Dvayatānupassanā-sutta* p.177
如来 tathāgata　p.54, 224, 236〜238, 252, 347, 351, 467〜470, 472〜478, 1031, 1114
如来から生まれた〔弟子の〕サーリプッタ（＝舎利弗）Sāriputto anujāto Tathāgato　557
ニラッブダ地獄 Nirabbudaniraya p.167, 660
人間 mānusaka　525, 641
人間 manussa　p.72, p.88, 333, 361, 521, 568, 611〜619, pp.189〜191, 964
人間 purisa　182
人間の中の高貴なお方 purisājañña 544
人間の中の最上なるお方 purisuttama 544
忍耐 khanti　189, 266, 292, 294
ネーランジャラー河 Nerañjarā　425
願いがない nirāsaya　1090, 1091

は　行

パーヴァー Pāvā　1013
パーサーナカ廟 Pāsāṇaka(cetiya) 1013, p.255
パーピマン pāpimant　33, 430
激しい苦悩(＝熱悩)を生じた santāpajāta　1123
励みの経 *Padhāna-sutta*　p.113
恥じらいの経 *Hiri-sutta*　p.84
パスーラの経 *Pasūla-sutta*　p.203
パッバタ Pabbata　543
パティッターナ Patiṭṭhāna　1011
バドラーヴダ学生の問い *Bhadrāvudhamāṇavapucchā*　p.250
バラモン brāhmaṇa　p.52, 81, 100, p.61, 129, 130, 136, 138, 140, 142, p.72, p.81, p.88, p.90, 285, 287, p.91, 288〜291, 293, 298, 301, 303, 305, 308, p.95, 344, 356, 382, p.119, 455〜458, 460, 463〜466, 469, 480, 490〜503, p.131, 518, 529, p.143, p.147, 558〜560, 566, p.155, 596, 597, 612〜647, 649, 650, 655, pp.189〜191, 790, 795, 802, 803, 843, 907, 911, 946, 976, 979, 992, 997, 999, 1006, 1008, 1018, 1043, 1045, 1059, 1063, 1100, 1115, p.255, 1127, 1140, 1142, 1144
バラモンのあり方の経 *Brāhmaṇadhammika-sutta*　p.90
パンダヴァ山 Paṇḍava　414, 416, 417
火 jātaveda　462
光をもたらす pabhaṅkara　1136
毘沙門天王 Vessavaṇa　380
人 jana　243
人 manussa　236〜238
人 nara　347
人 purisa　91, 102, 181, 256, 316, 323, 348, 657
人の世 loka　683
人びと manuja　458, 1043〜1045
人びと manussa　75, 258, 307, 335, 336 607, 1123
人びと pajā　322
人びとの王 manujinda　553
人祀り purisamedha　303 *risada-*
人を調え御する者(人調御 mmasārathi　p.14
火神への祭儀 aggi
火祭り aggihut
標柱 indakhi *giyamāṇavapu-*
ピンギヤ

cchā　p.254
深い智慧 gambhīrapaññā　176
武器 daṇṭa　630
武器を手にすることの経 *Attadaṇḍa-sutta*　p.221
福田 puññakkhetta　486
福徳 puñña　82, 260, 427, 428, 431, 463〜466, 481, p.126, 487〜503, 505, 569, 697
福徳（＝善） puñña　636, 790
福徳のないもの apuññayatana　399
不殺害 avihiṃsa　292
不死 amata　204, 228, 453, 635, 960
不浄 asuci　197, 205, 243
不浄 asuddhi　893, 900
不浄〔観〕をもって asubhāya　341
不善 akusala　14
不善の根 mūla-akusala　369
再び生まれかわることがない apunabbhavāya　273
普通の者 puthujjana　351, 455, 706, 859
物質〔世界〕 rūpa　755
物質〔世界〕に属する rūpūpaga　754
船の経 *Nāvā-sutta*　p.95
不法 adhamma　310, 312
奮起の経 *Uṭṭhāna-sutta*　p.97
プンダリーカ地獄 Puṇḍarīkaniraya　p.167
プンナカ学生の問い *Puṇṇakamāṇavapucchā*　p.237
文法 veyyākaraṇa　p.144
ヘーマヴァタ夜叉 Hemavata-yakkha　154, 156, 158, 160, 162, 168, 169
ヘーマカ学生の問い *Hemakamāṇavapucchā*　p.246
ベールヴァ（＝パパイヤ） veḷuva　pp.165〜166
平安 sotthi　269
平穏 sama　896
蛇 uraga　1〜17
蛇の経 *Uraga-sutta*　p.41
蛇の章 *Uraga-vagga*　p.41
遍歴行者 paribbājaka　pp.131〜134, pp.136〜137, 533, 537, p.138, p.140
遍歴行者（＝出家者） paribbāja　134
ボーガナガラ Boganagara　1013
ポーサーラ学生の問い *Posālamāṇavapucchā*　p.252
法 dhamma　759
放棄 upekhā　67
棒投げ祀り sammāpāsa　303
暴力 daṇṭa　629
菩薩 Bodhisatta　683
ポッカラサーティ Pokkharasāti　594
施し祀り niraggaḷa　303
捕縛 bandhana　242
梵行者 brahmacārin　695
凡人 puthujjana　816
梵天 Brahman　p.72, p.88, 285, 479, 508, 519, p.142, 561, 563, 656, p.166, pp.190〜191, 982, 1024, 1065, 1133
梵天の蔵 brahmakosa　525
梵天の世界 brahmaloka　135, 139, 508, 509, 1117
梵天の田地 brahmakhetta　524
梵天（＝ブラフマン）の親族 brahmabandhu　241, 315
煩悩 kilesa　348
煩悩の汚れ（＝有漏） āsava　82, 162, 163, 370, 374, 472, 481, 493, 535, 539, 546, 572, 644, 749, p.192, 913, 1100
煩悩の汚れがない anāsava　178, 212, 219, 996, 1082, 1083, 1105, 1133, 1145

煩悩の汚れなき者 anāsava　765
煩悩の潜在力(＝随眠) anusaya　545, 571
〔煩悩の〕塵 raja　665
〔煩悩の毒〕矢を抜き取る(最上の)治療者 sallakatto anuttaro　560, 562
〔煩悩の〕矢を抜く visalla　367

ま 行

マーガの経 *Māgha-sutta*　p.126
マーガンディヤの経 *Māgandiya-sutta*　p.205
マーヒッサティ Māhissati　1011
マガダ国の Māgadha　1013
マガダ国 Magadha　p.52, p.255
マガダ族 Magadhā　408
全き心の安らぎに至り parinibbānagata　514
全き心の安らぎを得て parinibbuta　359
全き覚り(＝等覚) sambodhi　478
全く心が静まっている parinibbuta　735, 737, 739
全く心安らかになる parinibbanti　765
全く静まって parinibbuta　467
全く安らかになる parinibbuta　370, 758
眼あるお方 cakkhumant　31, p.95, p.125, p.130, 562, 596, 706
眼のある者 cakkhumant　p.55, p.64
眼をそなえたお方 cakkhumant　956, 993, 1028, 1116
眼をもつお方 cakkhumant　541, 570
眼をもつ人 cakkhumant　405
マヒー河 Mahī　18, 19
慢心 māna　4, 132, 245, 328, 342, 370, 469, 473, 494, 537, 631, 786, 829, 830, 846, 862, 863, 889, 943, 1132
身 kāya　78
自ら光る者 Sayampabha　404
自らを制して yata　490
見ること(＝見解) diṭṭhi　1078
道 magga　55, 84〜89, p.64, 347, 429, 441, p.125, p.140, 582, 627, p.163, 724, 726, 1130
道 pajja　514
道 patha　139, 176, 177, 370, 476, 540, 718, 868
三つのヴェーダ聖典 tevijjā　594, 595
三つのヴェーダ聖典に精通した tiṇṇaṃ vedānaṃ pāragū　p.144
三つの覚りの智をそなえた tīhi vijjāhi sampanna　656
見られた diṭṭha　793, 1086
見られたこと(見解) diṭṭha　790, 812, 813, 901, 914
見られたこと(見解) diṭṭhi　796〜798, 802, 887
見ること(＝見解) diṭṭhi　839, 840
無一物 akiñcana　490, 501
無関心(＝捨) upekhā　972, 1107
貪り lobha　367, 371, 537, 706, 865, 928
貪り rāga　2, 74, 270, 271, 493, 631, 1086
貪りに打ち克つべきである sahetha rāgaṃ　974
貪りに関わる〔ような〕 rāgūpasaṃhita　341
貪りの類に溺れる者 lobhaguṇe anuyutta　663
貪りの道 rāgapatha　370, 476
貪り欲する lobha　864
貪り求めない ananugiddha　952
貪り求める giddha　243
貪りを制するがよい rāgaṃ vinayetha

361
貪りを離れた者 vītagedha　1100
貪りを離れる rāgarāgin　795
貪りを離れる vītagedha　210, 860
貪りを離れる vītalobha　469, 494
貪りを離れる vītarāga　11, 214, 465, 498, 499, 507, 529, 1071, 1072
貪りを離れる virajjati　739, 853
貪りを求めることなく agiddha　845
貪ることがない ananugiddha　86
無執着 anādāna　1094
無上なお方 uttama　690
無上なる者 anuttara　330, p.142, p.145, 1003
無上の anuttara　179, 478
無上のお方 anuttara　345
無所有 ākiñcañña　976, 1070〜1072, 1115
無所有 akiñcana　455, 1059, 1091, 1094
無所有の akiñcana　645
無知の者 avijjā　1051
六つの重罪 cha cābhiṭhāna　231
無病なもの(＝無煩悩) aroga　788
無病(＝涅槃) āroga　749
無病(＝変化しないもの) aroga　1075
名称と形態(＝名色、個体存在) nāma-rūpa　355, 530, 1036
名称の集まり(＝個体存在) nāmakāya　1074
瞑想 jhāna　69, 156, 157, 212, 503, 709, 972, 985, 1009
瞑想(＝三昧) samādhi　226, 330, 434, 921, 1026
瞑想する jhāyin　925
瞑想している jhāyanta　165, 425
瞑想している〔者〕 jhāyin　638, 719
瞑想する jhāyato　221
瞑想する samāhita　225
瞑想するお方 jhāyin　1009, 1105
迷妄な者 mūḷha　p.140
目覚めたお方 buddha　85, 191, 377, 383, 408, 454, 545, p.150, 571, 1126〜1129, 1133
目覚めた者 buddha　81, 83, 86, 134, 157, 161, 167, 202, 224, 226, 233, 234, 236, 252, 276, 357, 386, 401, 429, 480, 486, 513, 517, 523, p.142, p.145, p.147, 558, p.156, 622, 643, 646, 696, 957, 993, 999, 1005
メッタグー学生の問い *Mettagūmāṇava-pucchā*　p.238
滅亡の経 *Parābhava-sutta*　p.57
モーガラージャン学生の問い *Mogharā-jamāṇavapucchā*　p.253
妄想 papañca　8, 530, 874, 916
妄想 vitakka　270, 271, 1109
蒙昧 andhakāra　763
求めることなく nirāsaya　634
ものという想念をもつ〔者〕 rūpasaññin　1113
もろもろの疑惑を断ち切った者 vicikicchānaṃ chettā(chettar)　343, 346

や　行

矢 salla　17, 51, 86, 331, 334, 367, 592, 593, 767, 779, 938, 939
屋敷 vatthu　473
夜叉 yakkha　179, 273, 449, 478, 875, 876
安らかなる心(＝涅槃) nibbāna　233
八つの〔詩句よりなる〕章 *Aṭṭhaka-vagga*　p.194
矢の経 *Salla-sutta*　p.152
有識者(＝賢者) anusikkhant　294

勇者 sūra　831
勇者 vīra　44, 547, 573, 642, 646, 1096, 1102
有想解脱 saññāvimokha　1071, 1072
雪山 himavant　422
雪山の住者の経 *Hemavata-sutta*　p.66
よい言葉遣い sovacassatā　266
善き行ないの経(法行経) *Dhammacariya-sutta*　p.89
善き意 sumana(s)　1028
善き智慧ある者 sumedha　460
善き人 santa　239
欲 chanda　171, 203, 364, 387, 767, 778, 781, 835, 865〜867, 913, 975, 1086
欲 icchā　306, 311, 706, 707, 773, 872
欲 rāga　204
善く行ける者(＝善逝) sugata　32, 227, 391, pp.117〜118, p.156, 643, 659, p.177, pp.179〜191
欲がない nirāsa　460, 469, 1048, 1060, 1078
善く〔彼の岸に〕行ける者(＝善逝) sugata　p.142, p.145
よく心が静まる sādhusamāhita　519
よく思慮し abhiññā　1042
よく知る abhiññā　534, 1148
抑制した yata　216
善く説かれたことの経 *Subhāsita-sutta*　p.116
欲なき者 nirāsa　491, 492, 494
欲ばり icchā　133
欲望 kāma　50, 60, 139, 166, 175, 177, 239, 243, 272, 315, 337, 359, 361, 423, 424, 435, 436, 464, 467, 483, 497, 639, 704, 719, 766〜769, 771〜774, 823, 844, 845, 857, 940, 945, 1039, 1041, 1046, 1070〜1072, 1088, 1089, 1096, 1097, 1106, 1131
〔欲望に〕染められていない anāvila　160, 161
欲望の経 *Kāma-sutta*　p.194
欲望の生存 kāmabhava　176, 1059, 1091
欲望の対象 kāmaguṇa　50, 51, 171, 284
世の中 loka　59, 83, 115, 168, 169, 170〜172, 219, 298, 394, 455, 466, 490, 522, 534, 581, 588, 598, 648, 772, 775, 776, 783, 786, 794, 796, 816, 845, 847, 855, 861, 863, 867, 871, 876, 894, 912, 913, 915, 922, 1048〜1050, 1053, 1054, 1064, 1066〜1068, 1077, 1087, 1103, 1118, 1122, 1133
世の中の事柄(＝世間法) lokadhamma　268
世の中の人びと loka　1108, 1109
世の中の人びとを知る者(＝世間解) lokavidū　p.142, p.145
依らずに anisitta　1069
依りどころ(＝島または中州) dīpa　1092〜1094, 1145, 1146
依りどころ upadhi　33, 34, 364, 374, 546, 728, 1050, 1051
依りどころ(＝究極) tiṭṭhanta　1114
依りどころとせず anissita　66
依りどころなきもの nirāsaya　56
依りどころを超越し anupādāna　572
より悪いもの pāpiyo　275
依ることなく anissita　363, 364, 748

ら　行

ラージャガハ(＝王舎城) Rājagaha　408, p.126, p.131, p.133
ラーフ Rāhu　465, 498
ラーフラの経 *Rāhula-sutta*　p.98
来世に huraṃ　224

楽 sukha　61, 67, 738, p.191, 873
羅刹 rakkhasa　310
理法 dhamma　312, 314
理法を遵守する教法の王（＝法王） dhammiko dhammarāja　p.145
両端を知り ubh' anta-m-abhiññāya　1040
理論 takka　885, 886
輪廻 saṃsāra　517, 519, 638, 730, 740, 752
ルンビニー地方 Lumbineyya　683
隷属民 sudda　314
練達 kusala　321, 881
練達の者 kusala　523, 525, 536, 591, 782, 783, 798, 825, 830, 878, 879, 887, 888, 898, 903, 909, 1078
老や死 jarāmaccu　1092〜1094
論難の言葉を慎むがよい virame kathojjaṃ　828

わ　行

我がもの〔とする〕 mamāyita　119, 466, 950
我がものである mamāyati　922
我がものという執われ（＝我執） mamatta　806, 871, 872, 951
我がものという執われ（＝我執）がない amama　220, 469, 494, 495
我がものというもろもろの執われを捨て hitvā mamāyitāni　1056
我がものと思い mamāyati　777
わたしの弟子 māmaka　927
渡った tarati　1045, 1088, 1089
渡らせた tāresi　545
渡らせる tarati　321
渡りきる tiṇṇa　21
渡る tarati　173, 174, 178, 183, 184, 273, 319, 515, 545, 571, 706, 771, 1053, 1064, 1066, 1067, 1069
渡る udatāri　471
悪い pāpa　22, 24, 280, 282
悪い行ないが滅する kukkucavūpasanta　82
悪いことをする者 dukkhakārin　664
悪い欲 pāpicchā　280, 282
悪く pāpa　246

II 人　名

ア　行

アーラヴィ・ゴータマ Āḷavi-Gotama　1146
アジタ・ケーサカンバリン Ajita-Kesakambalin　p.131
アジタ（青年） Ajita（māṇava）　1006, 1016, 1031, p.235, 1032〜1037, 1124
アシタ（仙） Asita（isi）　679, 686, 698, 699
ヴァーセッタ（青年） Vāseṭṭha（māṇava） pp.155〜156, 600, 612〜619, p.163, 656
ヴァッカリ Vakkali　1146
ヴァンギーサ Vaṅgīsa　p.100, p.118
ウダヤ Udaya　1008, p.251, 1105, 1125
ウパシーヴァ Upasīva　1007, p.242, 1069〜1072, 1076, 1124
オッカーカ（＝甘蔗王） Okkāka　302, 306

カ　行

カッサパ Kassapa　240, 241
カッパーヤナ（＝ニグローダ・カッパ） Kappāyana ➡ニグローダ・カッパ
カッパ（青年） Kappa（māṇava）　1007,

p.248, 1092, 1093, 1125
カッパ(ニグローダ) Kappa(Nigrodha-)
➡ニグローダ・カッパ
カッピヤ(＝ニグローダ・カッパ) Kappiya (＝Nigrodha-kappa) ➡ニグローダ・カッパ
カンハシリ(仙) Kaṇhasiri(isi) 689
ケーニヤ(結髪行者) Keṇiya(jaṭila) pp.142〜146, pp.150〜151
コーカーリヤ Kokāliya pp.164〜167
ゴータマ(沙門) Gotama(samaṇa) pp.52〜55, 91, p.61, p.64, 153, 164, 165, 167, 228, pp.90〜91, p.95, 376, 461, pp.125〜126, p.130, pp.132〜133, p.140, pp.142〜143, pp.145〜147, 553, 555, p.150, p.156, 596, 598, 599, p.163, 699, 933, 1083, 1084, 1135, 1136, 1138, 1140, 1143

サ 行

サーリプッタ(＝舎利弗) Sāriputta 557, pp.164〜167, p.224, 955, 963
サビヤ(遍歴行者) Sabhiya(paribbājaka) pp.131〜133, 510〜512, p.134, 513, 514, 518, p.135, 519, 523, p.136, 524, 528, p.137, 529, 533, p.138, 534, p.140, 547, p.141
サンジャヤ・ベッラッティプッタ Sañjaya-Belaṭṭhiputta p.131
ジャーヌッソーニ(バラモン) Jāṇussoṇi (brāhmaṇa) p.155
ジャトゥカンニン Jatukaṇṇin 1007, p.249, 1096, 1098, 1125
スッドーダナ Suddhodana 685
スンダリカ Sundarika(Bhāradvāja)
➡スンダリカ・バーラドヴァージャ
スンダリカ・バーラドヴァージャ Sundarika-Bhāradvāja pp.119〜120, p.125, p.193
セーニヤ・ビンビサーラ Seniya-Bimbisāra 409, p.144
セーラ(バラモン) Sela(brāhmaṇa) p.141, pp.144〜147, 554, 555, 557, p.150, 567, p.151

タ 行

タールッカ(バラモン) Tārukkha (brāhmaṇa) p.155, 594
ダニヤ Dhaniya p.43, 18, 20, 22, 24, 26, 28, 30
ダンミカ Dhammika pp.105〜106
チャンキン(バラモン) Caṃkin(brāhmaṇa) p.155
チュンダ(鍛冶工) Cunda(kammāraputta) p.56, 83〜85
ティッサ・メッテッヤ Tissa-Metteyya p.202, 814, 815, 1006, p.236, 1040, 1041, 1124
ドータカ Dhotaka 1007, p.241, 1061, 1062, 1064, 1066, 1068, 1124
トーデッヤ Todeyya 1007, p.247, 1088, 1089, 1091, 1125, p.155

ナ 行

ナーラカ(仙) Nālaka(isi) p.170, 697
ナンダ Nanda 1007,p.244, 1077〜1081, 1124
ニガンタ・ナータプッタ Nigaṇṭha-Nātaputta pp.131〜132
ニグローダ・カッパ Nigrodha-kappa p.100, 344, 349, 354, 358

ハ 行

バーヴァリン Bāvarin 981, 984, 986,

994, 995, 1006, 1010, 1019, 1021, 1025, 1028〜1030
バーラドヴァージャ(耕作者) Bhāradvāja(Kasi-)　pp.52〜55
バーラドヴァージャ(青年) Bhāradvāja (māṇava)　pp.155〜156, 596, p.163
バーラドヴァージャ(火を祀る者) Bhāradvāja(Aggika-)　p.61, p.64
パクダ・カッチャーヤナ Pakudha-Kaccāyana　p.131
パスーラ Pasūra　p.203, 833
バドラーヴダ Bhadrāvudha　1008, p.250, 1101, 1103, 1125, 1146
ピンギヤ Piṅgiya　1008, p.254, 1120, 1121, 1123, 1125, 1131, 1138, 1146
ビンビサーラ(セーニヤ) Bimbisāra (Seniya-) ➡セーニヤ・ビンビサーラ
プーラナ・カッサパ Pūraṇa-Kassapa pp.131〜132
プンナカ Puṇṇaka　1006, p.237, 1043〜1048, 1124
ヘーマカ Hemaka　1007, p.246, 1084, 1086, 1124
ポーサーラ(バラモン) Posāla(Brāhmaṇa)　1008, p.252, 1112, 1114, 1125
ポッカラサーティ(バラモン) Pokkharasāti(brāhmaṇa)　p.155, 594

マ　行

マーガ(青年) Māgha(māṇava) p.126, 487〜489, 504〜506, p.130, 509
マーガンディヤ Māgandiya　p.205, 837, 838, 840, 841
マータンガ Mātaṅga　137, 138
マッカリ・ゴーサーラ Makkhali-Gosāla p.131
メッタグー Mettagū　1006, p.238, 1049, 1050, 1053, 1055, 1059, 1124
メッテッヤ(ティッサ) Metteyya(Tissa-) ➡ティッサ・メッテッヤ
モーガラージャン Mogharājan　1008, p.253, 1116, 1119, 1125
モッガラーナ(＝目連) Moggallāna pp.164〜167

ラ　行

ラーフラ Rāhula　pp.98〜99